经贸院七
秩复衍来

贺教务部

科技及国际合作

成果丰硕

教育部哲学社会科学研究重大课题攻关项目
"十三五"国家重点出版物出版规划项目

中国战略性新兴产业国际化战略研究

RESEARCH ON INTERNATIONALIZATION STRATEGY OF CHINA'S STRATEGIC EMERGING INDUSTRIES

汪涛 等著

中国财经出版传媒集团
经济科学出版社
Economic Science Press

图书在版编目（CIP）数据

中国战略性新兴产业国际化战略研究/汪涛等著．—北京：经济科学出版社，2018.12

教育部哲学社会科学研究重大课题攻关项目

ISBN 978-7-5218-0021-0

Ⅰ.①中⋯　Ⅱ.①汪⋯　Ⅲ.①新兴产业-经济发展战略-研究-中国　Ⅳ.①F279.244.4

中国版本图书馆 CIP 数据核字（2018）第 282658 号

责任编辑：孙丽丽　纪小小
责任校对：隗立娜
责任印制：李　鹏

中国战略性新兴产业国际化战略研究
汪　涛　等著
经济科学出版社出版、发行　新华书店经销
社址：北京市海淀区阜成路甲 28 号　邮编：100142
总编部电话：010-88191217　发行部电话：010-88191522
网址：www.esp.com.cn
电子邮件：esp@esp.com.cn
天猫网店：经济科学出版社旗舰店
网址：http://jjkxcbs.tmall.com
北京季蜂印刷有限公司印装
787×1092　16 开　21.5 印张　410000 字
2019 年 1 月第 1 版　2019 年 1 月第 1 次印刷
ISBN 978-7-5218-0021-0　定价：76.00 元
（图书出现印装问题，本社负责调换。电话：010-88191510）
（版权所有　侵权必究　打击盗版　举报热线：010-88191661
QQ：2242791300　营销中心电话：010-88191537
电子邮箱：dbts@esp.com.cn）

课题组主要成员

崔　楠　　陈立敏　　高宝俊　　胡查平　　刘林青　　牟宇鹏
寿志钢　　吴先明　　徐　岚　　张　辉　　张克群　　张　琴
赵　晶　　曾伏娥　　周　玲

编审委员会成员

主　任　吕　萍
委　员　李洪波　柳　敏　陈迈利　刘来喜
　　　　樊曙华　孙怡虹　孙丽丽

总　序

哲学社会科学是人们认识世界、改造世界的重要工具，是推动历史发展和社会进步的重要力量，其发展水平反映了一个民族的思维能力、精神品格、文明素质，体现了一个国家的综合国力和国际竞争力。一个国家的发展水平，既取决于自然科学发展水平，也取决于哲学社会科学发展水平。

党和国家高度重视哲学社会科学。党的十八大提出要建设哲学社会科学创新体系，推进马克思主义中国化、时代化、大众化，坚持不懈用中国特色社会主义理论体系武装全党、教育人民。2016年5月17日，习近平总书记亲自主持召开哲学社会科学工作座谈会并发表重要讲话。讲话从坚持和发展中国特色社会主义事业全局的高度，深刻阐释了哲学社会科学的战略地位，全面分析了哲学社会科学面临的新形势，明确了加快构建中国特色哲学社会科学的新目标，对哲学社会科学工作者提出了新期待，体现了我们党对哲学社会科学发展规律的认识达到了一个新高度，是一篇新形势下繁荣发展我国哲学社会科学事业的纲领性文献，为哲学社会科学事业提供了强大精神动力，指明了前进方向。

高校是我国哲学社会科学事业的主力军。贯彻落实习近平总书记哲学社会科学座谈会重要讲话精神，加快构建中国特色哲学社会科学，高校应发挥重要作用：要坚持和巩固马克思主义的指导地位，用中国化的马克思主义指导哲学社会科学；要实施以育人育才为中心的哲学社会科学整体发展战略，构筑学生、学术、学科一体的综合发展体系；要以人为本，从人抓起，积极实施人才工程，构建种类齐全、梯队衔接的高校哲学社会科学人才体系；要深化科研管理体制改革，发挥高校人才、智力和学科优势，提升学术原创能力，激发创新创造活力，建设中国特色新型高校智库；要加强组织领导、做好统筹规划、营造良好学术生态，形成统筹推进高校哲学社会科学发展新格局。

哲学社会科学研究重大课题攻关项目计划是教育部贯彻落实党中央决策部署的一项重大举措，是实施"高校哲学社会科学繁荣计划"的重要内容。重大攻关项目采取招投标的组织方式，按照"公平竞争，择优立项，严格管理，铸造精品"的要求进行，每年评审立项约40个项目。项目研究实行首席专家负责制，鼓励跨学科、跨学校、跨地区的联合研究，协同创新。重大攻关项目以解决国家现代化建设过程中重大理论和实际问题为主攻方向，以提升为党和政府咨询决策服务能力和推动哲学社会科学发展为战略目标，集合优秀研究团队和顶尖人才联合攻关。自2003年以来，项目开展取得了丰硕成果，形成了特色品牌。一大批标志性成果纷纷涌现，一大批科研名家脱颖而出，高校哲学社会科学整体实力和社会影响力快速提升。国务院副总理刘延东同志做出重要批示，指出重大攻关项目有效调动各方面的积极性，产生了一批重要成果，影响广泛，成效显著；要总结经验，再接再厉，紧密服务国家需求，更好地优化资源，突出重点，多出精品，多出人才，为经济社会发展做出新的贡献。

作为教育部社科研究项目中的拳头产品，我们始终秉持以管理创新服务学术创新的理念，坚持科学管理、民主管理、依法管理，切实增强服务意识，不断创新管理模式，健全管理制度，加强对重大攻关项目的选题遴选、评审立项、组织开题、中期检查到最终成果鉴定的全过程管理，逐渐探索并形成一套成熟有效、符合学术研究规律的管理办法，努力将重大攻关项目打造成学术精品工程。我们将项目最终成果汇编成"教育部哲学社会科学研究重大课题攻关项目成果文库"统一组织出版。经济科学出版社倾全社之力，精心组织编辑力量，努力铸造出版精品。国学大师季羡林先生为本文库题词："经时济世 继往开来——贺教育部重大攻关项目成果出版"；欧阳中石先生题写了"教育部哲学社会科学研究重大课题攻关项目"的书名，充分体现了他们对繁荣发展高校哲学社会科学的深切勉励和由衷期望。

伟大的时代呼唤伟大的理论，伟大的理论推动伟大的实践。高校哲学社会科学将不忘初心，继续前进。深入贯彻落实习近平总书记系列重要讲话精神，坚持道路自信、理论自信、制度自信、文化自信，立足中国、借鉴国外、挖掘历史、把握当代、关怀人类、面向未来，立时代之潮头、发思想之先声，为加快构建中国特色哲学社会科学，实现中华民族伟大复兴的中国梦做出新的更大贡献！

教育部社会科学司

前 言

战略性新兴产业代表新一轮科技革命和产业变革的方向，是培育发展新动能、获取未来竞争新优势的关键领域。相关产业的发展关系到整个国家和民众的基本利益，也关系到经济社会发展的全局，会带动经济社会的全面进步，促使国家在国际竞争中取得优势地位。2018年3月初，中美贸易战一触即发。美国后续又对中兴通讯等中国公司进行制裁，究其根源很大程度上还是对中国高科技公司发展的打压（任泽平、罗志恒等，2018）。2018年4月，习近平总书记在党中央第一次召开的全国网络安全和信息化工作会议上强调，核心技术是国之重器，要下定决心、保持恒心、找准重心，加速推动信息领域核心技术突破（杜军帅，2018）。同月，在武汉等地的考察过程中，习近平总书记再次强调科技攻关要摒弃幻想靠自己。在国际竞争日趋激烈的今天，举全国之力发展具有国家战略导向地位、科技创新先导的战略性新兴产业刻不容缓。

2012年7月9日，国务院印发《"十二五"国家战略性新兴产业发展规划》，给出了战略新兴产业发展的重点发展方向和主要任务，并明确了相关政策措施。各省市政府对战略性新兴产业的发展，也都从规划编制、资源配置、财税政策等方面给予了大力支持和指导。"十二五"期间，我国节能环保、新一代信息技术、生物、高端装备制造、新能源、新材料和新能源汽车等战略性新兴产业快速发展。2015年，战略性新兴产业增加值占国内生产总值的比重达到8%左右，产业创新能力和盈利能力明显提升（国务院，2017）。战略性新兴产业相关的1 031家上市公司营收总额同比增长16.4%，较2014年提高1.2个百分点，高于同期上市公司整体增速15.3个百分点（陈鸿燕，2016）。2016年，工业战略性新兴产业增加值增长10.5%（国家统计局，2017），增加值占比提升明显。在近年来我国经济增长放缓的背景下，战略性新兴产业逆势而上，对稳增长、调结构、发展新经济、培育新动能提供了关键支撑（冯蕾，2016）。

从全球经济发展来看，战略性新兴产业将成为推动全球经济复苏和增长的主要动力，引发国际分工和国际贸易格局重构。该产业的技术创新、品牌构建、市场拓展等关键发展要素，都与国际化水平直接相关，国际化是战略性新兴产业发展的必由之路（国家发展和改革委员会，2016）。国家也以政策、规划的形式不断助力战略性新兴产业的国际化。2010年10月，《国务院关于加快培育和发展战略性新兴产业的决定》强调发展战略性新兴产业要深化国际合作，提高国际化发展水平。2011年9月8日，商务部、国家发展改革委等10部门印发《关于促进战略性新兴产业国际化发展的指导意见》，明确国际化发展方向，推动战略性新兴产业国际化进程。2016年11月29日，国务院印发《"十三五"国家战略性新兴产业发展规划》，也明确指出战略性新兴产业要坚持开放融合，打造国际竞争力。

近年来，我国战略性新兴产业国际化突飞猛进，有力支撑了相关产业的技术革新、市场拓展，打造了中国企业的国际竞争力。在新一代信息技术、生物、新能源等领域，一批企业的竞争力进入国际市场第一方阵，高铁、通信、航天装备、核电设备等国际化发展实现突破，一批产值规模达千亿元以上的新兴产业集群有力支撑了区域经济转型升级。

2011~2014年，中国中车海外签约金额分别为19.25亿美元、35.88亿美元、39.6亿美元和67.47亿美元，年均增长55.7%。中国中车新签国际订单81亿美元，同比增长40%。截至2016年，中车产品出口到全球101个国家和地区，覆盖六大洲的11个市场区域，在行业竞争中实现了"中车看世界"到"世界看中车"的改变（孟德阳，2017）。

2016年，浪潮集团全球业务已拓展至108个国家和地区，在海外26个国家和地区设立了分公司和展示中心，信息化业务涉及智慧城市、数字媒体、智慧家庭等领域，海外市场收入占浪潮总收入的20%。举办和参与云计算与大数据、网络建设等国际信息科技培训交流500多场，培训了1万余名技术专家和官员，扩大了企业的国际影响力（刘坤，2017）。

2016年，人福医药以2.7亿美元在爱尔兰投资设立全资子公司"人福国际"，并由人福国际出资2.7亿美元在美国投资设立全资子公司"人福美国"。同时，人福美国拟以5.5亿美元收购两家美国医药企业股权，以上并购预计在2017年会增加利润3.14亿元（中证网，2016）。

与以上企业一样，在国际化方面捷报频传的还有提升跨境物流、支付服务水平的大数据企业阿里巴巴集团（中国投资咨询网，2016），在外设厂增产的天合光能、阿特斯、晶科等光伏企业（李帅，2017），力推金融市场国际化的互联网金融企业神州融（曲琳，2015），战略性新兴产业的各类企业都涌现出了众多佼佼者。

我国战略性新兴产业加速走向世界，为相关产业的国际化发展带来了许多宝贵经验。但从我国相关企业全球产业链发展定位、核心技术优势、国际化品牌构建以及国际市场营销环境等角度来看，相关产业的国际化水平与国家核心战略意图要求仍有较大差距。同时，处于同一产业中的不同企业国际化进程也参差不齐。

2011年以来，受全球经济不景气影响，作为战略性新兴产业中重要组成部分的中国LED行业，经历了国际市场需求下滑、国际市场拓展乏力、中小企业倒闭的发展危局（中国行业研究网，2012）。2013年3月，无锡尚德公司宣布破产重整，无疑震动了整个光伏产业，究其原因也来自于缺乏自主核心技术、应对国际市场变化能力不足等原因（兰辛珍，2013；余东华和吕逸楠，2017）。一直以来，我国高速发展的电动汽车产业增长也明显放缓。2013年，代表电动车产业技术最高水平的高速电动汽车产销量仅为1.76万辆，尚不足汽车产销量总量的2‰。国内与欧美发达国家相比，差距明显。没有充分利用国外市场的人才、资源、市场、技术等优势，企业研发实力薄弱是导致产业发展滞后的主因（李宇恒，2017）。作为我国生物医学发展重点突破的中医药产业，由于标准体系和产业平台现代化建设缓慢等因素，也造成了国际化进程受阻（王晓易，2011）。

那么，在国家大力推动战略性新兴产业发展的背景下，如何通过更好地推动战略性新兴产业国际化，支持国家经济社会持续发展，成为经济发展中的重要课题。由于战略性新兴产业国际化属于发展前沿问题，全球所有经济体都没有成熟经验可循。从目前文献来看，虽然战略性新兴产业的研究吸引了国内外大量学者的关注，并取得了一定的研究成果，但对于以上问题的研究明显滞后。对于战略性新兴产业的研究，仍主要聚焦于战略性新兴产业内部的发展，而对战略性新兴产业环国际化环境、战略、进程等重要因素关注较少。且相关的研究多以规范性研究为主，对指导战略性新兴产业进入国际市场的可操作性意义不大。

　　本书旨在以战略性新兴产业国际化发展现状分析，以及相关文献理论梳理为基础，提出创造性资产寻求、国际市场拓展、全球价值链竞争力提升、产业协同四种产业国际化发展战略框架，并通过对企业国际化、区域产业发展等案例分析讨论，形成对我国战略性新兴产业国际化战略的整体思考，积极应对战略性新兴产业面临的机遇与挑战，增强我国战略性新兴产业国际竞争优势，为国家宏观经济层面政策制定、企业国际化战略选择提供具体的参考建议。

　　从实践价值来看，主要有三个方面的应用。一是有利于厘清我国战略性新兴产业国际化的发展动态及方向，拟定国际化战略规划。在国家培育和加快战略性新兴产业国际化的政策大环境下，要加快实现我国战略性新兴产业的国际化进程，掌握我国战略性新兴产业国际化的发展现状，进一步明确相关产业在国际上的地位和已经取得的国际化进步。厘清与西方发达国家对应产业的差距以及存在的问题，明确机遇与挑战，构建我国战略性新兴产业国际化发展的整体战略规划。本书将系统性地盘点我国战略性新兴产业国际化的发展现状和存在的问题，并在此基础上对战略性新兴产业的国际化发展进行整体战略规划，从全球战略布局、国际化发展目标、发展模式等具体战略问题上展开。有助于相关政府机构和产业管理部门宏观把握战略性新兴产业国际化的发展动态，指导具体的战略性新兴产业规划。

　　二是有利于把握我国战略性新兴产业国际化发展的战略重点，提升国际竞争力。我国战略性新兴产业国际化一直是当前政府和企业关注的重点。但当前研究对战略性新兴产业如何进入国际市场、提升产业核心竞争优势等方面问题仍缺乏关注，尤其针对创新能力不足、国内外市场不协调、处于全球产业链下游、国际分工层次较低、缺乏国际化发展的环境支持与战略保障等问题，缺少系统化思考。本书围绕创造性资产寻求、国际市场拓展、全球价值链竞争力提升、产业协同等战略性新兴产业国际化发展的四大战略重点，提出了应对我国战略性新兴产业创新能力不足、市场拓展能力不足、处于全球产业链不利地位等问题的具体战略性框架。有助于相关政府机构、产业部门和企业有针对性地解决我国战略性新兴产业国际化发展中存在的问题，把握我国战略性新兴产业国际化发展的战略重点，从而通过提升国际化发展水平，提升国际竞争力。

三是有利于形成我国战略性新兴产业国际化发展的战略实施措施，提供行动指南。本书基于宏观战略的动态视角，针对我国战略性新兴产业创新能力不足、市场拓展能力不足、处于全球产业链不利地位等问题，提出了创造性资产寻求、国际市场拓展、提升全球价值链竞争力、开展产业协同等实施措施，为相关政府机构、产业部门和企业提供了加快我国战略性新兴产业国际化发展的战略行动指南。

从目前研究来看，引导战略性新兴产业进入国际市场，从战略规划、战略重点到战略保障措施制定等方面仍然缺乏系统性的研究。本书的学术价值主要体现在以下几个方面。一是通过对我国战略性新兴产业的国际化发展进行全面、系统性的分析，构建了具有中国特色的战略性新兴产业国际化战略的基础理论框架。本书基于国际化战略的视角和我国发展战略性新兴产业自身的特点，对相关产业国际化发展进行了全面、系统性的分析。并结合战略管理以及国际化的相关经典理论，从战略规划、战略重点到战略实施措施三大维度，以更为系统的视角探讨了如何引导战略性新兴产业进行国际化，形成了一个宏观、系统、全面的具有中国特色的战略性新兴产业国际化战略的基础理论框架。

二是针对我国战略性新兴产业国际化发展存在的问题，从提升创新能力、拓展国际市场、优化产业链、产业内外协同四大维度，构建了我国战略性新兴产业国际化的战略理论体系。我国的战略性新兴产业普遍存在创新能力不足、研发能力羸弱、内需不足等问题，导致许多核心技术、关键市场必须依靠国外资源（姜大鹏和顾新，2010）。我国战略性新兴产业基本属于生产者驱动型产业，都是技术密集型的新兴产业，由于我国在该产业自主研发能力弱，核心技术大多依赖技术引进，其价值链的核心环节掌控在欧美日等发达国家，也导致了我国企业处在产业链的下游，国际分工地位不利（黄启才，2013）。同时，相对于其他产业，战略性新兴产业国际化战略实施较晚。加之战略性新兴产业的自身特征较为特殊，客观上也造成该产业在战略合作伙伴的选择、合作的形式模式、拓展的渠道建立、技术创新等一系列问题上仍然缺乏足够的研究。本书基于产业层面的视角，通过对我国战略性新兴产业的规划、战略、支持等问题的研究，综合企业国际化、产业经济、战略管理、营销学等领域的相关理论和研究成果，有助于形成跨层面的、更加细化的战略性新兴产业国际化战略理论体系，拓展我国战略性新兴产业国际化战略研究领域。

三是从宏观的动态视角，构建了我国战略性新兴产业国际化发展的战略实施理论及方法。战略实施是我国战略性新兴产业国际化进程中至关重要的行动阶段，它关系到相应的国际化战略能否得以顺利执行。当前文献甚少涉及关于战略性新兴产业国际化战略实施措施的研究，少量文献仅象征性地提出了一些比较笼统且缺乏针对性的实施建议。本书从宏观的动态视角，将战略性新兴产业国际化发展划分为初级、成长以及成熟阶段，并根据各个阶段的不同情境制定了相应的战略实施措施。这些措施分别围绕我国战略性新兴产业国际化发展的四个战略重点，从提升创新能力、拓展国际市场、升级产业链、协同产业力量四个方面进行战略实施措施的细化，系统性地构建了我国战略性新兴产业国际化发展的战略实施理论及方法。

本书结合中国战略性新兴产业国际化现状，以国际化相关理论为支撑，提出以创造性资产寻求、国际市场拓展、全球价值链竞争力提升、产业协同等战略为重点的理论框架，应对我国战略性新兴产业创新能力不足、市场拓展能力不足、处于全球产业链不利地位等实际问题。并以上述战略框架为依托，深入分析战略性新兴产业发展的企业、地区案例，就中国战略性新兴产业发展实践给出了更为具体、有可操作性的意见建议。

本书共分为三大部分十二章，第一大部分为前三章内容，重点对中国战略性新兴产业的理论与现状进行讨论，关注产业发展的现实问题，梳理国际化学术研究成果脉络，形成中国战略性新兴产业发展的规划建议；第二大部分是中间四章内容，重点为构建本书的理论框架，结合产业发展实际，论述创造性资产寻求、国际市场拓展、全球价值链竞争力提升、产业协同等战略理论框架的构建与应用基础；第三大部分为后五章内容，从地区、企业的角度，对产业国际化现状案例进行分析，对前述的理论框架给予现实支撑。同时，通过对相关地区、企业具体发展做法的分析，为后续产业的发展、政策的调整给出具体的意见建议。具体框架见图1。

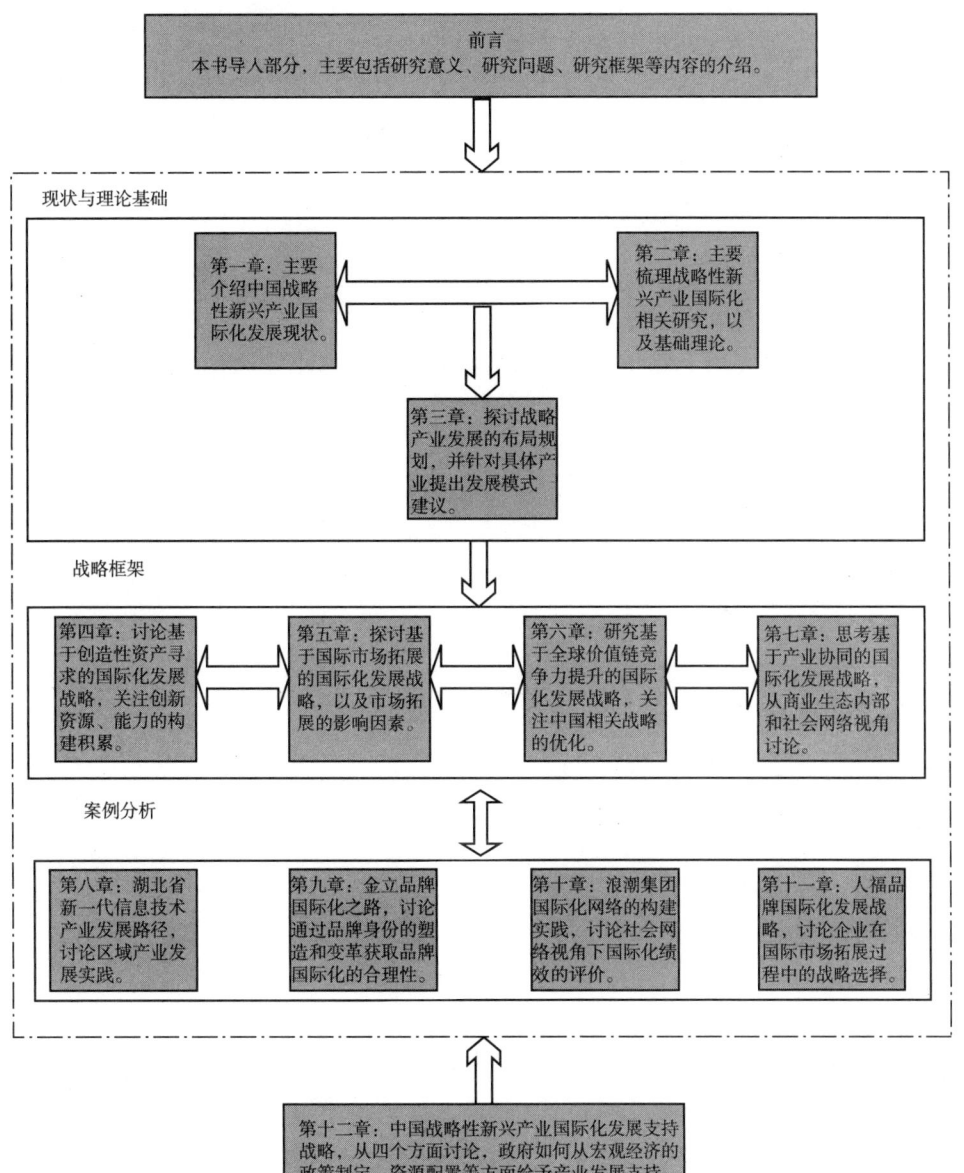

前言
本书导入部分，主要包括研究意义、研究问题、研究框架等内容的介绍。

现状与理论基础

第一章：主要介绍中国战略性新兴产业国际化发展现状。

第二章：主要梳理战略性新兴产业国际化相关研究，以及基础理论。

第三章：探讨战略产业发展的布局规划，并针对具体产业提出发展模式建议。

战略框架

第四章：讨论基于创造性资产寻求的国际化发展战略，关注创新资源、能力的构建积累。

第五章：探讨基于国际市场拓展的国际化发展战略，以及市场拓展的影响因素。

第六章：研究基于全球价值链竞争力提升的国际化发展战略，关注中国相关战略的优化。

第七章：思考基于产业协同的国际化发展战略，从商业生态内部和社会网络视角讨论。

案例分析

第八章：湖北省新一代信息技术产业发展路径，讨论区域产业发展实践。

第九章：金立品牌国际化之路，讨论通过品牌身份的塑造和变革获取品牌国际化的合理性。

第十章：浪潮集团国际化网络的构建实践，讨论社会网络视角下国际化绩效的评价。

第十一章：人福品牌国际化发展战略，讨论企业在国际市场拓展过程中的战略选择。

第十二章：中国战略性新兴产业国际化发展支持战略，从四个方面讨论，政府如何从宏观经济的政策制定、资源配置等方面给予产业发展支持。

图1　本书结构框架

摘 要

战略性新兴产业会引领高新技术的发展方向，决定众多相关产业的兴衰存亡，影响经济社会的发展。该产业的发展不仅得到了学界和业界的关注，也得到了国家政策层面的倾斜。在此背景下，本书关注了战略性新兴产业的国际化战略问题。具体来看，包括一是对中国战略性新兴产业现状进行了深入剖析，认为中国战略性新兴产业发展势头较好，但仍存在创新能力不足、市场拓展能力不足，处于全球产业链不利地位等实际问题，亟待通过国际化弥补技术、市场等方面的短板；二是中国战略性新兴产业国际化战略选择，对国际化相关理论进行了梳理，结合国内外战略性新兴产业的发展资料，提出以创造性资产寻求、国际市场拓展、全球价值链竞争力提升、产业协同四大战略为重点的理论框架；三是厘清战略性新兴产业发展环境因素的影响，探讨了制度、文化、产业结构等方面差异，对国际化战略选择的影响，并对战略性新兴产业国际化的政策、规划制定给出了参考意见。

本书共分为三大部分十二章，第一大部分为前三章内容，重点对中国战略性新兴产业的理论与现状进行讨论；第二大部分是中间四章内容，重点构建本书的理论框架；第三大部分为后五章内容，通过混合研究方法，对理论框架进行论证。同时，结合理论框架，对该产业的国际化发展、政策支持的调整给出了思路。

本书对我国战略性新兴产业国际化发展进行了全面、系统性的分析，构建了立足中国国情的战略性新兴产业国际化战略的基础理论框架，并对我国战略性新兴产业国际化发展的战略实践给出了具体、有可操作价值的意见建议。

Abstract

Strategic emerging industries can lead the development direction of high and new technology, determine the rise and fall of many related industries, and affect the development of economy and society. The development of this industry has not only attracted the attention of academia and industry, but also has been tilted at the level of national policy. In this context, this book focuses on the international strategic issues of strategic emerging industries, specifically including three aspects. The first one is to deeply analyze the current situation of China's strategic emerging industries. It is believed that China's strategic emerging industries have a good momentum of development, however, there are still some practical problems, such as lack of innovation ability, lack of market expansion capacity, and the adverse status of the global industrial chain. It is urgent to make up the short board of technology and market through internationalization. The second one is the choice of internationalization strategy of China's strategic emerging industries. It combs the related theories of internationalization, and puts forward the theoretical framework with four major strategies of creative asset seeking, international market expansion, global value chain competitiveness promotion and industrial collaboration as the key point combining the developing materials of strategic emerging industries at home and abroad. The third one is to clarify the impact of the environmental factors in the development of strategic emerging industries, discuss the influence of the differences in system, culture and industrial structure on the choice of the internationalization strategy, and give some suggestions for the policy and planning of strategic emerging industries.

This book is divided into three parts and twelve chapters. The first part is the first three chapters, focusing on the discussion on the theory and current situation of China's strategic emerging industries. The second part is the middle four chapters, focusing on the construction of the theoretical framework of this book. The third part is the latter five chapters, which demonstrates the theoretical framework through a mixed research method. At the same time, combined with the theoretical framework, this book provides ideas for the internationalization development of the industry and the adjustment of policy support.

This book makes a comprehensive and systematic analysis of the internationalization development of China's strategic emerging industries, constructs a basic theoretical framework for the internationalization strategy of strategic emerging industries based on China's national conditions, and gives concrete and valuable suggestions on the strategic practice of the internationalization development of China's strategic emerging industries.

目 录

第一章 ▶ 战略性新兴产业的国际化战略研究现状　1

　　第一节　战略性新兴产业概述　1
　　第二节　战略性新兴产业国际化理论　5
　　第三节　战略性新兴产业研究文献述评　20

第二章 ▶ 中国战略性新兴产业国际化发展现状　26

　　第一节　战略性新兴产业发展背景　26
　　第二节　战略性新兴产业国际化发展的必然性　33
　　第三节　战略性新兴产业国际化发展现状　35
　　第四节　塑造具有国际化战略优势的战略性新兴产业　40

第三章 ▶ 中国战略性新兴产业国际化发展规划研究　44

　　第一节　战略性新兴产业的全球产业定位和发展目标研究　44
　　第二节　中国七大战略性新兴产业的国际化发展战略模式选择　60
　　第三节　中国战略性新兴产业国际化发展战略框架　64
　　第四节　中国战略性新兴产业优势构建策略　66

第四章 ▶ 基于创造性资产寻求的国际化发展战略研究　71

　　第一节　创造性资源获取战略　72
　　第二节　创新能力累积战略　79
　　第三节　创新系统构建战略　85

第五章 ▶ 基于国际市场拓展的国际化发展战略研究　90

　　第一节　国际市场拓展战略提出　90
　　第二节　国际市场拓展战略组合　91
　　第三节　国际市场进入模式选择　101

第六章 ▶ 基于全球价值链竞争力提升的国际化发展战略研究　112

　　第一节　全球价值链理论综述　112
　　第二节　战略性新兴产业全球价值链布局特征　119
　　第三节　优化中国战略性新兴产业链的战略　123

第七章 ▶ 基于产业协同的国际化发展战略　132

　　第一节　商业生态系统　133
　　第二节　基于商业生态系统构建的探索式产业协同　143
　　第三节　基于全球社会网络扩散的产业协同　150

第八章 ▶ 湖北省新一代信息技术产业发展路径　158

　　第一节　湖北省新一代信息技术产业发展介绍　160
　　第二节　湖北省"十三五"新一代信息技术产业发展思路　167
　　第三节　湖北省新一代信息技术产业国际化发展研究　173

第九章 ▶ 中国手机品牌的国际化之路：通过品牌身份的变革获取品牌国际化的合理性　178

　　第一节　相关理论回顾与分析框架　179
　　第二节　案例研究设计　185
　　第三节　案例分析　187
　　第四节　品牌身份变革与合理性获取的理论模型解释　190
　　第五节　结论与展望　197

第十章 ▶ 浪潮与中通集团的国际化网络的构建实践　201

　　第一节　企业国际化网络构建的必要性　201
　　第二节　企业国际化网络构建的理论背景　202
　　第三节　企业国际化网络构建的理论框架　207
　　第四节　企业国际化网络构建实践的案例设计　210

第五节　案例背景介绍　213
　　第六节　企业国际化网络构建实践的案例分析　215
　　第七节　结论与讨论　226

第十一章 ▶ 人福医药品牌的国际化发展战略　229

　　第一节　人福医药的国际化发展历程　230
　　第二节　人福医药国际化的解析　235
　　第三节　加速企业国际化发展的政策建议　242

第十二章 ▶ 中国战略性新兴产业国际化发展支持战略　248

　　第一节　创新能力提升的环境支持战略　250
　　第二节　国际市场开拓环境支持战略　254
　　第三节　产业链升级的环境支持战略　261
　　第四节　新老产业协同的环境支持战略研究　266

参考文献　271

Contents

Chapter 1 Research Status of Internationalization Strategy of Strategic Emerging Industries   1

    1.1 Overview of Strategic Emerging Industries   1

    1.2 Internationalization Theory of Strategic Emerging Industries   5

    1.3 Review of the Research Literature of Strategic Emerging Industries   20

Chapter 2 The Current Situation of Internationalization Development of China's Strategic Emerging Industries   26

    2.1 The Development Background of Strategic Emerging Industries   26

    2.2 The Inevitability of the Internationalization Development of Strategic Emerging Industries   33

    2.3 The Current Situation of Internationalization Development of Strategic Emerging Industries   35

    2.4 Shaping Strategic Emerging Industries with Internationalization Strategic Advantages   40

Chapter 3 Planning Research on Internationalization Development of China's Strategic Emerging Industries   44

    3.1 Research on Global Industrial Positioning and Development Goals of Strategic Emerging Industries   44

3.2　The Strategic Mode Choice of Internationalization Strategy for China's Seven Strategic Emerging Industries　60

3.3　Strategic Framework for Internationalization Development of China's Strategic Emerging Industries　64

3.4　Construction Strategy of China's Strategic Emerging Industry Advantage　66

Chapter 4　Research on Internationalization Strategy Based on Creative Asset Seeking　71

4.1　Creative Resource Acquisition Strategy　72

4.2　The Strategy of Innovation Ability Accumulation　79

4.3　Innovation System Construction Strategy　85

Chapter 5　Research on Internationalization Strategy Based on International Market Development　90

5.1　Proposing of International Market Development Strategy　90

5.2　International Market Development Strategy Combination　91

5.3　Choice of International Market Entry Mode　101

Chapter 6　Research on Internationalization Strategy Based on Global Value Chain Competitiveness Enhancement　112

6.1　Overview of Global Value Chain Theory　112

6.2　Layout Features of Global Value Chain of Strategic Emerging Industries　119

6.3　Strategy of Optimizing China's Strategic Emerging Industrial Chain　123

Chapter 7　Internationalization Strategy Based on Industrial Synergy　132

7.1　Business Ecosystem　133

7.2　Established Exploratory Industrial Synergy Based on Business Ecosystem　143

7.3　Industrial Synergy Based on Global Social Network　150

Chapter 8   The Development Path of the New Generation of Information Technology Industry in Hubei   158

    8.1   Introduction of the Development of the New Generation of Information Technology Industry in Hubei   160

    8.2   Development Ideas of the New Generation of Information Technology Industry in "13th Five-Year Plan" in Hubei   167

    8.3   Research on the Internationalization Development of New Generation of Information Technology Industry in Hubei   173

Chapter 9   The Internationalization of Chinese Mobile Phone Brands: Obtaining the Rationality of Brand Internationalization through the Change of Brand Identity   178

    9.1   Review and Analysis Framework of Related Theories   179

    9.2   Case Study Design   185

    9.3   Case Analysis   187

    9.4   Theoretical Model Interpretation of Brand Identity Change and Rationality Acquisition   190

    9.5   Conclusion and Prospect   197

Chapter 10   Construction Practice of Internationalization Network of Inspur and Zhongtong Group   201

    10.1   The Necessity of Enterprise Internationalization Network Construction   201

    10.2   The Theoretical Background of Enterprise Internationalization Network Construction   202

    10.3   The Theoretical Framework for the Construction of Enterprise Internationalization Network Construction   207

    10.4   Case Design of Enterprise Internationalization Network Construction Practice   210

    10.5   Introduction of Case Background   213

    10.6   Case Study on the Construction Practice of Enterprise Internationalization Network   215

    10.7   Conclusion and Discussion   226

Chapter 11　The Internationalixation Strategy of Humanwell Healthcare Brand　229

　　11.1　Overview of the Internationalization of Humanwell Healthcare　230

　　11.2　The Analysis of the Internationalization of Humanwell Healthcare　235

　　11.3　Policy Suggestions on Accelerating the Internationalization Development of Enterprises　242

Chapter 12　The Internationalization Development Supporting Strategy of China's Strategic Emerging Industries　248

　　12.1　Environmental Supporting Strategy for Innovation Ability Promotion　250

　　12.2　Environmental Supporting Strategy for International Market Development　254

　　12.3　Environmental Supporting Strategy for Industrial Chain Upgrading　261

　　12.4　Research on the Environmental Supporting Strategy of the New and Old Industry Synergy　266

References　271

第一章

战略性新兴产业的国际化战略研究现状

2008年世界金融危机爆发以来，新材料、新能源、生物技术以及海洋、空间技术等引发的产业由于其发展空间相对广阔，成为多国重点培育的对象，并逐渐形成战略性新兴产业（冯长根，2010）。我国将节能环保、新一代信息技术、生物、高端装备制造、新能源、新材料和新能源汽车等产业确定为战略性新兴产业。在加快战略性新兴产业发展的过程中，如何进一步提升战略性新兴产业的国际竞争力、扩大中国战略性新兴产业的国际影响力无疑具有重要的战略意义。战略性新兴产业的相关研究已经引起学者的关注和重视，然而就如何引导战略性新兴产业进入国际市场并提高其在国际市场的影响力，仍然缺乏相关的研究。本章将通过对战略性新兴产业国际化战略相关文献的梳理，进一步厘清战略性新兴产业的发展特点，讨论如何塑造国际化战略优势，优化国际化战略的选择。

第一节 战略性新兴产业概述

一、战略性新兴产业的概念界定

2009年9月21日和22日，国务院总理温家宝召开新兴战略性产业发展座谈会，首次明确提出战略性新兴产业概念（国务院办公厅，2009）。战略性新兴产业是以重大技术突破和重大发展需求为基础，对经济社会全局和长远发展具有重大引领带动作用，知识技术密集、物质资源消耗少、成长潜力大、综合效益好的产业。此概念的提出背景主要有两个方面，一是从国际经济上来看。国际金融危机影响深远，金融危机改变了全球经济格局，危机会伴随着科技的新突破，推动产业革命，催生新兴产业，形成新的经济增长点，新兴产业将成为推动世界经济发展的主导力量。二是从国内发展上来看。对于战略性新兴产业，我国完全有能力在一些重要领域抢占经济科技制高点，使国民经济和企业发展走上创新驱动、内生增长的轨道。发展战略性新兴产业，会对中国当前产业发展的转型升级起到重要促进作用，也会引领中国未来经济社会可持续发展的战略方向，是国内经济社会发展的必然要求。

《中共中央关于"十二五"规划的建议》（以下简称《建议》）中强调，要科学判断未来市场需求变化和技术发展趋势，加强政策支持和规划引导，强化核心关键技术研发，突破重点领域，培育发展战略性新兴产业。同时，《建议》还明确提出发展新一代信息技术、节能环保、新能源、生物、高端装备制造、新材料、新能源汽车七大产业。发展战略性新兴产业是中央适应国内外形势新变化，为巩固和扩大应对国际金融危机冲击成果、促进经济长期平稳较快发展而做出的重大决策部署。当前，国内理论界、产业界和地方政府对战略性新兴产业的理解还有一定差异甚至存在某些误区。因此，厘清战略性新兴产业概念，深刻把握其科学内涵，不仅是深入贯彻中央精神的认知前提，也是保证战略性新兴产业持续健康发展的理论基础。

国外的相关研究则主要是针对战略产业、新兴产业展开的。最早提出"战略性产业"概念的是美国经济学家阿尔波特·赫希曼，他将处在投入和产出中关联最密切的经济体系称为"战略部门"（赫希曼，1992）。迈克·波特（Michael Porter）将新兴产业定义为新建立的或是重组的产业，其形成的原因是技术创新、相对成本关系的变化、新的消费需求出现或其他经济和社会变化，将某个新产品或服务提高到一种潜在可行的商业机会的水平（波特，2007）。2009年，国务院副总理李克强在财政支持新能源和节能环保等新兴产业发展工作座谈会上，从社会功能的角度指出，可将潜在市场大、带动能力强、吸收就业多、综合效益好的产业作为战略性新兴产业（谢登科和韩洁，2009）。从目前研究来看，对战略性新兴产业的定义很多。从战略产业的成长来看，战略性新兴产业是以重大的技术突破与发展需求为基础，对国家经济发展、社会进步具有全局和长远的引领带动作用，着眼于未来，具有知识技术密集、资源消耗较少、成长潜力大、综合效益很好等特征，对经济社会发展、国家安全具有战略意义，具备成长为国家未来经济发展支柱的产业（霍国庆、李捷等，2017）。从产业融合来看，战略性新兴产业是新兴产业与战略产业的深度融合，具有发展性、战略性、新兴性、导向性的特征（余东华和吕逸楠，2017）。其中发展性是指产业的发展空间；战略性是指对部分传统行业面临的可持续发展约束问题的解决；新兴性是指科技创新能力的体现；导向性是指引导经济社会的发展。从产业技术转移来看，战略性新兴产业是以重大技术突破和重大发展需求为基础，对经济社会全局和长远发展具有重大引领带动作用，知识技术密集、物质资源消耗少、成长潜力大、综合效益好的产业（邓龙安和刘文军，2011）。在新兴产业中，有一部分能够在政策扶持下逐渐成长为先导产业或支柱产业，而且对国民经济发展和产业结构高级化具有战略意义，因此被称为战略性新兴产业。

战略性新兴产业的概念较多，从政策文件、学术研究、产业规划等多个视角，都给出了具体描述。虽然对概念的认识不完全一致，但从描述的重点来看，大致集中概念中的三个部分。一是战略性，指战略性新兴产业要突出国家的战略性需求。"战略性"是针对结构调整而言的，在国民经济中具有战略地位，对经济社会发展和国家安全具有重大和长远影响，战略性必须体现成为一个国家未来经济发展支柱产业的可能性（万钢，2010），强调产业对经济和社会发展及国家安全具有全局性影响和极强的拉动效应（华文，2010）。二是新兴，指战略性新兴产业的时间维度。新兴产业是指承担新的社会生产分工职能的，具有一定规模和影响力的，代表着市场对经济系统整体产出的新要求和产业结构转换的新方向。同时，也代表着科学技术产业化的新水平，正处于产业自身生命周期形成阶段的产业（陈刚，2010）。也可将"新兴"两字拆开理解，"新"是相对当前的经济发展阶段，这些产业的产品服务或组织形式是以前没有的；新兴产业本身是动态的概念，新兴产业是传统产业的相对说法，更多强调随着科技进步、生产力发展而出现的新产业，主要在于技术和商业模式的创新（万钢，2010），是对国家竞争力或国家安全具有重大影响的新部门和新行业（李江萍，2012），其更容易成长为新时期的先导产业或支柱产业。在一定时期内，某产业由于技术、商业模式等因素归属为新兴产业，但当相关产业技术普及、市场成熟后，可能就不再属于新兴产业范畴。战略性新兴产业是内含未来时间维度考虑的产业概念，但考虑到产业的战略引导作用，新兴产业并不一定都会发展成为战略性新兴产业（冯赫，2010）。三是产业，指战略性新兴产业的落脚点。战略性新兴产业布局、规划的实现，从过程来说，还是产业发展的问题。战略性、新兴等特征的最终载体仍是产业。战略性新兴产业是对一个国家经济的长期战略发展具有支柱性和带动性的产业，是能够聚集世界先进技术、占据国内外市场制高点的产业（周菲和王宁，2010）。战略性新兴产业是指科技含量高，出现时间短且发展速度快，具有良好市场前景，具有较大溢出作用，能带动一批产业兴起，对国民经济和社会发展具有战略支撑作用，最终会成为主导产业和支柱产业的业态形式（宋河发，万劲波等，2010）。战略性新兴产业的产品质量稳定，有较大市场需求，经济技术效益显著，能实现较大的产业总体规模，能带动一批产业兴起。战略性新兴产业产生的背景来自于国家层面抢占新一轮经济科技发展制高点，是为解决一系列重大、紧迫的经济社会需求而科学选择的特殊产业（冯赫，2010）。

战略性新兴产业的产生来源是重大技术突破，成长背景是重大发展需求，特殊地位是对经济社会全局和长远发展具有重大引领带动作用，基本特征是知识技术密集、物质资源消耗少、成长潜力大、综合效益高（冯赫，2010）。战略性新兴产业必须同时满足若干构成条件，不仅强调新兴性，更强调战略性，是一个国家或地区实现未来经济持续增长的先导产业，对国民经济发展和产业结构转换起着决定性的促进、导向作用，具有广阔的发展空间、市场前景、扩散效应以及引导科技进步的能力，关系到国家的经济命脉和产业安全。

二、战略性新兴产业的发展特点

战略性新兴产业是一个国家或地区实现未来经济持续增长的先导产业，对国民经济发展和产业结构转换具有决定性的促进、导向作用，具有广阔的市场前景和引导科技进步的能力，关系到国家的产业安全和经济命脉（万钢，2010）。战略性新兴产业的发展，涉及国家发展前景和国际竞争力，学术界和政府部门都非常重视，相关研究成果较多。相对于传统产业而言，战略性新兴产业的发展特征鲜明（顾海峰，2011；郭晓丹和宋维佳，2011），其特征也决定了该产业发展的特殊性。

具体来说，战略性新兴产业有以下重要特征。一是战略性。即在经济、社会发展中占有重要地位，对经济社会发展能够产生重要影响，有利于促进经济结构调整和发展方式转变，并能够有效解决可持续发展面临的约束，为经济社会长期发展提供必要的技术基础，在一些重要的竞争性领域能够保持产业技术的领先地位。二是关联性。主要表现是产业链条长，对上、下游产业具有较强的关联度，对其相关产业的发展能够产生巨大的带动作用。三是成长性。即市场需求潜力巨大，产业成长性较强，增长速度高于全部行业平均水平，一般呈现出非线性发展的态势。四是创新性。新兴产业是新技术产业化正在迅速发展的部门，R&D[①] 投入大，能迅速引入产业创新和企业创新，产业劳动生产率高。五是风险性。由于新兴产业具有开创性特征，使其无论在内容上还是形式上都没有现成的经验可

---

① R&D 即研究与试验发展，指在科学技术领域，运用既有知识去创造新应用的系统创造性活动。

循，只能靠企业摸索前进；又由于新兴产业的边缘特征，使得影响项目成败的因素大大增加；支撑新兴产业发展的政策体系尚不完善，新兴产业的发展常常会由于新内容与旧体制、旧规范的摩擦而受阻，使新兴产业的投资带有较大的风险性。六是导向性。即战略性新兴产业的选择具有一定的信号作用，它体现政府的政策导向，是未来经济发展重心的风向标，是引导人才集聚、资金投放、技术研发和产业政策制定的重要依据。

根据战略性新兴产业特征的分析，从产业拓展来看，战略性新兴产业并不局限于目前发布的七大产业，而且各地也可根据自身特点选定不同的产业作为战略性新兴产业。具体来说，战略性新兴产业主要涉及以下十个产业：新能源产业、高端装备制造业、下一代信息网络产业、节能环保产业、新材料产业、生物新技术产业、新医药产业、海洋产业、空间产业、现代服务业（刘洪昌，2011；朱瑞博和刘芸，2011）。

第二节 战略性新兴产业国际化理论

战略性新兴产业国际化会面对来自文化、经济、市场等方面的不同挑战，对于如何应对挑战，获取国际化优势，从资源、知识、制度等理论视角，给出了相关解读。本节将从国际化的挑战入手，给出相关产业发展的理论思路。

一、战略性新兴产业国际化遇到的挑战

由于产业基础、文化观念、市场发展、技术扩散等因素的影响，我国战略性新兴产业国际化主要存在两方面的约束。来自经济环境的约束，主要包括企业资源的缺乏，如技术发展的劣势，人才培养体系的不健全，资金支持的匮乏等方面。相比于经济环境的约束，来自制度环境的约束，将使战略性新兴产业进入国际市场面临更大的问题。战略性新兴产业企业进入国际市场要面对制度环境的变化、知识产权保护制度、行业规范等来自市场、行业甚至国家政策、制度和文化的差异。同时，我国企业在国内的发展过程中，对政府的政策倾斜依赖过多，普遍不熟悉欧美市场的契约环境。加之语言障碍，在运用欧美民商法律来维护海外权益时，相关企业处于弱势地位。相比之下，欧美企业熟悉市场契约取得资源的形式，在国际竞争过程中，商业合作更为容易，获得生存发展的机会也更多。

新兴产业的国际化目的、路径与发达国家传统企业开展国际化经营时并不相同。如今，越来越多新兴经济体的企业在从事创新产品研发和发布之初就瞄准了国际市场，直接进入发达国家市场，改变了国际化发展路径。企业大部分没有遵循传统国际化理论中由近及远、循序渐进的国际化阶段模式（Johanson and Vahlne, 1977；Johanson and Vahlne, 2003）。许多企业在母国市场上是小型的初创企业，受到国际市场机会吸引，纷纷走出国门（Luo and Tung, 2007；Bruton, Ahlstrom et al., 2008）。有关国际化路径的研究中，对于企业应该如何国际化存在一些基本准则，主要体现在国际化阶段模式或者产品生命周期假设。按照前者，企业应该随着规模扩张和对东道国投入的增加，不断学习，采取逐步国际化的方式。企业也被认为应该首先向那些与母国相似的国家进行扩张，然后再拓展到与母国不相似的国家和地区。按照产品生命周期假设，FDI[①]应该是从发达地区向欠发达地区流动，而不是相反方向。然而，现实情况中新兴产业往往并不具备传统意义上在海外市场克服外来者劣势的能力。在国际化模式上表现出国际化速度更快、目标国家选择距离较远和发达地区、进入方式高度依赖并购的特征（Yeoh, 2004；Yang and Steensma, 2014）。

尽管不少新兴经济体的企业表现出迅猛的发展势头，但由于企业从事国际扩张是在利用企业特有的优势，克服外来者劣势，获得相对于东道国本土企业的竞争优势（Zaheer, 1995；Zaheer and Mosakowski, 1997）。与传统的发达国家企业相比，新兴经济体企业在进入国际市场时会面临诸多额外的挑战。一是会遭遇外来者劣势与新入者劣势（Zaheer and Mosakowski, 1997；Kostova and Zaheer, 1999）；二是会遭遇来源国效应的负面影响。

（一）外来者劣势

企业在东道国经营的过程中，难以避免"外来者劣势"（liability of foreignness），即进行国际化的企业需要付出的额外特定成本。这些成本是东道国本地企业所没有的，意味着外来企业将要比纯本土经营的企业额外付出一些成本以建立声誉与诚意，因此相对具有劣势。企业所面临的额外风险与特定成本来源于对东道国经营环境、文化制度等缺乏充分、准确的理解，以及缺乏在当地有效经营所必需的一些互补资源（Zaheer, 1995；Zaheer and Mosakowski, 1997）。外来者劣势存在的根本原因是国家间的制度距离（institutional distance），即两个国家之

[①] FDI 是 Foreign Direct Investment 的缩写形式，即外商直接投资，是指一国的投资者跨国境投入资本或其他生产要素，以获取或控制相应的企业经营管理权为核心，以获得利润或稀缺生产要素为目的的投资活动。

间在规制性、认知性和规范性制度方面的差异程度。现有研究倾向于认为，外来者劣势会对企业国际化绩效带来负面的影响，使其市场退出率较高、与纯本土经营企业相比绩效较差，产生较多的法律纠纷（Edman，2016）。

具体而言，跨国经营的企业所遇到的三方面威胁构成了外来者劣势的实质。一是不熟悉威胁（unfamiliarity hazards）。即跨国经营的企业所具备的有关东道国的经验或认知的不足，相对于纯本土经营的企业，会面临信息不对称所带来的竞争劣势。不熟悉威胁并非与企业自身的经营经验和年限相关，更多的是与其在东道国自主经营所积累的知识与经验有关；二是歧视威胁（discrimination hazards）。东道国消费者、政府等利益相关者可能会区别对待跨国经营的企业，这种歧视待遇大多来源于政治威胁或者消费者的民族中心主义；三是关系威胁（relational hazards）。与纯本土经营企业相比，跨国经营的企业在东道国会遇到由东道国环境的不可预见性所导致的外部不确定性，以及由远距离经营与管理跨文化员工所带来的内部不确定性。这些不确定性会使企业面临关系威胁，比如在国际化经营过程中，管理所涉及的利益相关者之间关系的管理成本相对较高。

另外，外来者劣势对于刚刚进入东道国的国际化企业而言尤其严重。他们大多数规模比较小、太年轻，没有可靠的绩效历史，即所谓新入者劣势。本土化知识与经营经验能够使纯本土经营企业获得优势。不过，这种优势相对于那些刚刚进入东道国市场的跨国经营企业较为显著，对于已经在东道国市场具有较为长久的经营年限与相对丰富的经营经验的企业而言并不一定存在（Edman，2016）。外来者劣势时那些刚涉足跨国市场经营不久的新兴外国企业影响较大，而对于那些在成熟行业中成名已久的国际化企业影响较小。

（二）负面来源国效应

来源国形象是企业家或消费者对某特定国家之产品的图像、声誉与刻板印象，这种形象是由"代表性产品、国家特性、经济与政治背景、历史以及传统等变数所造成的"。来源国形象形成于消费者的感知，这种感知由产品、经济、政治、历史、文化等因素构成。它是目标市场消费者对产品（包括服务）的原产地或原产国的内在印象，是消费者对该国的整体性认知（Jepperson，1991；Negro，amp et al.，2010）。

来源国形象是目标市场消费者对产品原产国的直观印象和整体性认知，是影响消费者形成产品态度的关键因素之一（Barney，1991；Jepperson，1991；Chetty，2004；Negro，amp et al.，2010），同时影响消费者对待产品的评价和购买决策。来源国形象越好，该国企业或产品得到的来自目标市场消费者的支持就越高（汪涛，金珞欣等，2015）。

新兴市场的企业不仅缺乏经营历史和成名已久的产业声誉，还会因新入者劣势和感知负面来源国效应而承受东道国消费者对产品质量和可靠性所产生的负面感知与评价。同时，还可能会面临东道国消费者对企业技术创新的市场反应冷淡，并进一步强化新兴经济体产品技术含量低的潜在假设，增加新兴经济体企业面临的挑战。

二、战略性新兴产业国际化理论视角

如何应对外界环境的影响，目前企业国际化相关研究主要分为资源基础观和制度理论两大视角，其中资源基础观属于内部视角，强调通过内部资源的积累来应对外界环境的变化；而制度理论则着重从外至内，强调通过外界环境主导来调整企业的国际化战略。

（一）资源能力理论视角

资源基础视角属于开发观（exploitation perspective），利用企业现有的成熟条件进行产业国际化。开发和探索（exploration）相对应，同属于适应性活动。资源基础视角提供了能够合理解释企业国际化活动包括产业国际化为何产生的有效框架（Mcdougall, Shane et al., 1994）。资源基础观认为，企业是一组特殊资源组成的集合体。根据资源基础观，有价值的、稀缺的、不易模仿的，以及不可替代的资源能够被企业用来创造和支撑企业的竞争优势（Barney, 1991）。可以说，资源为企业的经营与营销战略提供了未经加工的"原料"。企业资源包括所有资产、能力、组织过程、企业特征、信息，以及知识等企业所控制的可以使企业制定与实施战略以提升效率与效果的因素。从营销的视角，营销资源可以定义为组织内营销人员及其他人员所能得到的资产，并且当转化为企业营销能力时，可为企业创造价值（Martin, 2011）。当企业内部现有资源能够满足产业国际化的条件时，企业就会产生产业国际化的冲动（Yang, Phelps et al., 2010; Williamson, 2016）。拥有特殊资源的企业，比如全球化愿景和具有国外工作经历的管理团队，更有可能在国际市场上有所作为，包括更快和更好地推动产业国际化（Mcdougall and Oviatt, 2005）。拥有强大社会网络的企业更容易利用网络获取社会资本，也更容易和更有意愿进行产业国际化。在寻求国际市场机会时，企业应更好利用网络帮助（Mtigwe, 2006）。网络不仅帮助企业获取信息优势，还帮助企业建立竞争优势。当一个企业拥有强大的已建立的社会网络时，从国外市场获取相关信息和知识的机会就越多，相应地，从事国际化经营包括产业国际化的潜力越大。

在资源基础观中,战略形成的焦点在于识别关键资源以及在市场中分配公司特定的资源(Handelman and Arnold, 1999; Hallgren and Olhager, 2009; Mcgrath, 2013; Haapanen, Juntunen et al., 2016)。相对于市场资源,企业具体的资源能更好解释竞争优势与企业绩效。企业可以看成是具有黏性的资源合集,资源异质性使企业在制定与执行特定的创造价值战略的能力方面存在差异,从而导致企业间绩效的差异。一旦企业有效配置资源,竞争者无法替代或效仿公司基于具体资源集合而制定的战略,则企业因此维持竞争优势。

尽管资源被视为是企业控制或者拥有的可利用因素的储备,而能力则是指企业部署资源,通常还会结合和使用组织过程,以影响想要的结果。资源基础观的核心观点就是如果企业获得或者控制了珍贵的、稀有的、难以模仿和替代的资源和能力,并将其应用到合适的市场环境中去,企业就能够获得竞争优势(Handelman and Arnold, 1999; Hallgren and Olhager, 2009; Mcgrath, 2013; Haapanen, Juntunen et al., 2016)。

资源基础观有效地解释了企业如何通过内部资源建立可持续的竞争优势,被众多国际化营销研究作为理论基础。资源基础观的核心假设是,企业想要建立可持续性竞争优势,必须获取和控制资源,同时具备吸收与运用这些资源的能力。该假设通过核心能力、知识基础观,以及动态能力等不同的视角进行演绎。资源—能力理论往往适用于存在显著市场权力的情况(Connor, 2002)。越是规模小、灵活性强的企业,其可持续性竞争优势越难以建立于静态的资源,无法用资源基础观解释。企业所在产业的经营环境维持相对稳定,运用资源基础观解释企业竞争优势的建立就相对有效。在难以预测的环境中,技术与市场的改变速度很快,资源的价值产生显著改变,这时资源基础观就不再适合解释企业竞争优势(Barney, 1991; Baum and Oliver, 1991; Bartlett and Ghoshal, 2000)。

资源基础观认为,企业的竞争优势及其绩效来源于企业资源禀赋(Ashforth and Gibbs, 1990; Asmussen, Foss et al., 2013)。但是,从绩效相关性及潜在影响上来讲,资源本身并不能单独发挥作用,重要的是有效利用资源的能力,该能力是更为关键的因素。能力是基于对企业内部知识的整合与利用而形成的,具有异质性和不可模仿性。当组织或者个人为了完成企业目标,从而反复运用其所控的知识与技能来完成资源的整合与转化时,企业能力就建立了。企业能力是通过个人、团队、组织体系、结构以及资源间多层面的相互作用而形成的。能力包含了随时间推进而嵌入到组织惯例中的对技能及知识复杂的协调、整合方式。

资源基础观与能力理论指出,特定产业内的企业所掌控的战略资源是异质的。由于这些资源需要比较久的时间建立,难以复制,所以资源异质性在很长时间内是持续的竞争优势的来源。资源包括有形与无形的禀赋,比如产业、设备、知识产权以及有价值的网络等;而能力则是将这些资产融合在一起的黏合剂,并且使这些资产以更具优势的方式进行分配。能力是深度嵌入组织过程与实践,基于持续的学习与知识的积累,较难复制。

知识基础观作为资源基础观的延伸,将知识视为对企业来说最与众不同、无法模仿的战略资产。知识基础观认为,在企业拥有的所有资源中,知识是最具能力让企业具有可持续差异化进而形成竞争优势的。知识的获取就成为企业获取竞争优势的主要来源。在此逻辑基础上,新兴产业的国际化被大量研究学者认为是受到逆向知识寻求动机驱动的。

大量管理学文献都认为,组织单位之间的知识转移能帮助企业建立以知识为基础的竞争优势。特别是国际商业研究文献认为,跨国公司通过海外子公司获得分布于不同地区的知识,并在跨国企业内部转移和利用这种知识(Teece, 1982; Barney, 1991; Baum and Oliver, 1991; 宋渊洋、李元旭等, 2011),进而取得相对于国内企业的竞争优势(Bartlett and Ghoshal, 2000; Teece, Pisano et al., 2009)。知识是价值创造的驱动力,已经在战略管理和国际化研究中得到共识。知识资源作为跨国公司价值创造的重要驱动因素,原因在于其可以被转移到其他海外子公司,在跨国公司网络中产生规模经济和范围经济。跨国企业可以视为是由分布在不同国家和地区、彼此相互联系的单位组成的网络,每个单位都拥有独一无二的知识资源(Teece, 1982; Teece, Pisano et al., 2009; 汪涛、金珞欣等, 2015)。通过知识转移,将互补知识进行结合,驱动着企业价值创造。同时,在网络之间,知识又表现出高度黏性,满足难以转移和替代模仿的性质。

虽然资源基础观对国际化发展给出了很好的解释,但也不乏学者对资源基础观提出质疑,认为其不足以解释如何建立和分配资源,获取竞争优势。同时,其忽略了动态市场环境所带来的影响。虽然企业所拥有的有价值的、稀有的、无法效仿的、不可替代的资源对其十分有利,但随着时代的发展,企业仍然需要获取能够匹配动态市场条件配置资源的能力。另外,资源基础观也未能解释企业应当如何适应市场变革。技术资源或是组织利用资源的方式会持续改变,现有优势也会发生改变。只有通过有利的"动态能力"或"组织学习",才可以使企业更快速适应经营环境与维持竞争优势。从全球市场竞争来看,不确定性管理是企业面临的最为主要的困难。不确定性增加了经营环境的动态性。在动态性比较显著的环境中,企业很难从静态资源中获取或建立可持续性竞争优势。

为了解决传统资源基础观解释力不足的问题,近年来,战略管理学者提出了"动态能力"理论。通过"动态能力"理论弥补以上研究局限,"动态能力"理论关注于组织如何获取与分配资源,用来更好地应对与匹配市场环境的需求。

"动态能力"是指"组织有意图的创造、扩展以及修订资源基础的能力"。该能力可以使组织提升适应性,以更具优势的方式塑造环境。由于市场环境是动态的,相对于单纯的企业资源异质性,企业获取与分配资源的方式得以匹配企业市场环境能力,可以更好解释企业动态的经营绩效差异(Zaheer, 1995; Uzzi, 1997; Zaheer and Mosakowski, 1997)。随着时间的推进,动态经营能力将会更具价值,并且具有更强烈的不可模仿性与不可替代性,会对企业绩效产生更深的影响。"动态能力"理论对资源基础观所做出的延伸与补充表明,资源与能力都是导致企业间经营绩效差异的因素,并且两者的相互作用也会影响企业的经营绩效。

也有研究认为,资源基础观对能力与资源的界定并不清晰,其本质上是静态观点,需要动态能力理论等相关理论来弥补缺陷(Roy, 2007; Yang, Phelps et al., 2010)。资源基础观认为,由于结构因素既不稀缺,也易于复制,在执行战略时无法将其作为一种工具进行配置,不能构成可以产生竞争优势的资源。但从结构元素的配置来看,其可以促进竞争优势的建立。特定配置在企业间比较稀少,并且竞争者难以模仿。竞争者很难辨认组织结构配置中的哪种因素,更有利于企业竞争优势的建立。企业重组需要的配置能力是一种动态能力,易于企业做出改变与有效配置其他资源,对于企业在动态条件下运营是非常有利的。

(二) 制度理论视角

组织的经营发展都会伴随着合理性的问题,如新诞生的企业所提供的产品或服务能否满足当地消费者的基本利益需求,企业的经营行为是否能得到供应商、渠道商以及政府的支持,企业在国际化的过程中企业制度、规范是否符合当地的道德、文化等。组织是否具有合理性,关乎组织能否进入市场并在市场中生存。如何让组织的行为既满足消费者的基本利益需求,同时又能和组织所在环境的政策、法规、文化保持一致,从而获得供应商、政府机构等一系列利益相关者的支持,是目前企业尤其是中国企业在国际化过程面临的重大问题。

现有文献对组织发展问题的研究多从经济学视角出发,按照利益最大化的逻辑分析影响组织成功的因素,如组织规模、稀缺资源、产品特性、行业特性等。但除了上述这些因素,企业的制度性因素,如企业的用工制度、薪酬体系、环保标准、质量标准等开始在企业的经营过程中扮演着更重要的角色(Handelman & Arnold, 1999)。企业的制度性因素会直接影响消费者对企业产品及企业本身的评价,甚至不会受绩效性因素的影响。

组织因为制度环境问题所形成的外来者劣势,即合理性问题(Oliver, 1991; Suchman, 1995; Zaheer, 1995)。组织合理性问题开始成为一些企业的发展瓶颈。开展对组织合理性理论的研究，讨论组织如何获得合理性的策略对指导当前企业经营发展具有重要意义。在企业国际化的过程中，外国消费者也往往因为跨国企业的劳工问题、制度问题等直接拒绝跨国企业的产品（Eden & Miller, 2004）。在美国经营的跨国企业，如聘用美国当地的高管，雇用美国当地专家会面临更少的劳工诉讼。研究发现，跨国企业都会面临因为距离所产生的额外经营成本，其是产生"外来者劣势"的重要前因之一（Zaheer, 1995; Zaheer & Mosakowski, 1997）。外来者劣势是组织研究的热点，从资源基础理论来看，跨国企业产生外来者劣势，是因为跨国企业相对于东道国的企业来说，缺少部分稀缺的资源（Zimmerman & Zeitz, 2002）。跨国企业因为面临着模糊的市场判断，跨国经营存在更高的不确定性，导致更高的交易成本（Luo, Shenkar and Nyaw, 2002; Yang, Su and Fam, 2012）。虽然以上观点分别来自资源基础观和制度理论等不同视角，但是都表明了国际化进程中企业最大的挑战是制度环境，而非任务环境。

组织进入一个全新的市场容易面临合理性的问题，因为市场（包括渠道商、供应商、消费者等）缺乏对该组织文化、信念以及象征性符号的了解。学者将组织面临的此类问题称为"新进者缺陷（liability of newness）"，组织的利益相关者会因为缺乏了解而对组织的行为产生怀疑，从而导致一系列新进者问题，以此形成了合理性理论研究的雏形。

早期的管理学派认为，组织是一个理性的系统，组织的性质就是将原材料以最高的效率转变成产出，企业是和周围环境严格区分的一个实体。相关理论的提出不断遭到其他学派的质疑，部分学者认为将组织与周围环境区别开来是有缺陷的。例如，鲍威尔和迪马吉奥（Powell and Dimaggio, 1991）指出，企业不断发展的动力并不是来自技术和原材料，而是受到周围文化规范（cultural norms）、象征性的符号（symbols）、信念（beliefs）和仪式（rituals）的制约。萨奇曼（Suchman, 1995）正式将这种制约称为组织合理性（organization legitimacy）。

组织合理性的研究最开始关注的是市场中新进者所面临的缺陷，即组织因为缺乏资源及市场经验得不到利益相关者的认可。随着研究的深入，学者发现不仅是新进者，任何发展时期的组织都会存在合理性的问题（Scott, 2001）。如企业的生产是否会违反当地的法规，企业的促销广告行为是否会触犯当地的道德规范，企业是否会履行其对社会的慈善责任。近年来，合理性理论也开始在其他一些研究领域得到应用，如组织跨国并购、产业管理，企业的国际化渠道战略。深入探讨组织合理性的问题，不仅有助于各学科对合理性理论的理解及应用，也有助于指导企业的生产经营行为。

（三）传统国际化理论视角

1. 国际生产折衷理论（OLI 模型）

国际生产折衷理论，是最经典的国际化理论之一，其探讨了跨国企业走出国门如何进行海外价值增值活动（Dunning，1988）。跨国公司通过自身优势最大化，利用内部资源转移，获取全球化价值链优势，克服在与本土竞争对手进行竞争中固有的成本劣势。在 OLI 模型中，跨国企业被定义为那些在海外有自己的员工，从事产品生产和服务供给的企业。跨国企业不同于那些出口企业，或者那些对海外企业进行授权或许可生产的企业。国际生产折衷理论认为企业进行国际化，必须具有一定的企业特有优势。只有拥有可以在东道国利用的特有优势时，新兴产业跨国企业才能走出国门参与国际化竞争（Dunning，1980；Dunning，1995；Dunning，2001；Dunning，Kim et al.，2008）。企业要走出国门成为跨国企业，应该具备三个基本条件：（1）要拥有所有权优势或者企业特有优势；（2）要有区位优势；（3）要有国际化的优势。

对于第一个条件，在海外从事价值增值活动的企业应该要具备所有权优势（ownership advantage），或将其称为企业特有优势。企业特有优势是企业拥有的珍贵的、难以模仿的特有资源，更多地表现为知识或无形资产形式，如新产品和工艺技术、强势产业等（Dunning，Kim et al.，2008）。由于外来者劣势的存在，企业想要在海外市场竞争中获得收益，就必须有企业的特有优势。邓宁认为，拥有企业特有优势，并不能作为从事海外价值增值活动的充分条件。企业也可以将企业特有优势整合到母国生产，然后通过对外出口来实现价值增值，并不一定需要对外直接投资。

第二个条件就是放弃母国生产，选择在海外国家生产对企业而言更具吸引力。要让海外生产更具吸引力，东道国必须能够具备说服企业在当地生产，而非在本国生产的区位优势。区位优势一般表现为一个地区的自然资源禀赋、劳动力成本和素质、消费市场规模、投资激励和约束、税收和非税收政策，以及制度因素（Dunning，Kim et al.，2008）。OLI 模型将企业特有优势和区位优势进行了重要区分。与企业特有优势不同，区位优势是一个国家和地区特有的优势。区位优势并不能为企业带来在海外经营的竞争优势，原因在于区位优势并不是企业所独有，而是在当地经营的所有企业共同拥有（Lessard & Lucea，2009），无法为企业在海外经营中取得区别于竞争对手的优势。新兴国家的区位优势主要由丰富的自然资源禀赋、低廉的劳动成本、快速发展的巨大市场、有待开发的软件和硬件基础设施等因素构成，以上优势和劣势对在该国的所有企业，不论是本国企业还是外国企业，都一样存在（Ramamurti，2009）。

即便企业有了企业特有优势和区位优势,也不一定会在海外从事价值增值活动,它也可以通过授权许可,来利用企业特有优势和当地的区位优势。因此,企业要走出国门从事海外价值增值活动,还必须要满足第三个条件。通过在海外雇佣员工进行价值增值活动,要比通过海外公司授权更加有利可图,出现第三个"国际化优势"。

根据传统理论,现实中的新兴产业企业可能并不具备 OLI 模型所要求的企业特有优势(Mathews, 2006; Luo and Tung, 2007; Luo and Zhao, 2013)。拉格曼(Rugman, 2009)在回应许多学者对 OLI 模型的异议时就提到,"并没有证据显示新兴经济体中的跨国企业已经培养出了可持续的特定优势,尤其是在系统集成和内部协调管理中,基于知识的企业特有优势"。而以上优势对于在市场不断细化的西方跨国企业获得成功,有着至关重要的作用。因此,新兴产业并不具备国际化的第一个条件。同时,东道国区位优势是对所有国家的所有企业而言,因此不足以解释新兴经济体企业得以取得较好国际化绩效的主要原因。

总而言之,由于经济和技术上的落后,新兴经济体的企业被认为不应该进行国际化,研究认为其应该引进资本,包括对外直接投资(FDI),而不是向外流出资本。在形成自己的跨国企业所需要的竞争力之前,应该要经历长时间的对外直接投资流入(Dunning, 2001; Dunning, Kim et al., 2008),而不应该在自身经济发展状况并不理想的时候,就积极寻求国际化,如中国、印度等国家企业的选择。因此,该理论并不能很好地解释战略性新兴产业企业国际化的现象。

2. 国际化过程理论

国际化过程理论认为企业的每项海外投资决策,都应置于企业自身的历史背景中分析。海外投资前的历史状态将影响国际化过程。国际化可以理解为企业对在海外赚取利润的国际经营能力的学习过程。约翰森和瓦尔尼(Johansen and Vahlne, 1977; 2006; 2009)将这种过程的动态性解释为静态变量,如在特定时间点上企业的能力;动态变量,如随着时间推移发生的学习,以及在非常规时间段内投入决策之间的互动。国际化过程理论的核心观点,在于企业在非常规时间段内的投入变化。一般来说,这些变化代表了投入的增加,尽管有时候跨国企业也会对特定市场减少投入。投入水平的变化往往会伴随着学习、知识积累,以及能力创建的过程。每项资源投入都会促进新的学习过程的产生。学习能够提升企业的国际业务知识,而这种知识就是企业在海外国家从事商业活动所需的一系列能力的基础。国际经营能力包括在国际市场中使用的业务操作知识、相关语言知识、正式或者非正式的制度知识。知识有利于企业应对关键的商业挑战,如商业机会的识别、风险的评估,同时也会降低进一步业务扩张的边际成本(Mathews, 2006; Luo and Tung, 2007; Mathews and Zander, 2007; Lindstrand, Eriksson et al. , 2009)。

一些国际化过程模型的研究探讨了企业国际商务知识累积的过程。一般来说，企业可能会提前建立一支具有国际化经验的创业团队，企业从管理人员的招募中获取知识。对国际新创企业的研究发现，企业创业团队都有大量国际化经验丰富的员工。高层管理团队的国际化是促进企业国际化的重要过程，也是许多新兴产业跨国企业的重大挑战。企业可能在正式走过门之前，就已经学会如何从事国际商务活动，主要是通过与在母国市场上的外国企业合作获得了国际化知识。在新兴产业企业进行国际化活动之前，他们会在母国市场上经历对国外投资者的追赶过程。国内的追赶过程一般会在国际化活动之前，可被定义为国际化的早期阶段。在此阶段，组建合资企业可能是一个学习现代化技术和国际业务运营的重要渠道，直接促进企业做出国际化的决策。对于许多中国跨国企业来说，与国外企业的关系网络对其国际化进程有着十分重要的作用。

在进入21世纪后，国际化模式正经历着深刻的变化。越来越多来自新兴经济体的企业进入发达国家市场，颠覆了过去一个世纪的国际化方向。这些企业大部分没有遵循传统国际化理论的国际化阶段模式。传统观点认为，企业应该在规模和年龄达到关键门槛，或者积累了一定的跨国经营经验之后，才会走出国门进行国际化。而很多新兴产业的跨国企业仍处于国际化过程的早期阶段，很多企业本身就是小型初创企业，把握提升国际经营能力的机会，有着十分重要的战略作用。许多新兴产业的企业是带着将其技术产品商业化的意图进入国际市场的，以上改变为国际营销研究带来了许多重要的研究问题。

前文所述的OLI模型预测，与现实中新兴国家跨国企业迅速崛起的现象并不一致。对此，学者产生了三种不同的观点。一是继续支持OLI模型的预测，认为新兴企业在海外的运营于长期看并不能取得成功，因为他们并不拥有企业特有的优势，他们当前对外直接投资热潮只是昙花一现，是欠缺考虑的、被判定为注定短命。二是认为当前的新兴经济体跨国企业实际上并不具备企业特有优势，但仍然快速走出国门实现国际化，这就意味着OLI模型并不能够有效的解释新兴经济体企业国际化经营的相关现象，所以其会被针对新兴经济体企业的新理论所取代。三是认为新兴国家的跨国企业也许不具备传统意义上的企业特有优势，但是他们具备向同等发展水平或者更低发展水平国家，进行海外扩张的新型企业特有优势。

第一种解释依旧拥护OLI模型的预测（Mathews, 2006; Luo and Tung, 2007; Mathews and Zander, 2007; Lindstrand, Eriksson et al. , 2009），坚持认为OLI模型依然能够解释新兴产业的国际化现象。认为新兴国家企业并不具备所有权优势，它们的国际化似乎只是利用东道国国家的特有优势（country specific advantages – CSAs），如廉价的劳动力、自然资源获取的特殊优惠等。例如，中国和印度的廉价劳动力、俄罗斯的石油和天然气。但是这种区位优势并不能成为企业维持长期成功的基础，因为它对在这一地区的所有企业来说都是共同拥有的。因此，他们当前的对外直接投资热潮只是昙花一现，是欠缺战略远见的、无法长期维持的。如果这个解释是合理的，那么新兴经济体企业的跨国化经营浪潮应该会逐渐衰退甚至消失，原因就在于它比较薄弱的竞争基础与欠缺的企业特有优势。而这种预期在5年或10年前就已经宣告失败，新兴产业国际化的浪潮非但没有消逝，反而愈演愈烈。2010年，新兴经济体占据了全球FDI流动的25%，而2001年才6%，这样的增长速度是理论界以及实践界所无法忽视的。同时，新兴经济体企业的国际化成果不仅仅体现于数量，质量也不容忽视。个别新兴经济体跨国企业已经在许多产业成为极具全球竞争力的行业巨头。以中国企业为例，越来越多的中国企业走出海外，或进行绿地投资，或进行并购。例如，联想2014年以29亿美元收购了摩托罗拉移动；三一重工斥资3.6亿欧元收购德国普茨迈斯特公司100%股权。因此，该理论受到了经济发展实际的驳斥。

第二种解释认为，传统国际化理论都是根据欧美发达国家的企业国际化研究而发展的，新兴市场在经济、制度、文化、政治结构等方面与之有着巨大的差异。因此，传统国际化理论无法很好地解释新兴产业的国际化行为，需要发展新的针对新兴产业国际化的理论。近年来的研究，主要存在三种关于新兴产业国际化的特有理论观点，分别是LLL框架理论（the alternative LLL framework）、跳板理论（the springboard perspective）和双面目标视角（the ambidexterity perspective），均将新兴产业的国际化视为一种获取全球竞争资源的过程，而非传统国际化研究认为的利用既定竞争优势进行国际化（Mathews，2006；Luo and Tung，2007；Mathews and Zander，2007；Lindstrand，Eriksson et al.，2009；Martin，2011）。

针对新兴市场国家的国际化现象，马修斯（Mathews，2002，2006）在OLI范式的基础上提出LLL（关联、利用、学习）框架，将OLI范式拓展到寻求战略资产的后来者企业（也即新兴产业）。由于后来者相对于发达国家市场的企业一般处于劣势，为能够在国际市场上立足，它们经常必须对在位企业（incumbent firms）的战略行动进行补充。因此，通过为既有企业提供那些内部自我供给不经济的服务，新兴产业取得与既有企业的关联。通过这些关联，新兴产业能够在资源利用中获取知识和竞争性资产。该过程的反复上演最终会使新兴产业企业，学习到如何成为具有全球化竞争力和适应能力的经验。按照LLL框架，新兴产业企业应该在早期增加对外的资源依赖，但是通过学习过程随着时间的推移就可以降低这种依赖。

对于新兴产业国际化现象，有著名的跳板理论（Luo and Tung，2007）。该理论认为，战略性新兴产业应使用国际化扩张作为跳板，以获取在国内外市场上与全球化竞争对手展开更为有效竞争所需的重要资源，同时规避母国的制度和市场限制。新兴产业的国际化行为是系统化的，它的每一步都是经过深思熟虑的设计来促进企业的增长，最终在全球范围内建立起自身的竞争力。这个过程是循环反复的，新兴市场也会试图凭借积极的、具有前瞻性的，甚至是冒险的收购，以期提升他们的内部能力，进而克服后来者劣势。

与此类似，新兴产业也经常会同时追求多种相互冲突的目标和战略，以努力追赶知名的国际竞争对手（Luo and Rui，2009）。新兴产业的海外投资是一项极具前瞻性的举措，目的是尝试和获取能够弥补自身不足的战略资源。为了生存和发展，与全球竞争对手进行有效竞争，新兴产业不仅需要拥有特有竞争优势，如传统国际化理论所认为的一样，还需要坚持学习思维并使用灵活的战略选择。因此，尽管新兴产业在短期内会通过合作增加外部依赖，以更好地获取创造性资产，但是从长期来看，新兴产业会降低他们对外部的依赖，增加他们塑造环境的能力。

对于新兴产业国际化的以上观点，很好地解释了新兴产业对外直接投资的目的，但也存在一些缺陷。首先，尽管大量研究证据显示新兴经济体企业投资海外的目的是为寻求极具价值的技术或者产业，但相关企业在海外投资之前并不具备特有优势。马修斯的 LLL 框架模型并没能解释为何企业在去海外投资学习的同时，就能够和学习对象成功地展开竞争。其次，任何持有"跳板理论"观点的人都难以解释为什么经过长期时间验证的 OLI 模型的原则，即企业在国际化之前必须拥有所有权优势，并不能解释新兴产业国际化。而且这些观点均暗含了前提的观点，即新兴产业对外直接投资初期，缺乏企业特有优势难以在海外市场上取得竞争优势和国际化绩效。但是，现实中很多新兴产业，比如中国的小米、中联重工、三一重工等诸多企业在进入海外市场之初就积极主动与行业巨头进行竞争，并在一定程度上取得了良好的效果。因此很难说新兴产业在国际化之初并不具备企业特有优势。

本书认为，更为合理的是第三种解释，新兴经济体的跨国企业实际上也拥有所有权优势，但是该所有权优势不同于 OLI 模型中所提出的传统发达经济体跨国企业的所有权优势。事实上，许多新兴经济体已经拥有了市值达到千亿美元的大型企业，这不得不让我们思考这些企业真的不具备所有权优势吗？所有权优势除了表现为先进技术、全球化产业、发达的管理经验，还可以表现为其他形式，至少一些新兴经济体跨国企业也拥有极具价值的所有权优势（Mathews 2006；Luo and Tung 2007；Mathews and Zander 2007；Lindstrand, Eriksson et al. 2009；

Martin 2011)。

　　新兴产业国际化的企业特有优势大致可分为三种。许多新兴经济体跨国企业所拥有的第一种企业特有优势，就是对满足发展中国家消费者特殊需求的产品的开发能力，比如价格成本低、易于维修、多功能，以及适应低质量基础设施等的产品。与此类似，新兴经济体跨国企业还比发达国家的跨国企业更擅长于，使技术和加工适应低成本劳动力丰裕、资本缺乏、投入能力有限的环境背景。以上能力都可成为在低收入国家进行跨国经营的重要基础优势，对新兴市场上的消费者需求更深入的了解，在困难商业环境下经营企业的能力，以低成本生产产品和服务的能力，为当地消费者开发出最具性价比的够好产品等。

　　第二种新兴经济体跨国企业所拥有的企业特有优势，在于它们在成立之初就以全球化视野来进行企业运作，快速追赶技术和采用最佳的实践组织模式。按照这些原则，马修斯（2006）指出在国际市场中"后来者"这一背景本身就代表着企业参与国际化过程的一大优势。作为后来者就意味着企业有机会通过模仿获取先进技术和创新，能够尽快追赶上西方企业。在早期就意识到计划活动的需要，有意识的建立全球化竞争网络，以及通过这些网络获取所需的资源。尽管，以往研究认识到新兴产业的全球化视野带来的特有优势，但是并没有研究进行实证分析验证企业全球化视野对企业向发达经济体扩张产生的影响。同时，全球化视野本身是一个非常大的概念，以往研究并没有对构成企业全球化视野的具体因素做深入细致的分析。

　　第三种新兴经济体跨国企业的企业特有优势，表现为通过采取创新型组织形式和利用建立的国际关系网络，从其他企业优势获取重要资源的战略，建立起自身优势（Mathews 2006；Luo and Tung 2007；Mathews and Zander 2007；Lindstrand, Eriksson et al. 2009）。马修斯（2006）通过分析一组亚洲企业，发现这些企业之所以能够实现快速成功国际化，得益于优秀的组织形式以及来自发达国家和地区的企业伙伴。一些研究还指出，参与全球化网络关系是补充企业现有资源的重要方法。通过参与网络，企业能够提高他们的能力和学习如何进入国际市场。埃兰戈和帕特奈克（Elango and Pattnaik, 2007）通过对800家印度企业组成样本进行分析研究，发现通过在已经建立的网络中进行学习，能够更为容易得提升他们的能力。

　　其他优势还包括，如中国国有企业能够获取廉价的资本，为它们的国际化提供资金支持（Buckley, Clegg et al. 2010）。麦多克和可哈尼（Madhok and Keyhani, 2012）认为，新兴经济体跨国企业以较低成本进行企业经营活动，是一种不可靠的所有权优势的形式。但是，为何以往有研究会认为沃尔玛以较低采购成本进行低价销售就是一种企业特有优势呢？如果说沃尔玛的低价经营可以长时间持续,那么政治稳定的中国政府对一些企业廉价资本的长期注入,一样可以视为能够长时间持续。在对新兴经济体企业的国际化问题进行研究时,对于特定的研究情境并未进行明确的界定。即使是研究对象限定于新兴产业,在不同的情境下,所需的研究内容也不尽相同,本书认为应当从新的理论视角重新审视这个问题。

(四) 组织结构视角

新兴经济体企业进入国际市场,尤其进入发达国家市场时,面临与其较为熟悉的欠发达市场差异性较大的客户需求以及企业运营方式。在新兴产业扩张浪潮兴起的同时,世界经济全面进入互联网时代,重塑了人们的生活方式,并且影响了世界大部分国家运营与管理商业的方式,其中也包括新兴市场国家(Luo and Tung 2007)。且这种环境变化的趋势正不断加快。网络技术在发达市场的运用更为广泛,为当前来自新兴市场国际化的企业带来了机遇和挑战。新兴经济体国家的企业在全球环境中参与竞争,要应对大量的数据与信息流。在进入发达国家市场时,面临着更为显著的不确定性。在面临外部环境的不确定性时,可以选取合适的组织结构来与环境进行匹配。

组织结构定义为责任与权力的分配方式,以及组织成员及组织自身如何执行工作流程。组织结构界定了权利和责任是如何进行分配的,以及组织内部如何划分与协调工作任务,反映了组织根据控制、自主权以及信息传播的程度。

现有文献提出了组织结构的亚维度,达曼普尔(Damanpour, 1991)提出了一些可作为组织结构亚维度的结构变量,包括专业化程度、功能分化程度、职业化程度、正规化程度、中心化程度、垂直差异化程度以及其他文化、过程、资源相关的变量。艾肯和哈格(Aiken and Hage, 1971)采用复杂性、职业化、去中心化、计划内或计划外沟通以及正规化来描述组织结构的特征。杰曼(Germain, 1996)选取专业化、去中心化以及整合这三个亚维度来分析组织结构对创新物流方式选取的影响。维克里等(Vickery et al., 1999)在其研究中,关注于正式控制、去中心化的运营、层级以及控制范围等,探讨了产品定制化与组织结构间的关系。纳姆等(Nahm et al., 2003)选取层级数、水平整合的程度、决策制定的轨迹、正规化及沟通水平五个维度,研究组织结构对基于时间生产及生产绩效的影响。罗德和施罗德(Rode and Schroeder, 2010)以组织结构的亚维度为基础,进一步提出有机的组织结构对企业持续的改善与学习的影响。相关研究并未对组织结构亚维度的观点达成一致,在研究中选取的变量各异,并且经常对含义相近的变量采用不同的命名。灵活的组织结构会提升企业竞争力,对于国际化的企业来说,尤为重要。以往文献通过案例分析等形式,得到了相关结论,但仍需进一步通过实证研究进行验证。

整体而言，相关研究就战略性新兴产业如何进入国际市场并提升中国战略性新兴产业的核心优势仍然缺乏明确回答。不论是进入模式、进入时机还是行业协作，相应的规范、实证研究仍然沿用了传统行业的研究概念和研究范式，相关的研究结论也受到一定的限制。因此，挖掘战略性新兴产业与传统行业的差异性特征，进一步凝练战略性新兴产业进入国际市场所面临的特殊问题是下一步研究需要努力的方向。

第三节 战略性新兴产业研究文献述评

在过去的 20 年里，许多新兴经济体国家，如俄罗斯、巴西、印度、中国等，经过市场化改革获得了经济的快速增长，同时也在全球经济中扮演着越来越重要的角色。发展中国家所经历的制度改革，面对愈发激烈的竞争，以及日益增多的国际化机会都促使其国内企业走上国际化道路，以获取建立全球竞争力的重要资源。以中国为代表的战略性新兴产业国际化，正日渐成为企业战略和国际化研究的热点话题。一些来自中国的跨国企业，如华为、联想、中车等，已经对来自发达经济体的竞争对手形成巨大挑战，并不断通过夯实企业技术基础和组织能力，构建战略创新能力。

在战略性新兴产业的国际化不断扩张的背景下，学术研究的关注点也不断多样化，比较典型的主题包括新兴产业的国际化驱动因素、进入模式、增长速度、东道国区域选择等。此外，还有学者对这些新兴市场国际化企业的所有权结构和关系资本，以及他们的国际化绩效等主题进行了研究探索。

一、创新范式

技术经济范式是指在一定社会发展阶段的主导技术结构，以及由此决定的经济社会发展的模式和水平。第五次技术经济范式的内在要求和核心特征已经在导入期逐步形成，当前仍然属于技术变革周期中的重要转折点，属于新技术经济范式的制度重组、范式成熟的重要阶段。通过新的制度创新、范式设计和政策措施，推动和培育战略性新兴产业的成长，是积极应对国际金融危机、实现第五次技术革命由导入期顺利迈进拓展期、引领全球经济走向新一轮黄金增长期的根本途径。准确识别、判断第五次技术经济范式的内在要求、核心特征和发展趋势是推动和培育战略性主导新兴产业发展的基本前提，也是政策设计和制度创新的着眼点。第五次技术经济范式也对战略型新兴产业的国际化提出了以下几个方向：第一，模块生产网络将成为主导的产业组织模式；第二，知识产权和技术标准仍将是产业国际竞争的利器；第三，低碳化、生态化将是战略性新兴产业发展的最基本要求；第四，物联网、智慧城市将成为战略性新兴产业。

二、进入模式

进入模式一般是指企业在进入国际市场时所选择的不同方式，目前国际化进程中企业主要选择的模式包括直接投资和并购。如果企业在国际化的进程中选择并购模式进入国际市场，那么被并购的企业在当地一般具有较好的从业背景和相对独立的企业决策能力。在并购模式下，国际化企业不仅可以比较容易地进入东道国的行业市场和消费者市场，也容易构建企业自身的竞争优势。同时，通过并购进入模式进入东道国市场也存在一定的问题。并购进入模式会在一定程度上阻碍国际化企业总公司的优势资源向子公司转移（Rosenzweig and Singh, 1991; Rosenzweig and Singh, 1994）。如果国际化企业选择直接投资的形式进入东道国市场将不会面临类似的问题。选择直接投资进入东道国市场的企业，在建立子公司时，往往会很好的保存母公司的典型特征，会在一定程度上按母公司的制度章程复制子公司的经营模式。子公司与母公司之间不存在很大的沟通障碍，有利于母公司的优势资源与管理经验很好地向子公司转移。但同时也会在了解本地市场，打造有利的企业发展环境等方面处于劣势。

三、进入时机

进入时机不能简单地理解为企业进入某一产业的时点，而应包括企业选择投资的领域、技术方式以及产品和市场等因素。对于进入时机的探讨就源于技术领域，并逐步扩展到产品、市场与产业等多个方面。早期研究认为，企业选择作为领军者进入产业，还是作为模仿者跟进，取决于其自身的资源基础、组织特征和所面临的产业环境（Luo and Tung, 2007; 刘志阳 and 程海狮, 2010; Madhok and Keyhani, 2012）。从内生因素来看，企业的行业资源、抗风险能力影响着企业进入产业的时机选择。从外生因素来看，行业资金利润率、行业风险、市场准入门槛、最优经济规模、产业集聚状况成为决定企业进入产业的标准。进入时机对企业绩效的影响，即企业率先进入和跟进哪种选择更为有利，一直以来都没有得到一致性的结论。一般而言，先进入者会在一定时期内成为行业的领先者，获得先进入者的优势。早期选择新技术、进入新产业可以使企业获得较高的市场占有率，并驱动企业绩效的提升。后进入者会长期面临市场份额劣势的影响。同时，由于市场、产业的不确定性，先行进入产业也使企业面临较大的经营风险。

四、行业协作

行业协作会形成行业内部以及相关行业间的产业集群。自20世纪90年代以来，产业集群（industrial clusters）作为重要的经济现象，一直是经济学界研究的热点问题。例如，中国打火机生产集中在温州，温州生产的打火机占全球的50%；英国的拍卖业集中在伦敦几条街上；美国的娱乐业集中在好莱坞，赌博业集中在拉斯维加斯；意大利的瓷砖集中在萨梭罗等现象都可归结为集群效应。传统产业集群理论主要研究一般工业产业集群，而以现代服务业、高新技术产业为主体的新兴产业集群已成为当前一个重要的经济现象。波特（Porter，1998）认为，产业集群是指在某一特定区域中，通常以一个主导产业为核心，大量产业联系密切的企业以及相关支撑机构在空间集聚，形成强劲、持续竞争优势的现象。马歇尔（1920）提出三要素理论解释产业集群效应，即劳动力市场共享、中间品投入和技术外溢。波特（2002）认为，竞争力主要取决于创新和升级的能力，而这种创新能力主要来自竞争性产业，以及支持性产业。高竞争力产业集群可以刺激创新，只有创新才能创造并维持集群所必需的竞争优势，通过加入具有竞争力的产业集群，企业可以提升其竞争力。

企业愿意受制度分割约束在某一地区集聚发展，其根本原因在于制度分割收益。例如，政府在城市的某一地方建立高新技术开发区，并规定仅在该区范围内从事高新技术产业的企业可以享受税收、土地价格和财政返还等方面的优惠。以上策略措施就明确提供了区位差别所决定的制度分割收益，从而强迫或诱导高新技术企业在该区域集聚。

产业集聚协作的具体表现为邻近性。邻近性也称为接近性，是指某一网络中的不同主体间所具有的相同或者类似的"群"的特征。通过梳理区域经济地理的有关研究文献，可以将邻近性划分为三种类型：行业邻近性、社会邻近性、地理邻近性。地理邻近性作为邻近性的核心概念，主要是指区域经济内的各创新主体间在空间上的邻近，从而保证各创新主体间能实现比较顺利的交流，避免使距离成为障碍。在熊彼特看来，创新并不是一个孤立的现象，在空间或者时间上也不会均匀分布，创新趋向于集聚，形成集群。同时，创新也不会均匀地分布在整个经济系统之中，而是趋向于集聚在某些部门。在熊彼特之后，很多学者通过实证研究证明了创新活动同其他生产活动一样，具有极强的地理聚集特征。马歇尔早些年就曾强调过，企业地理上相互邻近有利于共享集聚的劳动力市场和原材料及中间品市场,进而共享由集聚产生的技术溢出效应。产业集群本质上是指在一个区域内是否形成了能够促使知识创新及交流的制度体系,以及是否存在同技术进步的良性互动。相似的企业通过集聚形成了一定的纵向和横向联系,为集聚区域内"知识"的交流学习提供了便利。各个创新学派都以硅谷为例,通过研究都表达了较为类似的观点,即各参与主体间在创新中相互交互的学习,在这个过程中,一些企业在地理上的邻近性将会促使该企业获得由创新网络所带来的正外部性。

在知识经济时代,知识已取代资本成为最具战略价值和发展潜力的资源。知识需运用创新获得,通过学习掌握。创新已成为经济发展最重要的驱动力,学习则是最重要的实现途径。处于知识经济时代,产业集群的发展核心在于集群内是否有持续不断的创新能力。产业集群内部所具有的创新能力与集群内的各个参与主体的相互学习,以及知识在各个主体之间的流动密切相关。地理邻近又为参与主体能够方便地交流和学习创造了更加便利的条件。因此,在产业集群创新过程当中,地理邻近有着非常重要的地位。新制度经济学中提到了交易成本概念,交易成本对于解释集群发展与地理邻近之间的密切关系非常重要。交易成本理论的提出者科斯认为,集聚在某一区域内的企业,由于存在着地理上的邻近性,企业相互之间的交流便利,减少了交易双方信息不对称的问题及交易中的机会主义,能极大降低企业在寻求相关市场信息的成本,有效降低交易双方的交易成本。

区域经济的发展并不单纯的是技术推动、劳动、资本的一个过程,它是一个复杂的经济、技术与社会等结合的过程,而且会受到各种区域条件和整个宏观环境的影响。如今,有关区域经济研究的文献越来越多地倾向于从创新的角度出发,强调区域经济发展过程中,所受到的各种因素的相互影响和相互作用。伴随着创新经济学的进一步发展,地理邻近性在理论中也得到了更多的重视。区域创新活动本身具有很强的路径依赖,带有较为显著的地方化特征,因而地理邻近性的分析角度对知识的学习、创新以及区域经济的发展具有相当重要的推动作用。马歇尔在早年就曾强调过,企业地理上相互邻近有利于共享集聚的劳动力市场和原材料及中间品市场,进而共享由集聚产生的技术溢出效应。地理邻近的概念深刻地影响了区域创新的发展。不管是何种层面上的创新,学习、知识和创新三者都是天然联系在一起的。产业集群创新是各个相关主体在区域层次上的相互交流和学习的过程。产业集群的学习过程是在产业集群的背景下,聚集在集群内的企业同集群内的其他参与组织互动,实现知识的传递、积累和创新。

虽然战略性新兴产业的研究吸引了国内外大量学者的关注,并取得了一定的研究成果,但对于如何进一步推进战略性新兴产业的国际化进程,仍有较大的理论探讨空间。整体而言,当前对战略性新兴产业的研究仍主要聚焦于战略性新兴产业的"内炼",而对战略性新兴产业的"外修"关注较少。虽然在国家层面已经引起政府的高度重视,然而相应的理论研究却并未紧随其步伐。现有文献对战略性新兴产业国际化进程中出现的问题关注不足,相关的研究多以规范性研究为主,对指导战略性新兴产业进入国际市场操作性意义并不明显。

一是如何提升战略性新兴产业的创新动力和机制研究不足。我国的优势在于拥有巨大的市场,用户基数大,但如果国内企业的技术规则缺乏创新性和先进性,即便是上升为国家标准,在进入国际标准时也会遇到较大的阻力。目前的战略性新兴产业中,光伏产业由于核心模块的创新能力较低,技术均是从国外引进,因而无法在国际标准制定中获得话语权。国家必须采取包括鼓励产学研在内多种手段加强对核心技术模块的研发支持,解决国际标准竞争中核心技术能力低下的短板问题。如何引导战略性新兴产业在国际化进程中,提升企业的创新研发能力,同时保护企业的研发成果和知识产权,以进一步提升企业的研发动力,也是提升战略性新兴产业国际化进程的最重要环节之一。

二是对战略性新兴产业在全球价值链分工与地位提升方面的研究尚显缺乏。战略性新兴产业参与国际同行竞争态势中,虽部分行业与国际同行相比保持领先优势,但整体而言,仍然存在创新速度环境、技术发展落后的问题。部分行业在参与战略性新兴产业国际合作的过程中,因为处于国际产业价值链的底端,受到外国同行企业的排挤,在行业地位和知识分享过程中仍然缺乏足够的话语权。因此,就如何提升我国战略性新兴产业在全球价值链的分工地位还需要进一步深入研究。

三是战略性新兴产业国际化市场拓展形式单一。战略性新兴产业提出的时间较短,在国际化战略步伐上迈出的时机也较晚,整体上国内学者对中国战略性新兴产业的国际化市场拓展战略研究不足。对于战略合作伙伴的选择、合作的形式模式、拓展的渠道建立等不同形式的市场拓展选择问题,仍然缺乏足够的理论支撑。

四是战略性新兴产业国际化行业协作分析不足。战略性新兴产业最大的特征之一即系统性,系统性除了体现在行业内部的联动,还体现在国际协作的外部溢出效应。如何有效建立战略性新兴产业间的国际合作机制,也是之前理论研究有待加强的领域。

五是战略性新兴产业国际化进程仍然缺乏动态性的视角分析。中国战略性新兴产业起步时间相对较晚,部分行业发展水平也较美、日、韩等国家落后,因此对待不同行业的国际化战略,应采取不同的战略规划,市场拓展、产业建立、市场维护、竞争力提升等发展措施也应有不同的战略层面考虑。然而,当前对战略性新兴产业国际化的研究多以行业静态性的分析为主,缺乏动态性的思考。

六是相关研究结论缺乏实证性研究的补充和完善。中国战略性新兴性产业的发展不仅需要制度层面的宏观调控，还要有科学的理论为行业的发展提供支撑。当前对战略性新兴产业的发展仍然多以规范性研究为主，大量的经验性判断转化为可推广的科学结论，仍然需要学者和研究人员进行实证探讨。

第二章

中国战略性新兴产业国际化发展现状

第一节 战略性新兴产业发展背景

一、战略性新兴产业发展的国际背景

从国际上看，随着发达国家步入后工业时代，国家经济发展回归实体经济的意义及呼声愈发明显。随着产业结构的不断调整，发达国家已迈入了以知识和技术为主导的后工业时代。但2008年的金融危机使世界经济遭受了20世纪30年代大萧条以来最严重的挑战，面对日益突出的能源和环境问题，以美国为首的西方国家开始重新审视如何在后工业化时代发展实体经济的问题。美国为首的西方国家提出了"回归实体经济"的战略计划，即重振制造业或"再工业化"。卡萝塔·佩雷丝（Carlota Perez）[①] 指出，经历了21世纪的金融危机，经济的发展必须要回到实体经济中。此次危机重新引发了政府通过产业政策拯救陷入危机中的企业，并引导产业发展的新高潮。与前几轮科技革命不同，新的科技革命涉及范围广泛，科技成果也不仅限于少数国家独享。人类正处于新科技革命爆发的前

---

① 卡萝塔·佩雷丝为《技术革命与金融资本——泡沫与黄金时代的动力学》一书的作者。

夜，其影响将是巨大而深远的。新一轮科技革命能够惠及价值链上各个分工层次的不同国家，不论是占据强势地位的工业化大国，还是致力于民族产业升级的发展中国家。在发展战略性新兴产业方面，全球各个国家处在同一起跑线上（牛少凤，2013）。金融危机让美国、欧盟等发达国家将注意力转向战略性新兴产业，并以强有力的政策进行支持。在美国，前总统奥巴马上台之后，大力发展电动汽车产业，采取一系列补贴、减税、政府担保贷款等措施，累计投放140亿美元的财政经费支持产业发展。科研投入占比提高到GDP的3%，力图在新能源、基础科学、干细胞研究和航天等领域取得突破，并两次提出美国科技的主攻方向，包括节能环保、智慧地球等。特朗普总统上台后，更是直接采用关税壁垒、技术封锁等形式，为美国国内高新技术产业回流发展站台。欧盟宣布到2013年以前将投资1 050亿欧元发展绿色经济，保持在绿色技术领域的世界领先地位。英国从高新科技特别是生物制药等方面，加强产业竞争的优势。日本重点开发能源和环境技术。俄罗斯提出开发纳米和核能技术。发达国家重视新能源产业发展，积极开发新能源，其中包括太阳能、风能、核能生物燃料等。

我国国内经济也受到这场经济危机的猛烈冲击，外部需求萎缩，产能过剩凸显，一些行业企业生产经营困难，失业人员增多，经济增速明显下滑。转变经济发展方式、调整经济结构的任务面临严峻考验，明确我国经济的未来走向成为一个十分重要的问题。2009年11月3日，温家宝总理在向首都科技界的讲话《让科技引领中国可持续发展》中，完整表述了大力发展战略性新兴产业、争夺经济科技制高点的战略构想，并将新能源、新材料、生命科学、生物医药、信息网络、空间海洋开发、地质勘测七大产业纳入我国战略性新兴产业的范畴。中国战略性新兴产业的提出有三大背景，一是新一轮世界科技革命与产业革命在全球范围内初露端倪，带来的"五大战略机遇[①]"；二是各主要发达国家纷纷研究制定新兴产业的发展战略，并积极展开布局，形成的竞争态势激烈；三是我国长期保持现有经济社会良好发展势头，以及进一步增强国际竞争优势所面临的迫切需要（于新东、牛少凤，2013）。从国内经济社会发展阶段来看，发展战略性新兴产业是破解资源约束、突破发展瓶颈、实现产业结构优化升级和发展方式根本转变的重大战略举措；从国际政治经济竞争格局来说，发展战略性新兴产业是重新站位、跨越发展、实现中华民族伟大复兴的重大战略举措。

---

① 五大战略机遇的提法来自《光明日报》2012年7月27日的文章《我国面临"五大战略机遇"和"四大挑战"》，即和平发展的战略机遇、互利合作的战略机遇、发展中国特色社会主义的战略机遇、加快科技创新的战略机遇、参与国际关系重组的战略机遇。

二、战略性新兴产业发展的国内政策背景

由于战略性新兴产业自身产业规模持续壮大，因而成为经济社会发展的新动力，起到战略引领作用。国家《"十三五"国家战略性新兴产业发展规划》中明确提出，到2020年，战略性新兴产业增加值占国内生产总值的比重达到15%，形成新一代信息技术、高端制造、生物、绿色低碳、数字创意5个产值规模10万亿元级的新支柱。创新能力和竞争力明显提高，形成全球产业发展新高地。攻克一批关键核心技术，发明专利拥有量年均增速达到15%以上，建成一批重大产业技术创新平台，产业创新能力跻身世界前列，在若干重要领域形成先发优势，产品质量明显提升。到2030年，战略性新兴产业发展成为推动我国经济持续健康发展的主导力量，我国成为世界战略性新兴产业重要的制造中心和创新中心，形成一批具有全球影响力和主导地位的创新型领军企业。因此，国家、地方从各个政策层面对战略性新兴产业的发展给予了支持。主要政策文件分为三类，一是规划支持，从国家到地方都有明确的战略性新兴产业规划，明确了发展目标，以及发展路径；二是创新支持，由于战略性新兴产业天然的创新属性，政策从知识产权保护、创新创业等方面也有具体措施；三是资金支持，主要是专项资金投入、税费优惠减免等方面的政策。

相关战略性新兴产业的提法，可追溯到1992年中国改革开放后对产业的布局。但从产业发展的成熟度，以及取得概念提法的共识来看，更多地认为是2009年7月的经济形势座谈会。在此之前，也有相关概念散见于各类会议及文件精神之中，但总体来看，没有明确概念构成，也没有系统的产业布局思考。由于相关文件涉及国家、地方，以及政府各个部门，文件、政策、会议等信息数量众多，内容庞杂，很难详尽列举并描述发文等方面的信息。因此，考虑到战略性新兴产业提出的时间，以及关键的政策来源，以下文件政策信息仅列举讨论了2009年至今的国务院、国家发改委相关的文件，具体列表见表2-1。

表2-1　　　　　国家战略性新兴产业相关政策简况表

序号	时间	会议或文件	备注
1	2009年7月7日	国务院经济形势座谈会	提出战略性新兴产业概念
2	2010年10月10日	《国务院关于加快培育和发展战略性新兴产业的决定》	基础性文件，后期产业发展文件的重要依据

续表

序号	时间	会议或文件	备注
3	2011年7月23日	《国家发展改革委关于印发鼓励和引导民营企业发展战略性新兴产业的实施意见的通知》	推动民营企业进行战略性新兴产业,释放企业、市场的活力
4	2011年9月8日	《关于促进战略性新兴产业国际化发展的指导意见》	一是提高战略性新兴产业各环节的国际化发展水平;二是提高战略性新兴产业国际化发展能力;三是营造国际化发展的良好环境,完善支撑保障体系;四是夯实战略性新兴产业国际化发展的国内基础
5	2012年4月28日	《国务院办公厅转发知识产权局等部门关于加强战略性新兴产业知识产权工作若干意见的通知》	明确战略性新兴产业知识产权的工作思路和目标,做好战略性新兴产业知识产权工作,促进战略性新兴产业发展
6	2012年7月9日	国务院《"十二五"国家战略性新兴产业发展规划》	加快培育和发展节能环保、新一代信息技术、生物、高端装备制造、新能源、新材料、新能源汽车等战略性新兴产业
7	2012年12月31日	关于印发《战略性新兴产业发展专项资金管理暂行办法》的通知	规范战略性新兴产业发展专项资金管理,提高资金使用效益
8	2013年2月4日	战略性新兴产业发展部际联席会议第一次会议	全面推进落实培育发展战略性新兴产业工作,以部际联席会议制度为纽带,统筹谋划,着力推动重大技术突破、成果转化、市场应用、重大政策突破,推动产业持续健康发展
9	2013年2月22日	《战略性新兴产业重点产品和服务指导目录》	对产业产品、服务类别目录进行明确,方便国家、地方进行政策发布、产业布局
10	2014年4月29日	战略性新兴产业发展部际联席会议第二次会议	通过了"培育发展战略性新兴产业工作2013年主要进展及2014年重点任务""2014年培育发展战略性新兴产业工作的重点任务"等文件报告

续表

序号	时间	会议或文件	备注
11	2014年5月	国家发改委办公厅、财政部办公厅《关于组织实施战略性新兴产业区域集聚发展试点的通知》	在2012年对江苏、安徽、湖北、广东、深圳五省市开展的战略性新兴产业区域集聚发展试点工作的基础上，继续实施试点工作，将具有突出优势和发展潜力的领域作为集聚方向
12	2015年3月16日	战略性新兴产业发展部际联席会议第三次会议	培育发展战略性新兴产业2014年工作总结及2015年工作安排
13	2015年3月31日	国家发展改革委办公厅关于印发《战略性新兴产业专项债券发行指引》	加大债券融资方式对相关产业的支持力度，拉动重点领域投资和消费需求增长，为增强战略性新兴产业支撑作用，培育新的增长点
14	2015年5月27日	国家发改委等四部委联合印发《培育发展战略性新兴产业2015年工作安排》	落实创新驱动发展战略，加强技术和知识产权、人才支撑，创新财税金融支持方式，重点领域出台针对性政策措施，提高国际化发展水平
15	2015年5月28日	华东7省市党委主要负责同志座谈会	习近平指出着力培育战略性新兴产业，加快形成以创新为主要引领和支撑的经济体系和发展模式
16	2016年2月22日	战略性新兴产业发展部际联席会议第四次会议	讨论《"十三五"国家战略性新兴产业发展规划（思路讨论稿）》和《关于加大战略性新兴产业企业投融资支持力度的若干意见（征求意见稿）》
17	2016年12月19日	国务院《"十三五"国家战略性新兴产业发展规划》	对"十三五"期间我国战略性新兴产业发展目标、重点任务、政策措施等作出全面部署安排。
18	2017年1月25日	《战略性新兴产业重点产品和服务指导目录》	针对"十三五"国家战略性新兴产业发展规划，结合当前国内、国际经济发展情况，对目录进行调整明确
19	2017年12月23日	全国发展和改革工作会议	加快培育形成新动能主体力量，布局建设综合性国家战略新兴产业创新中心，设立国家战略新兴产业发展基金，全面实施相关产业倍增战略工程

2009年3月，国务院出台《关于发挥科技支撑作用促进经济平稳较快发展的意见》，推出加快实施重大专项、为重点产业振兴提供科技支撑、支持企业提高自主创新能力等六项科技支撑措施，实施加大财政投入、加强科技人力资源建设等四项保障政策。

2009年5月13日，中央财政预算计划2009年安排328亿元、2010年安排300亿元左右，带动企业投资，主要推动高档数控机床与基础制造装备、大型飞机等11个科技重大专项的实施。同时启动实施一批自主创新产品规模化应用示范工程，加快实施技术创新工程，培育新的经济增长点。6月5日，《促进生物产业加快发展的若干政策》公布，就加快培育生物产业提出了"加大财税政策支持力度"等33项措施，旨在将生物产业培育成高技术领域的支柱产业和国家的战略性新兴产业。

2009年7月7日和9日，国务院两次召开的经济形势座谈会提出，要支持和推进新能源、生物医药、第三代移动通信、"三网融合"、节能环保等战略性新兴产业的技术研发和产业化，创造新的市场需求，培育新的经济增长点。"战略性新兴产业"的设想一提出，立即引起海内外广泛关注。

2009年11月3日，温家宝总理在《让科技引领中国可持续发展》的讲话中指出了中国战略性新兴产业的选择标准和方向，并特别指出，要着力突破传感网、物联网关键技术，尽早部署后IP时代相关技术研发，使信息网络产业成为推动产业升级、迈向信息社会的"发动机"。2009年12月，中央经济工作会议再次对战略性新兴产业发展作出部署，要抓紧研究提出培育我国战略性新兴产业的总体思路，强化政策支持，加大财政投入，培育新的经济增长点。

2009年12月27日，温家宝总理在中南海紫光阁接受新华社专访时说，每一次国际金融危机都会带来一场科技革命和大变革，中国开始考虑对产业的科技支撑，着手研究培育新的经济增长点，特别是战略性新兴产业。在无锡中科院物联网研究所调研后，连续召开三个战略性新兴产业发展座谈会，科技、经济和企业方面的人士参加，来研究中国的战略性新兴产业。除了发挥诸如装备制造业我们传统的优势以外，还应该大力发展互联网、绿色经济、低碳经济、环保技术、生物医药，这些涉及未来环境和人类生活的一些重要领域，比较系统地提出我国战略性新兴产业未来发展的方向，把它同"十二五"规划紧密地联系在一起。到2015年，主要战略性新兴产业增加值占我国国内生产总值的比重将达到8%，到2020年将上升至15%，而目前这一比重连2%都不到。

2010年9月8日，国务院常务会议审议并原则通过《国务院关于加快培育和发展战略性新兴产业的决定》，确定了7个产业发展的重点方向、主要任务和扶持政策。坚持发挥市场基础性作用与政府引导推动相结合，科技创新与实现产业化相结合，深化体制改革，以企业为主体，推进产学研结合，把战略性新兴产业培育成国民经济的先导产业和支柱产业（王晓易，2010）。

2011年9月8日，商务部、国家发展改革委等10部门印发《关于促进战略性新兴产业国际化发展的指导意见》，按照加快培育和发展战略性新兴产业的总体要求，把国际化作为推进战略性新兴产业发展的重要途径，增强自主创新能力，加大政策扶持力度，明确国际化发展方向，鼓励和引导企业积极开拓国际市场，利用好全球创新资源，推动战略性新兴产业国际化进程。

2012年4月28日，国务院办公厅转发《知识产权局等部门关于加强战略性新兴产业知识产权工作若干意见的通知》，从知识产权的保护、创造等角度，出台了支持战略性新兴产业发展的意见。坚持市场驱动与政府引导相结合、分类指导与重点突破相结合、先行先试与辐射带动相结合的原则，促进知识产权创造，推动知识产权转化运用，提高企业知识产权管理水平，着力优化知识产权保护环境，有效推动企业运用知识产权实现创新发展，稳步构筑知识产权比较优势，为战略性新兴产业快速健康发展提供有力支撑。

2012年7月，国务院印发《"十二五"国家战略性新兴产业发展规划》，成为中国在本轮国际金融危机背景下，继4万亿元投资和十大产业振兴规划之后又一轮刺激经济的方案。在"十二五"规划编制中，将战略性新兴产业的编制作为重点，明确了产业的发展方向、战略重点和重大工作举措。

2013年2月4日，召开战略性新兴产业发展部际联席会议第一次会议。该部际联席会议由国家发改委、财政部、科技部、工信部、教育部等23个部门共同参与，截至目前共举行了四次会议，旨在解决战略性新兴产业发展中遇到的实际问题，保证部际间的协调联动，确保工作的全局性、科学性，对前一阶段工作进行总结，后一阶段工作进行安排。日常工作由部际会议联络员协调完成，是目前战略性新兴产业发展具体工作的推动机制。

2013年2月22日，国家发改委发布《战略性新兴产业重点产品和服务指导目录》，依据《国务院关于加快培育和发展战略性新兴产业的决定》确定的七个产业、24个发展方向，进一步细化到近3 100项细分的产品和服务。其中，节能环保产业约740项，新一代信息技术产业约950项，生物产业约500项，高端装备制造产业约270项，新能源产业约300项，新材料产业约280项，新能源汽车产业约60项。发布《指导目录》的作用在于将战略性新兴产业的具体内涵进一步细化，更好地引导社会资源投向，开展培育发展战略性新兴产业工作。

2014年5月，国家发改委办公厅、财政部办公厅发布《关于组织实施战略性新兴产业区域集聚发展试点的通知》，主要是总结前期试点经验，继续实施试点工作，并支持有潜力、有特色的领域形成优势。在国家于2012年对江苏、安徽、湖北、广东、深圳五省市开展的战略性新兴产业区域集聚发展试点工作的基础上，继续在全国其他省市组织实施战略性新兴产业区域集聚发展试点工作，以地方战略性新兴产业发展规划提出的重点核心产业为基础，在新一代信息技术、生物、高端装备制造、新材料4大产业领域选定1~2个具有区域特色、突出优势和发展潜力的子领域作为集聚方向。

2016年11月29日，国务院印发《"十三五"国家战略性新兴产业发展规划》，战略性新兴产业代表新一轮科技革命和产业变革的方向，是培育发展新动能、获取未来竞争新优势的关键领域。"十三五"时期，要把战略性新兴产业摆在经济社会发展更加突出的位置，大力构建现代产业新体系，推动经济社会持续健康发展。积极适应把握引领经济发展新常态，牢固树立和贯彻落实创新、协调、绿色、开放、共享的发展理念，紧紧把握全球新一轮科技革命和产业变革的重大机遇，培育发展新动能，推进供给侧结构性改革，构建现代产业体系，提升创新能力，深化国际合作，进一步发展壮大新一代信息技术、高端装备、新材料、生物、新能源汽车、新能源、节能环保、数字创意等战略性新兴产业，推动更广领域新技术、新产品、新业态、新模式蓬勃发展，建设制造强国，发展现代服务业，为全面建成小康社会提供有力支撑。规划也明确指出战略性新兴产业要坚持开放融合，打造国际竞争力。

2017年2月4日，国家发改委发布《战略性新兴产业重点产品和服务指导目录》2016版，对上一版进行了修订，修订后的目录涉及战略性新兴产业5大领域8个产业（相关服务业单独列出）、40个重点方向下的174个子方向，近4 000项细分产品和服务。

第二节　战略性新兴产业国际化发展的必然性

2015年5月，习总书记在浙江调研期间，强调要着力培育战略性新兴产业，加快形成以创新为主要引领和支撑的经济体系和发展模式，为战略性新兴产业发展指明了方向。早在2009年12月5日，国家主席胡锦涛在中央经济工作会议上，就提出要发展战略性新兴产业，推进产业结构调整。2012年7月9日，国务院印发的《"十二五"国家战略性新兴产业发展规划》，提出到2020年，力争使战略性新兴产业成为国民经济和社会发展的重要推动力量，增加值占国内生产总值比重达到15%，部分产业和关键技术跻身国际先进水平。

战略性新兴产业受到了中央、地方等各级政府持续不断的政策支持，国内以高端装备制造、新能源、生物、信息等为代表的相关行业发展迅速。学界和业界在产业本身的战略性、创新性、关联性等特征上都达成了共识，但对于如何发展战略性新兴产业仍缺少必要的理论支持。战略性新兴产业概念提出的理论基础，为新技术经济范式下科技革命与产业发展间关系的判断。认为核心技术的快速发展，会推动产业的大变革，通过密集的资本、技术、资源投入，可占据产业制高点，激发经济增长的内生动力，逐步在国家层面形成产业主导、市场领先的竞争优势。虽然战略性新兴产业本身都具有先导性、前瞻性等特点，但具体到国内目前明确的七大产业自身又有不同的发展基础，战略性新兴产业很难提炼出一般化的具体理论指导。从国内、国外相关产业的发展实际来看，国内发展较好的，高端装备制造业的代表中国南车集团、生物医药产业的代表当代集团、信息产业的代表浪潮集团等企业的运营来看，国际市场的营收都占到50%左右，市场基础与技术合作都是"两头在外"。从新加坡的生物医药、韩国的信息技术、巴西的生物燃料等新兴产业发展来看，其快速发展的基础仍为国际化，以本国优势资源为依托，强化与发达国家的技术合作，着重开拓全球市场，迅速形成产业优势，是以上产业快速发展的一致路径。

国际化对产业发展的促进作用，从微观层面的企业绩效来看，主要有两个方面。一是从市场角度来看，规模经济效应会被强化。国际化水平的提升可以让相关企业，更好地调配整合内外部资源，将企业核心能力应用于国际市场，弱化市场波动以及商业周期带来的经营风险，获得规模经济效应；二是从创新角度来看，学习效应会增强。国际化会为企业搭建全球范围内的协作平台，企业能够从更为广阔的市场，接触到新的技术、市场等方面的知识，并用于实践，从而提升企业的创新质量与速度。作为发展中国家，我国要发展战略性新兴产业，重点要突破的问题，就在于市场扩展与技术创新。一方面，我国现有市场的培育发展，仍不足以支撑产业发展的市场基础，亟须向国际市场拓展。战略性新兴产业对经济社会和国家安全具有重大和长远的影响，会成为国家未来经济支柱的定位，也决定了其发展一定是面向全球的市场竞争。另一方面，相对于西方发达国家，我国现有产业基础仍显薄弱，加之战略性新兴产业技术创新要求更高，需要技术与产业的深度融合，很多技术、模式上的变革都需要通过寻求跨国联盟合作、加速创新的实现。同时，从战略性新兴产业竞争来看，很多行业标准层面的竞争，也需要更多的国外企业支持。因此，发展战略性新兴产业，国际化一定是必由之路。

第三节 战略性新兴产业国际化发展现状

我国战略性新兴产业处于起步阶段,很多战略性新兴产业的发展都得益于我国政府的大力支持。从整体来看,我国战略性新兴产业的相关企业成立时间并不长,平均约为 12 年,而企业推动国际化不到 9 年(汪涛、雷志明等,2017)。大部分企业进入国际市场的时间还不到十年,缺乏国际化经验,创新能力和产业竞争力较弱,同时还面临着产业、技术和市场环境的不确定性(龚惠群、黄超等,2011),我国战略性新兴产业的国际化发展还需要进一步去探索,以积累国际化经验,寻求创造性资产,应对国际市场的不确定性与风险(贺正楚、吴艳,2011)。同时,从企业发展成效来看,我国战略性新兴企业国际化发展迅速,企业国际化程度取得了较大进步,达到了 42.8%,远高于其他产业,尤其是信息技术产业,国际化程度平均在 80% 左右。

一、国际化发展成效

近年来,战略性新兴产业积极实施"引进来"与"走出去"战略,在进出口贸易、外资利用、跨境并购、海外建厂、对外工程承包、服务外包、国际联合研发等方面的国际化水平显著提升,实现了战略性新兴产业国际合作的深化与国际竞争力的提升(张威、崔卫杰等,2017)。

战略性新兴产业实施积极的出口促进战略,多数领域进出口贸易呈现快速增长态势。"十二五"期间,高新技术产品进出口贸易总额由 2010 年的 7 784 亿美元增长到了 2015 年的 10 934 亿美元,年均增长 7.0%,高于全国进出口贸易增速 1.1 个百分点,高于全球高新技术产品贸易增速 5.3 个百分点。其中,有 7 大技术领域产品出口增速超过了 10%,分别是航空航天技术、光电技术、生命科学技术、生物技术、电子技术、计算机集成制造技术,以及其他技术(盛来运,2015)。同时,重点产品出口也实现了多个突破。中国北车于 2011 年获得法国罐车的轨道交通装备整车订单。2014 年 9 月 10 日,中国南车株机公司获签 3 亿元印度新孟买 1 号线地铁车辆及维保订单,这是中国南车继孟买 1 号线、新德里古尔冈线后第三条印度地铁车辆订单,也是中国南车首次获得印度地铁维保订单,成功将"制造+服务"的地铁"4S"店模式复制到南亚大陆。2014 年 10 月 20 日,中国北车与中国铁建组成的联合体,与泰国国家铁路公司签署了 115 辆米轨铁路客车项目合同，首次出口不锈钢米轨（1 000 毫米宽轨道）干线铁路客车。2014 年 10 月 22 日，美国马萨诸塞州交通局（MBTA）正式批准，将向中国北车采购 284 辆地铁车辆，装备波士顿红线和橙线地铁，这是中国轨道交通装备企业在美国面向全球招标中首次胜出登陆美国，首次实现亚洲、欧洲、非洲、北美洲、南美洲、大洋洲六大洲的全球覆盖（严冰，2014）。2014 年 11 月 30 日，中国为马来西亚生产的世界运营速度最高的米轨动车组在南车株洲电力机车有限公司下线，这也是中国第一次出口最高速度的米轨动车组。中国轨道交通装备出口实现了由配件出口到整车出口、由中低端产品到高端产品、由欠发达市场到发达市场的三大转变，极大提升了中国轨道交通装备的国际品牌形象，推动了中国高端装备企业走向全球。比亚迪电动巴士 K9 于 2015 年上半年成功登陆日本京都，首次进驻日本市场成为首次进入日本市场的中国汽车品牌。2014 年 9 月，江淮汽车在合肥港举行出口美国首批 100 辆和悦 iEV 纯电动汽车发运仪式，实现了中国纯电动汽车海外发达市场的规模投放。

战略性新兴产业吸引外资的水平稳步提升，逐步成为新的外商投资亮点，外商投资产业结构进一步优化。2014 年 5 月，拥有 26 年历史、总部位于比利时的玛瑞斯公司在上海成立研发公司，成为最早进入中国的国外 3D 打印公司之一。6 个月后，又成立其中国首家分公司。玛瑞斯进入中国市场后，主要服务于医学及工业领域。目前，该公司已经与上海第九人民医院、上海儿童医院等合作成立研究中心，有数十家合作伙伴。再如，全球机器人四大巨头之一的库卡公司于 2012 年在上海开设德国以外的首家海外工厂，生产出的工业机器人、控制台，主要用于汽车焊接以及组建等工序。该工厂年生产能力达 5 000 台，占库卡全球生产总量的 1/3。

战略性新兴产业通过并购活动积极参与国际竞争，跨境并购步伐不断加快，并购标的企业所在国从传统的资源型国家向发达国家转变，并购目标从过去扩大规模式的并购向获取技术、市场、品牌渠道等转变。"十二五"期间，中航工业抓住金融危机带来的机遇，积极融入世界航空产业链，并购奥地利 FACC 公司、通用飞机制造商美国西锐公司、美国耐世特汽车零部件公司等一批海外企业，有效拓展了产业链，促进了中航工业全产业链、全价值链发展，极大提升了中国航空工业在世界航空产业链中的地位。截至 2015 年，中航工业共完成海外并购案例 14 项，并购对象均来自发达国家。中航工业境外收入保持稳定增长，由 2011 年的 431 亿元增加到 2015 年的 753 亿元，年平均增幅为 10%。其中境外企业占比逐年增加，增幅较大。同时，通过海外建厂进入国际市场，以新能源、新能源汽车和高端制造等为代表的企业依靠技术研发和生产管理等比较优势，加快推动跨境生产，为有效应对经贸放缓压力和结构转型升级压力发挥了积极作用。在铁路装备制造领域,中国铁路装备首个海外制造基地,位于马来西亚的东盟制造中心于 2015 年 7 月 9 日正式建成投产。马来西亚由此成为东盟第一个拥有轨道交通装备产品制造能力的国家。东盟制造中心具备每年制造 100 辆动车组的能力,并兼具电力机车和轻轨车辆等全系列轨道交通装备制造能力。中车株洲机车公司在马来西亚也实现了由产品输出向产品加技术、加服务、加投资输出的转变,马来西亚已成为其在海外发展的桥头堡。在新能源领域,晶科能源在马来西亚布局海外第一家电池片生产基地,晶澳太阳能在马来西亚、印度等地建设海外发展组件生产基地,天合光能拟在印度建设电池及组件制造基地。在新能源汽车领域,中国自主研发的汽车以 CKD[①] 的方式进行海外生产,比亚迪在北美大巴及电池工厂于 2013 年在加州兰卡斯特市落地。

中国战略性新兴产业的对外工程承接能力不断增强,集群式、抱团式"走出去"现象增多,海外市场业务规模不断取得新突破,新签合同额大幅增加,涌现出大批工程承包合作项目。"十二五"期间,交通运输建设业务受益于政府互联互通政策的推动及铁路工程自身实力,市场海外开发不断取得突破,业务发展步伐明显加快,合同额由 2009 年的 298.2 亿美元增长至 2015 年的 546.8 亿美元,合同额占比由 2009 年的 23.6% 增长至 2015 年的 26%。2015 年公路桥梁建设业务新签合同额增长 25.1%,签约巴基斯坦卡拉奇至拉合尔高速公路、澳大利亚悉尼西北高速连接线、孟加拉国达卡高架高速公路项目、哥伦比亚马道斯 PPP[②] 公路项目等多条大型公路项目。"十二五"期内,中老铁路、印尼雅万高铁等项目已正式启动实施,匈塞铁路塞尔维亚段已正式启动,中企参与的联合体中标俄罗斯莫喀高铁项目勘察设计部分。此外,包括俄罗斯、巴西、沙特、波兰、委内瑞拉、印度、缅甸、柬埔寨等在内的多个国家均希望加强与中国在高速铁路以及普通铁路领域的交流和合作。在电力工程领域,得益于新能源发电业务的快速发展,电力工程业务快速增长,合同额由 2009 年的 231.9 亿美元增长至 2015 年的 456.7 亿美元,占比由 2009 年的 18.4% 增长至 2015 年的 21.7%。2015 年,中国企业在境外签约风力发电项目 13 个,合计金额 7.7 亿美元,签约太阳能发电站项目 20 个,合计金额 13.7 亿美元,主要分布在泰国、巴基斯坦等市场,在核电领域参与投资建设了罗马尼亚和英国核电项目,并积极参与南非核电项目。

随着中国知识密集型服务业发展及高端人力资本的加快聚集,与战略性新兴产业相关的服务外包业务快速增长,新一代信息技术、生物医药等领域服务外包成为新的热点,部分细分领域业务增长速度加快,新技术推动服务外包业务趋向

---

① CKD,即以全散件形式作为进口整车车型。
② PPP 即 Public – Private Partnership,指政府和社会资本合作,是公共基础设施中的一种项目运作模式。

多样化发展，带动整体服务外包业务的附加值水平不断提升。在信息技术外包方面，在新一代信息技术的推动下，与大数据、云计算相关、与移动端应用相关的软件研发及开发服务逐渐增多，云计算、大数据、社交网络、移动互联网持续成为信息技术服务外包领域新的增长点。在业务流程外包方面，大数据外包成为创新的热点，随着语言识别、社交网络技术、云计算、位置服务与导航和大数据等新技术的应用，呼叫中心向价值链两端延伸。在知识流程外包方面，知识产权研究、分析学和数据挖掘、医药和生物技术业务增速加快。2014 年，知识产权研究、医药生物技术研发和测试、工业设计的合同金额同比增长分别为 741.4%、79.3%、74.7%，知识产权研究、分析学和数据挖掘、医药和生物技术研发和测试的执行金额分别同比增长 296.1%、179.6%、127.6%。

通过积极引导战略性新兴产业开展国内外联合研发，推动大型企业开展国际研究与创新合作，在新能源、新材料、航天航空、生物医药等产业领域成效显著。在新材料领域，中国已与欧美等发达国家以及诸多发展中国家，共计超过 70 个国家开展合作，组建多个专业化的区域联盟，与各国政府、大型企业和科研机构展开合作。其中，中国与海外科学家发现石墨烯类膜新特性，采用石墨烯和氮化硼等单原子层二维材料作为"质子传导膜"，将使燃料电池更高效、更安全、更环保、更轻薄，其应用领域会极大拓展、应用步伐会明显加快，石墨烯应用迎来又一次突破。中德联合研发出蛋白晶体框架材料，该材料具有很强的灵活性和可变性，有着非常广阔的应用前景。在新能源领域，国内外联合研发能力加强，推动企业合作不断升级。其中，中美清洁能源联合研究中心组织架构基本建立，在几个相关领域中都已取得了阶段性成果。在航空航天领域，中航工业与空客直升机公司对等合作、联合研制的 AC352/EC175 进展顺利，2012 年转入批产阶段，2014 年取得 EASA 型号合格证，并与空客签署 1 000 架合作生产协议；2015 年与法国飞鲸控股公司签署重载飞艇项目战略合作协议；中法对等合作的涡轴 16 发动机进展良好，成功实现首次台架试车；与汉胜公司的 APU[①] 风险合作等项目，均采用双方共同投资、共同研发、共同开发市场和提供客户支持的合作模式。在生物医药领域，中国生物医药企业积极与跨国医药集团合作，如华海与美国公司签订生物药战略联盟及合作经营、合资经营、共同开发及技术许可等协议，加快国内外创新合作进程。

技术研发国际化水平不断提升，在专利申请、境外商标注册及参与国际标准制定等方面均取得了明显成绩。"十二五"期间，国外实用新型专利受理数量、实用新型专利授权数量、外观设计专利受理数量增速分别为 24.8%、27.6% 和

---

① APU 即 Accelerated Processing Units，加速处理器。

7.7%，分别高于国内 2.4 个、7.1 个和 1.5 个百分点；发明专利授权量、外观设计专利授权量呈现加速发展态势，2015 年，上述两项专利授权数量增速分别高达 35.9%和 20.4%，高于"十二五"期间的平均增速。2015 年，中国 PCT 专利[①]申请数量 29 846 件，占全世界总量的比例达到了 13.7%，仅低于美国和日本，位居第 3 位，其中，华为、中兴两个企业所申请的 PCT 专利数量分别为 3 898 件和 2 155 件，分别排名全球第 1 位和第 3 位。2015 年，中国马德里商标申请量 2 401 个，占全世界总量的比例达到了 4.9%，位居第 7 位。中国重点参与制定云计算国际标准正式发布。2014 年 10 月 22 日，由中国等国家成员全体推动立项并重点参与的两项云计算国际标准—ISO/IEC[②]17788：2014《信息技术云计算概述和词汇》和 ISO/IEC 17789：2014《信息技术云计算参考架构》正式发布，这标志着云计算国际标准化工作进入了一个新阶段。同时，战略新兴产业的技术输出能力也在不断提升，重点领域技术输出取得新突破。2012 年底，北斗正式服务于亚太地区并且在泰国、老挝、文莱、巴基斯坦等国成功推广应用；2013 年，在泰国合作建设的地球空间灾害预警系统，被视为中国北斗第一次在国外落地使用；2014 年 4 月，中泰签署文件，进一步促进北斗在泰国应用；2014 年 7 月，中俄拟互设卫星导航站，其中在俄罗斯境内将建设 3 个中国"北斗"系统地面站，中俄合作将打破美国对两国在全球范围内布置导航系统地面监测站的限制；2014 年 9 月，中国卫星导航定位协会（中位协）与新加坡经济发展局签署了《建立卫星导航位置服务卓越创新合作协议》，将在新加坡成立"卓越创新中心"，大力拓展北斗导航的国际应用；2015 年 1 月，北斗导航系统取得进入国际海事领域通行证，被国际海事组织认可为全球无线电导航系统的组成部分，在航海领域运用获得了国际海事的法律地位，与美国的 GPS[③]、俄罗斯的格洛纳斯同样具有向全球海事用户提供服务的国际地位；2015 年 10 月，中国和伊朗达成备忘，中国将向伊朗输出北斗卫星导航系统技术。再比如，在核能技术领域的国际合作也在不断取得突破，2015 年 10 月，中广核和法国电力集团正式签订了英国三大新建核电项目的投资协议，中国自主研发的三代核电技术"华龙一号"向西方发达国家出口将实现零突破；2015 年 11 月又签下价值约 72 亿欧元的罗马尼亚核电项目协议（张威、崔卫杰等，2017）。

---

① PCT 即 Patent Cooperation Treaty，专利合作条约，是有关专利的国际条约。
② ISO 即国际标准化组织。IEC 即国际电工委员会，负责有关电气工程和电子工程领域中的国际标准化工作。
③ GPS 即全球定位系统。

二、国际化发展问题

对于中国的很多产业来说,"走出去"战略的实施一直都不是很顺利。而对于强调"战略性"与"新兴"两大特点的产业来说,更是有三个障碍需要跨越。

一是中国企业核心品牌资产缺失,造成了市场竞争中的弱势。由于国外产业链发展相对成熟,战略性新兴产业的发展仍由过去的强势企业承担,这些企业多年来营造的核心品牌优势,会很容易移植到新的业务上,资源上也可以进行共享。国内相关企业在国际市场上更多还是"新兵",加之战略性新兴产业涉及的领域,都是影响国计民生的重大领域。特别是大型的政府采购,决策者需要长时间酝酿平衡,会非常谨慎,强势品牌的作用会进一步凸显。要在国际市场上赢得认可,我国企业需要长时间的努力。

二是国家形象的劣势,限制了相关产业发展的定位。国家形象可理解为一种结构十分明确的信息资本,在市场竞争中会给予交易双方相关的基础信息。经过近些年"中国制造"的不断努力,中国形象渐渐走出了"低质""廉价""山寨"等负面词语包围的怪圈。但从战略性新兴产业来看,由于该产业在经济发展、技术创新上的先导性,中国国家形象在单纯制造上的优势,并不能很好地转化为该产业的支撑。导致中国战略性新兴产业仍以性价比作为不多的竞争手段,产业定位很难走向高端,难以发挥对其他产业的引领作用。

三是制度、文化等方面的差异,影响了协作交流的效率。中国企业深谙本土市场运行规律,但以欧、美、非等国际市场为营销重点时,除了产品服务的领先以外,更重要的是对制度、文化等方面差异的了解。制度为国家政体、市场的组织形式及规范安排,制度差异会影响企业交易的达成,会造成对市场规范理解的偏差,形成对企业间交易的不同解读,增加交易成本。文化差异的影响层面更广,具体到企业间的协作,其会增加交易双方沟通协调的难度。

第四节　塑造具有国际化战略优势的战略性新兴产业

通过建设高水平的国家战略性新兴产业,在国际化竞争中形成领先优势,首先需要提供能够打造高水平新兴产业的资源。高标准、高起点布局建设一批共享协作的集成行业资源创新平台,如战略性新兴产业企业技术中心、工程中心、创新基地等创新基础设施,是储备战略性信息产业资源的基础。

一、战略性新兴产业资源的有效管理

为构建创新服务平台,对战略性信息产业资源要进行严格管理与培育,逐渐形成我国在产业资源上的优势。

(一)资源储备

设立若干战略性新兴产业科技专项,以市场产品需求为出发点,科技投入要以企业为主导,引导高校和科研院所参与,形成产学研用合作新格局。充分利用开放式的创新资源,形成创新的多渠道来源(冯蕾,2016;黄永春、李倩,2016;李世举、杨雄等,2016)。把企业申请项目和政府部门主动部署项目相结合,加快开展战略性新兴产业重大项目研发和产业化。

(二)资源管理

加强战略性新兴产业发展的知识产权规划,有关部门要及时发布战略性新兴产业国内外知识产权动态,进行知识产权预警,指导企业研发和创新(柳卸林等,2012)。部署战略性新兴产业重大技术标准专项,带动该领域技术研究开发和知识产权战略布局,加大国际知识产权资助专项和标准专项,增强对战略性新兴产业知识产权的倾斜和支持力度(龚惠群、黄超等,2011;郭晓丹、宋维佳,2011;刘志彪,2011)。

(三)资源维护

引导企业开展研究开发项目知识产权全过程管理,掌握关键核心技术知识产权,掌握主导性知识产权(石鸟云,2012;喻登科、涂国平等,2012)。建立战略性新兴产业专利等知识产权特别审查机制,加快知识产权审查,及时确定知识产权权属(柳卸林,2012;施建军、范黎波,2012;喻登科、涂国平等,2012)。

(四)资源使用

针对国外核心技术知识产权较多的情况,策略运用集成创新方法集成各国所长,开发面向产品的专利包(patent portfolio),并形成自主知识产权(刘玉忠,2011;吕波,2011)。开展战略性新兴产业知识产权培训,引导企业提高知识产权管理能力(林学军,2012)。

（五）人才储备

人才是产业发展的基础与动力，战略性新兴产业的可持续发展也需要形成长效的人才培养和选拔机制（沈坤荣、虞剑文等，2011；吴福象、王新新，2011）。

二、构建战略性新兴产业的运营模式

从战略性新兴产业的特征来看，与传统产业相比，其运营模式必然会更加关注创新的提升、产业链的带动。目前，针对战略性新兴产业的运营模式仍在快速发展，并没有确切关于产业运营的具体研究结论。但从发展趋势和产业特征出发，已有的运营模式有以下几种。

（一）产学研合作模式

战略性产业的新兴技术尚处在大规模产业化前期，技术和市场前景极不确定，面临巨大的前期投资风险。相关技术创新的外溢性非常大，具有准公共产品的特性，创新成果将会大量应用到多个领域甚至其他产业，企业往往缺乏创新动力，造成战略性新兴技术供给的市场失灵和组织失灵。同时，这些战略技术的复杂性和互补性又很强，决定了任何经济单位都不可能占据全部的优势，中小企业也不具备产业共性技术开发的技术实力（杨萍，2014；岳中刚，2014）。战略性新兴产业的自身特点决定，其创新需要官、产、学、研之间的通力合作。

（二）开放式创新渠道

在技术人才流失较少、市场中科技变革频率较低的20世纪，企业的创新主要通过控制市场中的稀缺人才资源，同时依靠自身的研发中心创造独特的竞争优势。企业从封闭式创新到开放式创新转变，其中主要的区别在于企业对待创意来源的方式。相对于封闭式创新，开放式创新模式中，企业在寻找创意来源和将创意商业化的过程中，开始寻求企业外部的资源（曹勇、蒋振宇等，2016；霍国庆、李捷等，2017）。传统意义上企业的边界正在扩大，甚至慢慢消失。开放式创新模式下，企业不再考虑占有最聪明的人才，而是从外部寻找创意知识。让顾客参与到企业的产品创新，将企业的研发中心外包给科研机构或者高校，形成"产学研"联盟。开放式创新模式下，企业对待知识产权的方式也出现了很大的变化，企业不再刻意保护知识产权。转而，将知识产权以外包或者许可经营的方式，转让给其他企业甚至竞争者，通过知识产权获得更大的收益。战略性新兴产业创新性和关联性的特征，决定其通过开放式创新的方法，打造战略性新兴产业的核心竞争资源，也是未来中国战略性新兴产业发展的必然趋势（武建龙、王宏起，2014；焦嫒嫒、沈志锋等，2015；孙早、肖利平，2016）。

（三）设立行业融合平台

战略性新兴产业发展的不同阶段，具有不同的风险和需求特征，需要从人、财、物等方面统筹思考，建立一整套支持创新的行业融合平台。一是建立科技型企业融资联合担保平台，积极引导金融机构创新科技金融服务，建立适应科技型中小企业融资特点的信贷体系和保险、担保联动机制，促进知识产权、无形资产质押贷款等金融创新。二是积极推进各地区场外交易市场的发展，加快建设全国性的市场推广体系。三是建设适应新形势要求的行业成果分享机制。淡化国有创投年度增值保值考核要求，优化国有创投投资和资产转让制度，健全国有创投决策机制和激励机制，制定以自主创新为目标的国有创业投资机构评价、考核和管理办法，从源头上建立起符合战略性新兴产业和创业投资业发展规律的政策性保障体系。四是规范政府引导基金的政策定位和运作模式，积极培育行业合作平台。大力发展科技企业信用评估、知识产权评估方面的科技服务业。五是大力培养既懂技术，又懂管理，具有国际视野的复合型人才，完善科技金融服务的人才队伍建设（赵玉林、石璋铭等，2013；李煜华、武晓锋等，2014）。

（四）构建比较优势

比较优势理论认为，每个国家都应根据"两利相权取其重，两弊相权取其轻"的原则，集中生产并出口有"比较优势"的产品，进口有"比较劣势"的产品。通过国际贸易交换满足市场需求，而不是生产所有的商品。每个国家都应充分发展具有比较优势的产业，尤其是那些具有潜力、对国民生产有重大意义且能带动整个产业结构发展的产业，形成一个能够充分发挥本国优势的产业结构。如果一个国家在本国生产一种产品的机会成本（用其他产品来衡量），低于在其他国家生产该产品的机会成本的话，则这个国家在生产该种产品上就拥有比较优势，即比较优势就是不同国家生产同一种产品的机会成本差异。比较优势理论给出了很好的战略性新兴产业的发展思路，通过对资金、人才、技术等政策的扶持，快速形成我国具体战略性新兴产业的优势，不断扩展到整个产业链条，放大产业的带动效应。由点到面，逐步构建国家产业竞争优势。

第三章

中国战略性新兴产业国际化发展规划研究

第一节 战略性新兴产业的全球产业定位和发展目标研究

一、中国七大战略性新兴产业的全球定位

在面临人口问题、环境问题、资源问题等时代背景下，发展战略性新兴产业已经成为世界各国促进经济发展方式转型和产业结构优化升级，实现经济和社会的可持续发展的重要途径，同时，也是我国拉动经济增长、扩大劳动就业、改善人民生活、提高生产力的重要引擎。在整个战略性新兴产业中起着重要发展方向和引领作用的产业定位问题，已成为制约我国当前战略性新兴产业构建新的竞争优势的重大瓶颈和障碍。适合我国产业实际的定位能够为我国战略性新兴产业的推进与发展，找到有效的着力点，形成新的竞争优势塑造路径。纵观世界经济竞争格局的生成，互不染指的经济发展优势区隔，其中独特的产业发展定位在其中扮演了重要角色。一个企业，乃至一个国家，经济发展不能没有自己的独一无二的产业发展定位。有效的发展定位能够助力一个组织，乃至一个国家构建属于自

己的产业价值链竞争优势。全球产业发展定位的确立，不仅有助于我国战略性新兴产业在全球产业发展中建立自己的竞争优势，还有助于把有限的发展性优势资源找到明确的投入方向。因此，建立合适的全球产业发展定位，对促进我国经济发展，引领其他产业协同并进、开创经济发展新局面将起着至为关键的导向性作用。

从国际环境来看，世界各国都在努力寻找推动下一轮经济增长的新引擎，而新兴产业已成为世界各国走向经济复兴的选择和重点。培育战略性新兴产业是世界各国抢占竞争主导地位、谋求长期发展的最有效途径，也是改变世界经济增长轨迹和旧有格局的重要战略性竞争手段。从世界发达国家新兴产业发展的路径审视，主要国家都在基于自身资源、技术禀赋优势，制定新兴产业的发展战略和规划，并采取诸多措施培育和发展先进信息技术、节能环保、生物医药、先进制造等战略性新兴产业，力图在国际产业竞争和国际产业体系中建立优势地位。

自2008年国际金融危机以后，为了刺激经济的持续增长，寻求新的发展出路，发达国家开始重新审视和重视制造产业发展。英国、美国、德国和日本等主要发达国家均根据自己的资源禀赋、价值环节的技术优势将产业发展重点定位在先进制造业等高端领域，努力发展新一轮经济增长动力，进一步强化竞争优势构建，以图抢抓新一轮经济发展制空权，如英国的"高价值制造"产业定位。随着全球化、国际金融危机等问题的出现，以制造业为主的工业开始下滑，英国的经济也受到了有史以来的巨大冲击，为了抢占制造领域新的制高点，英国政府推出了新的经济发展政策，并基于自身雄厚的工业基础，制定并出台了"高价值制造"的产业定位战略。希望能通过"高价值制造"的产业定位战略，以提高英国制造业在经济中所占的比重结构，并鼓励英国企业在国内生产更多的世界级高附加值产品，提高制造业的作用，促进国家经济增长。从英国"高价值制造"产业定位战略建立的重要基石来看，其先进的技术和雄厚的工业基础对其产业发展定位，即对英国的"高价值制造"的产业定位战略的推进起到了重要支撑作用。同时，在重振制造业的道路上，英国也非常注重利用金融和市场等发达的服务业，使服务业和制造业相互补充和促进。此外，政府还采取了诸多措施加快先进制造业回流和向高端发展。

美国金融危机之后，美国政府通过各种政策持续加大对新兴产业的扶持力度。2009年，美国政府提出"再工业化"的战略定位，力图通过重构国家创新基础、强化自主创新、激励发展创业竞争市场，以图保持并提高美国在全球创新体系中的国际竞争力。通过对重点行业研发的大力支持，推动战略性行业的重点科研项目实现突破。德国在金融危机之后，根据自身技术创新优势，制定"2020年高技术战略"，即"工业4.0"战略，以推动产业逐渐走向价值链的顶端，不断促进产业升级,继续保持制造技术优势,提高价值链的附加值,进一步提高国际竞争力,确保将来德国制造继续领先。同样,在金融危机之后,日本也加大了对环保产业、新能源产业等战略性产业的扶持力度,力图通过大力发展新兴产业恢复日本的经济增长速度。2009年4月,日本为了刺激经济发展,推出了"新增长战略"产业发展定位。

从美国、日本、德国和英国战略性新兴产业的发展经验来看,在产业发展方向上,立足本国优势基础和特殊资源禀赋,通过强有力的产业发展定位,积极发展新兴产业和战略性新兴产业,是确保最终实现产业制高点的有效方法。正如波特(Porter, 1990)在《国家竞争优势》一书中所阐述,一国在国际贸易中的地位和作用不仅依赖其比较优势,更取决于该国能否赢得国际竞争优势,而赢得国际优势的关键,则在于该国是否能依据自身比较优势找到合适的产业发展定位。作为战略性新兴产业,它是以重大技术突破和市场需求为基础,对经济社会全局和长远发展具有重大引领与带动作用。尤其是战略性新兴产业关系到未来的国家竞争力,对战略性新兴产业进行恰当的全球产业定位至关重要。为此,通过战略性新兴产业进行全球产业定位以找到自身的发展优势,对抢占全球价值链的高附加值环节具有重大的理论意义和实践意义。

经济的全球化和金融危机的加深,使得国家之间的竞争日益激烈,各国都在采取积极措施以提升国家竞争力。中国社会科学院2010年发布的《国家竞争力蓝皮书》中指出,从20世纪90年代到21世纪初的10年间,我国规模竞争力提升速度越来越缓慢,原因是找不到新的经济增长突破点,即缺乏有效的产业发展定位。尽管我国作为制造业第一大国,但鉴于大而不强,工业基础也相对薄弱,中国工业面临着创新能力不强、产品质量可靠性不高、产品知识技术含量较低等严峻局面。因此,我国战略性新兴产业的定位必须要考虑自身产业特点、工业基础条件、资源禀赋、资金、技术等条件的影响,特别是受分工的要求的影响,产业选择和定位必须遵循正确的原则,并按一定的科学依据进行。

根据战略性新兴产业的特点,即其具有较高的产业关联度,产业的这种关联性实际上也表现为该产业对其他产业的投入需求或满足其他产业的生产需求,在这种需求和技术创新的共同作用下,极大地带动了其他产业的发展,表现出较强的产业带动性。同时,随着战略性新兴产业规模的逐渐成长与产业带动性的发挥,战略性新兴产业在优化产业结构、促进产业转型升级中起到重要作用,其产业竞争力也得到提升,进而促进经济的发展、推动社会的进步,最终实现国家竞争力的提升。因此,基于战略性新兴产业潜在的价值导向、发展规模、带动作用及其对国家竞争力提升贡献的特点,结合"战略"在时间上的长远性、空间上的全局性和影响程度上的重大性等特征,以及我国工业基础条件、资源优势和技状况，我国七大战略性新兴产业宜根据不同的发展状况采取不同的定位策略来探讨其全球产业定位问题。

二、全球产业定位策略及目标

由于战略性新兴产业活动单位涉及研发、设计、加工制造和销售，在地点上会呈现出产业价值链式分布，既可能全球价值链分布，也可能国内价值链分布，因而各地方需根据自身优势和特色选择恰当的产业价值链定位。对于我国七大战略性新兴产业而言，可选择如下思路对其进行定位[①]。

（一）节能环保产业——充分利用产业发展基础，打造世界级节能环保产业集群

市场潜力：目前，我国节能环保产业已初具规模，并在未来较长时间内将保持年均15%~20%的增长速度，我国将成为世界最大的环保产业市场之一。据统计，"十二五"期间，我国节能环保产业保持15%以上年复合增长率，大幅超过工业增速。在政策和财政支持下，以及受国家加快推动生态文明建设、多个循环经济领域示范试点创建实施（节能减排综合示范城市、"城市矿产"示范基地、园区循环化改造示范试点、海绵城市等）、社会公众节能环保意识提高等多因素推动下，我国节能环保产业产值持续快速增加，产业规模快速扩大。总产值从2012年的29 908.7亿元增加到2015年的45 531.7亿元，与上年相比增长16.4%，增加值占国内生产总值的比重为2%左右，其中从业人数超过3 000万人，并且涌现出70余家年营业收入超过10亿元的龙头企业，为我国经济发展和生态文明建设发挥了重要的支撑作用。其中，高效节能、先进环保行业的年均增速均超过20%。预计到2020年，我国节能环保产业总产值将达到8.8万亿元，产业增加值占国内生产总值比重达到3%。节能环保产业将成为未来国民经济的支柱产业，我国将成为世界最大的节能环保市场。

自身基础条件：经过"十一五"的快速发展，我国节能环保产业已初具规模。最新统计数据显示，2010年节能环保产业总产值达2万亿元，从业人员2 800万人；到2015年，节能环保产业总产值达4.55亿元，从业人数达3 000万人。产品种类日益丰富，技术装备迅速升级，产业领域不断扩大，服务水平显著提高，初步形成了门类较为齐全的产业体系。《"十二五"节能环保产业发展规

---

① 相关内容引自《国务院关于印发"十三五"国家战略性新兴产业发展规划的通知》。

划》和《关于加快发展节能环保产业的意见》明确提出,"十二五"期间节能环保产业产值年均增长15%以上,预计到2020年,我国节能环保产业总产值将达到8.8万亿元,产业增加值占国内生产总值比重达到3%,为节能环保产业发展提供巨大的成长空间。同时,我国已经拥有一批较为成熟的常规节能技术和装备,部分关键、共性技术已经产业化。我国生产的环保产品在国外具有良好的口碑,出口量不断增加,并且许多生产技术已经位于世界先进水平,许多技术被其他国家加以借鉴和利用。总体看来,我国节能环保产业技术装备在不断升级,高效节能产品大面积推广,节能服务产业快速发展,环保服务市场化程度不断提高,产品种类日渐丰富,服务水平显著提高,已经初步形成了门类较为齐全的产业体系,具备了大规模快速发展的条件。

国家对策措施:2000年以来,中央高度重视节能环保工作,相继出台了一系列推进节能环保的规划和政策措施,如《节能中长期专项规划》《节能环保产业发展规划》《国家环境保护"十二五"规划》《关于加快推行合同能源管理促进节能服务产业发展的意见》《合同能源管理项目财政奖励资金管理暂行办法》《公共机构节能条例》等。中央和地方都在不断加大对环境基础设施建设的投资,"十一五"期间,环保产业投资总额规划达到1.375万亿元;2010年5月公布的《国务院关于确保实现"十一五"节能减排目标通知》中提出,率先安排833亿元用于支持十大重点节能工程等建设;《"十二五"节能环保产业发展规划》中提出的节能环保产业八项重点工程的总投资额为9 000亿元;《国家环境保护"十二五"规划》中明确,未来5年,全社会环保投资需求约3.4万亿元,其中,政府投资约1.5万亿元。2016年12月,国家发展改革委、科技部、工业和信息化部、环境保护部四部委联合印发了《"十三五"节能环保产业发展规划》,再次引发社会各界对节能环保的关注。由此看来,诸多新兴环保产业领域将得到重点支持,一批国家和地方标准将会陆续制定、修订出台,这为节能环保产业加快发展创造了良好的外部环境,对规范产业发展起到了积极作用。

发展目标:重点开发推广高效节能技术装备及产品,实现重点领域关键技术突破,带动能效整体水平的提高。强化政策和标准的驱动作用,充分运用现代技术成果,突破能源高效与梯次利用、污染物防治与安全处置、资源回收与循环利用等关键核心技术,大力发展高效节能、先进环保和资源循环利用的新装备和产品。完善约束和激励机制,创新服务模式,优化能源管理、大力推行清洁生产和低碳技术、鼓励绿色消费,加快形成支柱产业,提高资源利用率,促进资源节约型和环境友好型社会建设。

（二）新能源产业——推动科学技术创新，赢得国际新能源产业竞争优势

资源条件：风能资源。我国濒临太平洋，季风强盛，加之陆地地形复杂，海岸线绵长，风力资源十分丰富。在黑龙江、吉林、辽宁、河北、内蒙古、甘肃、宁夏、新疆等北部地区，风能功率密度可达200～300瓦/平方米以上，有的地区甚至可达500瓦/平方米以上；在山东、江苏、上海、浙江、福建、广东、广西、海南等沿海及岛屿地区，风能功率密度可达200瓦/平方米以上；在东部沿海水深5～20米的海域，海上风能功率密度可达200瓦/平方米。目前，我国技术上可开发的陆上风电为6亿～10亿千瓦，近海风电为1亿～2亿千瓦，总开发量已达到7亿～12亿千瓦，丰富的资源为风电产业提供了广阔的发展空间。太阳能资源。我国太阳能资源十分丰富，陆地表面每年接受的太阳辐射能约5.0×10^{19}千焦。太阳能资源储量大、分布广泛的特点为光伏产业提供了广阔的市场空间，几乎可以分布于全国各个地区，如在边远地区建立小型离网光伏电站，在荒漠中建立大型并网光伏电站，在城市中推行光伏建筑一体化。生物质能资源。我国的生物资源种类多，分布广且产量大，理论上讲可达到50亿吨左右。其中，秸秆、畜禽粪便、林木生物质、城市垃圾、城市废水的现蕴藏量已达到5.52×10^{19}吨，理论上可获得量达到1.35×10^{19}焦耳。水能资源。我国地域辽阔，河流众多。根据我国水能资源普查数据，我国水能资源理论蕴藏量为6.76×10^{9}千瓦，其中可开发量为3.78×10^{9}千瓦，占世界可开发量水能资源总量的17%，位居世界第一。除大江大河干流外，中小支流遍布全国，蕴藏着十分丰富的小水电资源。据初步普查资源统计，我国小水电技术可开发量为1.28×10^{9}千瓦，居世界首位。同时，小水电资源分布于我国1 600多个县，覆盖面积超过我国国土的2/3，蕴藏量主要集中在国家主要电网以外的地区。

发展水平：近年来，中国对于新能源的开发给予了高度重视。继2005年《可再生能源法》、2007年《可再生能源中长期发展规划》分别出台后，我国新能源发展规划的制定工作即将开展。在国家政策的引导下，目前我国风能、太阳能、生物质能、核电等均实现了高速增长。据中国可再生能源学会风能专业委员会（CWEA）的初步统计，2016年中国风电新增装机容量为2 337万千瓦，累计装机容量达到16 873万千瓦。新增装机容量虽然较上一年有一定幅度的下滑，但仍保持较快的增速，与2014年基本持平。从企业角度来看，共有8家整机企业的新增装机容量突破了100万千瓦，其中2家更是超过200万千瓦；共有7家开发企业的新增装机容量在100万千瓦以上，但只有1家高于200万千瓦。此外，截至2016年，共有5家整机商的累计装机容量超过1 000万千瓦，实现3 000万千瓦装机的有1家；共有6家开发商的累计装机容量超过了1 000万千

瓦。太阳能产业发展迅速。根据《太阳能热利用产业运行状况报告》数据预计，2016年中国太阳能热利用保有量达到4.64亿m^2（324.5GWth），同比增长4.9%，增幅下降1.9个百分点。全国太阳能集热器及系统总销量3 950万m^2，其中真空管型销量3 420万m^2，平板型销量530万m^2。2016年，我国光伏产业延续了2017年以来的回暖态势，产业总产值达到3 360亿元，同比增长27%，整体运行状况良好。多晶硅产量19.4万吨，同比增长17.5%；硅片产量约63GW（吉瓦，下同），同比增长31.2%；光伏电池产量约为49GW，同比增长19.5%；光伏组件产量约为53GW，同比增长20.7%；光伏新增并网装机量达到34.5GW，同比增长127%。产业链各环节生产规模全球占比均超过50%，继续位居全球首位。生物质能源的开发利用发展较快。我国农村户用沼气池逐年增加，2010年底已经超过4 000万户，并以平均每年约17%的速度增长，2015年农村户用沼气用户达5 000万户。根据《可再生能源中长期发展规划》，到2020年我国沼气年利用总量将达到440亿m^3，其中农村沼气利用量将达到300亿m^3。在此基础上，各地方政府和企业又纷纷宣布投资数10亿元甚至上百亿元进军生物质能市场。预计到2020年，农村新增沼气用户将达到6 200万户。核电发展潜力巨大。2016年，我国共投运7台核电机组。截至2016年12月31日，我国已投入商业运行的核电机组共35台，运行装机容量33 632.16MWe（额定装机容量），约占全国电力装机的2.04%。核电累计发电量为2 105.19亿千瓦时，约占全国累计发电量的3.56%，比2015年同期上升了25.07%；与燃煤发电相比，相当于减少燃烧标准煤6 568.19万吨，减少排放二氧化碳17 208.66万吨、二氧化硫55.83万吨、氮氧化物48.60万吨。累计上网电量为1 965.68亿千瓦时，比2015年同期上升了24.65%。以上数据统计表明，我国新能源产业的发展成效明显，为大规模生产奠定了扎实基础。

国家对策措施：为进一步加快新能源产业的发展，2007年9月国家发展和改革委员会向全社会公布了《可再生能源中长期发展规划》。规划指出，到2010年可再生能源消费量占能源消费总量的比重达到10%，2020年达到15%。《规划》的出台使新能源产业又一次成为市场关注的热点，激发了各地对新能源产业的投资热情。2008年3月，国家发展和改革委员会公布了《可再生能源发展"十一五"规划》，其中，特别提出了近期内要加快水电、生物质能、风能和太阳能的发展，加速了这几类新能源的产业化进程。2010年10月，国务院下发了《关于加快培育和发展战略性新兴产业的决定》，指出国家将出台财税金融等一揽子政策以加快战略性新兴产业的发展。财政方面，国家将设立战略性新兴产业发展专项资金，建立稳定的财政投入增长机制，增加中央财政投资；金融方面，将大力发展债券市场，进一步完善创业板市场制度，支持符合条件的企业上市融资渠道；税收方面，将会针对战略性新兴产业的特点，研究完善鼓励创新、引导投资和消费的税收支持政策。作为国家将重点培育的七大战略性新兴产业之一的新能源产业，《决定》的出台确立了新能源产业的国家战略地位，为其未来发展提供了强力支持和有效保障。2016年12月，国务院印发了"十三五"国家战略性新兴产业发展规划的通知，鼓励新能源行业的发展。到2020年，几大核心新能源产业将占能源消费总量的8%以上，产值规模超1.5万亿元。

发展目标：坚持以科学发展观为统领，深入落实国家新能源产业发展政策，紧紧抓住国家加快新能源产业发展的重大机遇，突出太阳能、生物质能、风电装备和能源储存四大产业，优化产业布局，建设产业基地，壮大产业规模，完善促进产业发展的保障体系，推动新能源产业成为新一轮经济发展的动力源和未来经济发展的优势产业，为赢得国际新能源产业竞争优势奠定坚实的基础。

（三）新一代信息技术产业——加快自主创新能力建设，打造产业链高端

发展现状：目前，我国在信息技术领域中硬件、软件、内容和服务的创新步伐发展迅速，融合化、智能化、应用化特征突出，成为引领新一轮技术创新浪潮的重要动力。总体来说，新一代信息技术产业发展势头强劲，已成为全球最大的信息技术产品市场。2015年，我国电子信息制造业实现主营业务收入11.1万亿元，同比增长7.6%；软件和信息技术服务业实现软件业务收入4.3万亿元，同比增长16.6%，分别比"十一五"末提高了74%和216%。软件和信息技术服务业的快速增长，从一个侧面反映出我国电子信息产业的结构优化。与全国工业发展速度相比，我国规模以上电子信息制造业增加值增幅10.5%，高于同期工业平均水平4.4%；收入和利润总额分别增长7.6%和7.2%，高于同期工业平均水平6.8%和9.5%，占工业总体比重分别达到10.1%和8.8%。电子信息制造业在工业经济中保持领先地位，支撑作用不断增强。就区域发展而言，新一代信息技术产业的集聚趋势明显，呈现"多地开花"的区域发展格局。"十二五"以来，为促进信息技术产业发展，各地区通过积极的政策引导，目前已经形成多个各具特点的产业集聚区，如京津形成了新一代信息技术装备、软件平台、应用服务等产业集聚区；以上海、杭州等城市为中心的长三角地区形成了以云计算基础设施、移动电子商务为代表的产业集聚区；珠三角形成了物联网创新活力强劲的产业集聚区。此外，一些中西部地区也积极推进信息技术产业的规划。成都、重庆、西安等地形成了信息化应用、元器件制造以及研发等产业集聚区。尤其是在"物联网"这个全新产业中，我国的技术研发水平处于世界前列，具有重大的影

响力。在世界传感网领域，中国与德国、美国、韩国一起，成为国际标准制定的主导国之一。2009年10月24日，西安优势微电子宣布：第一颗物联网的中国芯——"唐芯一号"芯片研制成功，我国已经攻克了物联网的核心技术。可以满足各种条件下无线传感网、无线个域网等物联网应用的特殊需要，为我国物联网产业的发展奠定了基础。与之同时，我国云计算、集成电路产业也取得新的突破，并渐出低谷，迎来了新的发展态势。

国家对策措施：重视战略部署，加大产业规划和执行力度。我国历来重视信息技术产业发展，通过借鉴国外产业发展经验和全球发展趋势，同时结合我国发展目标和需求制定发展规划、部署发展重点。国务院2010年10月发布的《国务院关于加快培育和发展战略性新兴产业的决定》就将"新一代信息技术产业"作为国家"十二五"期间的重点发展方向和主要产业。2011年3月，《国民经济和社会发展第十二个五年规划纲要》进一步明确了信息技术产业的战略地位。此后，先后出台了集成电路、促进信息消费、移动互联网、智能终端、大数据、互联网+等国家战略。协同推进机制，组织产业链协同创新与集成。以大宗战略性产品为牵引，组织产业链协同创新与集成。由设计和制造用户牵引，组织国产设备与材料产品的量产应用工程，促进专项装备、材料和零部件产品研发成果的产业化。建立产业技术创新联盟，强化市场需求，以任务为载体，提出核心企业的作用，有利于把握研究的前瞻性，提高核心技术的研究广度和深度，并从根本上实现从技术到产品和应用的转化。例如，我国信息安全领域的专家创造性地提出云安全概念，在国际云计算领域独树一帜，这一技术取代了传统的特征码扫描病毒的旧机制，在安全防护上更加快捷。完整的产业链易于集中优势，我国新一代信息技术产品正日益获得全球认可与好评。创新投入机制，改善产业化投融资环境。在国家科技重大任务组织管理中，积极促进区域协调发展和产业结构调整。在充分发挥产业优势地区和资源密集地区集聚作用的同时，积极推动产业中心向全国的辐射引领作用，完善产业布局，推动环境改善。同时，注重创新投入机制，引导多元化投入，改善产业投融资环境，积极鼓励大型企业集团及下游企业跟进投资，推动战略性新兴产业的发展。

发展目标：抓住我国新一代信息技术产业发展的历史性机遇，提升信息技术领域的自主创新能力，支撑战略性新兴产业和经济的可持续性发展；探索出一条体制机制创新的示范型道路，破除制约我国战略性新兴产业技术突破和产业化发展的瓶颈。

重点方向：为推动以内在驱动为核心的产业结构升级转型，实现我国向信息产业强国转变，在新一代信息技术领域的"代际变迁"和"演化裂变"的历史过程中，必须遵循信息技术产业发展趋势，实现关键技术突破和技术研发的产品创新，推进产品和服务领域的模式创新以及价值链向上游环节挺进的全产业生态体系构建。

（四）高端装备制造产业——制定国家战略，抢占制造业技术制高点

发展现状：在"十二五"规划之初，国家在《国民经济和社会发展第十二个五年规划纲要》《工业转型升级规划（2011~2015年）》和《国务院关于加快培育和发展战略性新兴产业的决定》的基础上，并经过调研，制定出了《高端装备制造业"十二五"发展规划》，该计划制定之初就将2015年高端装备制造业的销售收入目标定为6万亿元，且将高端装备制造业占装备制造业的比值提高到15%。实际完成情况为2010年、2012年、2013年高端装备制造业产值分别为1.6万亿元、2.58万亿元和6.42万亿元，可见早在2013年我国就提前完成了设定的2015年目标，高端装备制造业发展迅猛。我国装备制造业在2014年的产值突破了30.7万亿元的大关，连续5年蝉联世界第一的宝座，与此同时，中国高端装备制造业占装备制造业的比重也在日益增加。根据前瞻研究所发布的《2014~2020年高端装备制造产业发展前瞻与投资战略规划分析报告》了解到，在"十二五"规划期间，中国高端装备制造业包含的五大发展领域均取得了傲人的成绩，产值复合增长率超过了32.3%，预计2020年工业增加值相比2015年会增加2%，占装备制造业比重将达到25%，而且2016年作为"十三五"规划开局之年，政府在经济会议上多次提及要大力发展高端装备制造业，可见，中国高端装备制造业会凭借政策的东风快速发展，产业规模不断扩大，将成为支撑整个国民经济发展的支柱产业。产业集群效应初现。中国高端装备制造业主要在环渤海（环渤海：国内重要的高端装备研发、设计和制造基地）、珠三角（在轨道交通、航空、工业机器人等领域发展潜力较大）、长三角（在航空、海洋工程、智能制造装备领域特色突出）和中西部地区（航空装备与轨道交通装备产业取得显著成效）分布着，各地区在五大发展领域各有所长。配套水平稳步提高。具体表现：一方面，中国基础装备制造业水平日益提高，不断丰富和提高成套设备和整机配套所需的模具、齿轮、弹簧、轴承等基础零部件、基础原材料的品种和质量，对基础制造工艺不断创新和改良，渐渐具备重大装备的成套设计能力和工程总包能力，与此同时，与高端装备制造业配套的营销、咨询、售后服务等生产性服务业也发展起来；另一方面，与高端装备制造业发展息息相关的法律、行业咨询及为高端装备制造企业进行投融资服务的金融机构也逐渐完善。研发能力持续增强。一方面，研发成果持续增加，在某些高端装备领域开始拥有自主产权，如在轨道交通领域，我国自主研发的城市轨道车辆和铁路客车得到广泛推广应用，新近研发成功的"和谐号"动车组大大加速了我国轨道交通的运行；在海洋工程装备方

面，我国在 2010 年自主研发的具有自航能力的自升式海洋平台和 GM4000 半潜式钻井平台领先全球；在航空领域，我国推出全自主设计的 ARJ21 新型支线飞机，并附带配套的管理模式和运行化制；在卫星及其应用领域，多体制卫星导航信号模拟技术方面化得显著进展，自主研发出适用于包括美国的全球卫星定位系统 GPS、俄罗斯的格洛纳斯 GLONASS、欧盟的伽利略 Galileo 和中国的北斗 Compass 在内的四个卫星定位系统六频点卫星导航信号模拟源系列产品，产品性能已达世界领先水平；在智能制造领域，正值我国的工业企业进行智能化改造之际，带动了该领域的快速发展，如我国的智能制造基础通信设备、智能仪器仪表和检测设备、工业传感器、工业控制设备、制造物联设备、智能工业机器人、数字化车间、智能生产设施正在加速生产和建设中。另一方面，开始形成技术创新体系，经过多年的自主创新，我国开始形成专业的高端装备制造业的技术创新框架和创新体系，并建立了专门的研发机构，如在轨道交通领域，拥有 10 家国家级别的研发机构，13 家国家级别的企业技术中心及 5 家国家级别的创新型企业。

国家对策措施：从 2010 年 10 月，国务院颁布《国务院关于加快培育和发展战略性新兴产业的决定》起，我国就将振兴装备制造业上升到战略高度，并在"十二五"规划中明确提出了将发展高端装备制造业作为当前提升装备制造业产业竞争力的重要途径，对于加快产业升级、转变经济发展方式并实现由制造业大国向强国转变具有重要战略意义。因此，当前应以我国《高端装备制造业"十二五"规划》为指导，一方面，依据高端装备制造业重点技术与产品目录，以促进高端装备制造规模化、集约化发展为目标，大力推进高端装备制造业创新工程，大力支持高端装备及其关键技术与配套系统的研发。另一方面，建立健全相应的法律法规，建立完善高端装备及其技术、关键系统、零部件的研发、试验验证及知识产权保护体系，切实保障知识产权与创新。同时大力开展质量与品牌提升工程，不断提升产品质量与企业品牌效应，并着力规范市场秩序，营造和谐有序的市场竞争环境。

发展目标：（1）打造智能制造高端品牌。着力提高智能制造核心装备与部件的性能和质量，打造智能制造体系，强化基础支撑，积极开展示范应用，形成若干国际知名品牌，推动智能制造装备迈上新台阶。（2）实现航空产业新突破。加强自主创新，推进民用航空产品产业化、系列化发展，加强产业配套设施和安全运营保障能力建设，提高产品安全性、环保性、经济性和舒适性，全面构建覆盖航空发动机、飞机整机、产业配套和安全运营的航空产业体系。到 2020 年，民用大型客机、新型支线飞机完成取证交付，航空发动机研制实现重大突破，产业配套和示范运营体系基本建立。（3）强化轨道交通装备领先地位。推进轨道交通装备产业智能化、绿色化、轻量化、系列化、标准化、平台化发展，加快新技术、新工艺、新材料的应用，研制先进可靠的系列产品，完善相关技术标准体系，构建现代轨道交通装备产业创新体系，打造覆盖干线铁路、城际铁路、市域（郊）铁路、城市轨道交通的全产业链布局。（4）增强海洋工程装备国际竞争力。推动海洋工程装备向深远海、极地海域发展和多元化发展，实现主力装备结构升级，突破重点新型装备，提升设计能力和配套系统水平，形成覆盖科研开发、总装建造、设备供应、技术服务的完整产业体系。

（五）新材料产业——强化新材料研发，力求提高新材料国际竞争力

发展现状：一是产业规模扩大，技术水平提高。经过几十年的发展，我国稀土功能材料、光伏材料、玻璃纤维及其复合材料等新材料产业规模不断壮大，产品结构不断优化。依靠引进、消化、吸收和自主创新，我国新材料产业整体技术水平不断提高，新技术、新设备、新工艺的研发能力增强，关键技术取得重大突破，关键产品保障能力明显提高。二是产业结构调整，发展环境改善。日益突出的资源、能源和环境问题给我国新材料的产业发展提出了严峻挑战，产业结构调整迫在眉睫。通过推进跨地区、跨行业的兼并重组，以及加快淘汰落后产能等工作，市场资源得到优化配置，新材料行业集中度提高，区域经济发展加速。三是产业集群发展，区域特色明显。在政府引导和市场需求的驱动下，依托矿产资源、产业基础、技术与人才、区位及市场优势等，我国的新材料产业呈现出集群化发展态势，已经初步形成了"东部沿海集聚、中西部特色发展"的空间发展格局，环渤海、长三角、珠三角地区是核心发展区，中、西部地区基于原有产业基础或资源优势，新材料产业发展迅速。科技部从 1995 年开始筹建新材料产业基地，截至目前，批准建立的国家火炬计划新材料特色产业基地有 46 个，占全部特色产业基地总数的 17.76%；批准的国家新材料高新技术产业化基地 32 个，占全部高新技术产业化基地总数的 18.6%。工信部批准的新型工业示范基地中有 31 个新材料产业基地，占基地总数的 16.8%。经过几十年的发展，我国新材料产业初步形成了包括研发、设计、生产和应用等环节的门类较为齐全的产业体系，主要包括金属、无机非金属、高分子、复合材料等几大类产品，其中稀土功能材料、先进储能材料、光伏材料、有机硅、超硬材料、特种不锈钢、玻璃纤维及其复合材料等产能居世界前列。"十二五"期间，我国新材料产业一直保持较快增长态势，年均增速保持在 25% 左右，产业规模由 2010 年的 6 500 亿元增长至 2014 年的 16 000 亿元左右。新材料产业关键技术不断取得重大突破，产品品种不断增加，高端金属结构材料、新型无机非金属材料、高性能复合材料的保障能力明显增强，先进高分子材料和特种金属功能材料的自给能力也不断提高。

国家对策措施：近些年来，国家对新材料产业高度重视，采用不同的政策引导和支持。例如，通过国家自然科学基金、973计划、863计划、科技攻关计划、火炬计划、科技型中小型企业创新基金、国家搞技术产业化专项等计划来不断加强对新材料产业的支持力度。在2010年10月18日发布的《国务院关于加快培育和发展战略性新兴产业的决定》规划中，我国提出力争到2020年新材料产业成为国民经济的先导产业之一，并对该产业做了详细的规划。我国政府已经推出的支持政策在新材料发展的某些领域取得了一定的成效，在研发经费的投入、产业政策的制定、科研究成果的转化及对相关企业的产业化支持等方面都体现了巨大的推动作用。在这些政策的推动下，全国各地新材料产业基地建设已经初步形成了比较完整的的生产体系。从发展态势来看，政府还将在财务、税收、金融、科研投入、人才引进、产品推广、政策落实等方面进一步给予相关企业以支持和补贴，这种更具有针对性的政策将会为新材料产业带来更广阔的发展前景。国家各项科技技术都给予新材料产业大力支持，新材料领域的项目数和投资金额都占有这些计划经费相当的比例。目前，我国已经形成了战略性研究、自由探索性研究基础、应用研究、研究开发条件建设以及科技产业化环境在内的比较完善的国家科技计划体系，从基础研究、高技术、产业化三个层面支持我国新材料领域的发展。

发展目标：在中、高端新型功能材料、先进结构材料、高性能复合材料领域突破一批关键的专利核心技术，形成一批具有自主知识产权的产品，其中核心技术和先进零件加工制造技术达到国际先进水平。培育拥有自主品牌和较大市场影响力的骨干龙头企业，成为中高端新材料及产品的生产大国，提高国产高端新材料的自给率。以我国高端装备制造和国家重大工程建设对新材料的需求为目标，掌握新材料领域尖端技术和应用器件的规模化生产技术，其中核心技术和先进器件加工制造技术达到国际领先水平。构筑产业链、提高高端功能材料及产品的市场竞争力，打破国外垄断，进一步提高国产高端新材料的自给率。

（六）新能源汽车产业——强化独立自主创新的能力，抢占新能源汽车价值链的高端节点

发展现状：面对持续增长的能源和环境压力，世界各国都将发展电动汽车作为目前减少石油消耗量和二氧化碳排放量最有效的途径之一，在政策上予以大力支持。与此同时，在德国工业4.0和"互联网+"的发展背景下，"电动汽车作为汽车产业智能化、网络化的最佳载体"也受到了各大汽车厂商的重视。2014

年和 2015 年全球电动汽车市场得到了迅速发展，按照 EV Sales Blog spot[①] 和各国汽车工业协会数据，2015 年全年，全球电动车（乘用车）总销量达到 549 414 辆，相较于 2014 年的 317 895 辆，涨幅达到 72.8%。2014 年，EVI 国家电动汽车保有量 706 770 辆，占汽车保有量的 0.08%，到 2015 年，EVI 国家电动汽车保有量达到了 1 256 900 辆，占汽车保有量的 0.1%，此数字为 2010 年预测数量的 10 倍。在全球电动汽车的发展过程中，中国成为发展最为迅速的国家之一。截止到 2015 年，美国、中国和日本成为全球电动汽车保有量最高的三个国家。其中中国电动汽车保有量占全球电动汽车保有量的 24.85%，占据第二的位置。2015 年，中国首次超过美国，成为单年电动车销量最高的国度。2009～2015 年，中国新能源汽车产量从 5 294 辆跃升至 340 471 辆，销量从 5 209 辆增长至 331 092 辆，涨幅很大。相比 2014 年，2015 年新能源汽车的产销量，同比增长率分别达 3.3 倍和 3.4 倍，远远超过 2014 年整年的产销量。其中，纯电动车型产销量分别完成 254 633 辆和 24 782 辆，同比增长分别为 4.2 倍和 4.5 倍；插电式混合动力车型产销量分别完成 85 838 辆和 83 610 辆，同比增长 1.9 倍和 1.8 倍。此外，中国车企（自主品牌）在全球电动汽车发展中的表现也极为抢眼。2015 年，"比亚迪"电动汽车销量超越日产和特斯拉，成为电动汽车销量最高的车企，全年销量达到 61 726 辆，相较于 2014 年的 18 358 辆，增幅达到 236.2%，全球市场份额达到 11%。

国家对策措施：我国政府确定了发展新能源汽车的大方向，把新能源汽车列为战略性新兴产业之一，《"十二五"规划草案》指出：国家将大力扶持传统燃料的节能环保汽车，以纯电动汽车为主的新能源汽车及支持研究开发混合燃料、氢燃料等汽车。在国家政策的大力支持下，各地方政府积极响应政策号召，制定了一系列新能源汽车产业的发展规划，为新能源汽车产业的发展创造了有利的政策环境。同时，新能源汽车产业也受到了其他部门的政策支持。如 2009 年，财政部、科学技术部发出《节能与新能源汽车示范推广财政补助资金管理暂行办法》，到 2012 年，财政部将为新能源汽车的推广使用投入 200 亿元，并且对使用铅酸电池和使用镍氢电池、锂电子电池两类的混合动力汽车进行补贴。2010 年，财政部、科学技术部发布《关于开展私人购买新能源汽车补贴试点的通知》，进一步加强了对动力电池的要求，明确提出补助标准根据动力电池组能量确定。与之同时，为着力突破动力电池、驱动电机和电子控制领域关键核心技术，推进插电式混合动力汽车、纯电动汽车推广应用和产业化，我国已正式颁布《节能与新能源汽车产业发展》规划，要求大力开展燃料电池汽车相关前沿技术的研发，大

---

① EV Sales Blog spot，知名电动车销售数据分析站点。

力推进高效能、低排放节能汽车发展。该规划蕴含了三个要点：一是总目标为到2020年，我国新能源汽车产销要达到世界第一；二是确定了电动汽车作为汽车产业转型的重要战略方向，中国将最终实现插电式混合动力汽车和纯电动汽车的产业化，同时将加快研发燃料电池汽车技术；三是为确保完成以上两个目标，中国政府将拨款1 000亿元予以支持。

发展目标：一是实现新能源汽车规模应用。强化技术创新，完善产业链，优化配套环境，落实和完善扶持政策，提升纯电动汽车和插电式混合动力汽车产业化水平，推进燃料电池汽车产业化。到2020年，实现当年产销200万辆以上，累计产销超过500万辆，整体技术水平保持与国际同步，形成一批具有国际竞争力的新能源汽车整车和关键零部件企业。二是全面提升电动汽车整车品质与性能。加快推进电动汽车系统集成技术创新与应用，重点开展整车安全性、可靠性研究和结构轻量化设计。提升关键零部件技术水平、配套能力与整车性能。三是加快电动汽车安全标准制定和应用。加速电动汽车智能化技术应用创新，发展智能自动驾驶汽车。开展电动汽车电力系统储能应用技术研发，实施分布式新能源与电动汽车联合应用示范，推动电动汽车与智能电网、新能源、储能、智能驾驶等融合发展。建设电动汽车联合创新平台和跨行业、跨领域的技术创新战略联盟，促进电动汽车重大关键技术协同创新。完善电动汽车生产准入政策，研究实施新能源汽车积分管理制度。到2020年，电动汽车力争具备商业化推广的市场竞争力。四是建设具有全球竞争力的动力电池产业链。大力推进动力电池技术研发，着力突破电池成组和系统集成技术，超前布局研发下一代动力电池和新体系动力电池，实现电池材料技术突破性发展。加快推进高性能、高可靠性动力电池生产、控制和检测设备创新，提升动力电池工程化和产业化能力。培育发展一批具有持续创新能力的动力电池企业和关键材料龙头企业。推进动力电池梯次利用，建立上下游企业联动的动力电池回收利用体系。到2020年，动力电池技术水平与国际水平同步，产能规模保持全球领先。

（七）生物产业——发挥比较优势，培育国际竞争优势

发展现状：生命科学在医药、农业、林业等各个领域都有广泛应用，而生物技术以及生物制药更是现代产业中重要的支柱之一。我国生物技术药物的研究和开发起步较晚，但在国家产业政策的大力支持下，这一领域发展迅速，逐步缩短了与先进国家的差距。到2004年，我国已有25种基因工程药物和若干种疫苗批准上市，另有150余种生物药已进入临床试验阶段，其中我国具有自主知识产权的生物技术产品占33%左右。在世界上销售额排名前10位的基因工程药物和疫苗中，我国已能生产出8种，成为继美国、欧盟之后，能够生产较多品种、各类细胞因子及疫苗的国家。但我们也必须清楚，在这些生物医药产品中仍以仿制产品为主。目前，我国从事生物技术产业和相关产品研发的公司、大学和科研院所达600余家，生物医药产业的工业总产值也从1996年的18亿元，增加到2007年的537亿元，初步形成了以上海张江、北京中关村为代表的多个医药产业集群。在良种培育方面我国也取得了显著成就，自新中国成立以来，累计培育主要农作物新品种1万余个，实现了5~6次大规模的品种更新换代，良种对增产的贡献率达到了35%左右。近年来，在国家863计划、支撑计划等科技计划和项目的支持下，我国在杂种优势利用、常规育种和部分作物转基因育种等领域达到世界领先或先进水平，一批种业企业依靠科技不断成长壮大，作物良种覆盖率达到95%以上。2005年"杂交水稻"之父袁隆平及其助手培育出亩产800千克的超级稻，使我国在杂交水稻领域继续处于世界领先水平。在转基因育种方面，自2008年转基因生物新品种培育重大专项实施以来，有28个转基因抗虫棉品种获得审定，目前转基因抗虫棉年种植面积达到373.3万亩左右，占我国棉花种植面积的72%，其中具有自主知识产权的国产转基因抗虫棉占转基因抗虫棉面积的93%；转植酸酶基因玉米和转抗虫基因水稻也获得了生产应用安全证书，为产业化应用奠定了基础。此外，我国在牲畜的品种改良和克隆技术等方面也取得了显著成果。

  国家对策措施：制定了相关生物医药产业的政策条件。国家发展和改革委员会编制的于2007年颁布的《生物产业发展"十一五"规划》是我国第一次将生物产业作为国民经济和社会发展的一个重要战略产业进行整体规划部署。第一，《促进生物产业加快发展的若干政策》《加快培育和发展战略性新兴产业的决定》都明确指出，生物医药产业是生物产业的重点发展领域，应加大对生物医药产业发展的政策扶持力度。第二，是生物农业产业的政策扶持。《国务院关于加快培育和发展战略性新兴产业的决定》中，生物育种是生物产业的重点发展领域之一，以生物育种为代表的农业问题已经上升至国家战略发展的层面上。《中共中央国务院关于2009年促进农业稳定发展农民持续增收的若干意见》明确指出，加快推进转基因生物新品种培育科技重大专项，整合科研资源，加大研发力度，并促进产业化。第三是生物能源产业的政策扶持。2003年末，中央政府针对乙醇企业制定了5年补贴计划。2007年，财政部又制定了《生物燃料乙醇弹性补贴财政财务管理办法》。此外，我国2008年6月1日发布的"限塑令"也是促进生物制造产业发展的政策扶持。在继2009年组织实施微生物制造高技术产业化专项之后，2010年3月，国家发展和改革委员会发布了《关于2010年继续组织实施微生物制造、绿色农用生物产品的高技术产业化专项的补充通知》，再次明确对微生物制造重点领域的政策扶持。

战略目标：一是创新能力显著增强，国际竞争力不断提升。研发投入占销售收入的比重显著提升，重点企业达到10%以上，形成一批具有自主知识产权、年销售额超过100亿元的生物技术产品，一批优势生物技术和产品成功进入国际主流市场，国际产能合作步伐进一步加快。二是产业结构持续升级，产业迈向中高端发展。生物技术药占比大幅提升，化学品生物制造的渗透率显著提高，新注册创新型生物技术企业数量大幅增加，形成20家以上年销售收入超过100亿元的大型生物技术企业，在全国形成若干生物经济强省、一批生物产业双创高地和特色医药产品出口示范区。三是应用空间不断拓展，社会效益加快显现。通过生物产业的发展，基因检测能力（含孕前、产前、新生儿）覆盖出生人口的50%以上，社会化检测服务受众大幅增加；粮食和重要大宗农产品生产供给有保障，科技进步贡献率进一步提升，农民收入持续增长，提高中医药种植对精准扶贫的贡献；提高生物产品经济性10%以上，利用生物工艺降低化工、纺织等行业排放30%以上；生物能源在发电、供气、供热燃油规模化替代，降低二氧化碳年排放量1亿吨。四是产业规模保持中高速增长，对经济增长的贡献持续加大。到2020年，生物产业规模达到8万~10万亿元，生物产业增加值占GDP的比重超过4%，成为国民经济的主导产业，生物产业创造的就业机会大幅增加。

第二节 中国七大战略性新兴产业的国际化发展战略模式选择

战略性新兴产业的发展模式是其在较长发展过程中通过摸索、创新，以及试错等方式所确定的能够最大限度整合资源与能力要素，并实现产业高速成长的一套发展思路、路径和方法。在后金融危机时代，转变增长方式、调整经济结构、促进产业结构升级是我国面临的迫切问题。要改变过去尾随式产业结构升级模式，规避我国产业结构升级的战略性新兴产业空洞化，亟须探索一条适合我国国情的战略性新兴产业发展模式。由于我国战略性新兴产业正式提出的时间较短，而实践时间有限，尽管相关产业多数在战略性新兴产业提出之前就已经存在，但并未按照战略性新兴产业的发展规划与发展。本书认为，在现实中很难找到现成的战略性新兴产业发展模式，需要对类似的产业或准战略性新兴产业的发展模式进行研究。探讨产业发展模式有多重视角，常规视角之一是从产业发展驱动力的角度进行研究。应用产业分析理论认为，战略性新兴产业发展应属于科技创新驱动和市场创新驱动共同作用的双驱动发展模式。本书结合我国当前战略性新兴产业的发展状况，以及我国产业发展的技术水平视角，采用产业经济学、管理学，以及发展经济学等理论，对我国战略性新兴产业发展模式进行归纳、总结，以期能从中找到一条适合我国战略性新兴产业发展的模式。

一、产业集群模式——互动发展，嵌入升级

产业集群是指在特定区域中，具有竞争与合作关系，且在地理上集中，关联性的企业、专业化供应商、服务供应商、金融机构、相关产业的厂商及其相关机构等组成的群体。即某一产业领域相互关联的企业及其支撑体系在一定区域内大量集聚发展，并形成具有持续竞争优势的经济群落。许多学者研究发现，产业集群几乎是存在于任何产业成长过程中的一种普遍现象，其在产业区域竞争优势的培养中具有不可替代的重要作用，而高新技术的产业集群特征更加明显。亚当·斯密的分工理论认为，分工具有多种功能和作用，着重强调分工是提高劳动生产力、增加国民财富的主要途径，是推动一个国家或民族富裕和文明的主要动力，是价值和剩余价值的源泉。企业间分工，即企业间劳动和生产的专业化，正是这种分工的形成促使企业集群和产业集群得以形成，也是因为分工，产业集群才会具有无论是单个企业还是整个市场都无法具备的效率优势，产业集群既保证了分工与专业化的效率，与此同时还能将分工与专业化进一步深化，分工与专业化反过来又促进了产业集群的发展。美国的"硅谷"是世界上最成功的高技术产业开发区，是世界上最大的信息产业集群，全球前100家大科技公司有20%在此驻足。英国的苏格兰科技区、法国的安蒂波利斯、印度的班加罗尔等地区的高新技术产业，都具有产业集群特征。随着我国经济的发展，在东部沿海地区的长江三角洲地区、珠江三角洲地区和环渤海湾地带已经形成了三大集群经济区。经济全球化的进程使集群区域的发展并不是一个孤立的过程，作为国际分工网络的有机组成部分，集群区域必然保持着与外界的联系，参与到全球化的竞争当中。集群区域只有成为动态、开放的系统才能保持其长盛不衰的生命力。在产业集群与外界联系的更新过程中，外商直接投资，尤其是跨国公司发挥了举足轻重的作用。目前，跨国公司已经越来越多地试图进入东道国的产业集群以增强其知识基础及国际扩张的效率。同时，跨国公司对东道国产业集群的有效介入能使集群企业不断获得跨国公司的技术支持，从而为集群企业的升级打下技术基础。产生这一现象的原因在于：当跨国公司进入东道国产业集群以后，为了保持其产品质量和竞争能力，通常会为供应商提供技术援助、信息咨询服务和管理上的培训等服务，从而促进了当地企业生产能力的改进和技术水平的提高。特别是跨国公司与当地产业集群不在同一市场上竞争，而且彼此又有利益的一致性，因而跨国公司对技

术保护的意愿大为降低，甚至协助合作伙伴提高技术水平。从我国的情况来看，随着市场竞争的加剧和经济全球化的发展，浙江省一批从传统产业集群发展起来的高新技术产业集群已经初露端倪，并在与外资的不断融合中逐渐成长。外商直接投资（FDI）不仅带来了具备现代经营管理才能、精通高新技术、有远见和掌握高科技企业运作规律的人才，以及系列研究机构和科研基地，更是促进了高新技术产业集群自身不断丰富人力和技术资源，推动资源不断向集群区域中心集聚，以满足外商企业高要求的投资标准。近几年最为典型的案例是嘉兴科技城的兴起。嘉兴科技城瞄准国内外一流的大院名校，短短两年时间，分别在嘉兴科技城内建立浙江清华长三角研究院、中国科学院嘉兴应用技术研究与转化中心、乌克兰国家科学院国际技术转移中国（嘉兴）中心暨研发与产业化基地。同时，全国软件出口十五强企业投资的软件产业基地项目，美国耶鲁大学的生物遗传基因技术项目，美国马里兰大学传媒产业研究院项目等正在积极推进中。国际上成功的高新技术产业集群国际化的发展过程，实际上都是成功嵌入全球产业链的过程。当企业集群成功嵌入全球产业链后，应不断强化自身的竞争力，不断更新技术，在产业链内寻求适合自己的升级方式，逐步占据产业链的关键环节，从而实现企业集群的可持续发展。基于上述分析与成功案例，我国可以通过产业集群模式，采用互动发展、嵌入升级的战略手段实现技术、知识和信息等要素的共享，提高创新集群的协同竞争能力，从而提升我国战略性新兴产业的创新绩效。

二、产业联盟模式——优势互补，合作共赢

产业联盟是指出于确保合作各方的市场优势，寻求新的规模、标准、机能或定位，应对共同的竞争者或将业务推向新领域等目的，企业间结成的互相协作和资源整合的一种合作模式。产业联盟中最主要的类型是研发合作产业联盟，其目标是解决产业共性技术问题。在企业创新中，研发联盟有利于研发资源互补、缩短研发周期，大幅降低研发成本、分担研发风险，促成联盟成员之间相互学习国外先进技术。从很多发展中国家的实践来看，工业后进国家同发达国家企业通过缔结联盟进行合作创新，是缩小技术差距的一条捷径。如果正确地实施该创新战略，会加速技术进步与经济发展，甚至能在技术水平和创新能力上迅速赶上发达国家，并很快走上自主创新的道路。通过战略联盟，可以使企业进入需要巨额前期投资的技术领域，共同使用联合企业的创新资源和能力。战略联盟在很大程度上解决了我国企业经济效率低下、学习能力弱小的问题。特别是在变化莫测的外部国际环境中，与西方跨国公司在某些领域结成战略联盟，对于提高我国企业的国际竞争力，具有非常重要的现实意义。切实贯彻产业联盟模式，可实现优势互

补，合作共赢。我国战略性新兴产业持续竞争优势的建立，还必须强化如下三个环节的工作。一是积累自身的竞争优势。现代国际产业联盟是以经营能力及经营资源对等为基础，实力相差悬殊的企业之间，很难建立具有实质性的合作关系。产业联盟各个成员都应具有自己的特定优势，并且这些优势具有一定的互补性。内部成员之间的知识流动是一种水平式的双向或多向流动。我国企业在与国外企业的联盟合作中，应不断地积累自身的创新知识，只有这样才能在知识的双向流动中建立持久的联盟伙伴关系，也才能相互合作创造新的知识。二是提升企业自身的核心能力。在知识经济时代，建立产业联盟的动机不能仅简单地追求资源互补，还应注重获取知识形态的核心能力。要求通过合作使企业间知识形态的资源进行双向及多向流动，以创造新价值。在建立国际产业联盟的过程中，应努力从国外合作企业那里获取新的知识，并使其与自身的核心能力相融合，实现战略合作的升华，也是提高企业国际竞争力的根本所在。三是保护自身的合法权益。目前我国国内企业在与国外企业缔结联盟时，不善于在联盟组织的管理中保护自身的利益，在合作过程中常出现核心技术被转移的情况。如我国传统的景泰蓝制作工艺和陶瓷绘画技术就在所谓的合作中，被毫无保留地泄漏。我国企业在联盟合作过程中，应注重维护自身的合法权益，并强化商业机密和知识产权的保护意识。同时采取适当的保护措施，如拟订详细的含有保障条款的合约等。

三、产业创新模式——模仿创新，借梯登高

所谓模仿创新是指以率先创新者的创新成果为示范，跟随率先者并充分吸取其经验和教训，通过引进购买或反求破译等手段，吸收和掌握率先创新的核心技术和技术秘密，并在此基础上对率先创新成果进行改进，进一步开发出满足市场需要的创新产品或开展技术的渐进性创新活动。首先，模仿创新是我国企业技术发展的有效选择。新技术的研究开发需要大量的资金和人才的投入，而新技术的探索又具有很高的不确定性和失败率。一旦失败，企业就要遭受巨大损失。而模仿创新却回避了率先者的技术研究与开发活动，模仿创新企业可冷静的观察率先者的创新行为，向多个技术先驱学习，在众多的可能性中选择最可能成功的技术成果加以引进购买，消化吸收与改进。它只能将自己的研究开发活动集中在特定的领域，主要从事渐进性的改进。这种模式具有投入少、效率高、风险低的特点。其次，模仿创新具有良好的投入产出效益。根据著名经济学家曼斯费尔德（E. Mansfield）分别对美国、日本企业模仿创新与完全自主创新的相对成本与耗时所作的比较，认为美国企业模仿创新成本是率先创新成本的65%，前者与后

者平均耗时的比值为70%，日本企业模仿创新对率先创新的相对成本为50%，前者对后者的平均耗时比为72%。在技术创新的产出方面，国外学者的研究成果表明，模仿创新比率先创新亦有较大优势。例如，在创新的成功率方面，通过对法国7个行业、112种工业品创新的调查分析发现，第三、第四家进入市场的企业较第一、第二家进入市场的企业成功率更高，前者成功率可高达87.5%和81.82%（Lilian and Yoon，1990）。通过对第二次世界大战前后36种产品的考察，发现其中率先产品的失败率为47%，而早期采取模仿创新策略的跟随产品的失败率仅为8%（Colder and Tellis，1993）。其次，通过模仿创新实现赶超的关键在于创新。模仿创新是后进国家以最小的代价，最快的速度实现技术自立的现实途径，是实现向自主创新过渡的必经阶段。历史上，美国工业的发展正是得益于对欧洲国家先进技术的模仿创新。日本第二次世界大战后奇迹般的经济振兴，在相当程度上得益于对美国工业技术的模仿创新。当今许多以自主创新著称于世界的大企业，都曾经历过模仿创新，进行技术积累的阶段。模仿创新是增进企业技术积累，快速提高企业创新能力的最有效途径。只有最大限度地汲取领先者的成功经验和失败教训，消化继承率先者的技术成果，在此基础上不断改进提高，才有希望超越发达国家的先进技术水平。我国战略性新兴产业可以通过产业创新模式，即模仿创新，通过借梯登高的战略选择实现我国战略性新兴产业国际竞争优势的建立。

第三节　中国战略性新兴产业国际化发展战略框架

战略性新兴产业从产业自身来看，战略性的特征决定了其国际化发展不仅是单一企业或产业的发展，更要从价值链提升、产业协同上着眼思考。新兴产业的特征又要求其国际化发展必须以技术创新为基础。同时，国际化发展意味着参与国际市场竞争，那么竞争必须要尊重市场逻辑。从中国战略性新兴产业国际化现状出发，结合国际相关产业发展经验，制定我国战略性新兴产业的国际化战略决策框架，并依据该战略决策框架分别围绕技术创新、市场开拓、产业链分工和行业协同四个重要的战略性新兴产业的国际化目标来提出主导性国际化战略（见图3-1）。技术创新与市场开拓相辅相成，共同提升我国企业在产业链分工上的优势地位。通过行业协同，以制度、资源、技术的产业外溢，形成基于战略性新兴产业的生态竞争优势，不断夯实国家战略的实现基础。

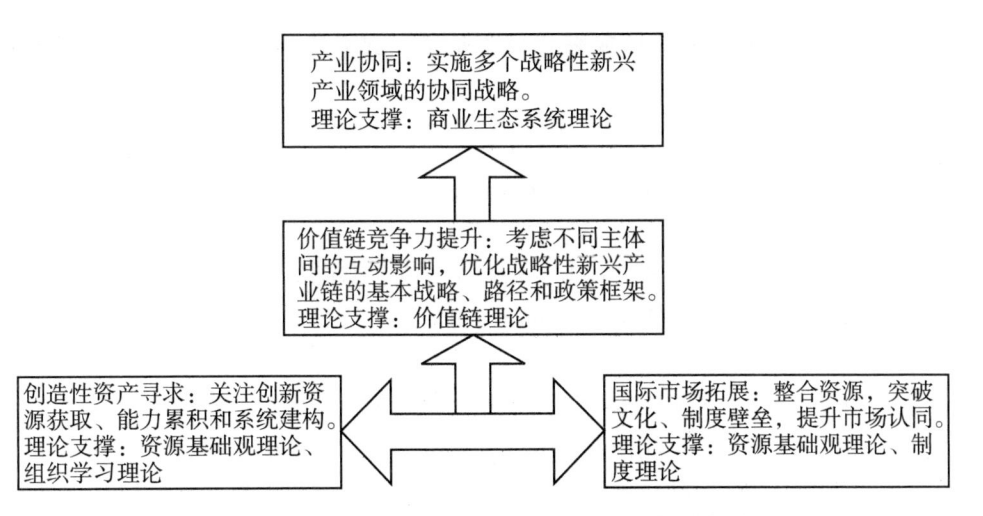

```
┌─────────────────────────┐
│ 产业协同：实施多个战略性新兴 │
│ 产业领域的协同战略。       │
│ 理论支撑：商业生态系统理论   │
└─────────────────────────┘
            ⇧
┌─────────────────────────┐
│ 价值链竞争力提升：考虑不同主体 │
│ 间的互动影响，优化战略性新兴产 │
│ 业链的基本战略、路径和政策框架。│
│ 理论支撑：价值链理论        │
└─────────────────────────┘
            ⇧
┌──────────────────┐       ┌──────────────────┐
│ 创造性资产寻求：关注创新资 │ ⇔ │ 国际市场拓展：整合资源，突破 │
│ 源获取、能力累积和系统建构。│   │ 文化、制度壁垒，提升市场认同。│
│ 理论支撑：资源基础观理论、 │   │ 理论支撑：资源基础观理论、制 │
│ 组织学习理论        │   │ 度理论            │
└──────────────────┘       └──────────────────┘
```

图 3-1 战略性新兴产业国际化四大战略框架

一、国际化发展的基础战略

基础战略分为两种，即基于创造性资产寻求和国际市场开展的国际化发展战略。其中，创造性资产寻求是从企业、产业等层面出发，结合战略性新兴产业特征，以自身成长为导向的发展思路。关注中国战略性新兴产业的创新实力提升，是以创新资源基础获取、创新能力累积和创新系统构建为路径的战略性新兴产业国际化战略，分析战略性新兴产业的技术创新特征、行业特征及母国—东道国特征，分析其对国际化创新绩效的影响。国际市场开拓是从市场层面出发，结合国际市场的动态变化，以市场竞争为导向的发展策略。关注战略性新兴产业的国际市场进入战略、国际竞争优势定位战略以及东道国经营合理化战略，分析东道国市场环境特征、战略性新兴产业特征与企业国际化动因，分析其对国际化市场绩效的影响。

二、国际化发展的提升战略

提升战略分为两种，即价值链竞争力提升和产业协同的国际化发展战略。其中，价值链竞争力提升战略，更多地从价值链的层面来思考布局中国战略性新兴产业的国际化，分析战略性新兴产业全球布局的基本轮廓，提出中国优化战略性新兴产业链的基本战略、路径和政策框架。产业协同战略，探讨产业内、产业间和国际产业链协同对创建战略性新兴产业的系统性国际竞争优势的影响作用，旨在通过多产业间的协调，形成综合竞争优势，提升中国战略性新兴产业的竞争力。

三、四种类型战略之间的关系

整体战略包括基础战略和提升战略两个方面，基础战略为提升战略服务，紧抓创新与市场的利器，获得一定的资源与市场，才能打牢产业的发展基础。特别是对于中国产业发展的现状，在资源与市场并不占优势的情况下，很可能需要从个别关键产业突破，占领技术制高点，扩大市场影响。然后，开始从价值链、产业协同方面进行布局，优化产业生态的发展，形成难以模仿复制的竞争优势，并向其他产业辐射。从两种基础战略来看，创新与市场也并不是孤立的战略。市场是一切产业发展的基础，对于战略性新兴产业而言，其市场的优势需要通过创新获取。在创新过程中，创造性资产的寻求将是至胜关键。同时，市场基础的不断夯实也会壮大产业实力，提升创新能力，获取更多创造性资产。从两种提升战略来看，价值链竞争力是产业协同的基础，产业间协同又会给价值链竞争力的提升带来新机会。

第四节 中国战略性新兴产业优势构建策略

一、创新制度体系，保障战略性新兴产业成长

新兴产业的培育必须有与其相适应体制和机制的支撑。战略性新兴产业因发展的前瞻性、较强的社会性、生产要素的先进性等，对体制机制的改革要求更高。我们要高度重视适应战略性新兴产业发展的体制机制建设。因此，在构建战略性新兴产业优势建立过程中，应强化如下几个方面的制度建设工作，一是建立协调推进机制。准确把握战略性新兴产业发展的规律和节奏，科学分析发展过程中的相关体制机制问题。要在国家的大战略框架范围内，明确发展方向，核定发展目标，甄别利用比较优势，合理制定区域化、差异化发展规划，避免重复建设、恶性竞争和同质化发展，避免新一轮产能过剩。二是完善市场运作机制。战略性新兴产业处于产业发展的幼稚期，多是"政策引导型"产业，国家应在市场准入、示范应用、政府采购、财政补贴、市场规制等方面加大政策扶持力度，同

时，要尊重产业自身发展规律和市场需求，充分发挥市场机制配置资源的基础性作用，要以市场引导需求、以市场规范竞争，通过建设、完善与创新有关的各种要素市场，让市场去发现、筛选和推动战略性新兴产业发展。要打破部门、地区分割和利益局限，消除新兴产业跨部门、跨行业、跨地区、跨所有制发展的管理体制障碍。让新兴产业在发展初期就能够实现"跨界"的广泛合作、深度交融，调动市场上各种生产要素，加快和完善产业体系的建立。三是健全政策扶植机制。落实国家战略性新兴产业的相关财税政策，通过股权投资、奖励、补助、贴息、资本金注入、财政返还、税收减免等多种方式加大扶持力度。研究并制定促进政府公共服务部门和国有企业采购具有自主知识产权的产品及服务的专项政策，逐步完善政府采购有关机制，发挥政府采购在战略性新兴产业重点领域发展中的重要作用。通过首购、订购、示范推广应用等方式，积极培育市场。四是强化科学考评机制。要改变政府重政绩轻发展、重投入轻产出、重规模轻品质、重数据轻效率的经济发展价值取向，研究引入定性和定量指标的双重约束条件，设立有指导性和可操作性的战略性新兴产业考核指标体系，引导战略性新兴产业健康有序的发展。五是战略性新兴产业的建设，不仅是产业结构的建设，还是一种减少交易费用的制度安排。战略性新兴产业建设过程中起决定性作用的是制度安排的变革，是突破原有的制度结构，重新构造与市场经济体制要求相吻合的一系列基本制度关系和行为制度，通过选择一种交易及运营费用较低的制度模式，实现产业经济的增长与发展。一些产业集群热衷于进行创新，都是基于创新能力可以为其带来高收益。而战略性新兴产业，乃至新兴产业集群的发展以及区域产业集群的竞争优势提升，必须依靠形成稳定的并且相适应的制度结构，从而使战略性新兴产业集群与制度相互促进、协同发展。故此，区域政府相关部门应该根据实际需求，制定完善的产业集群保护政策体系，提出明确的发展规划、产业布局、规模标准、重点建设项目以及关键产品国产化进度要求，并以法律、法规等形式保证专项政策和规划的落实。

二、提升战略地位，创造战略性新兴产业发展的政策环境

纵观国外战略性新兴产业的发展历程，无论是以市场经济为主导的欧美国家，还是以政府主导型经济为主的东亚国家和地区，都对战略性新兴产业给予必要的培育和扶持，包括建立相关配套政策体系，加大对技术研发、支撑体系建设等的资金投入等。日本自1993年开始实施"新阳光计划"，以加速光伏电池、燃料电池、氢能及地热能等新能源的开发利用。2006年，日本环境省实施"太阳作战"计划，通过发放补贴大规模而又系统地推动太阳能发电产业。国际金融危

机后，日本重新恢复对太阳电池板行业的所有补贴政策。目前，日本已成为世界上光伏发电技术最先进的国家之一。欧盟从2003年开始大力推进气候变化问题的解决进程，作为其扩大在国际事务中话语权的博弈手段。2008年德国通过了温室气体减排新法案，逐步使风能、太阳能等可再生能源的利用比例从14%增加到2020年的20%。法国环境部于2008年11月17日公布了一揽子旨在发展可再生能源的计划，涵盖生物能源、风能、地热能、太阳能及水力发电等多个领域。2008年英国颁布了"气候变化法案"，成为世界上第一个为温室气体减排目标立法的国家。国际金融危机发生后，英国出台了《英国低碳过渡计划》《英国低碳工业战略》《可再生能源战略》及《低碳交通计划》。因此，借鉴西方发达国家的经验，结合我国自主创新政策实践，我国可以从如下几方面来完善战略性新兴产业发展的配套政策环境。一是改进金融扶持制度安排，破解战略性新兴产业融资困境。政府应引导银行加大对新兴产业的实质性信贷支持力度，促进风险投资向战略性新兴领域的投放。建立多层次资本市场，鼓励中小企业发行集合债券，优先在创业板首发和增发股票等，通过多元化金融供给模式，拓展战略性新兴产业的融资渠道。二是优化财税政策环境，完善战略性新兴产业全方位创新支撑体系。加大政府对战略性新兴产业的财政投入，间接引导其他社会资金向该产业投放。此外，政府有必要实施财政补贴和税收优惠政策，降低国内企业产品单价的同时增加市场需求。三是整合全球创新人才要素，引智助推战略性新兴产业高端发展。依照内向型全球化战略定位的要求，未来要建成全球高端人才聚集区，虹吸全球高端生产要素，推进创新型经济跨越发展。实现这一宏伟目标，关键在于自我培养、海外引进和聚集使用三者相结合的人才政策。

三、加大科研创新力度，增强战略性新兴产业发展的技术支撑

从国外战略性新兴产业的发展看，发达国家或地区在战略性新兴产业技术的研发上不遗余力，在产业技术上形成了你追我赶的局面。克林顿政府大幅增加民用技术创新的资金投入，建立了全国"信息高速公路"，将集中700多个国家实验室的大部分技术解密，以"扶持幼小的高技术工业，扩展国家经济基础"。奥巴马政府把美国GDP的3%投向研究和创新领域，成倍地增加美国国家科学基金会（NSF）、美国国家卫生研究所（NIH）、能源部科学办公室3家国家主要科研机构的经费。日本为使科技水平从"追赶欧美"转向"同欧美竞争"，先后公布了综合战略方针"科学技术基本法"和"科学技术基本计划"，强调"科技创新立国"，开展尖端科学技术的研究开发，为科研成果商品化创造条件。国际金融

危机后，日本又出台了为期 3 年的信息技术发展计划，侧重于促进 IT 技术在医疗、行政等领域的应用。日本政府每年的科研经费约占 GDP 的 3.1%，位居发达国家榜首。德国为保持和发展自身的科技优势，进一步推动科研战略从"研究政策"向"创新政策"转化。2006 年，德国政府通过了"60 亿欧元科研发展计划"，重点在于加强对诸如信息技术、生物技术、纳米技术、航天技术、健康科学等尖端科技和跨学科技术的资助。该国政府科研经费开支由 2005 年的 90 亿欧元上升到 2009 年的 120 亿欧元。因此，发展战略性新兴产业，尤其是欲提升战略性新兴产业竞争优势，首先我国应加强对战略性新兴产业技术创新联盟的科研项目支持。战略性新兴产业重大技术攻关项目等科技项目要重点向产业技术创新联盟倾斜。支持联盟围绕协议确定的方向开展科技研发活动，支持联盟围绕战略性新兴产业技术创新链进行项目系统集成。其次，我们要加强对战略性新兴产业技术创新联盟的科技条件平台建设，支持联盟创办研发机构、工程技术研究中心、重点实验室和博士后工作站；鼓励现有各类科技资源向联盟开放，探索科技成果共享机制，不断提升联盟的科技创新能力。通过加大科研创新力度，以增强战略性新兴产业竞争优势建立的技术支撑。

四、优化新兴产业集群内共生单元，培育利于战略性新兴产业知识转移的共生环境

在战略性新兴产业技术创新联盟中，科研院所在联盟中居于基础地位，它是基础研究和应用研究中的主要力量，也是企业大部分创新知识的外部来源；企业是技术创新联盟的核心主体，在产品工艺开发和市场开发的过程中不断推进知识创新和技术创新的进程，带动产业知识产权化和市场化，因此联盟内的企业与科研院所形成了优势互补、互相促进的互惠共生关系。政府从政策和规章制度的角度保障企业和科研院所的最优生态位，为促进产学研合作营造一个良好的生态环境。中介机构要充分发挥市场机制作用，坚持市场化独立运行，同时提高规范性，为企业和科研院所的知识转移做好服务支持。完善知识转移中介服务，建设网络化、专业化、社会化的知识转移体系，密切技术、信息、资本等知识转移要素间的联系，降低知识转移成本，提高转移效率。建立统一、开放、竞争、有序的现代技术知识市场体系，大力发展知识评估与咨询、知识服务、专利代理、科技信息等知识密集型科技服务机构，促进企业与企业间、企业与高校、科研机构间的信息传递、技术共享和知识转移。建立战略性新兴产业科技知识转移平台，以知识转移为核心，集聚整合产业技术创新联盟内的知识信息资源，进一步增强知识转移过程中转移主体间或为其服务的机构间协同行为的频率和效率。从国家

经济发展层面提出对七大战略产业发展的布局规划，并针对具体产业提出发展模式。同时，对中国战略性新兴企业经营的优势构建给出策略。

五、精心打造产业链条，增强战略性新兴产业发展的整体竞争力

新兴产业以重大技术突破为先导，决定了其组织培育以配套集群的模式发展，并在一定空间范围内实现产业链上下游衔接，有助于知识和技术的转移扩散，尽快形成整体竞争能力。因此，基于战略性新兴产业竞争优势构建的要求，我们可以采取以下措施。一是建立以行业领军企业为核心的开放式创新网络的"前端控制"机制。以核心企业或主导产品为基点，推动产业链条向上下游两端延伸，瞄准技术集成的重大整机产品、成套项目，推进产业链向价值链高端攀升。要注重产业关联发展，实施产业融合战略。通过发展战略性新兴产业，改造和提升传统产业的技术水平和产品质量，实现产业间的技术互动和价值链接。二是建立产业技术创新联盟，提高产业技术创新的组织程度。推动产业技术创新战略联盟构建和发展，是整合产业技术创新资源，引导创新要素向企业集聚的迫切要求，是促进产业技术集成创新，提高产业技术创新能力，提升产业核心竞争力的有效途径。要鼓励企业、大学和科研机构及其他组织机构从产业发展的实际需求出发，遵循市场经济规则，以各方的共同利益为基础，围绕产业技术创新的关键问题，开展技术合作，积极构建探索多种、长效、稳定的产学研产业技术创新联盟，形成的联合开发、优势互补、利益共享、风险共担的技术创新合作运行机制。三是以产业化规模化发展为目标开展技术创新活动。要统筹技术开发、工程化、标准制定、市场应用等创新环节，实施若干具有引领带动作用的重大产业创新发展工程，形成基础扎实的、有影响力的技术优势和有特色的、有规模的产业优势。要积极实施知识产权战略，支持和鼓励企业、高校、科研院所在已有的核心技术上获取专利权，并逐步形成重要的产业技术标准，摆脱发达国家对我们的知识产权垄断和产业标准打压的羁绊，扭转"以市场换技术"和"技术跟随"的被动态势，实现"中国制造"向"中国创造"的转变。

第四章

基于创造性资产寻求的
国际化发展战略研究

早期国际市场营销文献都认为,后发国家在融入国际市场的过程中应该遵循国际化阶段模式或者产品生命周期假设（Vernon, 1966; Johanson and Vahlne, 1977; Vernon, 1979）。企业应该随着扩张的阶段,在对东道国投入增加中不断学习,采取逐步国际化的方式。企业也被认为应该首先向那些与母国经济社会发展相似的国家进行扩张,然后再拓展到差异较大的国家和地区。按照产品生命周期假设,FDI 应该是从发达地区向欠发达地区流动,而不是相反方向。但从一些新经济体国家企业的国际化发展来看,以上理论并不能完全解释。例如,中国企业似乎违背了一些传统国际商业理论的核心原则,其国际化似乎走在错误的道路上。中国企业国际化步伐要远快于传统理论提出过程模型（Guillén and García-Canal, 2009; Madhok and Keyhani, 2012）。同时,在国际化过程的进入地区顺序上,中国企业也与传统理论相违背,似乎也是在错误的国家进入顺序上进行地区选择。以中国为代表的新兴经济体跨国企业在进入那些心理距离更近,更加相似的国家之前,就向物理距离和经济距离较远的发达国家进行积极扩张（Ramamurti, 2004）。尤其是有一些中国科技企业在发达国家的投资,要高于在其他新兴国家的投资。在进入模式上,中国企业倾向于使用高投入的直接投资方式,如并购、绿地投资,进入新市场,而不是按照传统观点所认为的那样,先从低风险、低投入的方式开始,如直接出口、市场销售代理或者销售子公司（Madhok and Keyhani, 2012）。

针对中国企业貌似违背传统理论的国际化模式,近年来大量的国际营销和国际商务领域的学者对此展开了深入讨论。其中，一些研究认为，企业经常会将国际化扩张作为一种获取海外知识的跳板，以弥补他们的竞争劣势并克服后来者劣势（Child and Rodrigues，2005；Mathews，2006；Luo and Tung，2007），并提出中国企业的国际化活动是一种以创造性资产寻求为目的的国际化。创造性资产寻求型国际化并不是为了利用企业现有知识，更多的是通过国际化来获取新知识，构建后来企业特有优势（Cantwell，1989；Dunning，2001）。与创造性资产寻求动机一致，来自于技术落后国家的企业往往会在处于技术领先位置的国家进行投资（Kogut and Chang，1991；Serapio and Dalton，1999）。近年来，新兴市场企业在发达国家进行的并购数量呈现出急剧的增长态势（Athreye and Godley，2009）。例如，中国联想就在2004年收购了IBM公司的个人电脑业务；印度的苏司兰能源公司在2006年成功收购了比利时的汉森传输有限公司，在2007年又再次成功收购了德国瑞能公司（Tiwari and Herstatt，2009）。

本章节探讨以创造性资产寻求为目标的国际化发展路径。根据创造性资产的表现形式和特性，本书重点关注三种类型的创造性资产：创新资源、创新能力和创新系统。其中创新资源代表了静态的公司特有的创造性资产；创新能力代表了动态的公司特有的创造性资产；创新系统则代表了区位特有的创造性资产。同时，针对创新资源获取、创新能力累积和创新系统构建，分别提出可能的国际化寻求战略路径，并尝试讨论每一类型的创造性资产，在不同环境条件下对不同国际化发展战略的选择和应用。

由于本章会多次涉及资源与能力的概念，在展开内容之前，首先对两者进行界定和区分。按照动态理论的观点，资源是指企业可以运用到工作以完成特定活动和目的的有形或无形的资产。资源对于企业竞争力的作用则要依赖于资源的价值性、稀缺性、难以模仿性以及不可替代性（Barney，1991）。能力则是表示企业使用这些资源的能力。因此，能力也可以被认为是一种特殊类型的资源，具体来说，是嵌入在企业中的不可转移的特有组织资源，该资源的作用就在于提升企业所拥有的其他资源的生产效率（Makadok，2001）。

第一节　创造性资源获取战略

根据战略性新兴产业对创新资源的获取和使用形式不同，本书将创新资源获取战略分为四种类型，并试图在研究中分析每一种战略形式的优势来源、对资源的要求以及与创新绩效的关系。

一、创新资源置换战略

创新资源置换战略指通过转让本国创新资源或者购买、投资他国创新资源的方式,来盘活企业闲置的创新资源,更新现有创新资源结构,获得对企业更有战略价值的创新资源(Gooderham, Minbaeva et al., 2011)。创新资源交易战略强调本国与东道国在创新资源上的异质性,本国企业通过市场机制将与自己技术创新特征不匹配的、已开发成熟的或者不具有开发优势的技术资源和知识技能,与他国企业进行交换,以获得与技术创新特征更匹配的、更具有专业化开发潜力的创新资源,从而获得更高的创新绩效。

根据定义,创新资源置换战略主要有三种主要形式,第一种是选择性披露创新资源,通过转让自身技术,来构建自身开发资源在市场中的标准和合法性地位。第二种则是通过购买方式获取海外创造性资源,与自身资源进行整合,实现知识互补,促进企业的创新绩效。第三种为技术引入的形式。

(一)选择性披露创新资源

选择性知识披露是指对选择的特定资源,一般是知识资源,进行自愿的、有目的的,不可挽回的披露(Henkel, 2006)。相关资源如不披露本可以是企业所独有,但是披露后它能够被大多数甚至全部社会公众所获取,包括企业的竞争对手。尽管与已有文献强调对内部研发的知识保护相互矛盾,也有文献认为选择性的披露也能够正面影响企业的创新和企业绩效(West, 2003; Stam, 2009)。选择性披露可实现类似于外包形式的成本削减,增加产品的扩散,实现有利的外部性(Shapiro and Varian, 1999),改变其他企业的竞争性行为(Pacheco-de-Almeida and Zemsky, 2012)。从企业间竞争和合作视角出发,泄露企业内部技术知识可能避免竞争对手在相似领域的投资(Clarkson and Toh, 2010)。在面对竞争对手相似的努力和存在替代品威胁的条件下,企业发布研究结果能够影响他们的市场地位,(Polidoro and Theeke, 2011)。通过构建知识溢出池(knowledge spillover pool),知识溢出为企业如何更有效利用自身创新资源提供指导(Yang, Phelps et al., 2010)。当原创企业的知识溢出到了接受企业,在随后由接受企业的创新活动实现与其他知识的结合时,知识溢出池就会形成。当知识接收企业将接收的知识与原创企业没有的知识进行结合时,接收者就为原创企业提供了不熟悉知识的发展指导。接受者指导下的不熟悉知识为原创企业提供了大量有效途径,帮助企业在现有知识基础上补充知识。原创企业能够从这种知识混合组合中获得独一无二的优势。

同时，选择性披露还能够通过直接和间接作用促进企业间合作，加强知识的创造与吸收。首先，为了解决合作伙伴不确定性问题，知识自愿披露可以释放一个寻求与外部企业合作的意愿信号（Kogut and Zander，1996）。通过有选择的披露，企业能够消除一些重要信息方面的不对等，包括是否有企业在寻找合作伙伴；合作伙伴应该具有哪些特征等信息。从而鼓励外部组织对信号做出回应（Spence，1973）。通过以上环节，选择性披露能够为建立一致认识过程中存在的问题提供解决方案（Puranam，Singh et al.，2009）。选择性披露经常代表对外部组织的合作邀请，包括众包形式体现的问题解决性披露和早期的IBM专利形式体现的解决方案型披露。其次，选择性披露可能会大幅降低对外部组织的搜索成本，让企业能够在寻求合作伙伴的过程中，选择范围更广的网络。通过选择性披露释放的开放式合作邀请，可能会被组织传统搜索范围以外的组织所接收，非常有效地支持了企业的创新投入（Jeppesen and Lakhani，2010；Afuah and Tucci，2012）。例如，问题型披露以众包的形式，让企业的合作伙伴搜索范围大幅度地拓展到直接关联企业之外（Afuah and Tucci，2012）。关于解决方案性披露，软件企业会自愿战略性泄露部分产品规划，促进对产品的延伸发展（Jeppesen and Molin，2003）。

选择性披露是值得考虑的战略选择，但其也会为企业带来很多的成本和风险。其中，三种类型的风险对组织来说尤为显著。一是通过知识披露，组织可能会无意中让企业不想披露的，或者不应该披露的知识泄露（Harhoff，Scherer et al.，2003），对产品发展造成损失。二是它也可能让企业陷入更加复杂的创新活动管理。与传统上强度对知识产权的保护和重视的观点相反，该战略突破了企业边界，让企业创新活动变得十分复杂，让企业对自身资源的掌控能力下降（Alexy，2009）。三是组织可能会出现即使披露了知识，也没能吸引到合作伙伴的不利结果。但是，这些风险也可能通过一些方法得到控制。组织可以根据对他们的竞争地位、能力、内部过程的考虑，来决定披露什么资源，最终确保从选择性披露中获得收益。同时，组织外部的环境也需要被充分考虑。

要通过选择性知识披露促进企业创新。首先，要依赖于企业所处的环境。选择性披露企业的闲置创新资源，让接受单位将接受的溢出知识与其他对原创企业来说不熟悉的知识相结合。如此，接受单位就可能向原创企业提供开发利用知识的新视角。通过模仿这些接受单位，原创企业降低了探索不熟悉知识领域造成的不确定性。通过对87家电信设备制造商10多年的探索活动进行研究，认为在竞争激烈的动态市场环境中，采用相对保守策略的企业会更重视对不确定的降低（Yang and Steensma，2014）。企业也会更加依赖于他们知识的接受单位所提供的知识探索指导。相反，在高速增长的市场环境下，企业更可能在探索新的领域时从长远竞争角度出发,考虑接受单位的活动,但并不依赖对接受单位的模仿。在对消费者决策的研究中,认为当消费者面对较高的采纳成本和害怕被锁定时,即便是技术垄断者也能够从选择性披露中受益(Farrell and Gallini, 1988)。其次,从组织内部资源来看,企业资源模块化应该增加组织决定从事选择性披露行为。如果企业资源基础是模块化的,意味着企业可以灵活选择性地披露内容,而不会泄露重要的私有知识。

(二) 跨国并购

虽然经历了30年的高速增长,中国企业在技术储备和知识创造方面,仍然与发达市场企业有着显著差距。到发达国家市场从事海外并购,最为主要的目的在于创新资源置换战略(Bhaumik, Driffield et al., 2010; Gaur and Kumar, 2010)。作为后来者,想要实现快速追赶,仅仅依靠自身的内部研发是不够的,还必须通过嵌入发达市场来获取缺乏的知识。

企业可以通过多种方式嵌入发达市场中来获取创造性资源,其中最为主要的方式之一就是跨国并购。一是新兴市场企业一般在技术和营销能力上并不具备优势(Dunning and Kim et al., 2008; Duysters and Jacob et al., 2009),收购能够让新兴市场企业快速缩减与发达市场企业间的能力差距,因此很多企业选择以收购的方式进入发达国家市场。例如,印度企业沃克哈德(Wockhardt)公司就曾与德国企业大黄酸生物技术(Rhein Biotech)公司成立合资企业。当沃克哈德公司发现无法通过合资实现自身技术能力的提升后,企业管理层就决定并购大黄酸生物技术公司(Athreye and Godley, 2009)。新兴市场企业在与发达市场企业进行合作时,往往会面临诸多困难,双方之间无法克服的能力差距会严重阻碍合作战略的实施(Rabbiosi, Elia et al., 2012)。高端市场上的并购,能使新兴市场企业快速获取一些发达市场企业的能力(Barkema and Vermeulen, 1998),同时还能阻止直接竞争对手获取那些能力(Child and Rodrigues, 2005),帮助收购方从发达市场竞争对手的手中获取收益(Pradhan, 2008)。二是发达地区市场收购使得企业无须建立起自身的信誉就可以吸引高素质员工和供应商(Madhok and Keyhani, 2012)。三是与新兴市场企业相比,发达市场企业业务更为集中,拥有模块化的业务单元,也有利于收购方在并购后的整合吸收(Hennart, 2009)。

并购是快速弥补中国战略性新兴企业创造性资源缺乏的战略手段,但是并购往往也涉及巨大的投入,面临高难度的知识整合。因此,国际并购也经常达不到预期效果,无法实现预期的创造性资源吸收,导致被收购企业出现亏损和人才流失(Moeller and Schlingemann, 2005; Bertrand and Zitouna, 2008)。通过并购可以快速获取那些存在较大异质性企业的知识,但知识的转移往往面临着诸多挑战，不会自动从被并购企业转移到并购企业中，尤其是逆向知识转移。成功的跨国并购面临的挑战包括知识吸收能力的缺乏（Lane and Lubatkin, 1998）、对转移的知识的不信任（Katz and Allen, 1982）、知识传递单位缺乏相关知识的转移能力（Martin and Salomon, 2003）、较低的替换性（Teece, 1982）、转移的知识与接收单位拥有的知识之间的低协调性等（Schulz, 2003）。知识吸收能力成为企业能否从跨国并购中实现知识转移和知识吸收的重要条件。

（三）国外技术引入

对于新兴经济体而言，国外技术引入被认为是知识获取的重要来源之一。由于母国创新制度体系的不完善，知识积累的不足，自主创新能力的匮乏等原因，从国内获取和创造的技术知识资源，往往难以满足新兴经济体企业发展的需求。与经济学中提出的"后发优势"的观点一致，从国外引入技术并对其进行适应性改造进而培养出新的产品，成了新兴经济体企业实现创新能力快速升级的有效途径。

技术知识会以具体的，如设备、机器或者非具体的，如专利、设计图案和图纸、过程与产品授权等的形式进行引进。不同形式的技术引入，尤其是对处于技术弱势的发展中国家企业，都有助于企业提升研发创新能力。技术引入会推动企业对相关基础知识的快速学习和补充，推动企业进行进一步的知识探索，实现对引入知识的消化吸收。除了要进行学习、消化、吸收，企业更需要对国外引入的技术进行本土化改造。适应性调整可能涉及本地化使用、产品和过程的修正，以及有意识地对生产技术和产品研发进行大量投入，促进企业与国外技术供应商之间的持续互动交流。让企业接触到世界上最优秀的实践范例，增强企业的学习创新能力。在互动交流中，企业不仅可以学习如何更好地使用这些技术，还可能被推动相应的技术更新，促进企业整体创新提升。

不同于其他发展中国家，新兴经济体经过数十年的市场化改革、引进外资等措施，经济得到迅猛发展，国内企业在技术积累和吸收能力方面得到了显著的提升，技术需求动机也从最初的技术存量动机为主，转变为以模仿创新需求为主导（肖利平、谢丹阳，2016）。其中，技术存量需求动机是由于自身技术数量和质量低下，通过直接引进国外先进技术，来弥补自身技术不足，这是一种浅层次的技术引进需求。而模仿创新需求动机则是通过对国外技术进行消化、吸收、改造和再创新，提升自身技术能力，促进自身技术能力的升级。模仿创新动机通常表现为改造、模仿、逆向工程，是一种高层次的技术引进需求。

二、创新资源聚合战略

创新资源聚合战略指通过购买、联合或者租借他国创新资源,来增强现有创新资源的规模优势(Meyer, Mudambi et al., 2011)。创新资源聚合战略更加强调本国与东道国在创新资源上的相似性,本国企业通过集合与自己相似的他国创新资源,扩大现有新技术的规模优势,提升新技术成为行业主导技术,以获得更高的创新绩效。创新资源聚合战略更注重以当前企业的创新资源为主导,通过获取他国资源与自己相似的创新资源来发挥规模效应。尽管创新资源置换战略也强调了跨国并购作为主要的战略手段,但是它与创新资源聚合战略下的跨国并购在并购企业和资源寻求的选择上却有显著差异。

当决定是否收购一家企业时,收购者需要做出两种大范围的资源对比。一是相似性,即目标企业的资源与现有资源重合的程度;二是互补性,即目标企业资源能够对现有资源进行增添的程度。大量研究已经验证了企业的相似性程度对收购绩效的正面效应(Kaplan and Weisbach, 1992; Anand and Singh, 1997)。相似性会让收购企业在管理风格、文化,以及合并过程中利用协同效应(Robins and Wiersema, 1995; Palich, Cardinal et al., 2000),促进创新绩效。资源相似性是对企业并购有利的因素。然而,也有一些学者认为有关联的收购并不能比无关联的收购带来更好的绩效,资源相似性可以导致冗余和浪费(Makri, Hitt et al., 2010)。

除收购企业与被收购企业之间的资源相似性之外,互补性也是驱使并购成功的重要因素之一(Capron, Dussauge et al., 1998; Wang and Zajac, 2007)。互补性能够为企业扩张和价值增值提供机会(Cassiman and Veugelers, 2006)。然而,将互补资源消化吸收可能比较困难,互补性会增加整合成本,降低知识转移,导致对人力资源整合的破坏(Chang and Singh, 2000; Cassiman and Veugelers, 2006)。

在并购过程中,企业寻找目标时如何从相似性与互补性的角度进行选择呢?该问题在很大程度上要依赖于企业与被并购目标企业资源的对比角度,即从研发资源还是产品组合出发。当企业将自己的研发资源与目标企业进行对比时,企业更加偏爱于选择那些有着相似创新资源的企业;相反,当企业将自身产品组合与目标企业进行对比时,则更有可能偏好于并购那些与自身有着高度互补性的资源。

研发项目的成功经常充满了不确定性,只有很少一部分项目会实际投入市场。收购方企业经常会通过附加相关项目条款来提升研发产品线项目成功实现商业化的可能性。以医药行业为例，药物研发失败的概率很高，将创新想法转换成可在市场出售药物的成本高达 50 亿美元（Herper，2013）。研发上的错误会让企业付出巨大的代价。例如，Merck & Co.，Inc 在 20 世纪 80 年代曾是一家高度成功的医药企业（Chan，Nickerson et al.，2007），但如今现有项目进步缓慢，无法创造新产品来弥补和代替丧失专利保护的药物，导致收入损失（Seiden，1998）。为了做出应对，Merck 收购了几家有着相似资源构成研发产品线的企业，希望能够利用共有资源（Chan，Nickerson et al.，2007），增加在市场上取得成功的概率（Bellucci，2010）。

研发资产和资源上的重合将会帮助企业增加项目实现商业化的可能性。但是，产品上的冗余可能会造成在市场上高度重合，降低了协同效应的实现，可能会导致相互制约（Berry and Waldfogel，2001）。因此，整合相似的产品，可能会对收购企业自身的产品形成竞争，降低了相似产品对收购企业的吸引力。而互补产品能够增加收购企业的市场覆盖，当两家企业进行整合时形成独一无二的协同效应（Barney，1988；Barney，1991）。

与此类似，收购企业也不大可能会收购一家研发产品线与自身产品有着高度相似的企业，可能更加偏好于互补的研发项目。创建和管理研发产品线的明确目标是创造一个可以实现商业化的产品。如果收购企业已经有了能解决市场需求的产品，那么就可能更加偏好于那些能够增加处理新的、互补领域的研发项目。这也会让收购企业增加创新能力，并在将来创造出在非竞争领域的新产品。如果涉及专利到期日不断临近，收购企业就可能在与自身产品相似的领域中增加研发项目，以维护他们的收入，并在专利到期之后，更好地利用共同专用资产（Barney，1988；Barney，1991）。

当对比产品组合相似性和互补性时，对目标企业研发线的相对偏好要更加复杂。并购企业可能更加偏好于对自己产品有着互补性的研发偏好，因为这种项目提供了新的增加价值。在专利期限到期给企业造成收入威胁的情况下，收购企业可能同时偏好于相似性和互补性。但从总体上讲，互补性对收购企业更具吸引力。

综上所述，创新资源聚合战略强调集合与自己相似的他国创新资源，扩大现有新技术的规模优势。该战略建立于企业在创新资源上具有相对竞争优势的假设基础上，更加注重占据市场主导地位。

三、创新资源合作开发战略

创新资源合作开发战略指通过合作建立技术实验室、投资新创技术企业、建立开放创新平台等方式，本国企业与他国合作者围绕同一目标展开技术合作，以实现创新资源的增值（Ritvala, Salmi et al., 2014）。创新资源合作开发战略强调对创新资源的深度开发，注重在特定专业性技术领域的开创性工作，以此获得创新绩效。研发联盟是创新资源合作开发战略的主要实现手段。

对战略新兴行业企业来说，国际化的普遍方式就是形成国际研究联盟（Hagedoorn, 2002）。国际研发联盟是跨越国界发现、评估和开发技术机会的有效工具。其增加了企业在销售上进行进一步国际扩张的可能性（Leiblein and Reuer, 2004）。其能让企业分担风险、共享资本、技术和企业专有资产（Gulati, 1998; Gulati, 1999）。还能让企业获得补充性资源（Chung, Singh et al., 2000）和知识（Liebeskind, Oliver et al., 1996），联盟可以带来合理性光环（Baum and Oliver, 1991）。但同时，由于创新资源合作开发需双方的深入交流互动，也会受到文化差异、语言障碍、目标不相容等方面问题的困扰，导致合作效率下降，甚至彻底失败。

第二节 创新能力累积战略

根据组织学习理论，创新能力不仅指企业在"干中学"中对现有技术进行持续改进的能力，还包括其在合作学习中对其他企业的技术进行学习吸收的能力，以及在开放式学习中对市场中从未出现的技术进行探索。基于组织学习方式和累积创新能力的不同，本节关注以下三种战略性新兴产业创新能力累积战略。

一、创新能力适应战略

创新能力适应战略指战略性新兴产业专注于最大化现有技术和能力，在国际化市场中将现有技术与东道国市场需要相结合，以东道国市场需要为导向对现有产品进行适应性改造，以培育对新市场技术特征和需求特征的快速适应能力（Thite, Wilkinson et al., 2012）。在创新能力适应战略中，战略性新兴产业聚焦于保护核心技术，企业往往依靠在东道国市场设置子公司来进行技术适应性研发活动，通过具有高控制力的技术转移单位来获得能力积累，进而通过其现有核心技术的商业化应用来获得创新绩效。然而，战略新兴产业高度的技术不确定性和国际市场复杂的外部环境，使企业在从事适应战略时面临着重重挑战。

一是培育新市场技术和需求的快速适应能力，面临着母国欠发达制度环境下，对建立创造性资源旧有路径的依赖。所谓路径依赖是指一种能力产生于一系列依赖于路径学习的经验（Day，2011）。成功经验会被强化和重复，最后会限制其他可能的方法，甚至将组织锁定在一种有优势的方法中。由于缺乏经验反馈，其他的方法都被认为是值得怀疑的。对于一个过程，比如技术的商业化，它必须在不同的情境中以一种可信赖的、可重复的方式作用（Day，2011）。这个必要的条件就可能成为对新环境适应的阻力。长期的成功会使组织盲目不理会有差异的信号，逐渐导致能力不再适用于市场。

从制度上讲，受制于特殊的政治体制和文化，中国的制度环境与世界其他主流市场有着较大的差异。在中国背景下建立起来的企业竞争优势和组织惯例可能难以应用到发达市场中。以14家中国企业作为案例样本的研究发现，中国企业与传统西方市场企业应对外部市场需求变化有着显著的不同（Williamson，2016）。发达市场企业应对消费者需求变化的方式，往往是通过大力前期研发投入，力求创造出尽善尽美的新产品，以期能够长时间从新产品中获取收益，避免频繁的产品变动。然而，中国市场上极其不稳定的消费者偏好，大量的首次购买者，较弱的知识产权保护，以及较少的新产品发布审核制度阻碍，使市场需求变化响应策略在中国制度环境十分低效。同时，中国市场消费者比较愿意参与意见反馈和价值共创，以及足够大的市场容量，即使新产品表现不佳，与西方市场相比，对中国企业长期声誉的损害也相对较低。迭代创新成为中国企业适应市场需求变化的重要策略。例如，小米的成功就被其创始人归结为"专注、极致、口碑、快速"，以快速的迭代创新来适应市场的高速变化。

中国企业对新兴市场环境的适应，会导致企业锁定不适应于发达经济体环境的组织路径。需要高层管理人员改变企业的组织路径以适应发达经济体环境，打破固有的组织惯例和组织路径。让企业从依赖于专属新兴经济体背景下的商业模式，如低成本战略和模仿战略（Hoskisson，Eden et al.，2000；Kale and Anand，2006），转变为与母国市场环境运作模式有着显著差异，但是更加符合发达经济体环境要求的市场导向模式（Bartlett and Ghoshal，2000；Uhlenbruck，Meyer et al.，2003）。这些差异包括企业治理、组织构成、产品和服务标准、不同的竞争规则等。

二是中国企业往往欠缺在国际市场上经营的经验，面临着较高的外来者劣势。当以中国为代表的新兴经济体企业开始国际化时，它们一般是从那些隔绝全球竞争的封闭经济体中走向国际化（Hitt，Dacin et al.，2000）。相对于发达经济体来说，新兴市场企业在竞争中处于不利地位。相反，当发达市场企业开始国际化时，它们已经在相对开放和充分竞争的市场上进行了长时间的经营，并不会存在类似于新兴市场企业市场国际化时所面临的经验劣势。具体来说，当新兴市场企业开始国际化时，相对于发达市场企业而言，它们实际上十分欠缺在开放和竞争市场上经营的经验和知识（Wan and Hoskisson，2003；Burgess and Steenkamp，2006）。

因此，创新能力适应战略的成功需要企业有意识的采取一些战略措施，促进企业创新能力对东道国环境的适应。主要可以从内部组织结构调整，子公司自主权设计，以及利用信息技术来实现。

首先，母公司组织内部结构是改变企业内部协调与适应能力的重要前因。传统理论关注于层级化控制所带来的协调优势。权威理论（Weber，1971）和组织理论（Thompson，1967），都认为相比于市场机制，管理层级可以更有效地协调，包括专有资产在内的交易（Williamson，1975）。在战略研究领域，普遍研究认为价值创造战略依赖于企业内部各种行为间相互协调的潜力。当复杂的组织面临显著的协调或适应方面的改变，大多数情况下企业会通过改变正式的组织结构而应对改变。尽管层级化的组织结构有利于内部协调，但是有机组织结构则更利于企业的知识吸收和外部响应能力。一个更为有机结构的企业一般都是更分散和灵活的，运用参与式决策制定，在组织内部进行知识传播，缺乏正式程序和交流。更有弹性的结构有利于跨国企业的产品创新能力、知识吸收能力的提高，以及外部需求变化响应速度的加快。研究认为，子公司拥有极具价值的有关东道国的隐性知识，而这些知识能够为母公司带来合作和学习机会（Asmussen，Foss et al.，2013）。隐性知识最好的分享途径是常规的互动和经历，这些能够让接收者理解发送者的思考方式。一个更为有机的结构可以通过增加子公司与母公司的互动和经历的频率和质量，进而帮助隐性知识转移，促进快速回应东道国实现需求，更好理解东道国市场。

其次，企业也可以设计和改变子公司的内部组织结构和控制方式，提高创新能力在东道国市场的适应能力。子公司自主权授予是克服在进入国际市场之后不利条件和适应能力挑战的有效战略机制。子公司自主能够帮助企业获得两个方面的重要结果。一方面，授予核心海外子公司自主权，能够赋予该子公司在海外执行重要功能的能力（Prahalad and Doz，1981）。较高的自主权能够给予子公司管理者更多的权力去执行与战略咨询寻求相关的搜索、体验、整合，重组多个来源不同知识的复杂学习任务（Mathews，2006）。子公司自主权的作用对于寻求将国际化作为跳板，克服自身资源和能力劣势的新兴市场企业来说尤为显著。另一方面，赋予子公司自主权能够让他们在管理上和组织上与母国组织进行隔离。其对于想要去除新兴市场企业，在国外经营时所天生具有的负面制度传统有着十分重要的作用。将较高的自主权赋予海外子公司，可以减少母公司较差的企业治理水平对子公司层面治理水平的负面影响作用。在高度自主权的支持下，子公司管理人员可以有动机和权力去采取措施来提升会计责任、经营透明度，建立有力的公司治理机制，强化子公司在国外利益主体中的声誉和受信任程度（Luo and Tung，2007）。例如，一些中国服装零售商在韩国首尔的子公司，就能打破其中国母公司的刻板印象，在当地建立自身的信誉。此外，赋予海外子公司自主权还能给予他们相应的权力和机会，去建立在组织内、外部的信誉，能够鼓励总部管理人员投入更多的资源到海外（Bartlett and Ghoshal，2000）。当独立自主的子公司拥有了充足的能力，可以向母公司证明国际化能够带给整个企业未来收益时，将提高国内的总部管理人员对企业能够胜任国际市场竞争的信心。当那些新兴市场跨国企业管理人员意识到母国制度环境给企业带来的种种挑战时，子公司自主权的作用就尤为显著。

最后，信息技术也是提高企业适应能力的重要工具。信息技术是一种能够嵌入到组织中的资源。资源基础观认为，信息技术投资并不能够直接创造企业的竞争优势，因为竞争者可以模仿和获得相同的信息技术资源（Clemons and Row，1991；Tippins and Sohi，2003）。以往研究也认为信息技术本身可能并不能构成企业的一种竞争优势，信息技术投资与企业绩效之间并没有显著关系存在（Clemons and Row，1991；Tippins and Sohi，2003）。但从企业沟通运营来看，信息技术能够通过改善企业经营过程、提高服务质量、增进与顾客之间的亲密关系，为快速适应能力的培养搭建一个良好的平台。

二、创新能力吸收战略

创新能力吸收战略指战略性新兴产业专注于学习和吸收他国技术，以快速提高自身现有技术，或者弥补现有技术在设计、制造、商业应用等方面的不足，并通过比较借鉴，在特定领域中保持与最新技术的同步进展（Kotabe，Jiang et al.，2011）。在创新能力吸收战略中，战略性新兴产业聚焦于技术吸收与消化，因此企业往往倾向于依靠在东道国当地建立技术合作和支持联盟，通过紧密的当地化社会关系网络来获得能力积累，进而通过利用现有技术网络产生知识溢出，增加技术集成和模块获得创新绩效。

创新能力的吸收战略可以从两个方面考虑。一是从子公司视角，思考如何促进子公司的吸收能力；二是从母公司视角思考，子公司吸收和获取了东道国市场的知识后，如何提升母公司的吸收能力，以促进知识的转移和应用。

从母公司吸收能力视角来看，如何促进创新能力吸收。尽管前文阐述了创造性资源获取战略，但是当子公司从发达市场上获取了知识之后，为了从知识中获取收益，跨国公司必须将知识从子公司转移到母公司。母公司可能会进行多种类型的活动来促进知识的转移。首先，在日常管理中派遣母公司研究人员到子公司，或者是将子公司的研究人员转移到母公司（Filatotchev，Liu et al.，2009；Liu，Lu et al.，2010）。这种子公司与母公司之间直接的、频繁的人员互动，有助于培养彼此之间交流的共同语言，而交流的共同语言对隐性和复杂的知识转移至关重要（Kogut and Zander，1993；Lyles and Salk，1996）。其次，母公司可能会购买子公司生产制造的产品，以期获取生产和改善这种产品的相关知识（Javorcik，2004）。最后，加强自身的知识积累和知识应用能力。除了建立与子公司之间的联系和互动，母公司可能也需要投入资源去创建吸收和利用知识所需的创新网络，为此，企业会大力雇用具有先进知识经验和海外背景的人员（Filatotchev，Liu et al.，2009）。与母国最好的大学或企业进行合作，发展产学研中心，强化知识转化。这些活动的成功与否，都取决于母公司的知识吸收能力和知识应用能力。研发投入对吸收能力的培养至关重要，是企业建立和培养吸收能力的关键手段之一（Bell and Pavitt，1997；Lane，Koka et al.，2006）。

吸收能力的提升主要有两条路径。一是研发支出有助于提高企业的吸收能力，也就是"认识新的外部信息的价值，吸收和将其运用到商业终端产品"的能力；二是研发支出可以将吸收的知识转变成创新输出（Cohen and Levinthal，1990）。对于子公司吸收能力而言，除了投入研发，还可以通过赋予子公司自主权来提升其战略灵活性和吸收能力。从子公司演进过程视角来看，自主权往往能够显著的影响企业的绩效，因为自主权经常意味着子公司被授予更加高级的角色（Birkinshaw and Morrison，1995），会影响子公司的创新精神（Boehe，2007）。

由于母公司控制的减少能促进子公司的灵活性，而子公司的灵活性有助于子公司更为成功地建立和处理组织间的关系（Birkinshaw，Hood et al.，2005）。自主权的增加能够增强子公司网络的数量和交流互动频率（Giroud and Scott-Kennel，2009）。当顾客与供应商、消费者、竞争者之间的关系也都是十分重要的资源时，子公司的灵活性就显得尤为重要（Lindstrand，Eriksson et al.，2009）。随着决策制定自主权的增加，子公司就能够增加互动和往来的组织数量，也能够在需要的时候增加交互频率。当子公司面对资源限制，无法在它的内部网络关系中获取资源时，自主权的增加就可能促进利用现有外部关系进行创新。同时，子公司自主权的增加就可能促使他们增加与当地合作伙伴的互动，增加获取外部知识的可能性。

三、创新能力变革战略

创新能力变革战略指战略性新兴产业专注于对突破性技术的探索，通过提出颠覆现有市场的价值命题，并将其与技术革新相结合，以改变现有市场结构，并成为新市场规则的制定者和领导者（Luo and Zhao, 2013）。在创新能力变革战略中，战略性新兴产业不仅聚集于技术的重大创新，同时将其与商业模式创新相结合，其能力累积过程需要涉及多行业技术融合、多市场参与者联合、多地区信息联动，企业必须建立包含大量弱联结的全球性社会关系网络来获得能力积累，进而通过对新技术以非常规方式进行革新和重建，并将其发展为主导设计标准或独特创新模块，以获得创新绩效。

创新能力变革战略聚焦于建立和开发突破式创新而非渐进式创新，而突破式创新往往源于将现有知识与不熟悉知识的结合（Chatterji and Fabrizio, 2014）。例如，iPhone 的诞生改变了整个手机行业的发展方向，重塑了手机行业的游戏规则和创新能力要求。但 iPhone 并没有直接变革某项技术，而是将多种最新的技术发展整合在一起。为了促进创新能力变革，企业需要竭力构建大量弱联结的全球性社会关系网络来获得能力积累。

构建企业创新能力变革战略的重要方式之一，就是将上游供应商和下游客户都纳入企业的创新活动中。战略新兴产业的一个标志性特质，就是充斥着大量的市场不确定性，这使理解和预测新兴消费者的偏好变得十分具有挑战性。尽管在市场营销和企业管理领域，都知道诊断和识别消费者偏好和需求是创业导向成功的关键所在。但是在技术变革时期，要回答"最需要解决的问题究竟是什么"十分困难。因此，在这一时期，接触早期创新者的优势，能够帮助企业及时获取消费者不断变化的需求信息。对于制造商来说，与用户的互动能够帮助其形成新产品或服务共创的共生关系（Teubal, Yinnon et al., 1991; Bendapudi and Leone, 2003）。同时，又能帮助制造商在新产品市场上，设计出不断满足消费者需求的新产品。企业"要解决的问题是什么"的解答往往与它的客户群体高度关联。在重大技术变革期间，拥有与上、下游供应商合作创新的平台时，更有可能知道"何种功能特性需要改善"，以及"如何对存在问题的功能进行改善"。

一般来讲，相对于渐进式创新所需的知识，企业很少能够产生突破式创新的知识，因此用户知识就可能对突破式创新更具价值。根据熟悉的已有知识结合产生的创新往往不大可能获取重大突破（Fleming and Sorenson, 2001; Rosenkopf and Nerkar, 2001）。但是，产品用户拥有完全不同于企业研发人员所培养的知识与使用角度。用户会直接体验产品的性能和缺点，会更有效地揭露出企业之前完全没有预想到的问题，提出潜在的解决方案或者改进措施。有学者甚至认为顾客是新项目提出的最重要信息来源，其重要性要超过企业生产经营者本身（Cohen, Nelson et al., 2002）。有影响力的主要用户可以在产品质量保证和向他人推荐中发挥特殊作用，推动现有产品的销量增长，即便产品创新程度不足。用户可以与企业合作进行联合创新。产品发明创造反映了用户宝贵而又不同的知识和观点，其更有可能在产品研发周期的障碍面前保持稳健的热忱,促进那些企业单独研发可能无法产生的创新出现。因此,用户创新更有利于突破式创新而非渐进式创新(Chatterji and Fabrizio, 2014)。

当企业大力投入到新技术开发时,可能会因资源有限而降低对传统技术和技术元件发展的投入。为此,将上游供应商纳入创新体系,能够促使企业克服元件技术发展对满足现有市场需求新设想的阻碍。过程创新与产品创新之间实际上存在着较高水平的互补关系,彼此促进。在新技术方面处于劣势的企业,会倾向于通过拓展传统技术来保持现有能力的价值,借用新技术上的一些元素和想法,促进产品创新的发展(Adner and Snow, 2010)。

第三节 创新系统构建战略

根据系统协同理论,创新不仅来自企业所具有的静态资源和动态能力,还来源于企业所在的社会系统(陈劲和阳银娟,2012)。在该系统中,企业与其他系统参与者在特定的制度结构下相互影响,从而影响技术的产生、扩散和利用过程。国际化活动扩宽了企业所处的社会系统范围,因此,本节关注企业如何通过国际化活动建构有利于其技术发展的创新系统,具体讨论战略性新兴产业中三种创新系统构建战略,反映企业结合国际化活动管理制度优(劣)势,顺应制度结构以及利用制度距离的战略重点。

一、技术系统合理化战略

技术系统合理化战略指企业在东道国建立和管理其新技术的制度优势,规避其制度劣势,使新技术在国际市场中得到其所在社会系统的认可(Überbacher,2014)。对于战略性新兴产业而言,由于其技术发展不成熟,不可避免产生"新进者劣势",企业更加需要利用国际化活动来获得技术合理性(Singh, Tucker et al., 1986)。根据制度理论,国际化企业在东道国市场中需要获得三种合理性支持,即规制合理性、规范合理性和认知合理(Suchman, 1995)。

合理性,也常译为合法性,即对实体行为在某一社会结构的标准体系、价值体系和信仰体系及定义体系内是合意的、正当的、合适的理解(Suchman,1995)。可以通过遵从外部环境制定的规范与规则来获得合理性(Deephouse,1996; Ruef and Scott, 1998)。在寻求合理性的过程中,企业经常会积极主动地表达期望，指导着企业如何从事生产经营活动。以组织一致性的内在机制为基础，将合理性分为规制合理性、规范合理性，以及认知合理性（Suchman 1995）。对应规则性制度、规范性制度、认知性制度的制度三支柱框架（Scott，1995）。制度包含三个核心维度：规制（regulatory），规范（normative），文化认知（cultural-cognitive）（Scott, 2008）。（1）规制维度（regulatory）涉及一个国家的法律、法规，界定组织什么可以做或什么不可以做。（2）规范维度（normative）包括信念、价值观和规范，主要界定人们应该做什么或不应该做什么。（3）文化认知（cultural-cognitive）植根于人们的认知心理学，它着重强调在一个特定行业中的知识共享、惯例及一个特定行业习俗。例如，管理层内部解释的商业惯例，主要是由外部文化框架塑造而成的。而商业知识，是通过历史的、重复的社会交往发展而成的。制度理论认为，企业的经营活动嵌入在一定的制度环境中，其行为和资源的获取要受到环境中关键涉众的制约，想要生存下来就需要获得关键涉众对企业的合理性判断。

一是企业需要充分了解东道国的法律法规，采取遵从战略来获取规制合理性。规制合理性指企业的行为和战略符合一个国家的法律法规。尽管从规制合理性的定义上讲，遵守规制合理性听起来很简单，只需要依法从事创新战略即可，然而，获取规制合理性远比想象中要复杂。战略新兴产业对国家未来发展有着重要的战略意义，且尚处于技术发展的成长期，各国政府都有足够的动机去保护本国战略新兴产业的发展。由于特殊的政治体制以及企业与政府之间难以撇清的关系，中国战略新兴产业中的企业在进入主流发达市场时，总会面临着诸多挑战。例如，美国政府始终以国家安全为由，限制华为进入美国市场。因此，企业不仅需要仔细了解东道国的法律法规，还需要建立与东道国政府间的良好关系。

二是中国战略性新兴产业中的企业还可以通过加入相关领域的国际技术协会，积极参与行业国际认证标准和发展标准来获得规范合理性。战略新兴产业的新兴特点决定了新技术发展的日新月异，为处于后发位置的企业，参与国际技术发展和应用的标准提供了机会。以华为和中兴为例，通过多年积极参与支持国际通讯产业技术协会活动，华为、中兴的部分技术制式得到了国际行业协会的广泛认可，为参与国际通讯产业发展和应用的技术标准提供了机会。

三是中国战略性新兴产业的企业还能够充分利用模范同构，来消除对东道国制度环境的不确定性。根据制度理论，在面临不确定性的情况下，企业会选择模仿其他企业的战略行为来降低不确定性，获得企业关键涉众的合理性。其关键问题在于企业选择什么样的企业模仿。一般认为，企业可以模仿东道国企业的战略行为，来获得在东道国市场的合理性。基于模仿同构的视角，研究认为企业的战略行为，更易受到三种类型的模仿压力影响（Haunschild and Miner, 1997）。一是企业会遵循基于频率的模仿，即如果企业同一行业中采取某一战略行为的企业数量越多，则企业从事该战略行为的可能性越大。具体到战略性新兴产业的创新系统构建上，企业可以遵循东道国市场上已有企业最普遍采取的新技术发展范式，对技术的应用范式做适应性调整。二是企业可以基于特征进行模仿，来降低不确定性，获得认知合理性。企业可以选择模仿东道国市场中来自母国的同伴企业来进行创新系统构建，一方面获得合理性溢出；另一方面，也能够增加模仿的精准性。企业还可以选择模仿那些与其规模相似的成功企业为对象。三是企业也可以基于结果进行模仿，即选择那些被证明能够带来显著积极结果的战略活动。

二、技术集群吸收战略

技术集群吸收战略指企业在东道国选择进入与技术发展相关的企业集群时，通过集群间成员的竞争、协作与共生关系来促进技术在集群内快速吸收，加速技术创新（Nätti, Hurmelinna-Laukkanen et al., 2014）。

知识开发与应用过程的相关文献，认为企业会积极寻求内部知识创造，以及不同来源的外部知识吸收活动之间的互补（Koka and Prescott, 2002；Fosfuri and Tribó, 2008；Escribano, Fosfuri et al., 2009）。同时，创新被视为是分布式组织网络所创造的结果，而非完全是单个企业内部开发（Powell, Koput et al., 1996；Coombs, Harvey et al., 2003）。产业集群表达的是企业空间位置的情况。产业集群是具有丰富区域知识溢出的理想环境（Becattini, 2002），在这个环境中企业能够获得知识交流，吸收外部知识，包括内隐知识和非正式知识，这些知识在企业都位于同一个区域时会更加容易流动（Malipiero, Munari et al., 2005）。区域内部间的知识溢出，会因区域协同导致企业产生特定优势。然而，企业如何从基于区域的知识流动中受益以创造技术创新优势、更好地组织绩效的研究问题也在长期以来争议不断（Pouder and John, 1996；Tallman, Jenkins et al., 2004；Ferreira and Serra, 2009）。

那么，如何更好地从产业集群中实现知识吸收？首先，企业可以构建有机的组织结构形式。由于在产业集权内部的企业都位于邻近的位置，有着相同的外部环境和机会，要想在本地竞争中脱颖而出，企业需要在内部努力培养一个适应于吸收外部区域知识的组织结构（Caloghirou, Kastelli et al., 2004）。有机式结构被定义为一种能够适合探索和利用新的创新机会的组织设计（Volberda, 1996；Hatum and Pettigrew, 2006），成为区域集群内部企业的最佳选择。

适合区域环境内部和外部探索，并适合将所获取的知识应用于技术差异化背景的组织结构具有有机式特征。区域集群的典型特征就是具有密集的强关系网络，通过推动促进信任、协调的社会规范和惩罚机制的形成。保障成员间关系的机制能够促进产业集群内高质量信息和隐性知识（tacit knowledge）的交流互动。强连接能够增加企业从现有机会中获得收益的能力，促进现有技术的持续改进或渐进式创新（Rowley, Behrens et al., 2000）。然而，组织间网络也可能会产生成员间信息冗余的劣势，进而限制新知识的获取途径，也限制了信息多元化（McEvily and Zaheer, 1999），会降低企业应对技术变革的能力。为了提升区域内部寻求信息多样性企业的探索能力的发展，需要建立有机式组织结构来克服障碍，以及寻求新的知识溢出。

位于一个产业集群内部的企业采用有机式结构的另一个理由，就是当企业将生产柔性与结构柔性结合时能产生更好的效率（Vokurka and O'Leary - Kelly, 2000；Hallgren and Olhager, 2009）。柔性维度强调制造体系的特征与组织结构的契合的重要性（Hallgren and Olhager, 2009）。而生产柔性则被定义为企业有效发展生产性资源的能力（Duguay, Landry et al., 1997）。制造柔性能够促进企业对有机式结构的选择，原因在于快速应对外部环境变化的组织设计，能够最大化柔性生产体系的优势（Duguay, Landry et al., 1997；Gupta, Chen et al., 1997；Lin and Germain, 2003）。产业集群的位置就对企业生产组织有着非常重要的意义。生产集群存在着大量从事特定职能的供应商和合作商，能够为企业所用，确保企业能采用去中心化的灵活模式，进而避免垂直整合（Piore and Sabel, 1984；Camisón Zornoza and Guía Julve, 2001）。

其次，采用本土化的人才方案。位于产业集群内部的企业之所以能够获得知识溢出，是因为彼此间存在更高水平的互动交流。然而，当新兴市场的战略性新兴产业进入一个集群时，技术发展逻辑的差异与母国制度环境的差异，使得母国外派员工在对外交流和互动中始终受到较高的制约。采用本土化的人才方案，可以利用已有的关系网络开展集群内的互动和知识吸收。

最后，从社会网络的视角来看，战略性新兴产业中的企业还可以依托中国的巨大消费市场，来构建在集群网络中的中心性。在社会网络分析中，两个主要的个体位置构念在这个分析层次的理论构建中占据了主导地位：中心性（Freeman, Roeder et al., 1979）和结构洞（Ronald, 1992）。每一个构念都为人们如何从他们所在网络中的位置获益提供了独特的洞察。中心度指的是行动者在网络中的位置，表示行动由于参与许多重要的关系而占据网络中的战略地位的程度（Wasserman and Faust, 1994）。由于网络联结是三种资源的渠道，因此高中心度的企业有更大量和更高速的资产、信息和地位流（Galaskiewicz, 1979）。中心行动者更有可能接触到外部资产，如技术、资金和管理技巧；行动者更有可能较快收到新信息（Rogers，1995），以及重要的新发展（Valente，1995）；高中心度代表了高地位和高权力（Wasserman and Faust，1994）。基于中心度的资源优势，中心行动者会接触到更多更好的资源和机会（Gulati，Nohria et al.，2000）。结构洞是指两个关系人之间的非重复关系。一个人拥有的关系对另一个人而言具有排他性，则他们之间就存在结构洞。处于结构洞位置的企业也能够从这个集群中获得更高的信息和控制优势，为企业提供更多的机会去接触不相关但是又有关联的知识，为创新提供基础条件。

第五章

基于国际市场拓展的国际化发展战略研究

随着经济全球化的快速发展,战略性新兴产业实现国际化拓展成为必然选择。随着我国战略性新兴产业的快速发展,战略性新兴产业将逐渐成为推动全球经济复苏和增长的主要动力,全球新一轮科技革命和产业革命将进入关键的发展时期。在此背景下,我国战略性新兴产业实现"走出去"战略面临重要的机遇和挑战。虽然我国战略性新兴产业在开拓国际市场方面已经呈现出良好的发展态势,但其整体在国际市场上的竞争力还不强,重点体现在缺乏有影响力的品牌、核心技术以及关键营销资源。此外,缺乏市场准入和东道国认同也是限制其国际市场拓展的重要原因。本章将基于资源基础观和制度理论视角,识别战略性新兴产业国际市场的拓展战略以及影响因素,探讨其如何进行国际市场的拓展。

第一节 国际市场拓展战略提出

涉及国际市场拓展的理论较多,主要有资源基础理论、制度理论、国际化阶段理论等,其分别从资源、合理性、发展阶段等方面出发,探讨了如何进行国际市场拓展。其中,资源基础理论认为,企业是资源的集合体,因此影响企业绩效差异的行动基础在于企业所具有的资源特性。独特的、提供优越价值的、难以模仿和复制的企业资源是构成企业核心竞争优势的来源。随着经济全球化的发展,国际贸易的规模、速度与结构正在发生深刻变化,现在的国际贸易已不能简单地被理解为是一国的某一企业生产了最终产品然后运销给另一国的消费者,而是包含商品—投资—服务的多种形式。因此,准确地根据产业自身资源特征和东道国市场环境来进行在产品、投资和服务等方面的国际市场竞争优势定位,是从经济效益层面保证战略性新兴产业及其企业国际竞争力的重要基础,也是拓展战略性新兴产业国际市场的重要国际化战略之一。

根据制度理论,由于不同国家之间在制度、文化和规范等方面存在着差距,企业在国际化过程中对规则、规范、法制的重视也非常重要。为了保护本国或本地区经济,国际上有各种各样的贸易壁垒。世界上众多国家,尤其是欧美国家对国际贸易问题的关注越过了存在于一国边境线上的关税和非关税壁垒,进而转向了"边境线后"的各种壁垒(谭秀杰和周茂荣,2015)。更为复杂的国际经贸关系需要有适应发展的新国际经济规则,企业应提升适应制度环境并因地制宜克服贸易壁垒、获取合理性的能力。因此,基于东道国市场环境特征来发展应对制度差距、克服贸易壁垒的合理化战略,是从社会支持层面保证战略性新兴产业及其企业国际竞争力的重要基础,也是拓展战略性新兴产业国际市场的重要国际化战略之一。

企业国际化阶段理论认为,国际化是一个长期渐进且阶段特征明显的过程,在不同的阶段有着不同的市场进入模式,该模式对于企业国际化市场的开拓有着重要意义。作为战略性新兴产业拓展国际市场过程中的重大决策之一,如何基于国际市场特征与自身特征,选择正确的市场进入模式,对战略性新兴产业中的企业获取国际市场的经济效益和社会支持有着非常重要的影响。

战略性新兴产业可以根据东道国的具体市场环境特征和所在产业特征,发展包含市场竞争优势定位、合理化和市场进入在内的国际市场拓展战略组合,以从经济效益和社会支持两大层面提升国际市场竞争力并获取国际市场绩效。

第二节 国际市场拓展战略组合

我国战略性新兴企业较为年轻,产业起步晚,尚处于早期发展阶段,很多战略性新兴产业都是在我国政府的大力支持下逐渐发展起来的。相关企业进入国际市场的时间短,导致国际化经验不足,与发达国家相关企业进行市场竞争的难度较大。战略性新兴产业拓展国际市场的过程中,既要关注企业自身的资源和能力,明确自身的竞争优势,又要关注东道国市场特征,采取合适的国际市场进入模式，最大限度降低"外来者劣势"，并为东道国利益相关者所接受。对于战略性新兴产业而言，需要深入探讨其竞争优势定位战略、国际市场进入战略以及国际市场的合理化战略。

一、理论基础

目前有关国际化战略的讨论，主要集中于从资源基础观理论、制度理论、交易成本理论等三大视角展开。

资源基础视角属于开发观，即企业国际化的过程会考虑自身的资源优势。其能够很好地解释国际化的动机、国际化战略选择和结果，是一个有效的解释框架（Oviatt and Mcdougall，1994）。基于资源基础观的研究认为，当企业内部现有资源能够满足品牌国际化的条件时，企业就会产生品牌国际化的冲动。拥有特殊资源的企业，比如全球化愿景和具有国外工作经历的管理团队，更有可能在国际市场上有所作为，包括更快和更好地推动品牌国际化（Mcdougall and Oviatt，2005）。资源基础理论注重从经济理性角度，将企业国际化的成功归因于一系列的主动决策行为，这些行为旨在操纵企业对外在资源的依赖性或影响企业资源的主要资源配置。

制度理论将企业看作是嵌入在社会制度环境中的实体，强调制度环境对企业经营活动的影响。在现行的全球化经济背景下，由制度差异所导致的各种贸易壁垒是困扰国际化企业，尤其是中国企业国际化的重要障碍之一。遵循国际商品—投资—服务贸易的国际规则，围绕 21 世纪国际经济规则的竞争将变得更加激烈。因此，制度环境可以看作是影响企业经营活动的外在因素，它通过影响企业经营活动的行动基础，从而影响市场对企业经营活动的接受程度。企业拓展国际市场时，必须考虑到不同国家之间的制度差距，通过各种合理化战略，斡旋或克服贸易壁垒，顺应并嵌入到东道国市场的制度环境，为获取或提高东道国涉众的合理性感知而努力（Dacin, Oliver et al., 2007）。因此，制度理论注重从社会支持的角度，来讨论东道国制度环境和贸易壁垒对企业国际化战略的要求，以及对国际化市场绩效的制约。

发展中国家跨国企业行为的解释主要是基于交易成本理论。国际商务主流观点认为，企业进行国际化是建立在竞争优势的基础之上，这种竞争优势能够让在国外经营的企业获取足以超过其成本和风险的收益。由于新兴经济体的经济发展更为复杂，从而需要更深入的理论视角进行解释。邓宁（Dunning，2008）发展了折衷范式，将以前的理论与促进国际化的动机因素，如所有权、区位、内在化等优势相结合。所有权优势是企业特定的变量，如能够在国外市场展现其竞争力卓越的专有资产或者管理能力。区位优势能够对国外投资作出解释，卓越的市场或者产品机会确保其投入变得有价值。内部化优势，通过对外投资而不是市场交易能够降低交易成本。邓宁的所有权、位置优势、内部化优势（OLI）视角已经被用于解释中国家族企业的国际化行为（Erdener and Shapiro, 2010）。该主流理论的核心假设是企业进行国际化的动机是拓展其所有权优势。因此，传统的视角主要集中于海外资产拓展的潜力。在解释企业海外市场拓展时，交易成本理论强调的是效率，制度理论用合理性作为主要的标准。威廉姆森（1991）尝试将两者整合，发现规范和认知维度并没有被交易成本理论所运用。交易成本经济学研究者，认为环境不确定性会增加国外收购者在一些决策方面的困难，如搜寻信息，谈判，监控市场交易伙伴（Williamson, 1981）。增加所有权控制会减少交易成本，提高治理效率（Brouthers and Hennart, 2007）。交易成本理论从市场进入的角度，讨论了企业国际化战略的拓展。

二、市场竞争优势定位战略

我国战略性新兴产业目前的国际竞争力仍有待加强，面临着出口产品质量不高、技术话语权缺失、营销资源整合能力欠缺等问题。战略性新兴产业拓展国际市场的重点战略之一是结合不同产业特征，明确各产业开拓国际市场的重点环节，树立在不同国际市场，在产品、服务、贸易等不同维度的市场竞争优势，以提升国际竞争力和市场拓展绩效。

市场竞争优势定位战略从不同侧重点来看，可以分为五种。一是成本优势定位，旨在通过成本管理和技术革新，以更低价格提供产品或服务；二是增值优势定位，旨在通过技术创新或者营销资源整合，提升产品或服务的附加价值；三是聚焦优势定位，旨在根据某些特定东道国市场需求，更恰当地满足特定顾客群体的需求；四是速度优势定位，旨在通过营销信息系统和内部供应结构调整，比竞争对手更及时地满足顾客的需求；五是机动优势定位，旨在比竞争对手更快地适应变化的需求。结合战略性新兴产业中的新一代信息技术产业、高端装备制造产业、新材料产业、生物产业、新能源汽车产业、新能源产业、节能环保产业、数字创意产业、相关服务业等产业自身特征，根据市场竞争状况，进行合适的市场竞争优势定位战略。

新一代信息技术产业包括信息网络产业、信息技术服务、电子产业、网络信息安全产品和服务、人工智能五个重要领域。信息网络产业领域主要包括网络设备、信息终端设备、网络运营服务。网络设备包括新一代移动通信设备、光通信设备、云计算设备、物联网设备、下一代广播电视网设备、数字家庭产品和数字视频监控系统,该子领域需要辅以基础设施建设,适合聚焦优势定位;信息终端设备包括新一代移动终端设备、可穿戴终端设备、卫星移动通信、导航终端、下一代广播电视网络终端设备,该子领域主要服务于个体消费终端,以消费者增值为重要目标,适合增值优势定位;网络运营服务包括新一代移动通信网络运营服务、基于 IPv6 技术的下一代互联网运营服务、光纤宽带网运营服务、基于有线、无线和卫星的下一代广播电视网运营服务、卫星通信运营服务,同样适合增值优势定位。信息技术服务包括新兴软件及服务、"互联网+"应用服务、大数据服务等。这些子领域主要是为目标客户提供咨询服务与软件支撑,适合增值优势定位战略。电子核心产业包括集成电路、新型显示器件、新型元器件、高端储能、关键电子材料、电子专用设备仪器、其他高端整机产品。这些子领域产品均具有专业技术较强的特点,技术变更速度快,适合成本优势定位战略。网络信息安全产品和服务包括网络与信息安全硬件、安全软件、安全服务。人工智能包括人工智能平台、人工智能软件、智能机器人及相关硬件、人工智能系统。这些子领域主要是为目标客户提供数据和安全服务,适合增值优势定位战略。

高端装备制造产业包括智能制造装备产业、航空产业、卫星及应用产业、轨道交通装备产业、海洋工程装备产业五个重要领域。智能制造装备产业包括智能测控装置、智能装备关键基础零部件、工业机器人与工作站、智能加工装备、智能物流装备、智能农机装备、增材制造(3D 打印)。该子领域以智能为主题,突出科技在现实中的应用,其产品成本高,适合成本优势定位战略。航空产业包括民用飞机(含直升机)、航空发动机、航空设备及系统、航空材料、航空运营及支持、航空维修及技术服务。该子领域为高、精、尖产品,其顾客群体多为 B2B 类型,适合聚焦优势与成本优势定位战略。卫星及应用产业包括空间基础设施、卫星通信应用系统、卫星导航应用服务系统、卫星遥感应用系统、卫星技术综合应用系统。该领域产品主要是服务于城市公共建设,适合增值优势定位。轨道交通装备产业包括高速铁路机车车辆及动车组、城市轨道交通车辆、轨道交通通信信号系统、轨道交通工程机械及部件、轨道交通专用设备、关键系统及部件、轨道交通运营管理关键设备和系统。这些领域的产品在进行国际市场拓展时,主要取决于东道国政府的宏观发展目标,适合聚焦优势定位战略。海洋工程装备产业包括海洋工程平台装备、海洋工程关键配套设备和系统、海洋工程装备服务、海洋环境监测与探测装备、海洋能相关系统与装备、水下系统和作业装备、海水养殖和海洋生物资源利用装备。这些领域的产品前期投入高,专业性强,适合成本优势定位战略。

新材料产业包括新型功能材料产业、先进结构材料产业、高性能复合材料产业三个重要领域。新型功能材料产业包括新型金属功能材料、陶瓷材料、稀土功能材料、生态环境材料、高品质合成橡胶等。先进结构材料产业包括高品质特种钢铁材料、高性能有色金属及合金材料、新型结构陶瓷材料、工程塑料及合成树脂等。高性能复合材料产业包括高性能纤维及复合材料、金属基复合材料等。新材料产业所涉及的产品属于耗材，需要快速适应市场的需求，适合机动优势定位战略。

生物产业包括生物医药产业、生物医学工程产业、生物农业产业、生物制造产业、生物质能产业五个领域。生物医药产业主要包括新型疫苗、民族药、现代中药等。生物医学工程产业主要包括先进治疗设备及服务、医用检查检验仪器及服务。生物农业产业主要包括生物育种、农药、肥料、饲料、兽药、食品等。生物制造产业主要包括生物化工产品、生物基材料等。生物质能产业主要包括生物质发电、供热、液体燃料等。该产业产品和服务均面临国际医药巨头的竞争，适合速度优势定位战略，及时满足顾客的需求。

新能源汽车产业主要包括新能源汽车产品、充电、换电及加氢设施、生产测试设备三个大的领域。新能源汽车产品包括整车、电机、汽车电附件、插电式混合动力专用发动机等。充电、换电、加氢等设施主要有分布式交流、集中式快速充电站、换电设施、加氢设施等。生产测试设备包括电池、电机专用生产装备。新能源汽车在拓展国际市场时，面临配套基建设施不完全、市场准入等问题，需要跟踪技术发展，降低自身成本，适合采取成本优势定位战略。

新能源产业主要包括核电技术产业、风能产业、太阳能产业、智能电网、其他新能源等领域。核电技术产业包括核电站技术设备和核燃料加工设备制造。风能产业包括风力发电机组及零部件、风电场、海上风电装备等。太阳能产业包括太阳能产品、生产设备等。新能源属于清洁能源，其依赖于特定的国家市场、自然资源，适合聚焦优势定位战略。

节能环保产业包括高效节能产业、先进环保产业、资源循环利用产业三大领域。高效节能产业包括高效节能锅、高效储能、高效节能、高效照明等。先进环保产业包括水污染、大气污染防治装备、固体废物处理装备以及大气、水、土壤污染防治服务等。资源循环利用产业包括矿产资源综合利用、资源再生利用等。该领域产品初期投入过后会产生持久的效益，如何快速抢占市场是关键，适合速度优势定位。

数字创意产业包括数字文化创意、设计服务、数字创意与相关产业融合应用服务。数字文化创意包括数字文化创意技术装备、数字文化创意软件、数字文化创意内容制作、新型媒体服务、数字文化创意内容应用服务。设计服务包括工业设计服务、人居环境设计服务、其他专业设计服务。该领域产品和服务异质性高，需要快速满足顾客需求，适合速度优势定位。

三、合理化战略

由于我国战略性新兴产业的发展，受制于先进技术、国际化经验等因素，取得东道国制度支持将成为战略性新兴产业发展的基础。从产业技术成熟程度来看，技术成熟度会影响其市场的财务反应和合理性的获得（Suchman，1995）。虽然新技术先入优势会凸显经济效益，但其为产业提供的合理性有限，技术缺乏历史及可接受的规范或者评价的标准（Aldrich and Fiol，1994），并无任何与此技术相关的知识积累（Roberts and Greenwood，1997）。当产业技术走向成熟时，市场中该技术的行业环境信任也较高（Grayson，Johnson et al.，2008），市场将会更多地关注该产业对整体社区和社会的贡献。从国际化经验来看，国际化经验指在国际化进程中不断增强国际竞争实力和环境适应性方面获得的知识与技能。国际市场经验是与产业的沟通和合作能力积极相关的（Glaister and Buckley，1996）。具有成熟国际化经验的产业，因为拥有能力、名声、经验和议价能力，更加需要建立市场中的社会尊重与社会支持。反之，缺乏国际化经验的产业在开拓国际市场、监控企业内部运营和调整组织结构与管控等方面会存在诸多阻碍（Dacin，Oliver and Roy，2007），市场将更多地关注其经济效益能力。因此，战略性新兴产业拓展国际市场的重点战略之一，是根据东道国制度环境特征发展获取社会认可和社会支持的合理化战略，以提升国际竞争力和市场拓展绩效。基于萨奇曼（Suchman，1995）合理性的分类，战略性新兴产业开拓国际市场时，可以从实用、道德、认知合理性三个方面获取组织合理性。这三类合理化战略表达了对东道国规范、规制和文化的遵从和一致，因而可以帮助战略性新兴产业获得东道国消费者在内诸多涉众的支持。

（一）组织合理性

早期管理理论将组织视为理性的系统，视组织为一种社会机器，为有效将物质输入转化为物质输出而设计。此外，这时期的理论通常将组织描述为紧密联系的实体，并与周围环境完全相区隔。斯科特（Scott，1987）则指出组织边界是可渗透的，制度理论进一步指出组织环境是动态变化的，其动态性不是源自技术或物质资源的阻碍，而是来自文化规范、象征、信仰和仪式的改变。这种规范和认知力量会影响组织行为者的活动，在寻求理论解释时，学者将合理性作为一个锚定点。

为什么企业要追求合理性呢？因为合理性增强了组织活动的稳定性和可理解性。当组织行为被推断为值得的、合适的、适当时，目标涉众则可能愿意为组织提供资源。合理性不仅影响人们面对组织实践时采取何种行动，同时，也会影响其对组织的理解。当涉众感知组织合理性时，不仅会推断组织活动是有价值的，可预测的，还会更加信赖组织。

尽管如此，早期研究者并未对组织合理性进行界定并给出一个统一的概念。此时，关于组织合理性的研究主要是从战略和制度两个理论视角出发。传统战略采取管理者视角，强调组织有目的地操纵和配置象征物以获取社会支持。与此相反，传统制度理论强调广义的社会建构会动态地产生文化压力，这种压力超出了任何单个组织有目的性的控制，从而组织要顺从制度的安排。

合理性是一种广义的感知或假设，假设一个实体的行动是值得的，合适的，或者在一些诸如规范，价值观，信仰和定义的社会建构系统内是合适的（Suchman, 1995）。感知或假设代表了观察者对于组织的反应，其社会建构反映了合理的企业行为与社会群体信念共识之间的一致性，合理性取决于集体涉众，独立于特定的观察者。组织合理性又根据不同层面的作用，可分为实用合理性、道德合理性和认知合理性。

实用合理性取决于组织最直接相关涉众利己主义的计算。最直接意味着组织与涉众之间是一种直接交换的关系。涉众是构成型的，存在于政治、经济或社会的不同领域。因此，实用合理性可以归结为一种交换合理性——对组织的支持取决于组织的价值是否符合不同涉众的期望。此外，这种支持的产生，一方面是因为交换得到了认可；另一方面，当组织政策制定时，考虑涉众的需求或采取涉众的绩效标准时，由于其满足了涉众更大的利益，就会产生"影响合理性"；另外，组织也往往被感知为个体，拥有目标、品位和个性，涉众可能根据合理性推断组织与自身的价值是相符合的，这构成了实用合理性的另一个维度：个性合理性。

道德合理性反映了涉众对组织及其活动正面的规范性评价。与实用合理性有所区别，道德合理性是社会化的，其判断不取决于既有的行为让评价者收益，而是其组织活动是否"做正确的事情"。反映了其组织活动是否有效地提升了社会福利。道德合理性存在四种类型的判断。第一种是评价产出与结果，判断组织的产出物是否被接受，即结果合理性。第二种是过程合理性，即组织是否用了科学的技术，生产的过程是否被社会所接受。第三种是结构合理性，即组织的结构特征是否在道德支持的范畴中。第四是个人合理性，取决于个体组织领导者的个人魅力。

认知合理性，不同于实用合理性的利益评判，也不同于道德合理性的规范性评判，认知合理性动态地取决于人们的认知，认为组织是一种理所当然的存在。认知合理性主要包含两个方面：基于可理解的合理性；基于理所当然的合理性。

从可理解角度而言，学者们将世界视为一个混沌的认知环境。组织需要证明其活动是可预测的、有意义的和有魅力的，符合涉众可以调用的文化模式，否则将面临公共的敌意。但不是所有的活动都能达到要求，为了证明合理性，组织需要将涉众的现实经验与更大范围的信仰系统相吻合，使得人们对组织的认知更为庄重和深刻，达到"理所当然"层面的合理性。

（二）合理性获取战略

战略性新兴产业开拓国际市场时，为了获得东道国众多涉众的支持，需要通过获取合理性，使自身合理化。合理化包括阶段性合理化战略和结果性合理化战略。阶段性合理化战略视组织的合理性获取是一种动态的过程，分为不同的阶段，在不同的阶段对应不同的策略。而结果性合理化战略视组织合理性获取既是一种环境的适应，也是一种特定类型的合理性结果。

1. 阶段性合理化战略

战略性新兴产业作为一种新的社会客体，在国外市场开拓时，需要经过四个阶段来获取合理性（Johnson and Dowd, 2006）：创新，当地验证，扩散，一般验证。在第一个阶段，创新是被创造出来用以满足当地行为者的需求、目的、目标。对于战略性新兴产业而言，主要是提供具备创新性的产品和服务，或者组织开发新的技术；也可以创造新的商业模式，转变经商方式，以符合东道国的政府政策来获取企业利润。

第二个阶段是当地验证。对于战略性新兴产业所提供的创新，当地涉众会对其进行当地情境的翻译，以审查其是否与当地已经存在的、被广为接受的关于信仰、价值观、规范的文化框架相符合。如果对于当地而言，创新是开创性的，如东道国尚未使用某一项技术，战略性新兴企业必须明确地证明这种商业实践与当地的联系，证明创新能满足当地需要，而且是以与当地文化相一致的方式。当商业实践方式被当地接受且符合当地需要时，这种实践就在当地创造了一种文化图示。

战略性新兴产业的商业实践一旦获得了当地验证，将可能进一步扩散。其创新已经被建构为一种有效的社会事实，向其他领域扩散更容易被接受。尤其是当这种创新，被当地涉众感知为符合已经被广为接受的目标时，接受度会更高。因此，在此阶段，战略性新兴产业要加大其自身的宣传，与东道国多方涉众进行交流，提升合理性地位。

战略性新兴产业的商业实践经过上述三个阶段之后，会让东道国消费者更为理解战略性新兴企业的商业实践，其产品和服务对于当地而言，则会变为一种有用的甚至是必要的文化图示。随着战略性新兴产业在东道国跨情境的扩散，当地涉众最终会持有一种信仰，大部分涉众相信这个创新是被接受的。一旦发生，战略性新兴产业的国际拓展将获得广泛地接受，成为当地社会文化共识的一部分。

兰格（Lange，2016）以清洁技术企业为样本，检验了新兴经济体中建立合理性的阶段性策略。首先，新设立的商业模式对于当地而言是不被理解的，对于其技术也不了解；其次，为了改变这一局面，新设立的企业选择与当地标志性的企业建立象征性的社会关联，获得当地验证，然后与当地知名的组织建立非市场合作关系，与当地社团领导一起开展企业社会责任行为，从而推动这种技术在当地情境的扩散；最后，将这种技术出口到富有的市场，促进一般性验证的形成。

2. 结果性合理化战略

对于结果性合理化战略，存在实用、道德、认知三种具体类型的合理性结果，从而战略性新兴产业在拓展国际市场时为获取三类合理性对应有三种合理化战略。

一是实用合理化战略，旨在遵循东道国任务环境规范的企业行为，它涉及了所有企业为完成具体、可度量的目标而开展的绩效活动，旨在彰显企业与任务环境规范的一致性。除了为顾客提供改良后的合理性价比的产品外（Ashforth and Gibbs，1990），还包括吸取东道国人力资源改善组织结构和流程等（Kostova and Zaheer，1999）。

二是道德合理化战略，旨在顺应东道国制度环境规范的企业行为，它包括使企业的行为、理念与东道国的制度、文化保持一致的所有行动。例如，支持和拥护社会环境中的主流价值观、关注和促进社区的福利、积极投身于慈善和公益等。

三是认知合理化战略，旨在校准自身的实践与当地文化认知框架的企业行为，包括框架桥接，框架放大，框架延伸，框架转变。框架桥接是指联结两个或以上的关于一个特定问题的框架，这种框架在意识形态上一致但结构上不关联。战略性新兴企业需要将自身的组织实践与东道国公共舆论、根深蒂固的情感相联系。框架放大即将战略性新兴企业的组织实践的现有价值或组织信仰行为，通过接近东道国文化价值将其效果放大，实现与潜在的利益相关者产生共鸣。框架延伸是指，战略性新兴企业在拓展国际市场时，不仅要关注直接购买者的利益诉求，还要延伸到潜在追随者认为重要的问题和关注点。框架延伸意味着尽管采取校准策略，但是存在一些风险和限制。延伸的框架可能被证明不被目的领域所接受，从而会导致不稳定性。框架转变，是指战略性新兴企业通过宣传和市场教育，改变东道国旧的理解和意义，产生新的认知图示。

实用、道德、认识合理化战略的执行存在于东道国特定的制度环境当中，战略性新兴企业对制度环境的不同适应，会导致不同的合理性获取结果。为适应环境而进行的合理性构建,其战略大致可以分为三大类,在组织现有的环境内,努力与先前存在的涉众规定保持一致;在多重环境中选择一类环境,这类环境中存在一些支持当前实践的涉众;通过创造新的涉众和新的合理性信仰来操纵环境结构。

遵从环境战略,即战略性新兴企业将其自身定位于先前就已经存在的制度体系中。获取合理性时,只需要操纵自己的组织结构。对于战略性新兴产业而言,在进行国际市场拓展的时候,可以优先选择已经具备一定产业基础和消费习惯的国家进入,或者选择一个具有类似产品或服务的东道国市场进入。遵从战略意味着效忠当地文化秩序,建立制度逻辑时面临的挑战较少(Meyer and Rowan,1991)。该战略不需要打破主流的认知框架,但是,会面临一个问题:如何才能让组织被当地消费者认为是更加值得的、合适的?遵从环境战略取决于组织是否寻求实用、道德或认知合理性。通过该战略获取实用合理性,战略性新兴企业要么符合不同涉众的实质需求,要么在决策制定时考虑涉众的意见(如政府要求)。在追求道德合理性时,战略性新兴企业必须遵从利他主义的理念,最常用的策略就是混合策略,整合东道国当地网络中已经获取合理性的组织结构和实践,如招募具有影响力的人进入东道国管理团队中。对于获取认知合理性而言,战略性新兴企业需要遵从已有的文化模式和标准,如通过模仿同构策略,模仿领域中最重要和最安全的企业。

环境选择战略,即战略性新兴企业选择一个更加友好的、能保证其合理性的环境进入。其合理性的获取也包括实用、道德与认知三个维度。从实用合理性而言,战略性新兴企业根据市场调研选择一个友好的环境,识别愿意与企业进行交换的涉众。例如,和东道国企业建立战略性合作伙伴关系等行为。道德合理性反映的是一般性的文化诉求,战略性新兴企业需要关注社会对其组织目标的道德性标准评判,以当地接受的方式进行社会公益活动。对于认知合理性的获取而言,战略性新兴企业至少选择一部分有利的认知环境。在东道国市场中,尤其是高度制度化的环境中,会包含正式的市场准入制度和关于优先进入的说明。那么对于战略性新兴企业而言,必须获取明确的认证,符合正式的行业要求。要选择一个当地允许进入的部门。例如,企业在当地售卖新材料产品时,可能会允许你建立一个仓库;但如果是要在当地开发核技术,则可能不会允许建立一个核能研发基地。

操纵环境战略,即战略性新兴企业要主动为其企业实践提供新的解释。尤其对于创新性企业而言,其实质是脱离了既有的实践方式,因此需要先发制人,提前发展出新的解释机制,以迎合独特的需求(Aldrich and Fiol,1994)。这种前瞻性的环境操纵主要体现在"制度创业家"身上。为了获得公众的支持,战略性新兴企业家需要从环境中招募支持者或者创造一种环境，让东道国涉众认为制度创业者宣称的制度目标可以获得成功。一种新的合理性提出类似于布教传道。随着组织合理性从实用到道德、到认知的转变，集体动员会变得更为重要。由于实用合理性反映了直接的交换关系和组织对具体涉众的影响，通常而言，实用合理性最容易操纵，一般以产品广告的形式进行。对于道德合理性而言，战略性新兴企业很难通过个别的绩效成就来证明其合理性，需要持续的成功积累，尤其是技术上的成功。技术的成功可以证明其结果绩效，随着时间的推移，这种成功会变得更为理性，还能产生溢出效应。一些重大的成功事件能够为组织提供持久的合理性验证效果。单个的战略性新兴企业难以靠绩效结果来证明合理性，但是组织团体则可以产生更大的道德压力，以证明其过程、结构合理，因此，战略性新兴企业可以抱团开拓同一东道国市场。当由道德合理性向认知合理性转变时，对于集体行动的需要变得越发明显。个体组织的活动要被赋予认知合理性，需要通过长久坚持以逐渐证明其合理。而集体活动则可以通过阐述新的文化形成来促进可理解性，因而战略性新兴企业管理者可以持续阐述一个故事，或通过鼓励同构行为来促进"理所当然"的文化框架形成，因此，战略性新兴企业可以通过模仿东道国主流同类型企业的商业行为，来获得认知合理性。

第三节 国际市场进入模式选择

随着全球化的发展，驱动战略性新兴企业向母国市场以外的地方扩张，其中最为关键的为市场进入战略决策。市场进入指的是进入一个新行业或市场的行为，而进入模式是一种组织和进行商务的制度安排，涉及企业在国际市场上的经济效益和市场支持。节能环保、新一代信息技术、生物、高端装备制造、新能源、新材料和新能源汽车等战略性新兴产业，有其不同的发展特点，国际市场开拓水平也不尽相同。因此，推动战略性新兴产业开拓国际市场，需要结合不同产业的特点，针对不同产业，发展不同的国际市场进入模式。

其中一个主要问题就是建立有效的企业边界（Brouthers，2007）。企业进入国外市场可以通过合同或者股权建立销售、制造子公司。如果能建立子公司，那么可能以合资或者全资子公司的形式与当地企业分享股权。国际市场进入模式很重要，因为其设定企业正确的边界，对绩效影响很大。进入模式一旦建立，就很难改变和更正，对于企业有长期的影响（Petersen and Benito，2002）。综合国内外学者关于国际市场进入模式的研究,结合战略性新兴产业的特点,总体而言,战略性新兴产业在拓展国际市场时采用的市场进入模式可分为两种类型,基于股权的和非股权进入模式。基于股权的模式包括绿地、合资和全资子公司形式,合资包括绿地合资和部分收购模式,全资子公司分为绿地新建和收购两种模式。非股权方式则主要包括出口,合同协议等。

战略性新兴产业企业涉及面极广,既包括大型国有企业,也包括中小民营企业。从企业国际化战略已有的相关研究来看,跨国企业在国际市场拓展中,主要还是以基于股权的绿地和收购两种设立模式进入,而中小企业则多以非股权的方式。一方面,设立模式的逆转是困难和昂贵的,对随后建立的子公司绩效有直接的影响(Shrader,2001)。以收购的方式,需要一大笔预付款覆盖收购的价值和溢价;收购子单元的整合也会变得非常困难,进而负面影响企业的价值。绿地新建的方式能够显著影响绩效,因为新建需要耗费大量时间,同时也会失去一些机会(Pennings et al.,1994);由于制度距离的存在,使得战略性新兴产业在开拓国际市场时将面临外来者劣势,作为新进入者会受到当地在位企业强烈的报复(Hennart and Reddy,1997)。因此,需要知道哪些重要因素会影响战略性新兴企业的国际市场进入模式决策;在何种情境下,以何种方式建立会导致更好的绩效结果。另一方面,中小企业拥有有限的资源基础,进入模式决策对其有更长久的影响。其缺乏内部资源,可能限制其模式的选择,可能选择成本较低的模式,如出口或代理。同样,也需要知道哪些重要因素会影响战略性新兴产业中的中小企业做出国际市场进入模式决策,会导致何种绩效结果。与股权进入方式略有不同,非股权方式灵活多变,因此,需要知道非股权进入方式的过程变化。

一、设立模式的影响因素与绩效

(一)国家层面的影响因素

战略性新兴产业进入国际市场首先面临的是东道国与中国在国家层面的各类差异。主要包括文化距离、经济增长率、法律障碍、沟通障碍(语言和地域差异)、国家风险(经济自由指数)、缺乏收购目标、心理距离、人力资源、开放程度(出口和进口占GDP比重)、制度(制度距离和制度发展程度)、投资激励、资源质量、税收和汇率、政治不确定性、聚集经济、通货膨胀、市场资本化程度、双边贸易、东道国技术等众多因素。以上国家层面的差异会影响企业进入国际市场时的设立模式选择。

其中最主要的为国家距离,包括制度、文化、心理距离等。基于交易成本的观点,一般认为国家距离越大,收购的成本越高。如果以绿地投资的形式进入,需要谨慎地选择雇员,减少文化冲突。收购是获取当地知识的有效方式,也会减少环境的不确定性成本(brouthers,2000)。此外,国家制度是保障交易稳定进行的前提,能够确保合同的执行。在新兴经济体中,则普遍存在"制度缺失"的情况,制度理论表明东道国的制度塑造了企业的战略(Meyer,2009)。在拓展国际市场时,沟通障碍是普遍存在的,斯莱格恩(Slangen,2011)基于沟通理论认为,母企业与子公司之间的口头沟通在技术交换、协调和控制子公司活动方面存在问题。语言和地域障碍会阻碍交流,导致成本增加,绿地投资会在一定程度上解决这类问题。使用配置理论,诺克和耶普尔(Nocke and Yeaple,2008)证明了随着生产成本差异变小,几乎所有FDI均会以收购的形式进行。

(二)产业层面的影响因素

战略性新兴产业进入国际市场面临来自产业层面的各类因素的影响。这些因素包括产业成长率、产业集中度、产业广告强度、产业技术强度、产业规模、产业从业人员数、产业需求不确定性、产业需求增长、产业分类、管制部门、寡头垄断、产业盈利能力、产业中产品进口数、产业品牌资产、消费品数量、相对工资、生产力、供应商数量、规模经济、定制化程度、国外竞争情况、仓储投资等。

产业组织理论认为绿地与收购的选择,主要被市场结构所产生的进入壁垒所影响。产业中主流的进入壁垒会保护产业内所有企业。对于我国战略性新兴产业而言,东道国产业壁垒给其造成了劣势。在快速增长的市场中,战略性新兴产业可以利用绿地投资的形式,对所有企业而言均有增长空间。增长较慢的产业实体以收购更为合适,如果以绿地形式,在位企业可能会抵制新进入者,会影响企业增长的空间,但收购不会增加现有市场的竞争企业数量,相对负面影响较小。产业集中度体现了产业中的竞争程度。如果产业是高度集中的,增加的企业数量可以驱使在位者产生竞争响应,导致产品价格的下降和利润的减少(Yip,1982)。战略性新兴产业适合以收购的方式进入高度集中的产业。但同时,高度集中的产业使得谈判难以实现,反而以绿地形式进入会更容易。因此,需要结合战略性新兴产业的特征进行考虑。高的产业广告强度反映了特定国家内品牌或产品知名度的水平,可以判断企业在国外建立品牌认知的能力。收购模式通过被较好认知的当地品牌和已经建立的分销渠道,帮助国外企业接近新市场。相关的利用实物期权理论的研究,认为产业层面需求的不确定性会影响设立模式(Brouthers and Dikova,2010)。当需求是不确定的,投资企业不能确定投资的有效性,此时企业偏好于绿地投资。企业在此情况下可以做出前期较小的投资承诺，成功进入市场以后，除非获取更多信息，减少不确定性，否则将推迟进一步投资。

（三）企业层面的影响因素

战略性新兴产业进入国际市场也会面临来自企业层面众多因素的影响，主要包括企业规模、企业资产、全球销量、资本、产品多元化、投资关联性、技术强度、国际经验、东道国经验、广告强度、企业内资金流、模式经验（过去绿地或收购的经验）、国际战略、市场位置、投资强度、CEO特征、最终控股权、财务能力、重新安置成本、国际安置支出、业务规模、战略柔性、经营经验（母公司年龄、有形资源、许可等）、无形资源、人力资源禀赋、进入者动机等。

根据产业组织经济学的观点，越大的企业越倾向于使用绿地投资，因为其拥有巨大的资源，能够克服直接的进入壁垒。绿地模式也能够减少反垄断争议（Yip, 1982），但从资源基础观和交易成本的逻辑来看，较大规模的企业更有能力进行收购。企业规模不能充分解释设立模式的选择，仅仅表明资源对于一种方式的可利用程度。根据交易成本理论和组织学习理论的逻辑，产品多元化同样影响设立模式的选择。高度多元化的企业已经发展了复杂的管理控制系统，管理的专门知识已经嵌入在资深的管理结构当中。企业特有的无形资产能够降低收购新子公司的成本，高度多元化的企业常常已经开发出独特的财务控制，使得其更容易高效整合被收购单元（Barkema, 1998）。投资关联性是一组变量，用于检验国外投资制定是否是在相关联的业务中。交易成本理论表明，当投资企业缺乏产品或产业特有的知识，特别是缺乏成功经营新业务中所必需的知识时，企业将会偏好于收购方式，以作为接近关键商务知识的最有效方式。根据组织学习理论，不相关的国外业务拓展，限制了建立在现有惯例之上的可能性，从而促使投资企业去接管已经存在的组织，获取所需要的能力。交易成本和资源基础观表明，母企业希望利用自身出众的技术能力时，倾向于选择绿地进入。通过绿地经营减少企业特有优势分散，避免再培训劳动力的成本。企业缺乏专利技术时，也偏好于收购模式，以减少开发这种知识的时间和成本。母公司开发技术创新通过绿地还是收购，取决于技术转移是否是模块化的。也就是说技术能够进行叠加，则可能以收购的模式（Hennart et al., 2015）。根据交易成本理论，广告强度或营销知识代表企业特有的优势，能够成功地与收购进行结合。收购者的营销技能能够通过销售盈利收购当地品牌产品。然而，资源基础观持相反的态度，认为母国市场广告和营销技能可能阻止投资者选择收购，因为其能够享受声誉溢出国外，在国外市场通过绿地投资建立品牌认知（Chen and Zeng, 2004）。

母企业的国际化经验。从交易成本角度，随着企业长期海外经验的增加，会累积关于国外市场的具体知识。因此，经验丰富的企业更倾向于建立绿地投资，而缺乏国际经验的企业则可以通过收购作为经验的替代选择。资源基础观学者认为，国际经验帮助企业开发组织惯例，这种惯例会产生企业特有优势，能够很容易通过绿地投资进行开发。交易成本理论认为，东道国经验或者关于当地经济的知识是缄默的，受制于高的交易成本，使得市场购买是没有实质效果的。因此，当投资者拥有较少或没有东道国经验时，可能倾向于选择收购嵌入在当地经济中的企业。资源基础观理论也表明当地缺乏经验的企业，更可能通过收购当地企业获取互补能力。

其他的企业层面变量对国际市场进入的影响。根据组织学习理论，模式经验是指企业由于路径依赖偏好于之前的进入模式。企业国际战略会影响设立模式选择，企业采用全球战略一般选择绿地投资，多国战略偏好收购（Dikova and van Witteloostuijn, 2007）。依据资源基础观，考虑企业内部资源流量，发现流量越大，越可能选择收购。产业组织理论主张投资强度是进入时所需资本承诺的代理指标（Yip, 1982）。资本需求越大，越会阻碍绿地投资。一些研究还认为 CEO 风险规避特征、战略导向、多国网络内相互依赖性也与建立模式相关。

（四）子公司层面的影响因素

战略性新兴产业进入国际市场最后还面临来自子公司层面的各类因素的影响。子公司层面的影响因素包括所有权水平、子公司规模、相对规模、子公司依赖性、子公司自治权、子公司范围、子公司年龄、期望控制等因素。当企业想要设立一个相对较大的子公司时，会经历短时间内的财务和管理资源短缺。管理人员的缺乏将使得绿地投资难以实现。投资者计划授予子公司较少自主权时会选择绿地投资，授予较多自主权时则多选择收购。在营销研究中，通过将子公司自主权衡量计划的营销适应化或标准化水平，认为营销适应化导致偏好于收购（Slangen and Dikova, 2014）。其他研究还认为当子公司高度依赖母公司资源时，企业会选择绿地投资，以确保高效的知识转移（Demirbag et al., 2008）。

（五）不同层面影响因素之间的交互作用

战略性新兴产业进入国际市场面临来自不同层面的因素的影响，各类因素之间也存在交互的作用。例如，东道国制度与企业资源的交互，当跨国企业在东道国市场寻求无形资源的时候，新兴经济体中强力的制度会促使收购发生（Meyer, 2009）。企业的技术水平与东道国制度共同塑造了企业所面临的制度压力（Meyer, 2014），企业技术越强，越有能力以绿地方式进入，而东道国的制度发展水平会正向调节这一关系（Dikova and Witteloostuijn, 2007）。制度差异水平也会影响企业内部 CEO 对设立模式选择的判断，制度距离小，风险规避型企业 CEO 会选择收购，制度距离大，则选择绿地。制度距离小，拥有国际经验的 CEO 倾向于收购，制度距离大，则会选择绿地投资。东道国制度与组织学习的交互，当母国与东道国人力资源距离较大时，缺乏经验，对东道国制度了解较少的投资者会选择绿地形式，而有经验的投资者偏好于收购。

组织学习能力是另一个很重要的影响因素，与企业内部技术、外部文化距离均存在交互影响的关系。企业技术能力与绿地进入选择存在正相关关系，但在之后的进入中二者之间的关系不再显著。企业间文化距离较大，为了减少沟通障碍，企业会以绿地方式进入，随着组织经验的增加，这种关系会在之后的进入过程中变弱（Brouthers and Dikova, 2010），会在文化距离较大的地方选择收购的方式进入。文化距离与子公司自治权也存在交互，企业为确保子公司自治权，进入文化距离较远的国家时将通过收购的方式（Slangen and Hennart, 2008），自主权越高，沟通障碍越大，企业越会以绿地的形式进入（Slangen, 2011）。企业的多元化水平与绿地进入之间存在曲线关系（Barkema and Vermeulen, 1998），也会受到组织经验的调节（Brouthers and Dikova, 2010）。从实物期权理论出发，需求的不确定性与收购方式呈负相关关系（Brouthers and Dikova, 2010）。而且当投资规模较大时，这种关系会更强。战略柔性与收购选择呈正相关关系，当投资规模较大时，这种关系会被削弱。

（六）设立模式的绩效

企业在收购和绿地投资之间做出选择，是为了创建一个能提供超额绩效的国外子公司单元。基于不同的理论视角，其进入模式的选择也不尽相同。忽视背后的理论逻辑，而比较两者之间的绩效结果往往会产生不同的结论。所以对于战略性新兴产业而言，其模式的选择还是要基于自身条件和企业目标。

从企业自身条件而言，如果之前有过收购的经验，那么选择以收购方式进入的成活率会更高。如果企业的管理存在高战略柔性的特点，那么全资绿地子公司形式更为适合，尤其在经济危机时期（Chung and Beamish, 2005）。从追求的目标而言，如果担心遭受新进入者的劣势和威胁，收购更为合适。而从对子公司控制和经营成本角度考虑，绿地投资绩效要优于收购。从风险方面考虑，收购的风险更高，购后整合的困难可能抵销潜在的收益。从子公司整合水平而言，如果是追求低水平整合，则收购绩效更高，反之，绿地投资绩效更好（Slangen and Hennart, 2008）。从考虑对东道国就业的贡献而言，绿地投资的就业效应会更高（Williams, 2003）。

二、非股权模式的影响因素、过程与绩效

全球新兴产业持续保持良好的增长势头,其中创新型中小企业将承担越来越重要的角色。扶持中小企业发展是各国长期以来的新兴产业发展战略。新兴产业大多处于初创阶段和成长初期的中小企业,由于在研发、商业模式、市场需求等方面存在大量的不确定性,因此,发达国家特别重视中小企业在创新领域的扶持政策。欧盟在"2020 战略"中提出建立"创新型联盟",促进中小企业创新成果转化。我国《中国制造 2025》明确提出要支持中小企业"走出去"战略。与跨国企业相比,战略性新兴产业中小企业存在资源和能力的限制,资源可利用性更低,信息收集和处理能力有限,因而大多选择以非股权的模式拓展国际市场。

(一) 非股权进入模式的影响因素

中小企业在拓展国际市场时,首先要考虑的是交易成本的问题。从交易成本角度而言,环境不确定性、资产专用性对其进入模式选择影响最大。环境不确定性较高时,在东道国选择合作伙伴,可以分摊中小企业的一部分风险。当资产专用性较高时,中小企业则会选择高控制的进入模式以获得更大的控制权(Brouthers and Nakos, 2004)。其次,需要考虑企业自身的条件。折衷范式理论表明所有权和位置优势的重要性。拥有更大的所有权和位置优势的中小企业可能更会采用基于股权的进入模式。当中小企业基于自身资源,包括知识积累和能力水平,拥有所有权优势时,为了避免这种资源被侵蚀和流失,可能会以全资的方式进入东道国,而东道国市场不确定性水平更高时,这种关系会得到强化(Brouthers and Dikova, 2015)。此外,对于大部分中小企业而言,在互联网高速发展的背景下,以网络平台进入东道国市场成为重要的途径。与传统进入模式不同,中小企业会以"在线国际化"的形式进入。合作伙伴或者子公司的国际化发生在虚拟领域时,该形式对于知识密集型产业会更为合适(Bell, Crick and Young, 2004)。

(二) 非股权进入模式的转变

进入模式的转变主要是中小企业应对正式关系压力所作出的反应。中小企业为了控制东道国市场合作伙伴的机会主义行为,会通过建立销售子公司的方式来处理与分销商的矛盾。进入模式的转变由多种原因引起,一是基于资源基础观和国际产品生命周期理论,产品的成熟度也会引起模式的改变。当知识资产能够被保护以及当投资于产品营销的资源非常有限的时候,中小企业倾向于向低控制水

平的进入模式转变。基于知识的中小企业展现出从直接、间接出口向高承诺模式转变，传统制造型的中小企业则跟随国际化过程理论。国际化过程模型表明，企业国际化进入转变过程模式为出口，代理海外销售，销售子公司，设立子公司生产基地（Johanson and Vahlne, 1977）。二是由于网络中会产生偶然的市场机会，中小企业的网络关系可能引起进入模式的转变。网络关系使得中小企业快速向高层次进入模式转移，使他们能够在国际化过程中实现跳跃式发展，其主要发生在基于软件和知识的服务型企业中，但这种成功的跨越需要管控潜在的机会主义风险。原因在于，从内部而言，母公司不完全监控导致信息不对称，且激励不充分，会产生内在机会主义行为；从外部而言，中小企业需要通过合同来缓解代理关系产生的机会主义威胁。

（三）非股权进入模式的绩效

从交易成本理论视角出发，研究表明在选择进入模式时，考虑了交易成本的中小企业，其绩效要高于其他企业。当国内市场自由程度较高时，中小企业从非股权模式获利更多；然而当国外市场风险较高时，中小企业也可能会采取基于股权的进入模式。中小企业的进入模式类型与企业绩效之间并非一种简单的线性关系，FDI 程度与企业绩效之间呈较为平坦的 U 形关系（Lu and Beamish, 2001）。同时，出口活动会负向调节两者之间的关系，出口和 FDI 结合会增加协调成本。从中小企业国际化子公司视角来看，中小企业的绩效受到国外子公司内在机会主义的负相关影响。对国外子公司的高程度控制会正向影响绩效（Beamish and Lee, 2003）。资源基础观主要是聚焦于中小企业的能力和绩效，以及国际化活动对学习的影响。认为营销能力使得高承诺的进入模式能够获取更大的利润，并且高控制进入模式对于技术学习的宽度、深度、速度都有积极的影响。

三、战略性新兴产业国际市场进入模式选择

战略性新兴产业国际市场进入模式可以分为贸易加速型进入模式、契约控制型进入模式和联盟投入型进入模式三种。贸易加速型进入模式旨在加快出口频率和增大出口规模，包括直接出口和间接出口两种形式。作为最传统的一种市场进入模式，贸易出口模式的重要绩效评价标准就是速度。契约控制型进入模式旨在提升专利、技能和技术等无形资产价值的输出，以与国外企业或单位形成契约的方式开拓国际市场，包括许可证模式、特许经营模式、合同制造模式、管理合同模式、工程承包模式和双向贸易等形式。在契约进入模式中，评价其绩效的重要标准就是对契约的控制权。联盟投入型进入模式旨在促进与国外企业之间的跨国

并购、技术开发联盟、合作生产联盟、市场营销与服务联盟和多层次合作联盟等，通过联盟的模式进入国际市场，实现优势互补、提高竞争力。衡量联盟型进入模式的重要绩效标准就是投入。

战略性新兴产业国际市场进入模式选择，一是要考虑东道国市场环境特征。首先是市场有效性，即一个重要的国家制度环境特征，指为促进市场有效运行的市场管理机制及其他制度，包括保护私有产权的法律体系、减少外部性效益成本的管制系统和非正式规范，以及减少政府干预的体制（Scott，2008）。在市场化程度较低的国家，企业的正常市场行为很难得到法律保护（Grewal and Dharwadkar，2002），市场对国外企业的反应多会从经济效益来体现。反之，高度市场化意味着高水平的法律管制和市场监控，企业会受到高程度的契约强制、知识产权保护和政府审批（Zhou and Poppo，2010），市场对国外企业的评价会更多关注于其社会意义。其次是需求确定性，指市场中消费者偏好及期望的稳定性和可预见性。在市场需求确定性低时，企业必须不断地改进其产品和服务来满足变化的消费者偏好（Jaworski and Kohli，1993），此时着重于市场资源经济效益行为的市场价值将会变得更为明显（Rindfleisch，Malter and Ganesan，2008）。但是反之，制度行动的作用将随着需求确定性的增加而提高，因为从顺从制度的各种行动中获得信息和资源的周期较长，能为企业调整其产品以反映市场的变化。

二是要考虑战略性新兴产业自身的产业特征。节能环保、新一代信息技术、生物、高端装备制造、新能源、新材料、新能源汽车、数字创意等战略性新兴产业都有着不同的技术特征和发展历程，这些均会导致不同产业有着形态各异的国际化战略选择路径。

节能环保产业重点在于建筑节能产业、环保节能产业、资源循环利用三个领域。美国、欧洲、日本均出台相应政策推动节能环保产业的发展。其中建筑节能产业是一个跨产业链的结构，从生产设备到产品销售和服务。节能环保产业将成为新的经济增长点。但是其产业本身存在市场不健全、产业链低端、研发机构缺乏等问题。在拓展国际市场时，尤其面临市场准入制度的困难。国际市场进入是培育世界一流企业的必经之路，结合该产业的特点，推动优势企业跨国兼并和FDI是较为可行的路径。中国节能环保产业走向国际市场，一方面，面临国际市场众多环保企业的竞争；另一方面，缺乏自主品牌和核心技术。对于中心型节能环保产业而言，以战略联盟等契约方式进入可以获得东道国更多的支持。

信息技术产业无疑已成为最具技术变革性的领域。2008年国际金融危机后，新一代信息技术产业与通信技术加快融合，以移动互联网、智能终端、大数据、云计算为代表的新兴信息技术成为新一轮的发展重点和方向，移动终端和基于大数据的社交服务是信息网络领域发展最快的产业，因此移动化、应用化和智能化是信息技术产业的新趋势①。依托快速发展的信息技术，该类产业在考虑国际市场拓展进入模式选择时，对于大型企业而言，可以以收购形式获取新的技术；对于中小型企业而言，可以通过出口或在线国际化的形式拓展海外市场。

生物产业是以生命科学和生物技术为基础的知识密集型产业，是由生物医药、生物医学工程与生命健康服务、生物制造、生物农业、生物能源、生物环保等产业构成的庞大产业群。我国生物产业在世界上地位相对较高，技术领先度和成熟度较好。该类产业在拓展国际市场时可以充分利用自身的技术优势，以收购的方式进入。规模较小的企业可以借助专利技术以契约控制的方式进入东道国市场。

随着《中国制造2025》的发布，我国开始全面推进制造强国战略。中国制造将以全新的面貌进入国际市场。我国高端制造业门类较为齐全，具备较为成熟的产业体系，拥有一批具有自主知识产权的高端装备。拓展国际市场是做大做强高端装备制造业的重要途径。该领域的投资规模较大，以生产设备为主。以绿地新建的方式拓展国际市场能规避一定的资产风险。对于自主知识产权的高端装备产品，借助"一带一路"倡议，以贸易加速型进入模式出口，可以充分利用国家战略带来的市场机遇。尤其是对于中国的轨道交通装备企业而言，这一基础设施建设，需要抢占先机，争夺沿线国际市场。

新能源产业主要是指能源利用技术的先进程度。例如，煤炭清洁高效转化与利用、核能利用、太阳能、风能、生物质能、地热能等能源采用新技术，提高利用效率。对于新能源产业的国际市场拓展而言，其开发与利用需要结合东道国的制度环境，也要结合其当地自然资源。尤其是核电出口，涉及政治、法律、社会等多方面的利益，需要规避风险。我国新能源产业起步较晚，很多关键技术和核心设备依赖进口。拓展国际市场的过程中，以联盟投入型进入更为合适。

我国新材料产业处于快速发展阶段，在国内具备一定的发展基础。新型功能材料、先进结构材料、高性能纤维及复合材料都是重点发展的领域。对于新材料产业而言，如何抢占新材料应用技术和高端制造制高点是关键。从新材料发展历程看，拓展国际市场时，以并购的形式进入，更有利于吸收先进的技术，促进全产业价值链的延伸和扩张。

我国在新能源汽车的一些技术方面取得了较好的成就，尤其是在燃料电池、动力电池等方面取得了长足的进展。但是当前新能源汽车产业发展还面临一些问题，主要是技术成熟度不够、安全性不足、配套设施的建设滞后。尤其在拓展国际市场时，还面临较为严格的市场准入制度。虽然中国的直流充电标准已经上升

---

① 中国工程科技发展战略研究院：《中国战略性新兴产业发展报告》，科学出版社2016年版。

为国际标准,但中国标准还面临提升的艰巨任务。在国际市场技术壁垒、区域垄断背景下,以契约控制和联盟投入进入能更好获取关键技术,实现国际市场的有效拓展。

数字创意产业于 2016 年被纳入《"十三五"国家战略性新兴产业发展规划》,作为战略性新兴产业的后起之秀,数字创意产业以重大技术突破和重大发展需求为基础,是知识技术密集、成长潜力较大的产业类别,也代表了新一轮产业变革的方向。其产业存在"天生国际化"的特点,这类产业主要依托电子信息、网络技术为媒介,其文化产品的出口是国际市场拓展的主要进入模式。伴随着互联网、物联网、人工智能技术的快速发展,应当抓住机遇,以贸易加速型模式拓展国际市场,努力形成具有世界影响力的数字创意品牌,支持中华文化实现"走出去"战略。

第六章

基于全球价值链竞争力提升的国际化发展战略研究

第一节 全球价值链理论综述

随着贸易全球化和国际分工的日益深入和发展，曾经在全球的生产环节以及价值系统中存在的明显垂直一体化特征逐渐弱化，生产环节在全球范围内通过跨境合作被不断重组。通过不同国家、地区以及行业之间建立起稳定的贸易、合作以及相应的分包工作，从而使得在全球范围内出现基于利益和市场价值增值的相互合作以及优势互补。全球化的合作和优势互补，在全球范围内形成了一条为实现商品或服务价值而连接生产、销售、回收处理等过程的价值链，即全球价值链。具体来讲，全球价值链是一种全球性跨企业网络组织，它涉及从原料采集和运输、半成品和成品的生产和分销，直至最终消费和回收处理的整个过程，包括所有参与者和生产销售等活动的组织及其价值以及利润分配（张辉，2004）。贸易投资的自由化、信息技术的进步，将全球世界各国的利益紧紧绑在一条生产价值链上，生产、设计、分销成本越来越低，各国都有强烈意愿融入其中。

全球价值链的合作不断深化，规模不断扩大，国家间经济依存度越来越高，价值链的核心环节会决定财富利益分配的流向。贸易竞争也正在逐渐演变为以价值链竞争为基础的"规则之争"。加之目前世界经济仍处于国际危机爆发后的深度调整阶段，总体需求持续不振，严重制约着全球实体经济的恢复发展。美国、德国等发达国家对经济结构"过度虚拟化"进行纠偏，推行"再工业化"战略，重振制造业。新工业革命以及发达国家的战略举措，将全球工业发展带入了4.0时代，科学技术和商业模式创新正在深刻改变国际分工的基础和方式，全球价值链上的资源整合与要素配置呈现一系列新特点。在科技创新活跃和贸易增长减速的双重刺激下，全球价值链进入重塑调整期，对各国传统的管理模式提出了许多新的挑战。如何更好融入全球价值链，提高在全球价值链中的地位，让全球价值链更为有序协调地发展，实现全球经济共赢，引起了学界和实业界的持续关注。

一、全球价值链理论

全球价值链理论的基础在于价值链理论。价值链理论认为任何企业要生存发展，就必须为股东、员工、客户、供应商、所在地区、相关行业和社会创造价值，所有创造价值的活动总和即构成企业的"价值链"。价值链研究的相关内容丰富，对其的界定有很多不同视角。寇伽特（Kogut, 1985）认为，价值链是技术、原料和劳动融合在一起，形成各种投入环节的过程，然后通过把这些环节协作生成商品或服务，并通过市场交易、消费等环节最终完成价值循环过程。在价值不断增值的链条上，单个企业或者仅仅参与了某一环节，或者将整个价值增值过程都纳入了企业发展体系中。海因斯（Hines, 1998）将价值链定义为包括原材料和顾客在内，集成物料价值的一条运输线。顾客对产品的需求是整个生产过程的终点，利润仅是满足运营目标后的副产品。总体上来说，价值活动可被分为两个主要层次，一种为可以直接提供增值价值并将其传给客户的基本活动，包括内部物流、生产作业、外部物流、市场销售以及相关服务等；另一种为并不能直接创造价值，却能为相关部门提供后台支持，且不可或缺的辅助性活动，包括企业基础设施、人力资源管理、技术开发以及采购等（Poter, 1985）。价值链具体组成部分如图6-1所示。

与价值链理论相比，全球价值链理论将研究视角拓展到全球经济一体化的框架中，为研究宏观层面产业的规划布局和微观层面企业的运营升级，都提供了崭新视角。全球价值链是指为创造并实现某种商品或服务的价值，而连接生产、销售直至回收处理等全过程的跨企业网络组织，并且这种跨企业的网络组织活动连接着全球范围内的分工和贸易，包括所有参与生产销售活动的组织及其价值、利润的分配（Gereffi, 2001）。在全球生产网络中，每个国家（地区）都会由于特定生产阶段开展的活动而获得增加值（Krugman, 1995）。全球价值链含括了从产品在全球范围内所有创造价值的活动范围,包括对产品的设计、研发、制造、加工、营销、运输、分销以及对最终用户的支持与服务等。通过竞争层面和地理位置两个层面,讨论台湾和美国的电子产品制造商紧密联结的研究,认为全球价值链应该从组织规模、地理分布和生产性主体三个维度来进行描述和刻画其内容(Sturgeon,2001)。全球价值链是从概念到产品的完整实现过程,包括技术研发与设计、生产、销售和售后服务等环节(Kaplinsky and Morris,2003)。从更泛化的角度来理解,全球价值链还可以定义为产品在全球范围内,从概念设计到使用,直至报废的整个生命周期中所有创造价值的活动范围。各种活动可以包括在一个企业之内,也可以分散于各个企业之间,可以集聚于某个特定的地理范围之内,也可以散布于全球各地(涂颖清,2010)。

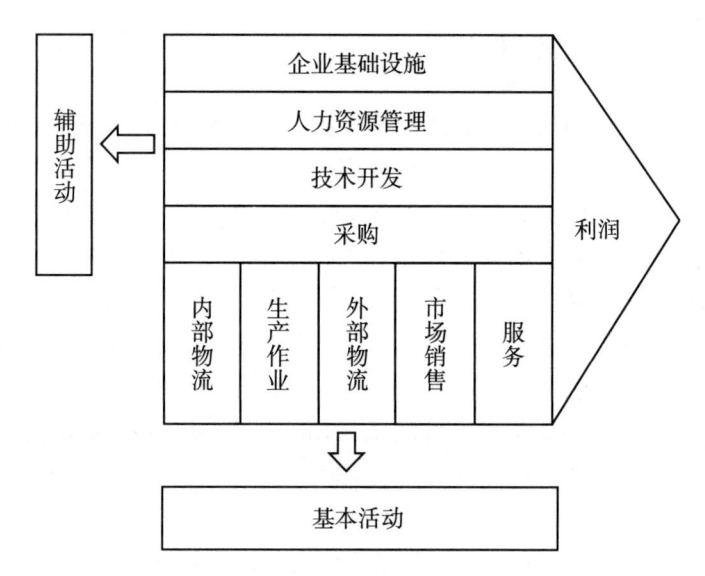

图 6-1 企业价值链

资料来源:哈佛大学商学院教授迈克尔·波特于1985年提出价值链概念。

随着全球价值链理论的发展和完善,该研究领域将视角延伸到了包括对产品的设计、生产、营销、分销以及对最终用户的支持与服务等环节。全球价值链是融合链,其最终产品的实现凝聚了全球范围内不同企业、不同产业、不同国家区域的合作,并呈现出区域集聚性特点(赵瑾,2014)。使得全球价值链中各个价值环节在形式上可以看作是一个连续的过程,但是实际上在全球化过程中,完整连续的价值链条是以各个环节的形式进行区分,在空间上离散性地分布于全球各地。

二、全球价值链分工

关于全球价值链分工的基础和动因，相关学者也分别从不同的角度进行了阐述。随着国际范围内市场经济体制的基本建立和逐步完善，贸易壁垒逐渐被破除，生产和资本的国际化趋势不断加强，工业品的价值链环节越来越具有空间上的可分布性（曹明福、李树民，2005）。处于主导地位的厂商，出于资源优化配置的考虑，在全球范围内寻找最优越的区位，进行相关产品价值链环节的生产布点，使传统的以产品为界限的国际专业化分工，逐渐演变为同一产品内某个环节或某道工序的专业化分工，逐渐形成了全球价值链分工的形式。当国际分工演变为以全球价值链分工为主导形态时，从单个国家，尤其是从作为承接产品价值环节和阶段的国际梯度转移的国家角度看，其贸易增速的变化不仅与融入全球价值链密切相关，而且与嵌入全球价值链的位置相关（戴翔、张二震，2016）。在全球价值链分工体系下，最终产品的生产依赖于相互承接的生产以及贸易环节。供应链上的各个国家创造产品和服务，将其以投入品的形式出口到另一个国家，经过进一步的加工后再出口，该过程会在最终产品达到目的市场时结束。从全球价值链分工演进与贸易增速的一系列相关经验证据来看，全球价值链分工演进会影响各国的贸易增速（Johnson et al.，2012）。一国融入全球价值链分工体系中处于的位置越低端，带来的出口贸易增长效应就越明显；反之，一国融入全球价值链分工体系中处于的位置越高端，带来的出口贸易增长效应就越弱。

全球价值链准确来说是由各个紧密相连的环节组成。在经济全球化时代，融入全球分工体系，是避免在全球化进程中被边缘化的前提条件。在如何融入全球分工体系和融入该体系后如何发展的问题上，需要对全球价值链的动力机制有一个充分认识。对于全球价值链的动力，全球价值链分工的驱动类型主要有生产者、购买者和混合型三种动力机制，不同驱动模式下产业集群形成方式、市场竞争规则和升级轨迹等也是不同的（张辉，2006）。

生产者驱动是指由生产者投资来推动市场需求，形成本地生产供应链的垂直分工体系。投资者可以是拥有技术优势、谋求市场扩张的跨国公司，也可以是力图推动地方经济发展、建立自主工业体系的本国政府。而购买者驱动指拥有强大品牌优势和国内销售渠道的发达国家企业，通过全球采购和OEM[①]生产等组织起

[①] OEM 是 original equipment manufacture 的缩写，是指品牌生产者不直接生产产品而是利用掌握的核心技术负责设计和开发新产品，控制销售渠道。

来的跨国商品流通网络，形成强大的市场需求而拉动那些奉行出口导向战略的发展中地区的工业化。在实际经济活动中，除了购买者驱动和生产者驱动的产业链条外，实际上还有许多产业链条处于两者之间，即同时具备了购买者驱动和生产者驱动的特征而混合型的动力机制。

实际上，全球价值链驱动在很大程度上改变了国与国之间整体产业分工关系，它通过价值链的不同环节和工序，在全球相应的国家分别水平布置和高效组合，从而促进以国际直接投资和中间品国际贸易更快增长为特征的当代经济增长，极大地推动全球经济一体化进程。同时，也改变着开放国家的产业发展环境和结构演化路径，对开放国家的产业结构演化产生多重影响。全球价值链在驱动的过程中，使得当代世界产业分工体系变革的结构效应突出体现。结构变革效应实现的内在机制在于全球价值链驱动的生产一体化机制，其促使各国产业发展的全球联动性和产业结构演化出现明显国别分化（崔焕金、刘传庚，2012）。由于全球价值链的出现改变了传统的国际产业分工和转移形态，发达国家与发展中国家的产业发展，不再是简单地按产业生命周期理论的论断，先后顺序依次接替发展。国与国之间的产业联系也不再是在产品最终完成后才发生，而是通过全球价值链驱动的生产一体化机制，实现产业全球化的共时运作。发达国家的跨国企业通过控制产品生产环节的纵向分离和产业价值链，在不同国家间的水平分段布局和重新整合，继而把不同国家的产业活动纳入内部分工网络控制体系。在不同国家或地区的价值环节之间，建立起一种高度依存的关系，构造一个由主导企业、各类供应商和分包商有机结合的跨国界分工网络。由全球价值链驱动的产业分工网络，逐渐成了开放国家之间产业联动发展的有机载体。

当今包括中国在内的发展中国家正在逐步融入世界经济，并积极参与国际化生产和贸易。他们如何利用全球价值链的分工以及驱动机制，将生产经营活动合理的在全球范围内进行重组与再分配，如何通过国际化经营来促进自身经济稳定健康的增长和产业的升级，都是关系到各国切身利益，需要国家政府和企业深思熟虑之后才能做出决策的命题。

三、全球价值链治理

全球化价值链治理是指通过价值链来实现各国以及企业之间的关系和制度安排，进而实现价值链内部不同经济活动和不同环节间的协调。在全球价值链理论体系中，全球化价值链治理这一概念尤为重要（王克岭等，2013）。全球价值链治理理论主要来源于交易费用理论、企业网络理论以及企业技术与学习能力理论三个方面的理论（陈树文等，2005）。其中，交易费用理论主要是基于研究企业与市场之间的关系，探讨企业边界问题以及企业存在的原因。企业网络理论通过对企业间相互连接的网络安排，以及如何在企业间配置各种要素等方面的分析，将研究重点放在了企业所能利用的网络关系与网络结构等方面（黄泰岩、牛飞亮，1999）。认为无论是企业内部或是市场内部，市场原则与企业原则都发挥着重要作用，从而将上述交易费用理论的市场与企业二分法拓展到市场、网络与企业的三层次分析框架。

关于全球价值链的治理模式，根据主导公司对价值链控制的程度，可将全球价值链的治理结构分成四种类型（Humphrey and Schmitz，2001，2002）。（1）网络型，即具有互补能力的企业之间对价值链的重要环节进行分工，各方共同定义产品。网络意味着企业之间是一种平等合作关系，在全球价值链中分享各自的核心能力。（2）准层级型，即一家企业对其他企业实施高度控制，常常规定产品的各种特征以及要遵循的流程。准层级意味着以下两类企业间的关系：一类是法律上虽然独立但要从属于其他企业的企业；另一类是在全球价值链中的主导企业，其制定其他参与者必须遵守的规则。（3）层级型，即主导企业对全球价值链上的某些运行环节采取直接的股权控制，对跨国公司及其分支机构之间的关系进行治理。（4）市场型关系，处于价值链上的企业不存在任何的隶属、控制等关系，纯粹是一种贸易关系。其中，前三种是较为典型的形式，具体见表 6-1。

表 6-1　　　　　　　全球价值链治理模式、机制以及特点

治理模式	治理机制	治理特点
网络模式	企业间的相互信任，平等合作关系	主导企业与供应商是平等主体之间的合作，共同打造产品，实现双方优势互补，共利共赢
准层级模式	规则、标准遵循的流程	主导企业对供应商高度控制，并定义产品标准
层级模式	股权控制	主导企业完全控制生产过程，定义产品细节，并直接拥有位于海外的供应商
市场模式	市场价格	由于供应商具有足够能力满足制造需要，主导企业不需要与供应商在产品方面进行协作

资料来源：作者根据文献整理。

也有学者结合交易成本、企业学习与技术能力等理论，以公司间协调机制为核心，提出了全球价值链治理理论新框架（Gereffi et al.，2005）。该框架试图解决以下三个问题，一是在全球价值链上会聚集或分散哪些经济活动；二是知识和

信息在价值链各个节点上是怎样传递的；三是全球价值链是如何确定节点位置的。为系统回答上述问题，根据价值链节点交易的复杂程度、交易信息的解码能力以及供应商能力三个变量的水平高低，将全球价值链治理划分为五种模式，即市场型、模块型、关系型、俘获型以及层级型，具体内容如表6-2所示。

表6-2　　　　　　　　全球价值链治理模式理论框架

治理模式	治理协调机制	治理特点
市场型	市场价格	价值链各环节联系薄弱，没有正规的信息沟通及共享机制，交易简单
模块型	产品质量标准	供应商具有较强的竞争力，与购买商之间的联系可能会很复杂，且存在相关信息的沟通以及共享机制
关系型	声誉与信任	供应商拥有独特的或不可复制的能力获取买方信息
俘获型	买方对供应商的全局控制	供应商能力较弱，完全依赖买方监督、指导完成生产和交易
层级型	管理控制	不存在有能力的供应商，所有环节都在公司内部进行

通过梳理全球价值链治理理论的发展脉络，发现全球价值治理模式主要以下述四种形式为主，即作为全球商品链驱动机制的治理、作为企业间协调和连接机制的治理、以质量标准和惯例为核心的"一般化"治理和以微观—中观—宏观架构为基础的"模块化"治理模式（秦升，2014）。由于在价值链中的任何环节，业务主要是根据三个问题来展开运营的，分别是：生产什么、如何生产、物质产品如何流动（程新章、胡峰，2005）。因此，当价值链中业务的协调通过非市场机制进行时，全球价值链的治理重点主要是协调工作。

总之，全球价值链治理的最终目标是价值增值，强调非市场干预以及权力关系，但本质还是围绕市场活动来进行。价值链治理包括治理主体、治理客体、治理内容以及治理机制四方面内容。治理主体是目标企业，客体则是产业链上游的供应商或者是产业链下游的零售商，内容则包括目标企业的经济活动以及公司结构。治理机制是价值链治理的核心环节，不同的机制代表不同的治理模式，适用于不同的目标企业，是选择激励机制还是惩罚机制或者其他机制，需要在实践过程中慢慢摸索（石洁，2016）。

第二节 战略性新兴产业全球价值链布局特征

战略性新兴产业是我国未来经济发展的支柱性产业，其发展关系到整个国家和民众的基本利益，也关系到经济社会发展的全局。战略性新兴产业是针对我国传统产业提出的概念，相关产业掌握着关键核心技术，具有广阔的市场前景基础，具备资源能耗低、综合效益好、带动系数大以及就业机会多等特性。其发展依托国家或地区的资源优势，以重大的科技突破为前提，将新兴技术与新兴产业相结合，对国民经济的发展以及国家综合实力有着深远影响。其不仅能够带动经济社会的全面进步，促使国家在国际竞争中取得优势地位，还能成为确保我国经济保持中高速增长、产业迈向中高端水平的中流砥柱的有力保障。具有全球性价值的战略性新兴产业是引导未来经济社会发展的重要力量，是建立在重大前沿科技突破基础上能代表未来科技和产业发展新方向，能体现当今世界经济发展潮流，对经济社会具有全局带动和重大引领作用的产业。

目前，战略性新兴产业尚处于成长初期，未来发展潜力较大。同时，从经济全球化进入新阶段以来，全球产业内的生产活动在不同空间的分散正快速深化，全球价值链内部的功能和地域的分散化已显著改变了全球经济版图，为全球经济体带来全新的机遇与挑战。近年来，我国战略性新兴产业正在敞开国门，走向世界，其国际化发展历程给我们带来了一定的经验和启示，同时也让我们认识到其中的挑战和不足，存在诸如创新能力不足、国内市场不协调、处于全球产业链下游以及产业协同不足等问题。发展战略性新兴产业已成为世界主要国家抢占新一轮经济和科技发展制高点的重大战略。

伴随着全球分工的深化，产品的一些增值环节越来越多地从企业的一体化经营过程中脱离出来，不同的增值环节逐渐独立，成为企业专业化生产的内容。随着信息系统管理以及集成模块化技术的变革，产品生产过程的标准化改造周期不断缩短，产品价值链可以在全球范围内实现合理配置。但是到目前为止，我国的战略性新兴产业普遍存在的创新能力不足，研发能力羸弱等问题，导致许多核心技术必须依靠国外（姜大鹏、顾新，2010）。此外，战略性新兴产业提出的时间较短，在国际化战略步伐上迈出的时机较晚，我国战略性新兴产业基本属于生产者驱动型产业，相关产业基本都属于技术密集型的新兴产业。由于我国在该产业自主研发能力弱，核心技术大多依赖技术引进，其价值链的核心环节掌控在欧美日等发达国家，自己缺乏技术研发，也就处在了产业链的下游，在国际分工中也处于不利地位（黄启才，2013）。

为了我国战略性新兴产业顺利进行产业升级和转型，提升我国战略性新兴产业的核心竞争优势，利用"产品空间图"的相关观点，可视化地描绘出一个国家的产业结构，以及该国与其他国家在相关产业间的动态竞争与合作关系（Hidalgo et al.，2007）。所提到的"高级产品"在"产品空间图"中处于与其他行业紧密相连的核心位置，而以低收入为特征的"低级产品"则处于相对边缘的位置。研究以为，一个国家如果将国有经济的核心产业集中于"产品空间图"的"紧密相连位置"，那么该国经济可以很快地在全球经济范围实现"升级"。借助该研究工具，研究者可以一目了然地了解一个国家产业结构演变过程及动态发展趋势，识别有效的经济升级和产业升级战略路径。使用"产品空间"工具可视化，对中国每一个战略性新兴产业的全球价值链布局，并依据此"产品空间图"会更加精确地掌握每一个相关产业的发展状态、动态发展趋势。一是弄清楚目前中国战略性新兴产业在全球"产品空间图"中所处的位置，是处于边缘位置、紧密相连位置，还是处于两者之间；二是通过"产品空间图"识别出全球价值链上的哪一个或者哪几个是处于"紧密相连位置"，以及具体相应地理位置情况的确定。大力发展该环节所涉及的产品或技术可以提升我国战略性新兴产业在全球价值链中的地位，进而提升我国战略性新兴产业在全球产业链中的竞争力；三是可识别出在全球"产品空间图"中与中国所处位置相似的国家，以及其在全球价值链中所处的环节，识别出哪些国家在全球"产品空间图"中处于边缘位置。这些信息的获得为我国制定相应的战略性产业规划，识别提升中国战略性新兴产业竞争力的途径，制定相应的战略性支撑政策提供了相应的依据。

从当前战略性新兴产业全球价值链的发展现状来看，要扭转世界经济持续性放缓趋势，在于提高全球经济体生产力、提高资本和技术的配置效率、扩大全球创新基础设施投资，深化全球价值链分工效率与合作水平。从整体上来说，战略性新兴产业的运作主要基于重大技术突破和发展需求之上，其对经济社会全局以及长远发展具有重大引领带动作用。根据国家相关文件的介绍，我国战略性新兴产业主要包括节能环保、新一代信息技术、生物医药、高端装备制造、新能源、新材料、新能源汽车七大产业。按照技术、生产和市场三个因素把这七大战略性新兴产业分为如表6-3所示的6类（黄启才，2013）。

第一类产业属于具有技术基础，但生产与市场潜力还没有完全开发的产业。我国生物产业应该属于第一类产业。生物医药、生物农业等新行业虽获得快速发展，已初具规模，但生物制造和市场潜力远没有完全发挥出来。

表6-3　　　　　　　　　　七大战略性新兴产业分类情况

类别	技术	生产	市场	特点	产业
1	√			在产业前沿领域具有较高技术基础,大批相关技术成果和专利进入或正处于规模生产前期	生物产业
2		√		虽具有生产制造规模,但产业核心关键技术靠引进,产品价格相对高,主要依赖出口市场	新能源产业
3			√	国内市场需求大,但是没有掌握相关产业核心技术和关键设备制造技术	节能环保产业,新材料产业
4	√	√		与国外先进技术差距不大,也具有一定生产制造能力,但产品价格高,难以在市场上推广	新能源产业
5		√	√	具有加工制造能力,产业规模也较大,但产业核心关键技术依赖进口	高端装备智造产业,新能源产业
6	√	√	√	紧跟国外先进技术水平,具有较强加工制造能力和较大产业规模,市场上还有一批具有国际识别能力的骨干企业	新一代信息技术产业

　　按照全球价值链驱动机制,第一类战略性新兴产业属于生产者驱动,即核心关键生产技术的拥有者是全球价值链上的治理与控制方,技术研发属于全球价值链的高价值战略环节。第二类产业具有加工制造和出口贸易能力,但缺乏核心关键技术和技术商业化后的国内市场。由于没有掌握产业链上游的原料及产品核心技术,只能基于低级要素禀赋和加工制造能力的比较优势,嵌入了全球价值链的中间加工制造环节,未来产业升级路径要继续嵌入全球化价值链的产业分工网络,积极积累高级要素,进一步提高加工制造能力。第三类具有国内市场需求,但没有自主核心技术和生产能力的未来产业升级路径。要实现先进技术产品和急需关键设备的国内加工制造,应基于低成本劳动力和市场规模两大优势,积极嵌入全球价值链的产业分工网络,有效承接发达国家的产业转移。第四类产业与国外先进技术整体相当,同时也具有一定生产制造能力。但因产品价格成本高,难以在市场上普及推广,比如新能源汽车产业。第五类产业属于国内加工制造能力较强和相应产业规模也较大,但需要引进消化国外先进技术的行业。我国的高端装备制造业和新能源中的风电、核电产业都属于这一类,而这一类产业升级路径

主要依赖于我们自己在核心技术上的突破。第六类产业是在核心技术、生产制造和市场规模三个方面都与国外发达国家差距不大的一个行业。新一代信息技术产业是我国战略性新兴产业的主导产业，也是我国在技术、生产和市场三个方面都具有国际竞争力的唯一行业。

总体来说，世界各国的战略性新兴产业均处在探索和竞争的初级阶段。特别是对于如光伏产业、新能源汽车产业等我国具有领先优势的战略性新兴产业来说，我国与世界其他国家的差距并不如传统产业那样大。虽然我国战略性新兴产业正处于发展的黄金时期，具有数量众多、产品丰富等特点。但与战略性新兴产业发达的西方国家相比，由于起步相对晚，我国相关企业"走出去"的规模还不够大，层次也比较低（赵刚和林源园，2012）。同时也存在着创新能力不足，国内外市场不协调，严重依赖海外市场，处于全球产业价值链低端，国际分工层次低，国际化发展缺乏环境支持与保障战略等诸多问题（王江和徐婷，2012；姜大鹏和顾新，2010；黄启才，2013；王晓东和苏启林，2014）。

毫无疑问，战略性新兴产业全球价值链是全球经济循环中最为关键的链条之一。随着全球生产网络，以及新一轮产业革命与新一代信息技术革命的推动，该价值链目前所具备的特征也逐渐明朗清晰化。尤其是新工业革命带来了创新的信息技术，使得产业呈现智能化的新潮流，比如大数据、云计算、物联网以及人工智能、VR技术等一批新硬件产业发展迅速，成为全球竞争新的制高点。这一发展趋势使得从属于新兴产业的企业，特别是要依靠掌握尖端技术的企业，为了让企业本身在所处的价值链上掌握附加值最高的部分，会更加注重企业内部的创新能力。从而也使得战略性新兴产业全球价值链，呈现出更为明显的深度垂直一体化的特征。

我国如果能够将战略性新兴产业很好地融入到全球价值链中，就会在整个流通运作的过程中，将贸易、投资和生产紧密结合，实现增加中间品贸易和增加值贸易的目的。具体的实现过程主要需要经过三个环节，包括最终产品经过两个或两个以上连续阶段的生产；两个或两个以上的国家参与生产过程并在不同阶段实现价值增加；至少有一个国家在生产过程中使用进口投入品。近年来，得益于全球价值链的发展，战略性新兴产业全球价值链上的各部分分布，在不同国家和地区的不同生产环节和阶段，从生产到最终完成产品或者提供服务的速度得以飞速的提高。虽然还是需要经过多次的跨境流动，但价值链上的各国均寻求提高效率的贸易方式，最终使得复杂多变、容易受波动的跨境流动变得更快更畅通。

第三节 优化中国战略性新兴产业链的战略

一、中国战略性新兴产业链的发展现状

20世纪80年代开始,中国积极通过OEM代工模式推动纺织、电子等产业切入全球价值链,并取得了举世瞩目的成绩。但是由于发达国家及其跨国公司塑造和领导着这些产业的全球价值链的形成和布局(刘志彪,2011),使中国沦为"世界组装车间",并长期被锁定在低端生产环节。然而幸运的是,对于战略性新兴产业来说,新一轮科技革命还处于萌芽状态,技术研发在全球范围同步进行,中国和西方发达国家处于大致相同的起跑线上。并且对于战略性新兴产业来讲,全球价值链的分工和布局刚刚开始,还未真正定型(吕永刚,2013)。

众所周知,产业国际化要求产业内的企业生产和经营国际化,实现产品和资源在世界范围内的销售和配置。国际化理论认为,实现上述目标的必要条件是产业必须拥有特定的竞争优势和足够的盈利,来抵销海外经营所带来的额外成本和风险,因此重大技术突破和广阔市场是其存在的基础。同样,也只有突破技术获得竞争优势,开拓市场创造足够盈利,寻找国际产业链中合适的位置,战略性新兴产业才能真正实现国际化。然而,目前我国战略性新兴产业国际化发展在整合品牌、技术及营销资源打造竞争优势的能力不够,欠缺针对文化差异与制度壁垒发展战略提升市场认同的经验。

同时,我国战略性新兴产业国际化发展还过度依赖国际市场,呈现出典型的供应端和需求端"两头在外"的畸形发展模式。由于"两头在外"的不足形态,导致我国战略性新兴产业一直处于附加值极低的价值链中下游环节,无法实现产业由劳动密集型产业向技术密集型产业的转移,无法改变出口产品由原材料或初级加工品向高技术含量产品的提升。且因为战略性新兴产业的高产业关联性、发展资源的稀缺性和高风险性,导致其在发展过程中各产业间和产业内企业在国内市场上相互排斥,极力争夺各种资源。在国外市场上缺乏经验,抗风险能力弱,国际化资源匮乏。

"两头在外"的畸形发展模式具体主要体现在以下几个方面。一是我国大多数战略性新兴产业供给链中的最关键一环要靠国外市场进口。产业内各企业普遍存在核心技术掌握较少、重大制造装备和核心设备进口依赖大等问题。例如,属

于新能源的光伏产业中，我国光伏电池产量虽然已经居于世界第一，但其中关键设备绝大部分来自国外供应商，此项进口费用约占产业设备费用的80%。二是我国大多数战略性新兴产业的国内市场狭小，企业生产出来的产品大都只能销往国外，因此开拓广阔的国外市场迫在眉睫。总之，从市场供给来说，新技术新产品初期规模优势尚未显现，产品成本高，进入市场困难，获得消费者认同更加困难。技术不能尽快商业化，不能迅速形成利润和持续创新的能力，致使有些新技术夭折在摇篮里，有些新技术企业长不大。从市场需求来说，仍以光伏产业为例，2011年我国太阳能光伏电池供给比例高达48%，国内对光伏电池需求占比仅为0.4%；2012年我国太阳能电池产量达8 000兆瓦，同期我国太阳能光伏系统新增装机仅为520兆瓦，其余7 480兆瓦全部用于出口，出口比例高达94%（于华鹏，2011）。国内市场狭小不仅导致国内盈利水平的低下，也造成了产业对国外市场的过分依赖。由此带来的直接影响是我国产业抗风险能力薄弱，国外市场的细微波动都会对我国产业造成巨大影响。然而，产业国际化的发展必然会导致与他国贸易摩擦的增多，他国政府和企业会通过各种方法建立市场壁垒，给我国产业开拓国外市场设立障碍。要想成功应对这些风险，解决这些争端，除了有效的协商机制外，更要依靠国内市场的开拓。

除此之外，我国战略性新兴产业链发展还可能因为社会资本、人才以及企业运营成本等方面而受到制约。具体来说，一是我国各地政府虽然争先恐后设立专项资金来培育发展我国战略性新兴产业，但是社会资本总体上热情依然不高，主要是因为战略性新兴产业面临着总体上投资大、投资回收期长、技术路线不确定、市场需求不稳定的问题，社会资本目前主要活跃在创业投资和资源性产业的上游领域，对直接进入创新创业领域尚不积极。二是为实现本地经济长足发展，各地展开了对战略性新兴产业的相关人才、资金、产品市场乃至相关资源的激烈争夺。在资金争夺方面，各地都希望争取到国家更多的项目资金支持。但全国乃至全球与战略性新兴产业发展相关的高端人才和资金等都是有限的，各地不遗余力地进行争夺，将导致有限资源严重分散配置，反而不利于集中资金、人才推进技术创新，促进战略性新兴产业快速健康发展。特别是一些地方不管战略性新兴产业的基础好坏、创新能力强弱和比较优势是否突出，想方设法上项目、铺摊子、争资源，导致战略性新兴产业发展呈现低水平盲目建设、无序扩张和恶性竞争的倾向。三是企业生产运营成本不断攀升，政策环境亟待完善。随着能源、原材料价格不断上涨，用工成本日趋提高，融资成本不断上涨，运输费用不断加大，战略性新兴产业企业生产经营成本不断增加，直接挤占了企业的利润空间。尤其是随着银行存款准备金率和存贷款利率多次上调，新增贷款明显减少，新增贷款中上浮利率的比重明显提高，战略性新兴产业领域的中小企业面临较大的资金压力，部分企业计划实施的研发及产业化项目因银行贷款不到位、战略投资者引进困难无法开工建设。此外，相关政策激励不到位甚至缺位，不利于战略性新兴产业企业加快创新发展。现行的产业政策并未起到鼓励和支持本土企业加大研发投入的作用，政府优先采购自主创新产品的规定也未落到实处，生物产业领域的民族创新产品目前仍被迫接受仿制品的评审体系，云计算相关软硬件等产业领域的产用互动机制有待完善。但是随着中国吸收外资和整体开放水平的不断提高，中国参与全球价值链的广度、深度不断得到提升，中国已成为诸多行业全球价值链的重要一环。但总的来看，中国企业对全球价值链的参与，更多地仍限于对跨国公司价值链的参与以及适应，我国总体仍处于全球价值链的低端。

中国战略性新兴产业大多还在成长期，技术、规模以及资源等都不具有优势，国内需求不足，发展时间也相对较短，虽然在国际市场开拓方面已经呈现出了良好的态势，但整体国际市场竞争力仍然不强。因此，为更好地统筹我国战略性新兴产业链的发展，实现推动我国整体经济水平的飞跃提升，我们必须对其重视起来。只有做到优化我国战略性新兴产业链的发展，才能使我们有机会通过积极的全球价值链导向战略，参与塑造战略性新兴产业的全球价值链的结构和布局，提升中国战略性新兴产业在全球价值链中地位和价值占有的能力。

二、中国战略性新兴产业链的优化战略

在我国经济发展进入新常态，经济下行压力增大的情况下，发展战略性新兴产业已成为引导传统企业实现转型升级，实现经济稳增长的关键举措。国家发改委研究编制"十三五"国家战略性新兴产业发展规划，并拟列入国家重点专项规划，衔接国民经济和社会发展"十三五"规划纲要，成为引领产业转型升级的重要专项规划。战略性新兴产业区别于其他产业，其成长与发展之路始终与国际化紧密连接。《关于促进战略性新兴产业国际化发展的指导意见》明确指出："国际化是培育和发展战略性新兴产业的必然选择"。因此，寻找适合我国战略性新兴产业国际化发展的战略与路径是决定该类产业能否担当起引领国民经济与社会发展的关键。

纵观发达国家的发展史，无一例外都是依托优势产业的培育，在全球建立产业优势，继而推动国家整体经济的发展。从早期的汽车、电子、通信产业，到如今的七大类战略性新兴产业等，可以说发达国家正是先后把握住历代新兴产业发展的机遇，利用产业优势带动国家竞争优势，从而占据国际产业链的优势地位。例如，英国因为第一次工业革命而崛起，成为世界第一个工业国家；美国抓住了

第二次工业革命的机遇，在一些新兴行业开始领先，如电气、石油、化工等，并在强盛时期，抓住了第三次工业革命和信息革命的浪潮，建立了高科技实业云集的硅谷；日本利用石油危机，发展了节能汽车，并且撼动了美国"汽车王国"的地位；韩国的机遇来自IT业的兴起，韩国把握产业契机在新的象征性产业上取得优势。这些经济强国都是在新的产业兴起时，把握机遇，形成优势产业集群，从而提升国家在世界的形象与地位。

目前，战略性新兴产业因其本身的创新性、风险性、国际性及对科学技术的依存性等特点而闪亮在世界舞台上，成为时代的宠儿。我国是否可以抓住这次产业发展的机会，用全球的视野，国际化的思维去理解和把握新兴产业发展的趋势，是我国在机遇中更好地推进产业的升级发展，建立优势产业，从国际产业链的低端生产环节，逐渐转移到高级研发环节的关键。伴随着全球经济发展新阶段，全球价值链治理结构和全球资本的治理结构都发生了改变（Gereffi, 2011），这也为包括中国在内的发展中国家提升产业在全球价值链的地位，提升国际市场竞争力提供了新的机遇和途径。全球价值链是由众多的价值环节构成，但每个环节创造的价值不同，某些辅助性环节并不能创造价值，而高附加值的环节一般就是全球价值链上的战略环节。准确判断出企业价值链中的战略环节，为企业在全球布局不同的生产环节提供了依据，也指出了产业发展或升级的目的所在。同时，要保持企业或产业的竞争优势或者核心竞争力，关键也是要抓住此战略环节。

全球价值链中的主导者对于全球价值链中的利润分配起着决定作用，它经常借助一些治理工具控制战略环节。常用的治理工具既有国际层面的，也有区域层面的。国家在制定和实施相应的政策时，要考虑到政策制定的基础和实施效果的地域空间范围是否已超出本国地理边界，能否外延扩大到与本国产业发展密切相关的国际区域或周边国家。国际协调已成为新的产业发展政策调整的重要方向。近年来，在全球各区域中各国政府都在进行程度不同的政策协调，以求区域内各国产业间的相互协调发展。针对我国战略性新兴产业链目前发展过程所遇到的问题，可以从以下几点着手来找到相应的优化战略和方法。

一是对于不同的全球价值链治理模式，中国战略性新兴产业可以采用不同的产业升级战略（Humphrey and Schmitz, 2002），以提升自己在全球产业链中的竞争力。如果战略性新兴产业的全球价值链采用"俘获式"治理模式，那么中国战略性新兴产业相关企业可以通过"产品升级"和"过程升级"来提升自身在全球产业链中的竞争力；如果战略性新兴产业的全球价值链采用"市场"治理模式，那么中国战略性新兴产业相关企业可以通过"功能升级"来提升自身在全球产业链中的竞争力；如果战略性新兴产业的全球价值链采用"网络式"治理模式，那么中国战略性新兴产业相关的企业可以通过"产品升级""过程升级"和"功能升级"来提升自己在全球产业链中的竞争力。

从整体上来看，我国战略性新兴产业目前具有两个比较优势，即西部资源优势和西部向东部流入的人力优势。在很长一段时间内，我国产业在国际上的分工表现为劳动密集型加工，以出口原材料和初级加工产品为主，主要集中于附加值贫瘠的价值链两端。近年来，由于我国产业政策的调整，东部企业开始进行产业升级，由劳动密集型向上延伸到技术密集型（张少军，2009）。但由于优势技术的缺乏和自主创新能力的相对薄弱，要想实现全球产业链中技术环节向我国的转移，还有很长一段路要走。从政府角度来看，应首先对我国东西部地区的优势资源进行统筹整合，通过限制原材料和初级加工产品的出口，实现西部地区自然资源为东部技术性产业服务；通过实施制造业由东向西的转移，继续发挥本国产业链中人力成本的优势，拉动西部地区参与国际分工体系，缩小地区间发展差距，增强我国战略性新兴产业链的整体比较优势。除此之外，政府还可以制定优惠政策，如对创新研发进行补贴，改善高技术产业的融资环境等，通过优惠政策吸引国外先进技术的进入，逐步促进我国产业的升级。

二是当前以美国为代表的发达国家，正在加紧部署处于萌芽状态的新一轮科技创新，着力推动支撑未来经济发展的新兴支柱产业。虽然对未来究竟哪个领域能够带来巨大的技术革命还无定论，但许多国家都在把握新技术革命的苗头，力求抓住未来支撑世界经济新一轮增长的支柱产业，获得战略性新兴产业的竞争优势。虽然，我国战略性新兴产业的一些领域在规模上已跻身世界前列，但相关产业技术创新、集成能力薄弱，关键核心技术和装备主要依赖进口的现状仍未改变。我国无论在宏观层面的体制机制、政策激励和知识产权保护，还是微观层面的企业创新能力和研发投入，均与发达国家有较大差距。提高战略性新兴产业创新能力，探讨提升其技术创新能力的路径，将有利于建立完善的技术创新机制，推进我国的战略性新兴产业的发展，促进产业结构优化升级。要实现战略性新兴产业创新能力的提升，在战略实施过程中应注意，一方面，在国外市场上，政府应积极促成我国企业与他国企业开展技术联盟，并保护企业免受机会主义的伤害；组织专门中介为技术交易服务，实现国内技术市场与国际的接轨，保护我国企业在技术交易中的合法权益；另一方面，在国内市场上，政府应培养自主创新环境，提升各高科技新兴企业的技术使用能力，让从国外获取的先进技术能真正地转化为企业自身的创新能力，达到国际化目的。

现有很多研究将创新分为渐进式创新与突破式创新。渐进式创新是指在有清晰的市场目标下，对现有技术、产品流程等方面进行改进而引起的渐进的、持续的创新。渐进式创新源自经济学中的学习经济理念，创新具有连续性且基于现有技术轨道。突破式创新是指打破以往技术流程和组织格局，建立新的技术流程和组织格局，并在顾客价值传递方面实现显著跳跃的创新。当跨国企业的公司治理结构偏向于日本、德国等这些协调型市场经济的国家时，公司治理结构的特点为"内部控制"，即所有权集中，掌握于大投资者（大股东）；对企业员工进行适用于某一公司、产业或岗位的专业性技能培训。如果这类跨国企业进入的东道国的特点为，基于银行的调控型财政系统，通过银行等将资金间接从借方转移到贷方；企业间大多依靠商业网络资源而进行合作，则跨国企业与东道国之间的制度特点也趋于一致，制度互补性较高，存在协调型制度互补性。由于企业对员工进行专业性技能培训，劳动力市场比较稳定，流动性低；以调控为导向的财政系统导致长期投资的盛行以及低风险倾向；企业间的合作、联盟关系较为密切，从而企业偏向于持续引进最新的技术以确保产品的品质和改进生产流程，寻求渐进式产品创新时成功概率更大。

当跨国企业在公司治理、技能培育与产品创新方面偏向于以自由市场为导向时，其进入在财政系统、公司间关系以及劳资关系等制度领域也偏向于以自由市场为导向的东道国时，制度互补性更高，存在自由型制度互补性。具体而言，当跨国企业的公司治理结构偏向于英国、美国等这些自由市场经济的国家时，公司治理结构的特点为"外部控制"，公司的股东非常分散，相当一部分股东只持有少量股份；对企业员工进行适用于大多数企业的一般性技能培训。如果这类跨国企业进入的东道国的特点为，基于市场的自由型财政系统，通过证券市场等将资金直接从借方转移到贷方；企业间大多为交易关系，竞争激烈，合作、联盟较少，则跨国企业与东道国之间的制度特点趋于一致，制度互补性较高。由于企业对员工进行一般性技能的培训，劳动力流动成本低，流动频繁；市场导向的财政系统所致短期投资的盛行以及高风险倾向，资本在不同产业间的流动速度大，企业间竞争激烈。经济系统对高风险、高潜在回报的 R&D 项目的投资盛行，企业追寻突破式产品创新时就更容易成功。因此，当制度互补性较高时，企业面临与自己互补的制度，更容易塑造创新能力。

战略性新兴产业可以根据自身所需的创新能力，以及自身制度与东道国制度环境的互补性、融合度选择有利于其维持、提升创新力的东道国进入。例如，进入协调型经济市场国家，跨国企业需关注行业间的联盟合作等以及银行主导的财政系统。如果企业是以"内部控制"为特点的公司治理结构，对员工进行专业性技能培训则有利于其建立、提升渐进式创新力。如果进入自由型经济市场国家，跨国企业需着重考虑行业内的激烈竞争与证券市场主导的财政系统。当企业是以"外部控制"为特点的公司治理结构，对员工进行一般性技能的培训则有利于其建立、提升突破式创新力。

三是从比较制度优势理论的视角，我们可以利用制度多样性为战略性新兴产业塑造创新能力提供制度优势。与制度理论中将"国家间制度差异"视为跨国企业所面临的限制因素的"制度距离"视角不同，比较制度优势理论认为"制度多样性"，使得跨国企业得以建立比较优势的制度前提。该理论将一国的制度看作是本国企业具有的特定资源，并使得该国企业倾向于开发最能有效利用其比较制度优势的市场。制度是系统的、相互依赖的结构，而非单独存在的。企业在以上所提及的制度领域间进行协调的方式是相互影响的。从而会在不同的制度领域间建立互补的战略。进而不同领域制度间的内部凝聚力就建立了非随机的制度类型或模式，并且在企业层面建立特殊的、具有地方特色的战略。不同国家或产业内部的不同制度领域间通过相互作用、影响，形成了制度互补性，也就是制度间的相互增强，从而对特定企业的经济行为产生有利影响，尤其是在产品创新领域。具体而言，比较制度优势产生的原因在于各个制度领域间的相互协调，一方制度的运行效率影响着其他制度领域的运行，即形成制度互补性。目前，比较制度优势理论所涉及的制度领域包含国家和企业两个层面，国家层面指的是一国企业的经营行为所处的制度环境，包括财政系统、公司间关系、劳资关系和社会福利状态；企业层面指的是一国内大多数企业的制度特点，包括公司治理、技能培育、工作组织以及创新体制等。国家（地区／产业）在以上制度领域的特点越趋于一致，则制度间的互补性越高，从而更有利于形成国家（产业）所特有的比较制度优势，对企业绩效起到促进作用。

四是开拓战略性新兴产业国际市场，追求市场盈利稳定化。由于全球价值链加快重组升级与全球新的产业技术革命可能给我国带来双重挑战，为了适应危机后的新形势，全球价值链进入新的大调整大重塑周期。同时，全球还在酝酿新的产业技术革命，发达国家推进"再工业化"和制造业回流，将推动全球价值链的进一步调整与升级。这既是机遇，也将给我国带来挑战，加快经济转型和产业升级势在必行。我国新一轮对外开放必须适应全球价值链大调整和新的产业技术革命的新形势，实行全方位参与全球价值链与实现地位攀升并重，以开放促发展、促改革、促创新，实现对外开放新跨越、创造对外开放新优势、收获对外开放新红利，在参与全球价值链的国际竞争中赢得优势与主动。要做到发展培育国内市场支持战略，培育企业成长环境，保证市场供应端健康稳定，为国外市场开拓提供生力军。由于新创科技企业在培育和发展战略性新兴产业的长成，保证市场供应端健康中具有不可替代的作用，众多新兴高科技企业的长成，是战略性新兴产业能够得到发展的重要力量。为该部分企业的成长创建适合的环境，是保障市场健康发展的基础。我们还应该培育各类新市场，保证需求端持续增长，为国外市场的开拓提供保障。战略性新兴产业发展的初期，消费者市场基础设施配套不完善，是需求较少的重要原因之一。例如，消费者不愿购买电动汽车的一大理由是电池充电站的缺失。拉动市场需求，必须完善市场基础设施配套建设。另外，产品较新，缺乏消费者认同也是需求不多的原因之一。解决这一问题，可通过相关政策及舆论导向，采用政府部门先使用的方法，创建示范项目，发挥应用示范作用，让消费者了解、接受和使用产品。由于这些产品技术含量较高，因此价格也相对昂贵。可以通过完善自主创新产品的消费补贴政策，带动消费者购买这些新产品的积极性，引导市场消费方向，拉动内需。最后，要竭力为获得社会支持，树立良好品牌形象，为国际市场开拓而降低阻力。社会支持是衡量企业国际市场开发绩效的重要指标。社会支持的获得除了受到产品本身和企业形象的影响之外，来源国形象也是其中一个重要的影响因素。来源国形象的形成与该国的历史、经济发展水平、文化及政治形态密切相关。政府可以通过加强与东道国政治、文化和经济上的合作交流，增强两国人民间的理解，改善东道国对来源国形象的看法。

五是促进产业间互动，实现新老产业协同化。战略性新兴产业集群化是实现七大新兴产业在国内市场上协同发展的重要途径，是由产业间高关联性、高风险性、资源相对稀缺性等特点所决定的，能有效降低产业内外的无效竞争，发挥资源的最大效率。集群化并非产业间和产业内企业简单的聚拢，而是需要关注战略性新兴产业共同拥有的特征和共同需要的资源，并据此建立相应的纽带，将群体内各产业和企业相互联系起来，实现资源在集群内部的优化配置。建立集群内部相互关联的纽带是实现战略性新兴产业集群化战略的重点。战略性新兴产业属于知识技术密集型产业，对知识的需求是产业间最大的共通之处。建立知识流通平台，解决知识汇集和知识分享的难题，打通知识到实践应用之间的关键环节，是推动战略性新兴产业集群化的知识纽带。以价值链为依据，实现产业间的合理布局，是推动战略性新兴产业集群化的资源纽带。

除此之外，由于与战略性新兴产业相比，传统产业处于成长阶段的中后期，已经在国际化道路上行进了很长一段时间，积攒了大量的国际化经验，拥有丰富的国际化资源，因而在实施国际化发展中产业协同战略时，实现对传统产业国际化优势资源和市场的转移与共享，是战略实施措施的关键。根据传统产业与新兴产业的特点，可以通过两种路径：一是鼓励与新兴产业关联性强的传统产业尽快实现产业升级，将其国际化优势资源运用于支持本企业新兴产业链的发展，实现国际优势资源企业内转移；二是建立对应的淘汰机制，对夕阳产业进行淘汰，将传统产业的国际优势资源分离出来，并完善相对应的并购机制，鼓励新兴产业对这部分国际优势资源进行内化，实现国际优势资源的企业间转移。因此，如何实现国际化进程中新兴产业和传统产业的协同发展，是实现战略性新兴产业国际化中产业协同战略的重点。

  总之，战略性新兴产业代表新一轮科技革命和产业变革的方向，是培育发展新动能、获取未来竞争新优势的关键领域。当今世界新技术、新产业迅猛发展，孕育着新一轮产业革命，新兴产业正在成为引领未来经济社会发展的重要力量，世界主要国家纷纷调整发展战略，大力培育新兴产业，抢占未来经济科技竞争的制高点。因此，我们要调整好姿态，站在战略和全局的高度，科学判断未来需求变化和技术发展趋势，大力培育发展战略性新兴产业，加快形成支撑经济社会可持续发展的支柱性和先导性产业，优化升级产业结构，提高发展质量和效益。并且按照科学发展观的要求，加快转变经济发展方式，推进中国特色新型工业化进程，推动节能减排，积极应对日趋激烈的国际竞争和气候变化等全球性挑战，促进经济长期平稳较快发展。

第七章

基于产业协同的国际化发展战略

战略性新兴产业的特点决定了其国际化发展,一定会涉及多个国家或地区的不同经济社会活动主体之间的相互协作。推进我国战略性新兴产业的国际化发展,必须要考虑不同活动主体之间的协同作用。一是战略性新兴产业边界仍存在模糊状况。战略性新兴产业正处于产业发展的初期阶段,许多有关产业发展和产业国际化发展的问题,并非可以由某个企业或某些企业所解决。"新兴"是战略性新兴产业最重要的特点之一,其产业的边界尚未得到有效和清晰的界定。对于具体战略性新兴产业而言,在产业发展的初期,就要考虑许多涉及各类经济和社会活动者的问题,如该产业中的重要资源和能力有哪些,这些资源和能力在全球的分部状况,应当将哪些重要活动者纳入到产业价值创造的体系中,是否必须涉及全球不同区域的重要活动者,各个活动者应当在产业中从事何种活动,承担何种角色,如何处理该产业与国内外其他相关产业的关系等。二是战略性新兴产业目标要体现战略性。尽管目前我国的一些战略性新兴产业,已经开始从事国际化发展的活动,并取得了一些成效。但部分战略性新兴产业中的企业仍十分缺乏国际化运营的机会、知识与经验。要使这些产业最终成为引领我国乃至全球经济和社会发展的"战略性"产业,依靠个别企业是不可能完成的。战略性新兴产业要想实现其国际化发展的目标,就必须要依靠战略性新兴产业的不同活动主体之间的共同协作,通过产业内和产业间的相互协同促进战略性新兴产业的健康发展。

鉴于此,本章节采用更为系统的、考虑到各经济实体之间相互联系影响的视角,展开我国战略性新兴产业的国际化发展研究,并以商业生态系统理论和社会网络理论为基础，通过探讨战略性新兴产业内、产业间的不同经济社会活动主体的相互联系影响，促进我国战略性新兴产业的国际化发展。

本章节区分了战略性新兴产业国际化发展中的两种类型产业协同，一种是探索式产业协同，另一种是利用式产业协同。探索式产业协同主要考察战略性新兴产业的各类经济活动主体之间如何通过相互影响和演进，共同创造出整体的产业国际化协同优势。利用式产业协同研究主要考察如何有效利用国内和国际已有的良好机会，来推进我国战略性新兴产业的国际化发展。本章节后续会对这两部分进行详细的阐述。

表7-1对这两种类型的产业协同在理论基础、协同的逻辑、协同的层次、协同的主体、协同的国际化导向、协同效果方面进行了比较。本章节将对基于商业生态系构建的探索式产业协同和基于全球社会网络扩散的产业协同进行全面阐述。

表7-1　　　　　　探索式协同和利用式协同的对比

项目	探索式协同	利用式协同
理论基础	商业生态系统理论	社会网络理论
协同的逻辑	创建	利用
协同的层次	系统层面	个体层面
协同的主体	• 产业内协同 • 产业间协同	• 国际产业链成员间的协同
国际化导向	以内向国际化为主	以外向国际化为主
协同效果	• 塑造具有高度国际吸引力的商业生态环境 • 创建战略性新兴产业的系统性国际竞争优势	• 有效利用国际化的技术及市场机会

第一节　商业生态系统

一、商业生态系统理论

（一）商业生态系统理论概念及提出

1977年，汉南和弗里曼（Hannan and Freeman，1977）率先提出了组织生态和企业种群等概念，其从生态观的视角对以往的企业适应观进行了理论上的补充。企业生态观强调要将企业群落与其赖以生存和发展的外部市场环境结合起来，综合地对问题进行分析与研究。1993 年，詹姆斯·穆尔（James F. Moore，1993）在基于企业生态观的基础上，于《哈佛商业评论》首次正式提出了商业生态系统①概念，为企业运营战略的选择及发展提供了新的理念和思路。1996 年，《竞争之死》② 一书系统地阐述了商业生态系统理论，其将商业生态系统定义为"由相互支持的组织构成的延伸的系统，是消费者、供应商、主要生产者、其他的风险承担者、金融机构、贸易团体、工会、政府以及类似政府的组织等的集合，这些集群以特有的自发性、高度的自组织以及某种偶然的形式聚集到一起"。詹姆斯·穆尔提出的商业生态系统引起了研究者们的广泛关注，研究者都从不同的研究视角对商业生态系统的内涵进行了丰富。

从生态位③的角度出发，商业生态系统是由占据不同"生态位"且相互密切联系的企业组成，一旦其中的某个企业发生变化，其他利益相关者，包括合作者、竞争者和补充者均会发生变化（Roger Lewin，1992）。从互联网和电子商务的角度来看，商业生态系统是由在现实中存在关联关系的实体单位通过互联网上的网站构成的系统，是一些经济实体和其环境中的非生物因素的统一体（Power and Jerjian，2001）。从系统动态性的角度出发，应把生物生态系统、经济系统和复杂适应系统的特点都体现在商业生态系统概念中。商业生态系统是由具有一定关联的组织组成的动态结构系统，可能是企业、高校、研究机构、社会公共服务机构及其他各类与系统有关的组织（Mirva Peltoniemi，2004）。

在国内，商业生态系统理论也得到了研究者的高度关注。陆玲在 1996 年提出了企业生态学理论和"企业生态系统"的概念，其认为企业生态系统是"企业与其的生存环境构成的统一体"，而企业生态学就是"研究企业与其生存发展环境之间关系的科学"。从概念上来看，企业生态系统就是商业生态系统。有学者从仿生学的角度出发，提出了企业生态系统的概念，认为企业生态系统与自然生态系统类似，包括生物成分和非生物成分两部分。企业个体及群体、消费者、市场中介、供应商和投资者等可以被看作是企业生态系统的主要物种，构成了企业系统的生物成分；非生物成分则包括政治形势、经济环境、政策法令、科技发展水平、劳动力知识水平和自然资源等。此概念表明生态系统可以指某一企业或

---

① 商业生态系统，即 business ecosystem，简言之即以相互作用的组织和个体为基础的经济群落。
② 书名英文为 The Death of Competition：Leadership and Strategy in the Aage of Business Ecosystem。
③ 生态位是生态学中的一个概念，指的是在生态系统和群落中，一个物种与其他物种相关联的特定时间位置、空间位置和功能地位。

某一行业、产业（韩福荣、徐艳梅，2002）。从系统角度来看，结合自然、经济和社会环境的概念，商业生态系统可以视为在一定时期和空间内由企业、消费者、市场与其所在的自然环境、经济环境和社会环境组成的整体系统（杨忠直，2003）。

不同研究者从不同研究视角，对商业生态系统概念进行了定义。如果能整合上述不同视角的概念，将更完整地反映商业生态系统的特征。通过对国内外相关商业生态系统概念进行梳理整合，本书认为，商业生态系统是一个由具有一定经济利益关联的组织组成的动态结构系统。组织包括：客户群、供应商群、产业领导者群、投资商、金融商、贸易合作伙伴、标准制定者、高校及科研机构、社会公共服务机构、政府以及其他利益共同体单位。不同的组织在生态系统中占据着不同的"生态位"，并且各个组织的生态位相互关联，一旦其中的一个发生变化，其他利益相关者均会发生变化。

（二）商业生态系统的构成结构

1. 詹姆斯·穆尔的观点

詹姆斯·穆尔基于对商业生态系统的理解，提出了如图 7-1 所示的商业生态系统结构图。詹姆斯·穆尔将商业生态系统分为 3 个层次，分别是：核心商业生态系统、扩展商业生态系统和完整的商业生态系统。其中，核心商业生态系统仅包括直接供应商、核心产品生产企业、最终产品生产企业、销售渠道、直接顾客等元素；而扩展商业生态系统则包括核心商业生态系统，以及供应商的供应商，顾客的顾客；完整的企业商业生态系统包括扩展商业生态系统，以及两类相关利益单位和宏观要素。其中一类相关利益单位包括：政府部门和制定规章的准政府组织；风险分担者，包括投资者、物主、贸易协会、制定标准的机构、工会、金融机构。另一类相关利益单位包括：分享产品、服务、组织安排的竞争机构，以及科研院所、其他同类或非同类生态系统中的企业。

2. 斯蒂芬的观点

斯蒂芬在《从松散系统到协作商业生态系统》[①] 一书中对商业生态系统的结构进行了阐述（Göthlich，2003），其提出的商业生态系统结构具体如图 7-2 所示。

[①] 书名英文为 From Loosely Coupled Systems to Collaborative Business Ecosystems。

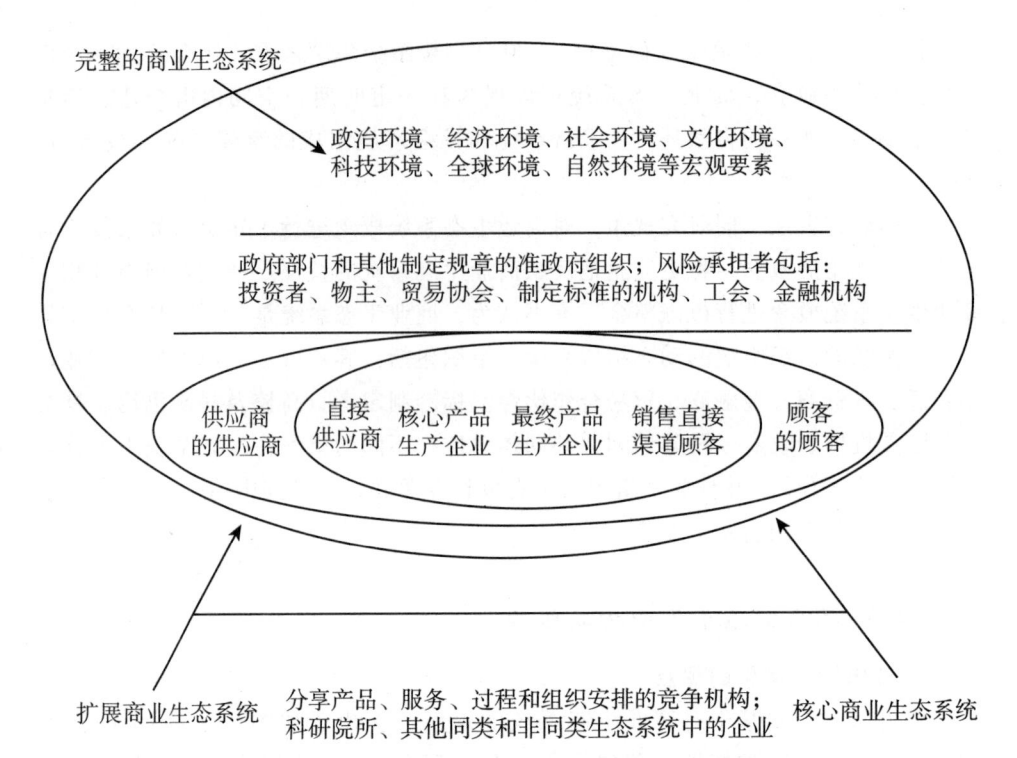

图 7-1 詹姆斯·穆尔的商业生态系统构成

3. 杨忠直的观点

国内学者提出的商业生态系统结构，最具代表性的是学者杨忠直在《企业生态学引论》中所论述的商业生态系统结构，其认为完整的商业生态系统包括：生产者单元集合、消费者单元集合、分解者单元集合和市场者单元集合四部分，具体如图 7-3 所示。

商业生态系统中的生产者是产品和服务生产的经济单元，其主要功能是将生产要素资源变换为产品，主要在于改变物质形态，提高物质对人类的有用性，创造物质的附加价值。根据企业投入要素和产出品的性质，可以将企业分为基础企业、中间企业和最终企业。其中，基础企业指的是以自然资源为主要物质类投入要素的企业，如冶金类企业、石油类企业、煤炭类企业、电力类企业和农林类企业等；中间企业指的是以企业产品为主要物质类投入要素的企业，如机电类企业、纺织类企业、重工业类企业等；最终企业是以可供人们消费的商品为产出品的企业，如服装企业、食品企业、家电企业、交通运输类企业等。

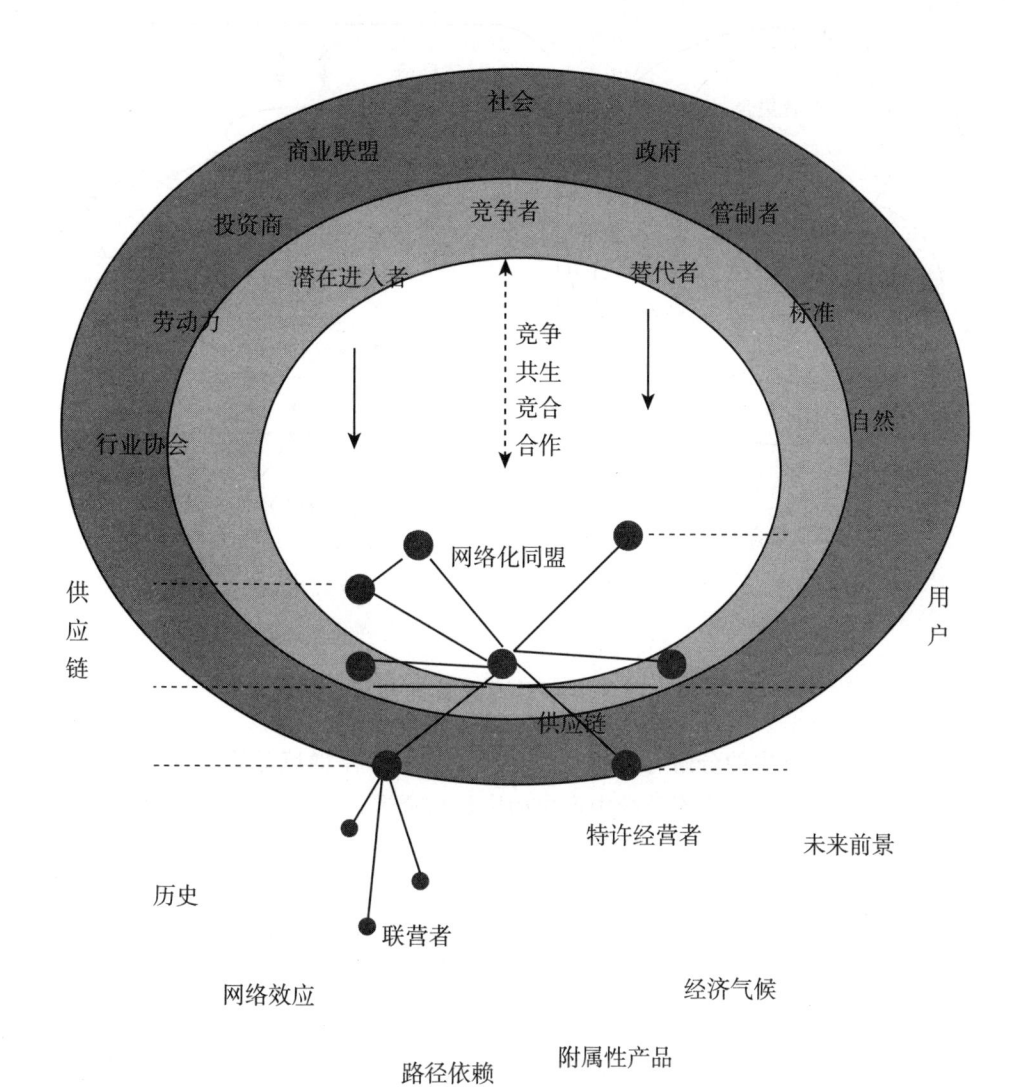

图 7-2 斯蒂芬的商业生态系统结构

商业生态系统中的消费者是产品和服务使用和消费的经济单元,其主要功能在于将企业的产品转变为劳动力、知识等生产要素和发展能力,进而改变物质和精神服务的形态,产生知识、技术和人类延续和进化的能力。消费者可以分为家庭（或个人）消费者和政府（或部门）消费者,其中家庭消费者使用产品或服务以延续生命并提供生产要素和知识创造的能力；政府消费者使用产品或服务提供组织、管理等服务。

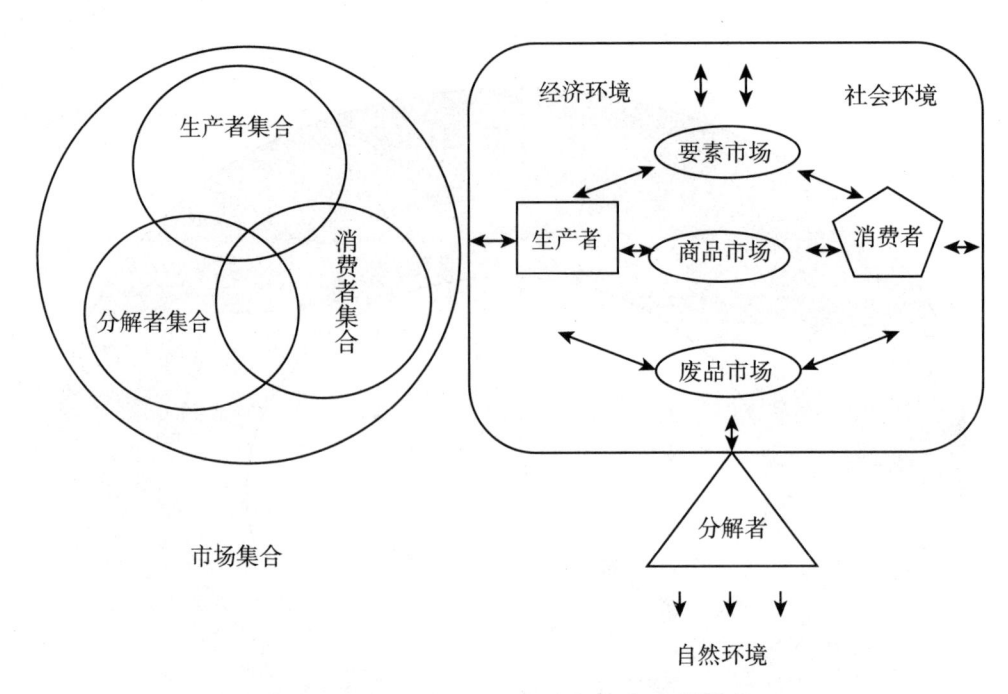

图7-3 商业生态系统元素集合及其结构

商业生态系统中的分解者是收理企业和消费者产生的废品物资的经济单元，其主要功能在于将商业生态系统中产生的废品物资进行回收和处理，进而实现维护人类生存环境的"绿色"，实现商业生态系统的平衡，促进人类的可持续健康发展。

在商业生态系统中，市场是企业与企业之间，企业与消费者之间，以及企业与分解者之间进行物质交换的场所，其主要功能在于将各个经济单元之间进行物资、能源、资本、劳动、知识、技术和信息等商品与生产要素之间的等价交换，其主要目的在于促进社会财富的优化配置，维持商业生态系统的价值平衡。

二、国内外商业生态系统结构比较

国内外学者都对商业生态系统的结构提出了不同的见解，通过对国内外不同学者提出的商业生态系统结构进行比较，可以更加直观地了解不同商业生态系统结构之间的异同，具体见表7-2。

表7-2　　　　　　关于商业生态系统结构不同观点的比较

比较点	詹姆斯·穆尔	斯蒂芬	杨忠直
对商业生态系统结构的观察角度	其对商业生态系统结构的观察角度来自于供应链和生态系统核心企业，其主要目的在于区别不同的商业生态系统，不同的企业商业生态系统的区别在于核心价值链	其对商业生态系统结构的观察角度来自价值链，包括供应链、资金链、信息链等	其主要是以生态学的角度，从自然生态系统隐喻出发，考察系统生产者、消费者、分解者；但其对商业生态系统观察的定位不是很清晰，虽然其对商业层面进行考察，但有关元素却涉及产业层面
对系统边界的认识	其认为商业生态系统存在三个层次的边界，但对边界的定义并不清晰	其认为商业生态系统存在三个层次的边界，核心系统边界比较清晰，其余边界模糊	其更关注商业生态系统内企业的类型，对系统的边界定义不明确
系统结构阐述对系统中企业间各种关系的表现力	突出表现了竞争、合作的关系	突出表现了各类竞争、合作的多种关系	表现了基于市场的企业上下游之间的关系
总体评价	其对商业生态系统的结构界定比较清晰，但对竞争者的影响考虑不够	其提出的商业生态系统结构中展现的内容非常多，但商业生态系统中多种关系在一个层面上展现，稍显杂乱	其提出的商业生态系统结构比较容易进行理解，但很难用以描述具体企业之间的关系（如外包、风险投资等）

从商业生态系统的结构和概念可以看出，商业生态系统借鉴了生态学和价值链的相关思想，是建立在企业生态位分离的基础之上的，如同自然生态系统一样，每个生物体各自占有一定的生态位——一个生物单位（包括个体、种群或物种生态位），当两个生物利用同一资源或共同占有其他环境变量时，就会出现生态位重叠的现象，由此，竞争便会出现，其最终结果是这两个生物不能占领相同的生态位。商业生态系统中的企业也一样，企业组织越相似，对资源的需求也就越相似，经营的产品和市场基础越相近，其之间生态位的重叠程度就越大，竞争也就会变得更加激烈。为了减少正面冲突，企业必须发展与其他企业不尽相同的生存能力和技巧，找到最能发挥自己作用的位置，找到属于企业自己的生态位，

实现企业生态位的分离（邢煜芝，2002）。此外，商业生态系统改变了传统企业之间单纯的竞争关系，更强调同一商业生态系统中企业与企业之间的合作关系，以及不同商业生态系统之间的竞争关系。由于每一个商业生态系统内部都包含着众多的小型商业生态系统，同时其又是更大商业生态系统中的一部分，并且商业生态系统中特定企业又同时可能存在于多个商业生态系统中。例如，飞利浦公司不仅和美国电话电报公司共同开展先进的光电技术，同时还与德国西门子公司合作设计统一的电话通信系统，与罗伯特、伯施公司在电子技术领域开展合作。因此，对于商业生态系统来说，其边界非常模糊，具有动态性，这也在客观上影响了学者对边界的界定。

三、商业生态系统的特点

（一）自适应性

商业生态系统是将商业系统与生态系统交叉而成的有机系统。自然适应性是生态系统的特性，自然生态系统必须适应自身所生存的环境的变化，不然就被淘汰，符合大自然的优胜劣汰法则。商业生态系统"遗传"了自然生态系统的自适应性"基因"，表现为系统内成员的自适应性，以及系统作为有机整体对环境的自适应性。从表象上看，商业生态系统的自适应性表现为商业生态系统的进化性特征。在商业生态系统内部，商业生态系统的各成员在共同的价值网下，为了共同的目标，主动适应系统内各成员间的互动关系，将急剧的竞争变为竞争合作、协同发展的多赢，为共同的目标创造价值。在商业生态系统外部，这种商业生态系统特有的竞合关系表现为在商品、服务和价格竞争等方面的长期稳固的竞争优势，为目标客户创造更多价值。同时，系统的外部表现会加强系统内成员对整个系统的依赖性，在竞争合作、自身发展的压力下，成员会更加主动地相互适应，从而使整个商业生态系统表现出更加突出的自适应性。

（二）进化性

商业生态系统的进化性是指在系统内外的互动作用下，系统整体逐渐由简单到复杂的进化特质。如果将商业生态系统看成是一个自然生态系统，自然生态系统是不断跟随环境变化而进化的，商业生态系统也与自然生态系统一样，不断改变演进。事实上，商业生态系统在共同的价值网络下，系统内成员间彼此竞争合作、协同进化是商业生态系统的本质特性，是由商业生态系统的自适应性决定的。在商业生态系统内部，商业生态系统的特性表现为在共同的价值网络下，为了共同的目标、各成员通过彼此竞争合作而协同进化；对于商业生态系统外部，由各成员组成的商业生态系统有机整体表现为对外部环境的适应性，即商业生态系统作为一个有机整体，随着内外环境的变化而进化。

（三）网络性

商业生态系统的网络性特征。商业生态系统中存在边界模糊、互相影响、互相依存、互相连接的网络。网络的边界模糊性具体表现在：（1）商业生态系统内的企业可以同时在多个不同的商业生态系统中生存，如某企业是商业生态系统 A 的核心企业，可同时在商业生态系统 B 中充当核心企业的竞争对手，可能又是商业生态系统 C 中的客户。企业可以同时在不同的系统中生存和成长。（2）多个小商业生态系统组成上一级的大商业生态系统，而这个大系统又可能是另一个更大系统的组成部分，所以是系统套系统的网络，网络边界是模糊的。

二是商业生态系统网络是一个有机整体的系统。（1）不可逆的整体结构是商业生态系统内成员所不具有的特质；（2）具有整体结构和功能的商业生态系统可整体与环境交换，也可整体参与系统内竞争合作等互动；（3）通过系统内物质、能量、信息的流通和相互作用，把商业生态系统整合成一个难以分割的有机整体系统。

三是商业生态系统的层次性。核心商业系统包含了四个层次的子系统，指供应、生产、销售和消费四个子系统。一个相对完整的商业生态系统又由三个层次组成，指核心商业生态系统、扩展商业生态系统和完整的商业生态系统，作为一个整体的商业生态系统又被更高层次的系统所含括。

（四）自组织性

"耗散结构论"创始人普利高津（Prigogine）和他的同事在建立"耗散结构"理论和概念时最早准确地提出和使用了"自组织"（self-organization）概念（普利高津著，湛敏译，1998），该概念形象地描述了那些自发出现并形成有序结构的过程。"协同学"的创始人哈肯（Haken）在 1983 年首次清晰地比较了"自组织"和"组织"概念在日常生活中的差别（哈肯著，郭治安译，1998）。比如有一群工人，如果每一个工人都是在工头发出的外部命令下按完全确定的方式行动，其被称为组织，如果没有外部命令，而是靠某种相互默契，工人们协同工作，各尽职责来生产产品，那么其就被称为自组织。

商业生态系统中的自组织是指企业之间自发建立各种经济关系，形成新的系统结构的行为。在经济活动中，为了抵抗其他生态系统的竞争，企业之间会自发建立起互利合作关系，缔结商务合作或企业联盟，这种关系的建立既不是由外部强加的，也不是由某一个企业安排的，因而称为自组织。通过自组织，商业生态系统中原有企业之间的关系被打破，新的关系被建立起来。从整体上来看，系统自组织的效果和效率决定了商业生态系统的发展方向，包括持续稳定发展、快速发展、重振、衰亡等情景。东莞的电话机生产企业的自组织可以很好说明以上情况。东莞是我国著名的电话机生产基地，有包括步步高在内的知名品牌话机，以及大量话机配件生产商。近年来，有个别手工作坊式的"黑话机"厂商看到电话机市场有利可图，通过在广东市场大量投放"黑话机"赚取利润，这些"黑话机"价格便宜，但质量很差，对电话机市场造成了较大冲击。为此，知名品牌话机在相互之间做好产品互补，提高行业自律的基础上，联合对"黑话机"进行抵制，要求电话机配件商不得销售配件给"黑话机"厂商，此举得到了除"黑话机"厂商外所有厂商的认可，东莞电话机行业得到了长远的发展。

（五）涌现性

涌现性指的是"整体大于部分之和"，其在商业生态系统中主要表现在以下几个方面：

一是商业生态系统中的共同进化是超越企业层面的最重要特性。许多年来，经济学界、管理学界一直认为企业应当追求自身经济利益最大化。在销售产品、购买原材料、服务外包、融资合作等环节，企业都有责任维护本企业的利益。但是，在商业生态系统中，这种绝对的竞争思路未必可取。为了商业生态系统的整体利益，有时候商业生态系统内的企业，必须要给对方留有足够的生存空间。商业生态系统的健康发展是与企业健康发展同样重要的目标，商业生态系统中的企业必须建立起合作关系并完成共同进化。

二是行业壁垒被打破，企业环境动态性加剧。商业生态系统的构建打破了传统行业的壁垒，企业更加关注自身商业生态系统的价值实现，而不是考虑行业系统的价值实现。由于商业生态系统中组织分工更加细化，企业进入、走出特定商业生态系统的可能性大大提高，企业所面临的环境动态性加剧。

三是商业生态系统之间的竞争较原来的企业之间的竞争有了质的飞跃。在未组成商业生态系统之前，由于企业环境变化较慢，企业之间的竞争是相对静态的。企业在向客户提供产品时涉及多个分离环节，许多环节无法被企业控制，企业竞争的立足点在于企业自身在竞争中获胜，竞争的重点在于产品或服务差异化。商业生态系统之间的竞争则与之恰恰相反，客户需求的不断发展变化要求商业生态系统不断调整竞争策略，形成了动态竞争，竞争的重点在于快速了解客户的需求变化并予以满足。

商业生态系统的概念是从生物生态系统的概念类比而来，它是建立在相互影响的组织者和个体的基础上所形成的经济共同体（或群落），是这些相互影响的组织所组成的一种扩展系统。在商业生态系统中，相互影响的组织者和个体，包括顾客、生产者、竞争者、供应商、金融机构、贸易协会、工会、政府和准政府机构以及其他利益群体等，相互关系复杂，利益交错。

商业生态系统的生命周期可以分为诞生、扩张、领导地位、自我延续或消亡四个阶段。在每个阶段，商业生态系统的任务和面临的挑战也各不相同（Moore，1993）。一个商业生态系统要想取得成功，有三个重要因素：一是生产力，是界定所有商业成功的最重要因素。二是稳健性，它是指生态系统的内部和外部发生震荡时的生存能力，这意味商业生态系统中的组织应当构建竞争优势并具有随环境发生改变的能力。三是商业生态系统应当具有为新公司创建生态位和机会的能力，强调商业生态系统中的互补与合作（Iansiti and Levien，2004）。

由于商业生态系统理论能够有效解释产业的诞生、发展、成熟到自我存续或死亡的整个过程，并提供了解释产业形成更好发展的生态机制和衡量商业生态系统成功与否的关键因素。因此，对于我国战略性新兴产业而言，采用商业生态系统理论可以为国际化发展提供一个更为综合的跨产业视角（Rong，Shi et al.，2013）。战略性新兴产业的新兴性所带来的系统复杂性，也使采用商业生态系统的角度考察国际化发展的问题更为适合。可以通过构建生产力高、稳健性强和生态位多样化的商业生态系统，来塑造和提高我国战略性新兴产业在国际上的竞争优势和地位。

第二节　基于商业生态系统构建的探索式产业协同

探索式协同研究的基本思路是在战略性新兴产业发展的初期阶段，通过产业内外的共同协同，以比国外同业竞争者更好、更快的速度完成良性战略性新兴产业相关的商业生态系统构建，从而能够在产业成长期前建立国际产业标准，吸引国际参与者加入所塑造的优良商业生态环境中，形成以本国战略性新兴产业为基础的系统化国际竞争优势，保证该产业未来在国际市场上的扩张能力。

一、战略性新兴产业国际化发展探索式协同的先决条件

具体战略性新兴产业是否适合开展探索式协同来推进国际化,它需要根据战略性新兴产业自身的特点及该产业在全球范围内的发展现状来决定。对于适合通过探索式协同来推进国际化的战略性新兴产业,有以下几个方面的共性。一是产业的技术发展特点。首先,该产业的技术基础与国际水平相当或具有较强的技术基础。其次,该战略性新兴产业在技术上尚处于研发阶段的初期,意味着在该行业中,尚未出现主导性技术或设计,也没有相关技术聚合的趋势。二是市场特点。对适用于开展探索式协同的战略性新兴产业,除了有较大的国际市场需求总量外,各市场之间的客户还相对独立,有较强异质性。独立性是指各个国际市场之间的客户在地域市场上的相对独立和集中;异质性是指一些国际市场在培育主导技术和主导设计上要比其他市场的重要性更高。三是重要资源依赖度。除了技术之外,战略性新兴产业发展所需要的潜在资源,如上下游企业和辅助机构的资源与能力的国际依赖度较低,可以相对独立地进行产业演化。四是进入壁垒。先期研发和开发阶段进入国际市场存在较大的壁垒,例如,由于准入政策、产业补助而形成的市场进入壁垒。在产业初期阶段,我国市场对于国外竞争者而言同样存在较大进入壁垒。

二、战略性新兴产业国际化发展的产业内协同

产业内协同研究的重点主要放在产业内的主要企业之间如何相互协同,共同塑造具有高度国际吸引力的商业生态环境。根据商业生态系统理论的相关观点,战略性新兴产业在国际化进程中产业内的企业塑造良好的商业生态环境的基本框架如图7-4所示。

一是战略性新兴产业在国际化过程中,应当由一个或少数几个具有实力的先行者企业作为该行业国际化的开拓者或开辟者,也称为商业生态系统中的基石企业。基石企业是整个商业生态系统中的领导者,是整个商业生态系统的搭建者和调控者,对整个战略性新兴产业的健康成长起着重大的影响作用。这些企业的主要任务是通过创建战略性新兴产业国际化的商业模式,来形成产业的主导性国际化发展方向,从而能够掌控整个商业生态系统的演化方向,最终实现仅靠先行者企业自身无法完成的企业发展目标。一个战略性新兴产业商业生态系统中的先行者企业必须是那种具备了商业生态系统内其他系统成员所不具备的,且对维持当前战略性新兴产业商业生态系统运行至关重要的核心优势,比如企业所拥有的专利、技术的创新能力、新价值发现能力和集体知识能力等。先行者所拥有的这些

核心优势能够持续不断地为当前商业生态系统创造价值，吸引战略性新兴产业的其他企业加入到当前的商业生态系统中，并能够与商业生态系统内的成员共同的创造和分享价值。先行者企业在初期通过发现新价值区域和价值重组，创造性地提出新的、独特的商业模式，开创出一片蓝海，其后通过信息共享、资源共享，吸引其他企业的加入，共同创造和满足顾客的需求，并确保整个系统内的所有成员能够实现共同发展，扩大系统最终产品和服务市场规模，从而为系统不断创造出价值。

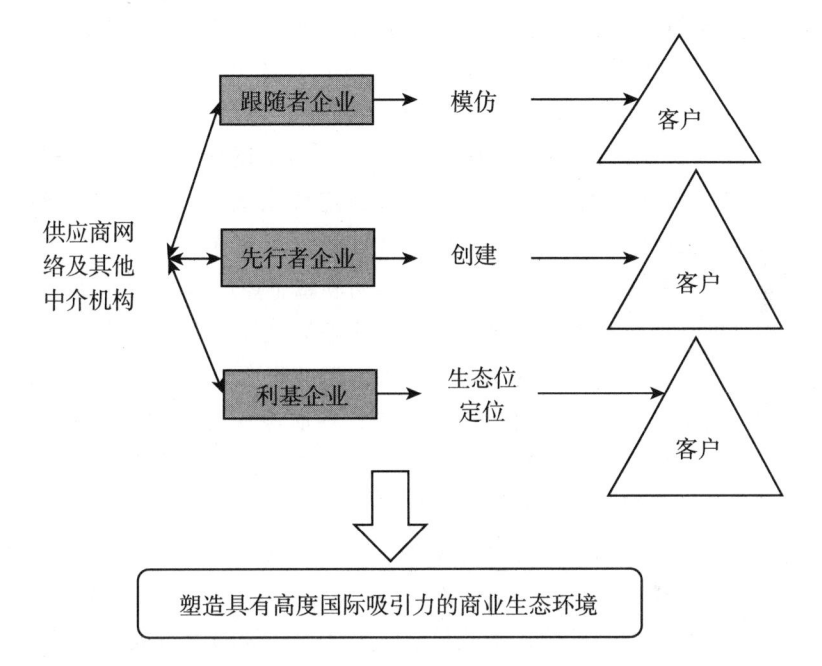

图 7-4 战略性新兴产业国际化发展的产业内协同

二是后续的一些跟随者企业可以通过模仿的机制，来学习和扩散先行者企业的商业模式。在商业生态系统中，重点不是强调对先行者的保护，而是在于通过增加在商业生态系统中的种群数量来使整个系统具有自我存续的能力。因此，为了塑造更有吸引力的国际化商业生态环境，协同的重点在于合作而非竞争，尤其是在商业生态系统形成的初期阶段，竞争的重要性由于整个商业生态系统仍处在扩张阶段而降低。虽然先行者企业能够为整个商业生态系统创造价值，但由于商业生态系统内先行者企业的数量十分有限，其不能够很好地将其所创造的价值在商业系统中进行传递和共享，因此一个健康的商业生态系统需要众多的跟随者企业来对先行者企业所创造的价值进行源源不断地分享和传递。虽然跟随者企业与先行者企业共同在一个商业生态系统中，其可能会面临着争夺共同资源的问题，但跟随者最重要的任务是将先行者创造的价值，在整个商业生态系统中进行传递和分享。跟随者更多的是通过与先行者企业建立合作关系，而非竞争关系，从而能够顺利地将价值进行传递和分享，且跟随者企业往往一开始是通过模仿先行者的产品、技术和商业模式等来为顾客提供相关服务和产品的，随着商业生态系统内跟随者数量的不断增加，其往往需要对当前所拥有的技术、商业模式等进行一定程度的创新。增加对当前资源的利用程度才能够在商业生态系统中进行生存，才能促进商业生态系统的生存和演化能力，从而使商业生态系统能够健康运行。

三是良好的商业生态系统中还应具有包含众多利基企业的能力。利基企业通过选择与先行者和跟随者不同的生态位，丰富整个商业生态系统的多样性。商业生态系统中的利基企业并没有能力决定整个系统的发展方向，其战略目标就是保护自己，利用生态系统提供的条件生存和壮大，且利基企业在商业生态系统中，还时时面临着被先行者企业和跟随者企业消灭的风险。因此，协同作用表现在企业之间应当如何选择定位来提高商业生态系统的包容性。利基企业在选择自己的生态位时，可以从以下三个方面进行考虑：

一是利基企业的生态位具有独特性。表明利基企业所从事的活动和发挥的功能与其他类型的企业（跟随者企业和先行者企业）的生态位没有交集。在商业生态系统中，有些活动只与特定的生态位有关，而有些活动却是任何一个生态位都可以从事的。例如，在苹果手机生态系统中，导航服务是地图软件的特有功能，语音聊天是即时通信软件的特有功能，但时钟、日程提醒却是任何一款软件都可以附加的功能，专门提供这类服务就不构成一个独特的生态位。

二是利基企业的生态位具有可持续性。居于其他生态位的利基者或系统外的潜在竞争者如果想模仿本生态位的活动需要付出高昂的学习成本。每一项服务都是以特定的能力结构为基础的，企业搭建这些能力结构的学习成本是不同的，一般情况下，如果能力结构中包含着某些默会知识，或者该能力结构的形成需要长时间的磨合，则该生态位具有不可模仿性或可持续性。

三是利基企业选择的生态位还必须具备较强的防御能力。在商业生态系统中，利基企业不仅要与其他的利基企业进行竞争，同时还面临着被先行者企业或跟随者企业消灭的危险，所以，其在进行生态位的选择时，必须要选择那些相对于先行者企业和跟随者企业有谈判力的位置。例如，英伟达公司依赖台积电所提供的制造平台生产和销售图形显示卡，是该商业生态系统中的利基者，但是英伟达同时还构建了图形软件的编程平台，从而也就拥有了相对于台积电的讨价还价能力（杜国柱，2008；杜玉申、卜丹丹，2014）。

三、战略性新兴产业国际化发展的产业间协同

战略性新兴产业国际化发展的产业间协同，将主要考察战略性新兴产业与互

补产业之间如何发挥最大的协同作用，以扩大产业的边界，提高产业的创新可能性。通过创造出更为健康的生态环境，形成我国战略性新兴产业的系统性国际竞争优势。

根据商业生态系统的相关观点，战略性新兴产业国际化的发展并不仅取决于自身的发展，即在自身系统中企业之间的竞争与合作，也取决于相关产业的发展。由于随着社会化分工的不断深入和技术及市场的不断发展，单独依靠自身力量已难以满足顾客不断多变的需求。在一定程度上，某个产业能够提供给顾客的利益，受制于与该产业相关联的互补产业的发展水平。由于单个组织无法拥有整个系统所需的所有特殊知识和管理资源，因此战略性新兴产业在国际化进程中必须与互补产业同步发展，才能在国际化的竞争环境下获得好的绩效。

这种战略性新兴产业国际化发展的产业间协同机制的描述如图7-5所示。其中，战略性新兴产业的发展会对互补产业的发展提供生态环境支持，而互补产业的发展也会塑造和影响战略性新兴产业的商业生态系统，从而影响战略性新兴产业的创新速度和创新路径。因此，战略性新兴产业与互补产业存在于同一个商业生态系统中，其二者之间相互影响、相互依赖、相互促进，共同演化。

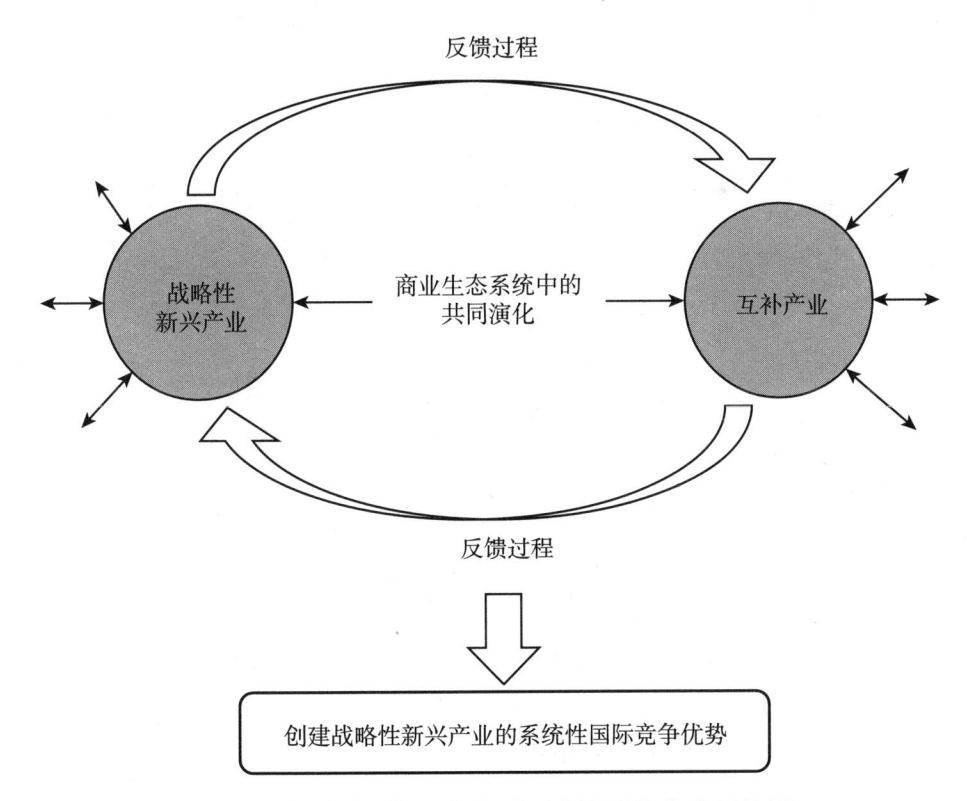

图7-5 战略性新兴产业国际化发展的产业间协同

战略性新兴产业的独有特点，决定了其产业发展仅仅依靠自身是不能够顺利完成的，其发展前期通常需要输入大量先进的技术、高素质的人才、密集的资本等，需要得到商业生态系统中其他相关产业的支持。能够为战略性新兴产业的发展提供支持的产业被称为互补产业，互补产业为战略性新兴产业提供了大量的资本、具有高科技人才、先进的技术以及其他一些能够为战略性新兴产业发展提供支持的要素，比如传统企业由于已经经历了较长一段时期的发展，积累了一定的资本，能够为战略性新兴产业提供资金支持；高校及科研机构能够为战略性新兴产业的发展输入大量优秀的高端人才，以及研发所需相关的高新技术等。

战略性新兴产业与互补产业的协同机制主要表现在以下三个方面，如图 7-6 所示（熊勇清、李世才，2010）。

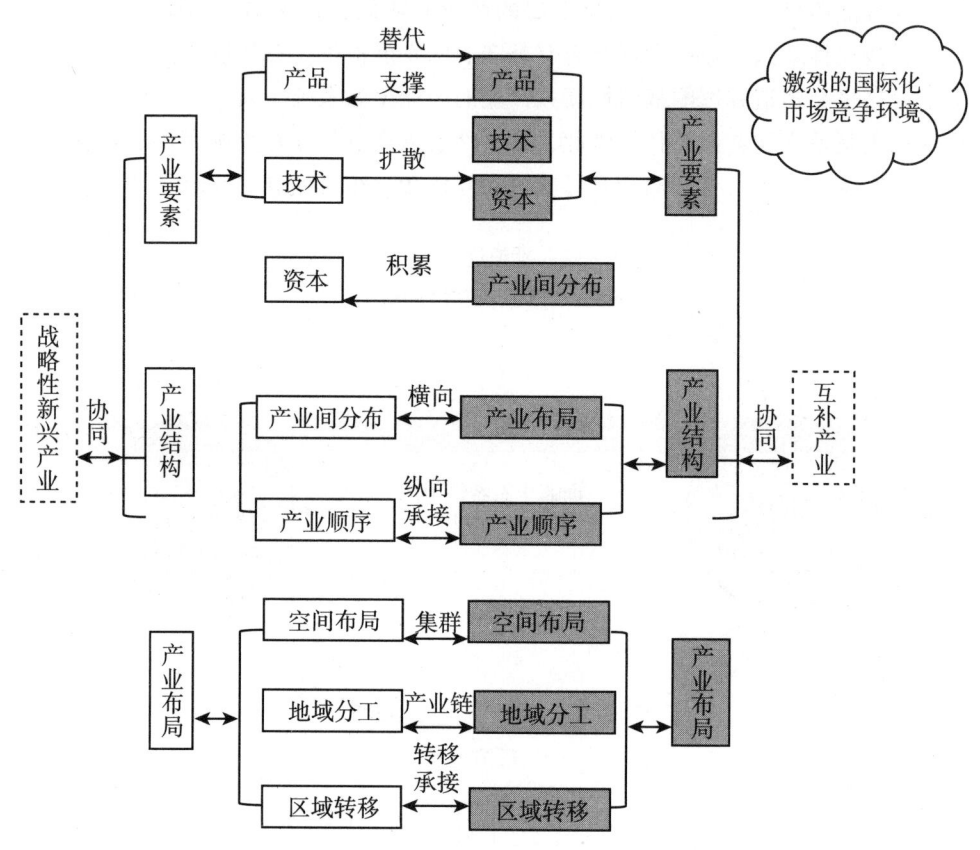

图 7-6 战略性新兴产业与互补产业协同发展机制

（一）产品、技术和资本等方面的协同

产品上的协同表现为战略性新兴产业的产品最终能够全面替代互补产业的产

品。而互补产业的产品在战略性新兴产业发展初期，对其具有支撑作用；技术上的协同主要表现为战略性新兴产业的高新技术最终能够向互补产业进行扩散和渗透，从而能够让互补产业也可以应用高新技术来进行相应的生产，最终实现整个产业的共同演化；在发展初期，战略性新兴产业需要大量的人力、物力、财力的投入。由于战略性新兴产业产生的时间较短，没有雄厚的资本支持，而互补产业相对起步早，通常已经积累了相当多的资本，形成了严密的金融体系和发达的资本市场，因此战略性新兴产业的发展需要互补产业为其提供大量的人力、物力、财力等资本的投入和支持，进而能够推动战略性新兴产业后续的顺利发展。

（二）空间布局的协同、地域分工的协同和区域转移的协同

（1）空间布局的协同。战略性新兴产业在形成初期，主要依赖于先进的技术、稀缺的资源等因素，所以战略性新兴产业的形成往往会在技术、人才、资源等因素十分集中的特定地区中出现，而人才的聚集、资源的集中，往往又是互补产业发展的结果，因此战略性新兴产业要与互补产业在空间布局上实现协同。（2）地域分工的协同。由于不同的资源禀赋和区域优势会带来产业地域发展的分化，比如长三角经济圈、珠三角经济圈、东北老工业基地等的形成，都是不同产业间地域分工发展的结果；战略性新兴产业与互补产业在地域的产业分工上，也会体现出相关产业集群化的协同特点。（3）区域转移的协同。战略性新兴产业由于需要持续不断地投入新技术、新资本、高端人才，通常会聚集在相对发达的地区，而互补产业由于通常对高新技术、高端人才没有很高的需求，通常追求的是低成本，因此互补产业作为劳动密集型的产业，比如纺织、服装、玩具、消费电子等产业，通常会从劳动力成本比较高的发达地区向劳动力成本较低的相对落后地区进行转移。这样，战略性新兴产业与互补产业在区域转移过程中就形成了彼此承接的协同关系。

（三）产业间的横向分布和产业间的纵向承接两方面的协同

产业间的横向分布指的是在国民经济中各个产业之间的比例关系，战略性新兴产业与互补产业在产业横向结构上的协同主要表现为战略性新兴产业在整个国民经济发展中的比重逐渐上升，而互补产业由于调整改造的比重在进一步加大，其衰退产业的比重逐渐下降，最终达到战略性新兴产业与互补产业在国民经济发展中的比重达到一个相对的平衡，实现商业生态系统的健康演化。产业间纵向承接的协同指的是在产业发展的时间顺序上，互补产业与战略性新兴产业要实现前后承接的协同关系。在战略性新兴产业未出现之前，互补产业已经率先在很长一段时间内得到了发展，虽然可能存在能源过度消耗、污染环境等一系列问题，但

其对一个国家的经济发展做出了巨大贡献,而且互补产业在发展过程中积累了很多的资本、人才、技术,其是战略性新兴产业顺利进行的基础和保障,而战略性新兴产业是一个国家产业发展的未来,其在一定程度上可以说是互补产业的继承和优化。因此,战略性新兴产业与互补产业要在横向分布和纵向承接上实现协同。

第三节 基于全球社会网络扩散的产业协同

一、社会网络理论

(一) 社会网络概念的提出

社会网络的研究为实证研究提供了新视角,成为近年来的多个学术领域关注的热点。巴尔内斯(1954)最早提出了社会网络的概念,其认为社会网络是表征个体间真实存在的各种非正式关系的集合。在此基础上,米切尔(1969)认为社会网络代表某一部落中个体间存在各种特定的关系,包括各种正式与非正式的关系(Mitchell, 1969),即人与人之间直接的社会关系以及通过物质环境和文化共享而联结成的间接的社会关系。而雅各布斯(1961)则将这种"邻里关系网络"作为社会资本进行城市社区的研究。社会网络是指因组织间或个体间存在的各种联系而形成的网络(Jane, 1961),既包括亲戚关系、同事关系、朋友关系等各种非正式关系,同时也包括市场上的各种契约关系,这些关系的集合就构成了一种社会网络。社会网络由节点和连接各节点间的关系所组成,网络节点既可以代表某个单个个体,也可表示某个组织,而网络节点间存在的各种关系为其从社会网络中获各种信息、技术与知识等资源提供了渠道。社会网络通过各种关系增加各行为主体的人力资本(Coleman, 1988)。从社会网络角度来看,考察各主体的经济行为必须考虑到该社会网络的结构特性,因为嵌入到网络中的经济行为往往会受到其结构特征的影响。

(二) 社会网络理论的基本内容

1. 弱连接优势理论

弱连接理论是由美国社会学家马克·格兰诺维特(Mark Granovetter)于

1974 年提出的（Granovetter，1995）。格兰诺维特指出，在传统社会，每个人接触最频繁的是自己的亲人、同学、朋友、同事，会产生一种十分稳定、熟悉的且传播范围有限的社会认知，被称为"强连接"（strong ties）现象。同时，还存在另外一类相对于前一种社会关系更为广泛的，却联系较浅的社会认知，被称为"弱连接"（weak ties）现象。研究认为，与一个人的工作和事业关系最密切的社会关系，并不一定是"强连接"，而常常是"弱连接"。"弱连接"虽然不如"强连接"那样坚固，却有着极快的、可能具有低成本和高效能的传播效率。

格兰诺维特认为在探究一些网络现象时，弱连接常比强连接重要（Granovetter，1973）。其原因主要有两点，一是弱连接多的人，其社会网的范围会很大，因而收集到的信息会很多。20 世纪 60 年代有一系列的"小小世界"的研究，发现强连接多的人往往会陷在小圈圈中，信息东传西传都是很小范围的信息，而且常常是重复的信息，弱连接却会连出一张大网络，所以弱连接较多的人能够将信息传递得较远；而这样的信息利益是经由"进入的快捷方式"（access），"时机"（timing）以及"介绍"（referrals）三种形式出现的（Burt，1992）。参与者彼此之间的信息并不是完全对称的，"进入的快捷方式"使个体能够知道有价值的信息，并知道有谁可以使用它；"时机"则是由网络所吸收的一种重要的信息形态，除了确定你会被告知的某项信息外，私人的接触可以使你成为及早知道的人之一；而"介绍"是获取未来机会的正面力量。信息的利益就是为什么拥有弱连接的人较能建立情报网，建立客户关系及寻找商业伙伴的优势所在。二是人际关系指向有价值的资源时则机会多，跨越两个团体间的关系往往非常重要。格兰诺维特指出两个团体间的"桥"（bridge）必然是弱连接，同类人因为兴趣、性格相同而物以类聚，相同群体内的成员会因为内部社会网较密也较易互有连带，但不同群体间却很难建立关系，其间的沟通就有赖于两团体中各有一名成员相互认识，而形成唯一的一条通道，这条唯一通道就被称为"桥"。桥在信息扩散上极有价值，因为它是两个团体间信息通畅的关键，而它必然是弱连接，否则当这对好朋友呼朋唤友让两团体成员也发展出其他的连带时，这条信息通道就不再是唯一的，也没有"桥"的价值了。只有善于建弱连接的人才有机会成为"桥"，因此在不同的群体间伏下人脉，这种跨越群体的关系往往是通向有价值资源的关键。

2. 强连接优势理论

格兰诺维特（Granovetter，1973）首次提出"强联系"（Strong ties）的概念。关于强弱连接的界定，其设计了四个指标，分别是互动时间、情感强度、亲密程度以及互惠行动的内涵，但格兰诺维特在 1973 年并未明确指出用来判别强弱连接的标准。在测量方面，格兰诺维特用了互动的次数来测量连接的强度。后续研究者又开发了诸多测量方法,有的研究是将强连接视为一种互惠性或回报性的互动行为,弱连接则是非互惠性或非回报性的互动行为,而无连接则代表着无互动关系存在(Friedkin,1980),连接强弱的界定事实上是一种程度的区分。

在网络关系中,强联系具有重要的作用,尤其在组织间关系支撑的商业行为中,例如处于不安全位置的组织或个人,可以借助发展强联系而取得联系方的保护,以降低所处环境的不确定性;同样,古拉蒂(1995)也认为强联系更具优势,是因为行为主体双方交往次数增加时,会产生亲密,进而有利于导致双方的相互信任,容易产生更有力的相互支持;类似地,克拉克哈特(1998)认为当一个组织具有跨组织界线的长期友谊(强联系)时,这种友谊将帮助组织应对环境的变化和各种不确定性的冲击,因此强联系有利于组织处理遇到的一些危机;另外,一些复杂知识的流动或转移往往体现出"邻近效应"和"粘滞效应"等,指信息和知识传递效率的提高,特别体现在必须通过面对面、频繁的交流才能共享上(Saxenian,1991)。格兰诺维特(1973)总结到,强联系的优势在于能够促进信任与合作,进而有利于组织或个人获取更多精炼的、高质量的信息和缄默知识(Granovetter,1973)。

比安(1997)在回顾了中国资料所进行的研究后明确指出,有强连带关系的研究亦可扮演不可被忽略的重要角色(Bian,1997)。在中国,"人情"比信息更重要,弱连接提供人们取得自身所属的社会圈之外的信息管道,但是强连接对人们的行动提供了信任的基础,借由信任关系,人们才愿意提供"人情"的帮助。社会交换理论指出,社会交换不同于经济交换,不可能一手交钱,一手交货,欠下的人情往往要很长的时间后找到适当的时机才能偿还。在此期间,有可能发生过河拆桥、忘恩负义的行为,少了信任,人们不可能从事"人情"交换的(Blau,1964)。例如,处于不安全位置的组织或个人,可以借助发展强联系而取得联系方的保护,以降低所处环境的不确定性,并且有可能借由强连接的发展,获得组织中较高的熟悉感和升迁的机会。

3. 社会资本

社会资本的概念是法国学者布尔迪厄于20世纪70年代首先提出来的,其代表著作 *Distinction* 于1984年被译成英文。1988年,科尔曼在美国第一次明确使用了社会资本这一概念,并对其进行了深入的论述(Coleman,1988)。组织或个体有三种资本:财务资本、人力资本和社会资本。财务与人力资本是组织或个体自身的资产,社会资本则代表了与其他组织或个体的关系,是寓于人际关系之中的,反映了一个组织或个人的社会联系。社会资本是个体或团体通过与外界的联系所增加的资源总和。不论是实体的还是虚拟的,通过拥有一个持久的网络,这种网络包含有或多或少的相互熟悉或认可的制度化关系。在研究资源获取与管理的过程中，社会资本是一个非常重要的概念与分析单位。如果与外界的联系越多，则社会资本就越多，表明获取资源的渠道就有可能越多。

社会资本是一个用来强化个体或企业之间行为规范（标准）的手段，它可以产生两方面的作用。

一是社会资本可以充当一种资源。当一个组织具有一定的社会资本，意味着它就具有与外界的某种联系，从而在这种联系之上可以形成某种网络，促进组织之间的合作，并可以通过这种网络联结获取资源。

二是社会资本又可以代表着一种对各方合作的规制要求。当具有一定社会资本以形成网络的组织通过网络方式获取收益与资源时，它会强化对这种网络的依赖，同时由于认识到已有网络的价值，它会倾向于按已有网络的特征与规范，去继续搜寻符合这种特征与规范的新的合作者，以增加组织的社会资本。可见，从社会资本角度出发，强化对已有网络的依赖反映了一种组织惯例和成长的路径依赖：一个网络或组织成长的基础依存于其成长之初的特征，因此，对不同合作者的选择与搜寻对网络或组织未来成长有重要影响；如果原有网络结构与模式被新增加的关系强化了，则原有网络会按照一定的既有模式运行下去，说明了出于维持已有社会资本的目的，一个网络在扩展与演进时，趋向于复制其已存在了的关系模式，因此，沿着这条思路，企业依赖于不断地复制其已有的网络结构与特征而获取资源，并在这个过程中获得成长。

社会资本代表了一个组织或个体的社会关系，在一个网络中，一个组织或个体的社会资本数量决定了其在网络结构中的位置。网络中的关系并不是均匀分布的，有的地带稀疏，有的地带稠密，企业成长中要获取更多的资源，一个重要思路就是从稀疏地带向稠密地带移动。而从一个网络整体来看，关系稠密的网络之内的组织更容易获取资源，更容易成长起来，更具有竞争优势。

因此，可以看出网络是通过不断积累社会资本而形成并扩展的，对于企业而言，它在形成并增加社会资本的过程中构建特定结构的网络，设置网络中的资源获取模式，并靠对网络的不断复制而成长与演进（姚小涛、席酉民，2003）。

4. 结构洞

在对社会网络的理论做了更加深入的研究后，伯特于1992年提出了"结构洞理论"，认为不论是人际中、组织内或是整个市场的网络结构中，并非所有行为者都相互联系在一起，即使联系在一起也未必具有组织效率性。所以行为者会利用这样不完整的结构，也就是不同群体之间联系的间隔点，从成员间彼此的交互关系和交易过程中取得较佳的获利地位。这种所谓的"不完整"结构，伯特（Burt，1992）称之为"结构洞"。结构洞显示的是任意发生直接连接的个体之间的一种关系，它是凝聚网络的力量，使网络保持结构上的同等性。结构洞就像电路中的绝缘体一样，在网络中的各连接主体之间起到缓冲作用。"强连接"网络缺乏结构洞，"弱连接"具有较多的结构洞。中小企业集群内部的网络如果存在较多的结构洞，网络结构就更适合创新的发生。密度过高会导致整个网络主体趋同，减少差异性的存在。驱同会使主体间的交流缺乏动力，整个集群气氛不利于创新的发生。

（三）社会网络理论作为获取国际化竞争优势的理论基础

社会网络理论常被用于描述和研究群体关系和群体影响。社会网络是由某些个体间的社会关系构成的相对稳定的系统，它由不同类型的行动者（actors）和联结（ties）所组成。其中，行动者既可以是个体，也可以是企业等组织形式（Emirbayer and Goodwin, 1994）。

社会网络理论的一个中心研究主题是知识或有用信息通过人际纽带和个体的社会接触进行扩散（Weimann, 1989）。通过考察不同类型的社会联结，社会网络理论揭示出了信息和知识在网络中扩散的一般性规律。如社会网络中的弱联结是获得新信息和多样化来源信息的手段，而强联结所获得的信息更为可信，从而对复杂知识、默示知识的传播更有效（Borgatti and Cross, 2003）。

利用社会网络理论，现有研究识别出了社会网络有助于国际化发展的诸多好处，包括帮助企业寻求新机会（Ellis and Pecotich, 2001）、建立国外市场的知名度、获得进入国外市场的途径（Ellis, 2000）、提供国际商务实践的默示知识（Haahti, Madupu et al., 2005）、帮助加深国际视野和管理开放性（Yeoh, 2004）、进而大大加速企业的国际化进程（任胜钢、林哲，2006）。

对于战略性新兴产业而言，社会网络的建立对这些产业中的企业尤为重要。因此，借助于社会网络理论的相关知识，本研究可以建立起企业与社会网络成员之间的各种联结，从而形成国际化发展过程中的协同效应。

二、基于全球社会网络扩散的产业协同

战略性新兴产业国际化发展的第二种协同方式在于战略性新兴产业如何利用既有的网络关系。对于战略性新兴产业来说，其在国际化过程中会非常依赖于其所拥有的网络关系及个人联系（Musteen, Francis et al., 2010），通过知识和信息的扩散，来实现在全球范围内的技术创新和获取机会、市场进入和开发机会以及价值链提升机会。

根据产业链中的成员及其相互关系，我们构建了如图7-7所示的战略性新兴产业社会网络关系示意图。在该图中，我们主要考察了4类产业链成员（供应

商、生产者、中间机构、客户）在国内市场和国际市场中的社会网络关系。图中的连结线表明了各产业链成员之间可能存在的联结。对这些联结的数量及性质的分析有利于企业去识别相应的国际化协同伙伴和研究相应的协同机制。

图例：

☐ 供应商网络　　■ 企业网络　　△ 中间机构网络　　〇 顾客网络

● 产业链成员　　▨ 国内市场　　▨ 国际市场

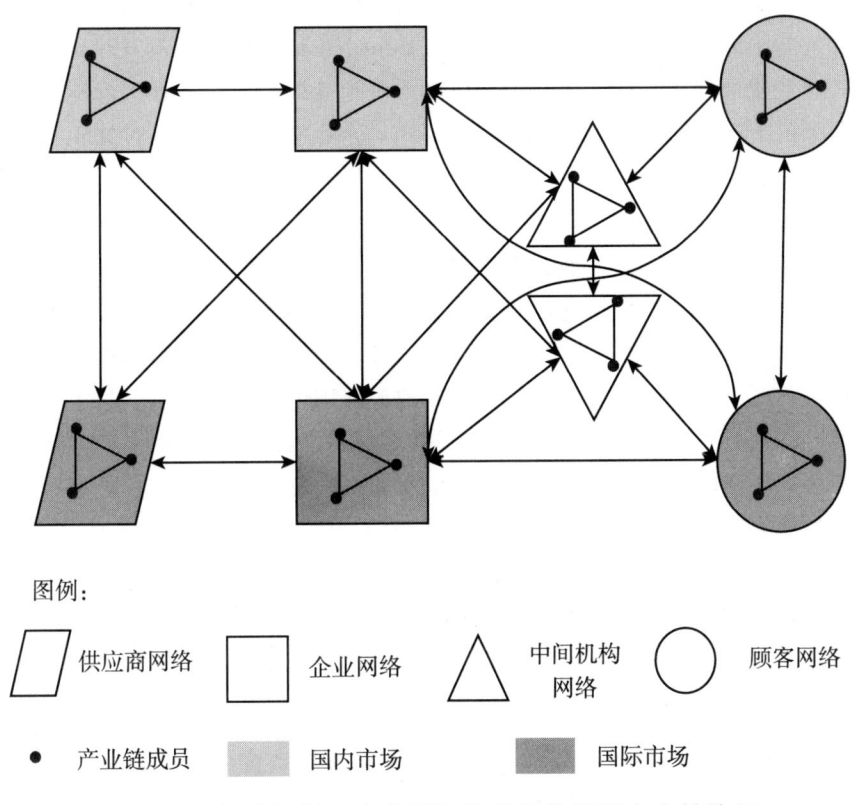

图 7-7　战略性新兴产业国际化发展的国际产业链协同

本部分论述的内容主要包括三个方面，分别是基于社会网络联系的企业——竞争者国际化协同研究、基于社会网络联系的企业——供应商国际化协同研究以及基于社会网络联系的企业——中间机构国际化协同研究。

（一）基于社会网络联系的企业——竞争者国际化协同研究

由于我国的战略性新兴产业起步较晚，其与国际上其他国家的战略性新兴产业相比还有较大的差距，其在国际化的过程中还需要不断地学习国外战略性新兴产业的相关成功经验，才能够以最快的速度在国际化进程中取得最好的国际化效果。为了实现此目标，我国的战略性新兴产业一方面需要与国际化先驱企业建立强联系，另一方面，又要与国际化中的其他成功企业建立弱联系，通过强联系与弱联系的结合，从而更快的为我国战略性新兴产业的国际化提供必要的知识和经验，进而指导我国战略性新兴产业的国际化发展进程。

战略性新兴产业进入国际化所需要的市场知识包括三个方面，分别是：商务知识（指的是关于市场客户、竞争者以及分销渠道等知识）、制度知识（指的是商业法律、文化规范、管制标准和相关语言技能等）和国际化知识（主要指的是发展和实施国际化战略能力的知识）（Eriksson，Johanson et al.，1997）。与国际化先驱企业建立强联系，一方面，可以高质量地获取先驱企业在国际化发展过程中所积累的上述三种类型的知识，因为这些对企业非常重要的隐性知识和信息通常只能通过长期的接触才有可能获得，特别是当不同国家之间的心理距离比较远的时候；另一方面，这种强联系还可以带来客户资源以及市场渠道的深入拓展，可以为战略性新兴产业的发展提供必需的某些关键性资源，从而能够提高战略性新兴产业进行国际化发展的速度与深度。此外，与国际化中的其他成功企业建立弱联系，比如积极参加各行业举办的展会以及与客户不断地进行沟通反馈等，能够在很大程度上帮助企业去了解当前行业的最新国内外发展动态、技术发展趋势等显性知识和信息，且通过这种弱连接能够帮助我国的战略性新兴产业更全面地了解和获取广泛的新的市场机会、市场信息和客户资源，从而更快更好地推动我国战略性新兴产业的国际化进程（黎常，2012）。

（二）基于社会网络联系的企业——供应商国际化协同研究

在社会网络结构中，伯特采用网络的"结构"维度视角提出了"结构洞"理论，并将"结构洞"解释为网络中关系稠密地带之间的网络位置，即关系网络的中心位置，并认为网络结构中占据了"结构洞"位置的节点能够带来两种优势：一是信息优势，行动者拥有的网络结构洞的数量越多，其可获得的信息数量也就越多，行动者利用信息优势也就可以创造出更多的获利机会；二是控制优势，通过主动利用信息优势使得行动者成为第三者，利用第三者的身份采取第三方得益策略（郭毅、朱熹，2002；邬爱其，2005）。这表明如果某个企业在国际社会关系网络中占据了结构洞的位置，其可以为企业带来的竞争优势不单单是来自于资源上的优势，更多的还有来源于网络结构中心位置带来的信息优势和控制优势。因此，我国的战略性新兴产业在社会网络结构中要去主动占领"结构洞"的位置，以能够最大限度地对其上下游供应商进行全面的控制，将上下游供应商所拥有的资源紧紧地控制住，这样能够从供应商那里获得一些关键性的稀缺资源，而这种关键性的稀缺资源通常能够为企业带来一定的竞争优势。此外，通过将上下游供应商牢牢地进行控制，能够让企业更快、更好地将其所在供应链上的所有资源进行整合，及时调整企业的发展方向，也能够让企业与国际上的大企业进行抗衡。

（三）基于社会网络联系的企业——中间机构国际化协同研究

在社会网络结构中，构建强联系能够帮助企业获取到最为关键和最为重要的一些稀缺资源。在战略性新兴产业国际化发展的产业链中，中间机构（如金融、科研等合作机构）往往能够为战略性新兴产业企业提供国际化发展所必需的资金、技术支持。战略性新兴产业在国际化发展过程中，如果能够得到具有跨时代意义的颠覆性创新技术，其便能够在技术上领先于国际上的某些先驱企业，也能够吸引相当多的国内外企业参与到颠覆性创新技术的开发利用当中，其在国际化的发展过程中也就具有更大的优势和更多的话语权，而颠覆性创新技术通常来源于国内外高质量的科研机构，企业只有通过与某些高质量的国内外科研机构建立强连接，进而获取这些机构的信任和认可，才有可能得到这些科研机构研发出的颠覆性创新技术的使用权。此外，相关技术的创新往往需要事先投入大量的资金且需要面临较大的失败风险，因此，战略性新兴产业还需要与金融机构建立强联系，以确保金融机构能够为战略性新兴产业的发展提供源源不断的资金支持。且具有较多资金支持的战略性新兴产业在国际化的进程中，也有更强的能力面对国外企业的威胁。所以，基于社会网络联系的战略性新兴产业要通过与中间机构（如金融、科研等合作机构）建立好的强联系关系，来让中间机构更好地为战略性新兴产业的国际化发展保驾护航。

第八章

湖北省新一代信息技术产业发展路径

湖北省位于中国中部，地理位置承东启西、接南纳北、通江达海，具有得天独厚的战略地位。湖北下辖12个省辖市、1个自治州、38个市辖区、24个县级市（其中3个直管市）、38个县、2个自治县、1个林区。全省面积18.59万平方千米，全省常住人口近6 000万人。湖北是中国中部最大的综合交通通信枢纽。省会武汉素有"九省通衢"之称，是全国重要的交通、通信枢纽。北京至广州同轴电缆、南京至重庆光纤电缆在武汉交汇，形成了湖北辐射全国的现代通信网络。京九、京广、武广高铁、焦枝、枝柳铁路纵贯南北，武大、汉宜、汉丹、襄渝等铁路横穿东西。京珠、沪蓉和宜黄、黄黄、武十等高速公路纵横交错，连接武汉、黄石、鄂州、荆州、宜昌、襄阳、十堰等大中城市。境内的武汉天河国际机场为我国中部地区最大的空港，已开通美、法、日、韩等国际航班，宜昌、襄阳、恩施、荆州、神农架等地也开通了连接全国各地的空中通道。长江自西向东流贯省内26个县市，流程1 061千米，占干流通航里程的1/3。内河港口163个，其中，500万~1 000万吨港口两个（中国中部投资贸易博览会，2017）。

湖北是中国近代工业的发祥地，是我国重要的老工业基地之一。是中国三大钢铁基地之一，中国最大的中、厚、薄板和特种钢生产基地，中国第二大汽车生产基地和最大的中型货车生产基地，中国最大的重型机床和包装机械生产基地，中国最大的水电基地，中国最大的联碱、农药和磷、盐化工及纤膏生产基地，也是中国国家光电子信息产业基地，国家中药现代化产业基地和中国重要的纺织基地之一。已建立起具有一定特色的产业体系，形成了以汽车、钢铁、光电子信息为优势产业的格局。

湖北科研实力雄厚,全省现有各类科研开发机构1 341个,其中：国家实验室1个,国家重点实验室14个,国家工程(技术)研究中心15个,国家企业技术中心14个,国家高新技术创业服务中心11个,各类专业技术人员113万人。2016年,共登记重大科技成果2 022项。其中,基础理论成果17项,应用技术成果1 974项,软科学成果31项。全年共签订技术合同24 248份,技术合同成交金额927.73亿元,合同金额比上年增长11.7%。湖北科技与研发能力在全国名列前茅,全省拥有各类科学研究和开发机构1 700多个,在光电子信息、新型材料、生物工程与新医药、航天、激光、数控技术及计算机软件开发等高新技术领域的科研水平和生产能力在全国具有一定优势。

近年来,在省委、省政府的正确领导下,湖北省经济发展迅速,具体指标见表8-1。在整体经济下行压力较大的情况下,经济运行总体平稳,新经济加快发展,经济结构不断优化(湖北省统计局,2017)。2016年,全省完成生产总值32 297.91亿元,增长8.1%。其中：第一产业完成增加值3 499.3亿元,增长3.9%；第二产业完成增加值14 375.13亿元,增长7.8%；第三产业完成增加值14 423.48亿元,增长9.5%。高新技术产业实现增加值5 574.54亿元,增长13.9%,比上年增加3个百分点。三次产业结构由2015年的11.2∶45.7∶43.1调整为10.8∶44.5∶44.7(湖北省统计局,2017)。

表8-1　　　　　近五年湖北省经济社会发展指标

经济社会指标		2012年	2013年	2014年	2015年	2016年
人口（万人）		5 779	5 799	5 816	5 851.50	5 885
GDP（亿元）		22 250.45	24 791.83	27 379.22	29 550.19	32 297.91
城镇化率（%）		53.5	54.51	55.67	56.85	58.1
城镇居民人均可支配收入（元）		20 839.59	22 906	24 852	27 051	29 386
农民人均纯收入（元）		7 851.71	8 867	10 849	11 844	12 725
经济增速（%）		11.3	10.1	9.7	8.9	8.1
产业结构	第一产业	12.8	12.2	11.6	11.2	10.8
	第二产业	50.3	47.6	46.9	45.7	44.5
	第三产业	36.9	40.2	41.3	43.1	44.7
工业增加值（亿元）		9 735.15	10 139.24	10 992.79	11 532.37	12 255.46
工业增速（%）		13.4	11.2	10.0	8.5	7.8
固定资产投资（亿元）		16 044.87	20 177.45	24 303.05	28 250.48	29 503.88

续表

经济社会指标		2012 年	2013 年	2014 年	2015 年	2016 年
固定资产投资增速（%）		27.6	25.8	20.4	16.2	13.1
外贸进出口总额（亿美元）		319.59	363.9	430.64	443.6	376.8
外贸进出口增速（%）		-4.8	13.8	18.4	7.3	-8.3
财政总收入（亿元）		3 115.63	3 565.10	4 095.80	4 705.28	4 974
财政总收入增速（%）		18.0	15.4	14.8	14.9	5.7
重大科技成果（项）		2 022	1 933	1 778	1 621	1 567
研发经费	支出（亿元）	620	565	510	450	378
	支出增速（%）	10	10	15	17	17
	GDP 占比（%）	1.92	1.91	1.86	1.8	1.7

资料来源：作者根据湖北省国民经济和社会发展统计公报整理。

第一节　湖北省新一代信息技术产业发展介绍

一、新一代信息技术产业介绍

2010 年 10 月，国务院发布《国务院关于加快培育和发展战略性新兴产业的决定》，列出了七大国家战略性新兴产业体系。"新一代信息技术产业"是其中之一，主要是指"加快建设宽带、泛在、融合、安全的信息网络基础设施，推动新一代移动通信、下一代互联网核心设备和智能终端的研发及产业化，加快推进三网融合，促进物联网、云计算的研发和示范应用。着力发展集成电路、新型显示、高端软件、高端服务器等核心基础产业。提升软件服务、网络增值服务等信息服务能力，加快重要基础设施智能化改造。大力发展数字虚拟等技术，促进文化创意产业发展"。国务院 2012 年、2016 年印发的"十二五""十三五"国家战略性新兴产业发展规划，都明确指出新一代信息技术产业为战略性新兴产业，并要求加大财税金融等扶持政策力度，提出了相应的具体发展方向。新一代信息技术主要分为六个方面，分别是下一代通信网络、物联网、三网融合、新型平板显示、高性能集成电路和以云计算为代表的高端软件。同时，新一代信息技术并不仅是指信息领域的集成电路、计算机、无线通信等技术的纵向升级，更主要的是指信息技术的整体平台和产业的代际变迁（李国杰，2015）。"十三五"国家战略性新兴产业发展规划明确指出，到 2020 年，力争在新一代信息技术产业薄弱环节实现系统性突破，总产值规模超过 12 万亿元。

信息技术发展到今天，从信息技术平台的发展阶段来看可以简单分为四个时期（李国杰，2015）。第一个时期是 20 世纪 80 年代以前，大型主机、哑终端成为信息技术平台的起源。第二个时期是从 20 世纪 80 年代中期到 21 世纪初，个人计算机、通过互联网连接的分布服务器成为主流。第三个时期是近 10 年来，以移动互联网、社交网络、云计算、大数据为特征的信息技术架构。第四个时期是目前已发端的新一代信息技术，其体现在两个方面，一方面网络互联的移动化和泛在化、信息处理的集中化和大数据化、信息服务的智能化和个性化。另一方面是信息技术与制造、金融等其他行业相融合，标志着"互联网+"时代的到来。

推动信息技术产业跨越发展，拓展网络经济新空间是我国战略性新兴产业发展的重要内容之一。在 2015 年的《中国制造 2025》中，也对新一代信息技术的发展及融合给出了具体意见。认为新一代信息技术与制造业深度融合，正在引发影响深远的产业变革，形成新的生产方式、产业形态、商业模式和经济增长点。我国新一代信息技术产业与制造业的融合重点主要在以下产业，三维（3D）打印、移动互联网、云计算、大数据、生物工程、新能源、新材料等领域；基于信息物理系统的智能装备、智能工厂等智能制造；网络众包、协同设计、大规模个性化定制、精准供应链管理、全生命周期管理、电子商务等重塑产业价值链体系；可穿戴智能产品、智能家电、智能汽车等智能终端产品不断拓展制造业新领域（国务院，2015）。路线图确定了集成电路及专用设备、信息通信设备、操作系统与工业软件、智能制造核心信息设备四大细分行业，作为我国新一代信息基础产业的发展重点。其中，集成电路及专用设备包含集成电路设计、集成电路制造、集成电路封装、封装设备及材料 4 个重点；信息通信设备包含无线移动通信、新一代网络、高性能计算机与服务器 3 个重点；操作系统与工业软件包含工业操作系统及应用软件、工业大数据平台、智慧工业云与制造业核心软件、重点领域工业应用软件 4 个重点；智能制造核心信息设备包含智能制造基础通信设备、新型工业传感器、智能制造控制系统、制造物联设备、仪器仪表和检测设备、制造信息安全保障产品 6 个重点（侯云龙，2015）。

实施网络强国战略，加快建设"数字中国"，推动物联网、云计算和人工智能等技术向各行业全面融合渗透，构建万物互联、融合创新、智能协同、安全可控的新一代信息技术产业体系（国务院，2017）。从"十三五"国家战略性新兴产业发展规划来看，新一代信息技术产业主要集中在以下五个方面，并高度关注信息技术产业与其他产业的融合发展,以及信息技术推动的商业模式、金融服务等方面的创新[①]。

(一)构建宽带中国

主要是指构建网络强国基础设施,大力推进"宽带中国"战略,构建高速、移动、安全、泛在的新一代信息基础设施。在高速光纤网络建设方面,开展智能网络新技术规模应用试点,推动国家骨干网向高速传送、灵活调度、智能适配方向升级。实现向全光网络跨越,加快推进城镇地区光网覆盖,提供每秒1 000兆比特(1 000Mbps)以上的接入服务,大中城市家庭用户实现带宽100Mbps以上的灵活选择;多方协同推动提升农村光纤宽带覆盖率,98%以上的行政村实现光纤通达,有条件的地区提供100Mbps以上接入服务,半数以上农村家庭用户实现带宽50Mbps以上灵活选择。加快构建新一代无线宽带网,加速第四代移动通信(4G)网络建设,实现城镇及人口密集行政村深度覆盖和广域连续覆盖。大力推进第五代移动通信(5G)联合研发、试验和预商用试点。优化国家频谱资源配置,提高频谱利用效率,保障频率资源供给。合理规划利用卫星频率和轨道资源,加快空间互联网部署,研制新型通信卫星和应用终端,探索建设天地一体化信息网络,研究平流层通信等高空覆盖新方式。推动三网融合基础设施发展,推进互联网协议第六版(IPv6)演进升级和应用,推动骨干企业新增网络地址不再使用私有地址。推动有线无线卫星广播电视网智能协同覆盖,建设天地一体、互联互通、宽带交互、智能协同、可管可控的广播电视融合传输覆盖网。加速全国有线电视网络基础设施建设和双向化、智能化升级改造,推进全国有线电视网络整合和互联互通。推动下一代地面数字广播电视传输技术研发及产业化,加强地面无线广播电视与互联网的融合创新,创建移动、交互、便捷的地面无线广播电视新业态。

在应用基础设施方面,充分利用现有设施,统筹规划大型、超大型数据中心在全国适宜地区布局,有序推进绿色数据中心建设。推动基于现有各类通信网络实现物联网集约部署。持续强化应急通信能力建设。

(二)推进"互联网+"生态

深化制造业与互联网融合发展,推动"中国制造+互联网"取得实质性突破,发展面向制造业的信息技术服务,构筑核心工业软硬件、工业云、智能服务

[①] 相关内容参考《湖北省"十三五"产业创新能力发展和建设规划》《湖北省科技创新"十三五"规划》《湖北软件和信息技术服务业"十三五"发展规划》等政策文件内容。

平台等制造新基础，大力推广智能制造、网络化协同、个性化定制、服务化延伸等新业态、新模式。加快发展工业互联网，构建工业互联网体系架构，开展工业互联网创新应用示范。推进移动互联网、云计算、物联网等技术与农业、能源、金融、商务、物流快递等深度融合，支持面向网络协同的行业应用软件研发与系统集成，推动制造业向生产服务型转变、生产性服务业向价值链高端延伸。

拓展生活及公共服务领域的"互联网＋"应用，促进医疗、教育、社保、就业、交通、旅游等服务智慧化。拓展新型智慧城市应用，推动基于互联网的公共服务模式创新，推进基于云计算的信息服务公共平台建设，增强公共产品供给能力。促进"互联网＋"新业态创新，鼓励运用信息网络技术推动生产、管理和营销模式变革，重塑产业链、供应链、价值链，加快形成新的生产和流通交换模式。以体制机制创新推动分享经济发展，建立适应分享经济发展的监管方式，促进交通、旅游、养老、人力资源、日用品消费等领域共享平台企业规范发展，营造分享经济文化氛围。

（三）实施国家大数据战略

全面推进重点领域大数据高效采集、有效整合、公开共享和应用拓展，完善监督管理制度，强化安全保障，推动相关产业创新发展。发展大数据新应用新业态，加快推进政府大数据应用，建立国家宏观调控和社会治理数据体系，提高政府治理能力。发展大数据在工业、农业农村、创业创新、促进就业等领域的应用，促进数据服务业创新，推动数据探矿、数据化学、数据材料、数据制药等新业态、新模式发展。加强海量数据存储、数据清洗、数据分析挖掘、数据可视化等关键技术研发，形成一批具有国际竞争力的大数据处理、分析和可视化软硬件产品，培育大数据相关产业，完善产业链，促进相关产业集聚发展。推进大数据综合试验区建设。建立大数据安全管理制度，制定大数据安全管理办法和有关标准规范，建立数据跨境流动安全保障机制。加强数据安全、隐私保护等关键技术攻关，形成安全可靠的大数据技术体系。建立完善网络安全审查制度。采用安全可信产品和服务，提升基础设施关键设备安全可靠水平。建立关键信息基础设施保护制度，研究重要信息系统和基础设施网络安全整体解决方案。

（四）强化信息技术核心产业

顺应网络化、智能化、融合化等发展趋势，着力培育建立应用牵引、开放兼容的核心技术自主生态体系，全面梳理和加快推动信息技术关键领域新技术研发与产业化，推动电子信息产业转型升级取得突破性进展。提升关键芯片设计水平，发展面向新应用的芯片。加快16/14纳米工艺产业化和存储器生产线建设，提升封装测试业技术水平和产业集中度，加紧布局后摩尔定律时代芯片相关领域。实现主动矩阵有机发光二极管、超高清（4K/8K）量子点液晶显示、柔性显示等技术国产化突破及规模应用。推动智能传感器、电力电子、印刷电子、半导体照明、惯性导航等领域关键技术研发和产业化，提升新型片式元件、光通信器件、专用电子材料供给保障能力。

基础软件和高端信息技术服务，面向重点行业需求建立安全可靠的基础软件产品体系，支持开源社区发展，加强云计算、物联网、工业互联网、智能硬件等领域操作系统的研发和应用，加快发展面向大数据应用的数据库系统和面向行业应用需求的中间件，支持发展面向网络协同优化的办公软件等通用软件。加强信息技术核心软硬件系统服务能力建设，推动国内企业在系统集成各环节向高端发展，规范服务交付，保证服务质量，鼓励探索前沿技术驱动的服务新业态，推动骨干企业在新兴领域加快行业解决方案研发和推广应用，发展基于新一代信息技术的高端软件外包业务。加强绿色计算、可信计算、数据和网络安全等信息技术产品的研发与产业化，推动高性能安全服务器、存储设备和工控产品、新型智能手机、下一代网络设备和数据中心成套装备、先进智能电视和智能家居系统、信息安全产品的创新与应用，发展面向金融、交通、医疗等行业应用的专业终端、设备和融合创新系统。

（五）发展人工智能

培育人工智能产业生态，促进人工智能在经济社会重点领域推广应用，打造国际领先的技术体系。推动类脑研究等基础理论和技术研究，加快基于人工智能的计算机视听觉、生物特征识别、新型人机交互、智能决策控制等应用技术研发和产业化，支持人工智能领域的基础软硬件开发。加快视频、地图及行业应用数据等人工智能海量训练资源库和基础资源服务公共平台建设，建设支撑大规模深度学习的新型计算集群。鼓励领先企业或机构提供人工智能研发工具以及检验评测、创业咨询、人才培养等创业创新服务。在制造、教育、环境保护、交通、商业、健康医疗、网络安全、社会治理等重要领域开展试点示范，推动人工智能规模化应用。发展多元化、个性化、定制化智能硬件和智能化系统，重点推进智能家居、智能汽车、智慧农业、智能安防、智慧健康、智能机器人、智能可穿戴设备等研发和产业化发展。鼓励各行业加强与人工智能融合，逐步实现智能化升级。利用人工智能创新城市管理，建设新型智慧城市。推动专业服务机器人和家用服务机器人应用，培育新型高端服务产业。

二、湖北省新一代信息技术产业发展情况

近年来，湖北省依托良好的信息技术产业基础，大力产业规模快速壮大，产业结构不断优化。"十二五"期间，全省软件业务收入从168.5亿元增长到1 015亿元，增加值从74亿元增长到423亿元，年均增速分别为43.2%、41.7%，分别高于全国年均增速16个百分点、14个百分点，产业规模居中部第一位。占电子信息产业比重从2010年的11%上升到2015年的24%。移动互联、云计算、大数据等新兴业态蓬勃发展，业务收入超过126亿元，年均增速77.7%，成为产业发展的新亮点。

园区建设步伐加快，产业生态逐步形成。以软件名城创建为契机，武汉软件新城、光谷软件园、金融港、翰璟软件园等一批新建或扩建园区建成投产，与此同时，宜昌、襄阳等地新建了一批园区。园区专业化服务能力显著提升，面向全省功能较全的省级公共技术服务平台投入使用，产业联盟、大数据交易等第三方中介服务组织不断涌现。产业集聚效应凸显，产业链条不断延伸，产业生态体系逐步形成。

企业实力明显增强，发展基础更加稳固。"十二五"期间，我省培育和引进企业成效显著，骨干企业不断壮大。截至2015年底，软件企业数量达2 512家，比2010年增加近1 700家。其中超过亿元企业148家，超过5亿元企业20家，超过10亿元企业3家，超过50亿元企业1家。上市企业69家。骨干企业继续保持较快增长态势，软件业务收入前50家企业合计收入占全行业比重从20%提升到35%。一批创新型互联网企业发展迅速，翻番增长。

创新能力持续提高，产业特色不断涌现。研发投入占销售收入比重从10%上升至15%；研发队伍占从业人员比重由41.3%上升至45.5%。2015年软件著作权登记达9 507件、软件专利2 550件，分别是2010年的3倍、4倍。创新发展促进特色产业成长壮大，以北斗为代表的地球空间信息产业相关产品及服务占国内市场占有率50%以上份额；数据库、金融卡片等信息安全产品成为国内同类产品单项冠军；工程工业设计外包能力位居全国前列。

尽管湖北省软件和信息技术服务业的发展保持快速增长态势，但是与沿海发达省份相比差距较大，总体规模偏小，服务能力亟待提升，发展依然面临一些迫切需要解决的突出问题。一是骨干企业缺乏，湖北省全国百强企业仅有2家，国家规划布局软件企业仅有4家。二是市场开拓能力亟待提升，企业高端领军人才缺乏，技术与市场缺乏有效对接，科研成果转化难，产业化速度慢。三是企业融资困难，软件企业固定资产比重小，难于通过资产抵押获取贷款，且软件专业性

投融资机构在湖北省尚属空白。四是新业态新模式培育有待加强，互联网应用型信息服务业发展滞后。

三、新一代信息技术产业发展形势

（一）创新发展推动新变革

产业创新进入新一轮加速期，加快向网络化、平台化、服务化、生态化演进，开源开放成为技术创新的主流方向。云计算、大数据、移动互联、物联网等新一代信息技术融合创新发展，促进新技术、新产品、新模式、新业态不断涌现。基于软件平台对技术、产品、内容、服务等核心要素整合创新步伐的加快，企业从单一技术和产品竞争加速向多技术、集成化、平台系统、生态系统的竞争转变，生态体系的竞争成为产业发展的制高点，也为弯道超越带来新的机遇。

（二）跨界融合拓展新空间

软件定义世界日益成为共识，网络为平台、软件为载体、数据为要素、云为方法和途径成为融合发展的显著特征。一方面，软件与经济社会各领域的双向渗透和深度融合使得产业界定愈趋模糊，激发了研发创新、生产制造、营销服务等新的活力和潜能，演绎出新的生产方式、产业形态和商业模式；另一方面，以软件为支撑，以"互联网＋"为手段的产业跨界融合加速发展，推动了以工业互联网等为代表的新兴产业发展，培育出以分享经济为代表的新经济增长点，拓展了产业边界和新的市场空间。

（三）信息化发展带来新机遇

国家、省推进实施"中国制造2025""互联网＋"、大数据、"两化"深度融合、加强网络安全保障、智慧湖北建设等战略，将为培育新业态和抢占产业发展制高点提供强大动力，催生新的巨大市场需求。与此同时，湖北省还面临着促进产业提升发展和应对区域经济激烈竞争的挑战和压力。湖北的发展迫切需要壮大产业，发挥产业的引领作用。在新形势下，湖北省要抢抓发展机遇，积极应对挑战，在充分发挥市场决定性作用的同时，加强政府引导，制定出精准、具体、可操作性强的产业政策，推动产业跨越发展。

第二节 湖北省"十三五"新一代信息技术产业发展思路

湖北省将牢固树立创新、协调、绿色、开放、共享的发展理念，抢抓新一轮信息技术产业变革机遇，深入推进供给侧结构性改革，以创新发展为动力，以融合发展为主线，以园区建设为载体，聚焦重点环节和关键领域，大力引导创新生产要素向产业聚集，着力突破一批核心关键技术，着力培育一批龙头骨干企业，着力发展新技术、新产业、新业态、新模式，进一步提升自主供给能力，努力将武汉建成中部首个"中国软件名城"，力争在全国发展方阵中总量进位、质量升级。

湖北省在发展新一代信息技术产业过程中，会从狠抓产业规划，突出技术创新，强化园区建设等方面入手，推动产业发展，并充分发挥产业的带动作用，形成产业合力。强化政府规划引导、政策扶持、资金推动、统筹协调、优化环境的调控作用。充分发挥市场配置资源的决定性作用，完善市场规则，维护市场秩序，激发各类市场主体的积极性和创造性。加大供给创新支持力度，集中力量突破一批核心关键技术、产品和标准。引导企业找准用户需求，充分释放"软件定义"的赋能效应，加快软件和信息技术的推广应用，积极推动软硬件融合、应用与服务融合、服务与行业融合，不断拓展产业发展空间。支持武汉创建中国软件名城，鼓励有条件的地方加强园区和专业化公共服务体系建设，积极发展软件产业，促进产业集聚发展。引导有关市州依托园区，结合当地比较优势和经济社会发展战略需要，走差异化道路，发展特色产业。

一、新一代信息技术产业发展目标

新一代信息技术产业的目标分为三个方面，包括产业规模、企业创新、企业培育等。一是产业规模翻番增长。到2020年，软件业务收入力争达3 000亿元，年均增长超过24%；增加值力争达1 300亿元，年均增长超过25%；企业总数超过4 000家，从业人员超过50万人，产业规模继续保持中部第一。二是创新能力持续提高。产业自主创新体系不断健全，关键核心技术取得重大突破。"十三五"末期，企业专利授权量达到5 000件/年，软件著作权数量达到20 000件/年。初步建成一支结构合理、与产业发展需求相适应的人才队伍。三是企业培育成效显著。到 2020 年，培育年收入超过 100 亿元企业 1 家，年收入超过 50 亿元企业 5 家，年收入超过亿元企业 500 家，上市企业达到 100 家。形成以骨干企业为龙头、中小企业协作配套的产业发展格局，打造一批软件和信息技术服务业知名企业。

二、新一代信息技术产业发展任务

（一）推动产业创新，提升发展动能

积极构建以企业为主体的创新体系，倡导基于网络的开放式创新模式，促进各类创新主体协同创新。支持骨干软件企业搭建开放各类创业创新平台，发挥其在"双创"中的重要带动作用。加快共性技术突破，支持操作系统、数据库、中间件、VR①、AR②等软件技术和产品的研发应用。加强信息技术服务创新，提升"互联网+"综合集成应用水平，发展智能服务、开发运营一体化服务等新型服务模式。支持自主可控安全可靠攻关基地、武汉超算中心等研发基础设施建设。

（二）促进融合发展，拓展产业空间

充分发挥软件的深度融合性、渗透性和耦合性作用，推动软件与各行业领域融合应用。面向"互联网+"发展需求，支撑重点行业领域转型发展，开展农业、能源、物流、政府治理、民生服务等行业领域软件和信息技术服务的研发及示范应用。支持工业企业利用软件技术提升自身创新发展能力，发展工业软件及相关信息技术服务。加快推进基于北斗卫星时空基准的政务信息化、智慧城市建设，促进相关软件及信息技术服务业发展。依托"楚天云"，培育壮大云计算大数据产业。

（三）加强园区建设，引导产业集聚

提升重点软件产业园区发展水平，按照产业化聚集、功能化服务、产业链支撑、生态化发展的标准，加快光谷软件园、武汉软件新城、金融港、襄阳云谷等

---

① VR 是 Virtual Reality 的缩写，即虚拟现实技术，是一种创建和体验虚拟世界的计算机仿真系统。
② AR 是 Augmented Reality 的缩写，即增强现实技术，是一种实时计算摄影机影像的位置及角度并加上相应图像、视频、3D 模型的技术。

园区建设，壮大园区规模，提升园区服务水平。依托重点园区，健全完善湖北省软件和信息服务业公共服务平台，不断丰富平台资源和内容，创新服务运营模式，提升平台服务质量。推动园区与校区、社区"三区融合、联动发展"，形成以知识为桥梁，价值创造为纽带，资源集聚共享为特征，共同发展的园区模式，打造一流宜居宜业环境。

（四）培育市场主体，夯实发展基础

加强政策扶持、项目带动和示范引领，支持骨干企业牵头实施重大产品研发和创新成果转化，不断提高新产品、新服务的市场占有率和品牌影响力，培育一批专业化程度高、创新能力突出、发展潜力大的细化领域优势企业。支持建设创客空间、开源社区等新型众创空间，发展创业孵化、咨询、检验检测、投融资等专业化服务，优化改善中小企业创新创业环境。充分利用湖北国家自贸区及武汉东湖国家创新示范区等有利条件，依托各个软件园区，采取多种形式，进一步加大招商引资力度，引进一批国内外知名软件企业。

三、新一代信息技术产业发展重点领域

（一）培育壮大新业态、新模式

1. 发展路径

顺应新一代信息技术创新发展和变革趋势，推动企业向平台化转型，产业向平台化发展，加快培育新业态、新模式，形成平台、数据、应用、服务协同发展的格局。到 2020 年产业销售收入达 800 亿元。

2. 重点方向

北斗应用及服务：支持研发基于北斗系统满足智能化需求的各类芯片，为北斗应用服务提供支撑。建设适应产业发展和智能化应用的大数据中心。开发现代信息化测绘生产系统及各类数据实时获取、更新和处理系统。发展基于时空信息云的各类数据加工、处理、分析、可视化和位置服务等平台软件建设，加强智能终端、智能语音、信息安全等关键软件的开发应用。开发基于北斗卫星时空基准的各类智能化服务产品，丰富信息消费内容，实现智能终端与智能化服务一体化发展，形成相应的商业运营模式。

云计算：鼓励企业和科研机构在云安全、云服务全生命周期管理、云资源管理和运维、云计算和大数据服务等方面，形成具有自主知识产权的技术标准和应

用标准，支持企业及相关机构参与国家及国际标准制定。支持云服务企业积极创新服务模式和商业模式，发展弹性计算、云存储、云备份、应用开发部署、在线企业管理等公有云服务。面向制造业、农业、医疗、交通、教育、环保等重点领域，鼓励建设一批高质量的行业云服务平台，发展云计算解决方案，满足行业和企业需求。鼓励软件开发商和信息服务企业加快云服务转型，利用国家信息消费试点城市建设机遇，结合湖北省制造业、地理信息、教育服务等领域优势，创新特色领域服务业态。

大数据：突破大数据获取、管理、分析、安全技术，积极开发大数据一体机、新型架构计算机、大数据获取工具、大数据管理产品、大数据分析软件等软硬件产品。建设大数据公共服务平台，开展大数据采集，推动政府人口、法人、空间地理、经济等基础数据和交通、医疗、环保、就业、能源、金融、电信、国土、公安等重要领域数据融合，加快政府数据资源与社会数据资源整合共享，探索交互共享、一体化的服务模式，促进大数据技术成果惠及民众。重点选取金融服务、智能制造、生物医药、物流运输、电子商务、现代农业等行业，开展大数据行业应用研发，探索"数据、平台、应用、终端"四位一体的新型商业模式，促进产业发展。

（二）加快发展信息技术服务

1. 发展路径

促进信息技术服务业与其他产业融合互动发展，培育一批主业突出、特色明显的大型专业化公司，持续推进业务重心由单一的集成实施向处于价值链高端的咨询设计、运行服务、数字内容处理等服务环节拓展，延伸信息技术服务产业链。到2020年产业销售收入达1 000亿元。

2. 重点方向

系统集成服务：重点支持面向交通、能源、物流、政务、金融、电信、传媒、医疗、社保等领域的信息系统集成整体解决方案开发，提供高水平系统集成服务。鼓励信息技术服务知识库、案例库建设及专业化信息技术服务工具软件研发，提高信息系统集成能力和水平。

运维服务：大力发展第三方专业信息技术运维服务，鼓励本土企业积极开拓金融、电信、政府等行业和大型企业运维市场；支持相关标准推广应用，开发专业化系统运维工具，规范运维市场，提高运维实施能力。

信息技术咨询设计服务：发展覆盖信息系统全生命周期的信息技术咨询、方案设计、软件开发，以及面向行业领域的软件实验、测试、验证、认证及专业培训等服务。提升信息系统规划设计、监理能力。支持形成面向行业、在国内外具有影响力与知名度的高端专业咨询与技术服务机构。

集成电路设计：围绕湖北省光通信、光显示、卫星导航、汽车电子等优势特色领域，以整机应用和信息消费需求为牵引，推动整机与芯片联动、硬件与软件结合、产品与服务融合发展，强化集成电路设计、软件开发、系统集成、内容与服务协同创新，加快核心芯片的设计、开发和产业化。

数字内容服务：推动虚拟现实/增强现实、互联网相关的文化创意、新媒体信息服务、动漫游戏和影视、光影互动体验、数字教育和出版等领域的技术研发和应用。加强数字内容产品和服务开发，建立数字内容创作、加工、处理、集成、分发一体化平台，实现异构资源的融合对接。促进视频分享、视频直播/点播及视频门户等网络视听业态快速发展。支持大型网络游戏、面向移动设备的游戏研发和产业化。鼓励研发原创动漫产品，提升动漫产业的品牌价值。大力发展面向移动互联网的数字教育平台及服务。加快传统出版行业的数字化改造进程。

（三）突破性发展工业软件

1. 发展路径

抓住"中国制造2025"等战略机遇，以钢铁、汽车装备、电子、石化、纺织、食品等支柱产业重要需求为导向，发展高端主导产品，积极培育有工业背景的大型软件企业，加速发展湖北省工业软件。到2020年产品销售收入达400亿元。

2. 重点方向

工业应用软件：面向工业企业，在工业产品研发设计、生产控制、生产管理水平提升和流程再造、市场营销优化等关键环节，重点扶持计算机辅助设计和辅助制造、计算机集成制造系统、高端数控系统、现场总线控制系统、产品数据管理、工艺软件、仿真测试、商务智能等软件研发。基于云计算、大数据等新技术，大力发展工业数据集成、工艺加工知识库、工业云等应用服务。聚焦船舶、汽车、钢铁、石化、重大装备、能源等领域，提高关键核心应用的业务架构、应用架构、技术架构和信息架构的规划、设计与开发能力，提高应用系统与基础平台的整合能力、信息系统间的综合集成能力，推进形成智能化、集成化的工业软件解决方案。

工业嵌入式软件：积极研发嵌入式操作系统及相关应用软件。加强嵌入式领域公共研发与测试平台、构件资源库、行业应用解决方案资源库等共性技术服务平台建设。面向网络设备、重大装备、汽车电子、智能终端等领域，重点发展各类自主可控的嵌入式系统和解决方案，积极探索嵌入式软件技术与人工智能、模式识别技术深度融合，实现嵌入式系统的智能可靠、网络互联、柔性集成。

(四) 着力发展基础和安全软件

1. 发展路径

抓住国家加强网络安全保障、建设网络强国的战略机遇,积极适应新技术和网络环境变化,大力发展基础软件和新兴安全服务业,构建结构性信息安全体系,加快研发一批安全防护能力更全面、更强,反应速度更快、集成度更高的网络安全产品。力争到2020年,相关产品销售收入达200亿元。

2. 重点方向

基础软件:针对高端应用需求,以高效、可信和网络化为突破口,加强基础软件核心技术研发,重点支持高可信服务器操作系统、安全桌面操作系统、高可靠高性能的大型通用数据库管理系统等基础软件的开发应用。面向新兴应用需求,突破人工智能、人机交互、生物特征识别、可视化、虚拟化等领域的核心技术,加快研发新一代智能搜索引擎、浏览器、中间件、软件定义网络、海量数据管理与挖掘、智能安全防护等核心软件。建设自主可控的基础软件产业化平台,鼓励与硬件厂商合作,以嵌入式方式参与市场竞争,提高市场占有率和品牌知名度。

网络安全软件:在网络基础设施安全方面,积极推动可信计算机、可信软件、可信网络的核心技术攻关和成果转化。在网络和边界安全类产品方面,加强对基于内容感知、智能沙箱、异常检测、虚拟化等新技术产品的研发,支持采用国产芯片的防火墙、入侵检测、入侵防御等产品的创新与应用。在终端与数字内容安全类产品方面,重点面向移动智能终端,增强产品在隐私保护、杀毒、反骚扰、防入侵、防扣费等方面的功能。在安全管理方面,重点加强基于海量数据和智能分析的安全平台产品的研发与应用。在信息安全支撑工具方面,重点加强信息安全评测工具、Web漏洞扫描产品、软件源代码安全检查产品的研发和应用。

四、优化湖北省新一代信息技术产业布局

(一) 建设武汉中国软件名城

依托现有武汉产业基础和科教文化优势,以创建武汉中国软件名城为抓手,引导资金、人才、技术等创新生产要素加速向产业转移和集聚,促进各区产业特色发展,将武汉市打造成为全国软件技术创新核心区、产业发展重要集聚区。

东湖开发区：积极发挥科教优势，进一步强化全省产业创新核心区功能，不断壮大工业和嵌入式软件、地理空间信息、多语处理、服务外包、数字内容、云计算大数据、金融 IT 等产业，重点建设武汉软件新城、光谷软件园、左岭大数据产业园、光谷金融港、未来科技城、多语处理基地、空间地理信息产业基地、北斗产业基地。

洪山区：以建设国家新型工业化示范基地（软件和信息服务）为契机，不断推动数字内容、创意、数字教育等产业跨越发展，重点支持以青菱都市工业园为示范基地的核心园区，辐射带动北港工业园内的翰璟软件工业园、联想智谷产业园、张家湾企业总部等多个园区的"一区多园"产业发展。

（二）进一步促进湖北省产业协调发展

支持宜昌、襄阳等地根据产业基础和资源禀赋特色，大力发展软件和信息技术服务业，形成全省产业重要支撑点。

宜昌：鼓励宜昌以国家电子商务示范城市创建和信息惠民国家试点城市创建为契机，坚持以应用为牵引，巩固发展电子政务、重大装备领域软件等现有优势存量，抢位发展电子商务、云计算、大数据、移动互联等新兴领域，培育未来产业发展增量。

襄阳：鼓励襄阳发挥重大项目带动作用，推动 IT 服务向云模式转型，建设一批服务功能强大、商业模式新颖、带动效应明显的公共云服务平台，带动发展云呼叫、电子商务、物联网服务、移动互联网、动漫游戏加工处理、新媒体服务等，培育新兴产业。

第三节 湖北省新一代信息技术产业国际化发展研究

一、新一代信息技术企业的国际化现状与机遇

目前，湖北省新一代信息技术企业采用的国际化方式有三种。一是借船出海。一般在非发达国家，利用国家政府间的关系及合作项目，实现产品出口。二是外包服务。受当地用户习惯影响，加上信息技术产业的敏感性，发达国家往往会采取一定的保护政策。对于起步于发展中市场的中国企业来说，以自有品牌进入发达市场非常困难，往往以提供外包服务作为市场开拓的第一步。三是建立工

厂。主要是在非洲、南美等不发达地区。通过在国外设立公司，不仅加速海外市场拓展，增加产品销售，还能够获得和培养高素质国际化人才，成为企业国际化发展的持久推动力。

湖北省信息技术企业的国际化在现阶段有很好的环境机遇支持：一是国家发展强大，良好的国际形象形成有力支撑，美国、欧洲希望中国企业到当地投资，有利于产品销售；二是国内同国际规则逐步统一；三是国家政策支持企业国际化，如简化出口审批程序等。在良好的国内国际环境下，新一代信息技术企业应顺应时代潮流，进一步推进国际化发展。

二、新一代信息技术企业国际化的困难

尽管湖北省新一代信息技术企业国际化的进程在不断推进，但相对于战略性新兴产业的发展基础来说，湖北省相关企业在国际市场开拓、先进技术获取、国际管理经验积累等方面仍很欠缺，没有形成产业合力，企业国际化程度普遍不高。国际化的最终目标仍然是产品的销售，这个目标的实现仍面临着较大的困难，尤其在发达市场，从提供外包服务到自有品牌销售推广的困难主要有：一是用户习惯改变较为困难，二是地方政府保护形成进入障碍，三是企业自身问题。从湖北省新一代信息技术企业发展来看，企业自身问题非常突出，主要体现在三个方面。

（一）产业发展不够

近年来，湖北省相关产业发展较快，但与发达省市相比，产业规模仍偏小，规模效应还没有显现，产业"低、小、散"的结构性矛盾突出，龙头骨干企业较少。集成电路、软件和信息服务等核心基础产业的比重较低，产业协作不足，产品价值链竞争力缺乏。

（二）核心技术开发落后

国际国内大环境要求企业积极进行自主研发，但问题是国内企业研发能力弱、周期长，在高速更新换代的信息技术产业中，难以依靠自身能力实现核心技术研发。目前，以企业为主体的自主创新体系仍未完善，依靠吸收引进国外技术为主，缺乏核心竞争力。产业关键共性基础技术有待突破，产、学、研转化结合的能力有待提高。

(三) 缺乏国际化人才

新一代信息技术企业仍处于国际化初级阶段，缺乏具备国际视野、丰富行业经验和优秀管理业绩的一流复合型企业家，以及具备良好专业素质的技术人才。跨国经营要面对文化、管理、技术等方面的差异，需要有熟悉国际法规、制度、文化的人才，才能合理把握国际市场经营规律。缺乏国际人才储备，主要依靠管理人员经验进行市场判断，难以形成独立的国际化营销模式，即便有好的营运模式和流程，也难以推行。

(四) 国际化资金支持不足

一般来说，发展速度快、成长性高的企业，很难依靠自身营利满足发展需求。企业国际化前期资金需求量大，投资回馈慢，自身资金实力限制了企业的跨国发展。目前对企业国际资金帮助较大的有中信保的加保业务等，减轻了资金流通压力，对产品的国际销售产生了一定的促进作用，但面对巨大的国际发展资金缺口，仍是杯水车薪。

三、新一代信息技术企业国际化发展的启示

从湖北省新一代信息技术发展的现状来看，地方政府、企业都对产业发展高度重视，也投入了资金支持和政策倾斜，但仍存在产业规模、定位、创新等一系列的问题。由于新一代信息技术本身的战略意义、技术引领等方面的特殊性，国际化是其发展壮大的必然路径。那么，结合国际化发展的实际，解决以上问题还是要以创新和人才为突破口，选择适当的国际化方式，通过产业协同，打造产业竞争优势。

(一) 加强技术创新

一是提高新一代信息技术质量。新一代信息技术企业的主要竞争力来源于企业的创新能力。尽管国内企业也持有一定量的专利权，但缺乏具有高附加值的核心技术，专利权质量有待进一步提高，在开发专利技术的过程中，应更加重视专利的市场价值。二是进一步扩大科研合作范围。企业应充分利用高校及科研单位的创新能力，积极开展合作，扩大合作范围，实现产学研一体化发展，充分实现科研的市场价值转化。

（二）培养和引进高素质人才

新一代信息产业技术创新性高、发展变化快等特点决定了其需要更多的高素质人才。一方面，要重视本国人才资源的培养和使用，培养高级专业人才，形成企业的核心研发力量和创新团队；培养国际化管理人才，加强国际化人才和高级复合型人才培养。另一方面，也要采用各种方法吸引国外人才资源，完善人才引进机制。

（三）寻求多种资金支持

一是传统途径，寻求国内资金支持，如政府参与投资或项目支持。作为重点扶持的战略性新兴产业，地方政府出台一系列政策予以支持，并在税收等方面给予优惠。其他融资方式还包括商业贷款、股权融资、吸引风险投资等。二是寻求国际资金支持。国内资金往往不能完全满足国际发展需求，国际资金主要包括国际直接投融资、发行国际债券等，还可以利用政府国际关系实现国际借款。

（四）增进企业间合作

一是进一步拓展国际合作。加快推进新一代信息技术企业的国际化发展，一方面要有具有竞争力的核心技术，另一方面要实现技术的国际认同，参与到新一代信息技术的国际标准体系建设当中。为提高核心产品能力，企业要积极寻求与国际龙头企业的合作，加强技术交流。

二是国内竞争对手合作。立足于新市场，具有竞争力的产品只是必要条件，同时需要市场开拓力、合作伙伴关系、后台支撑、供货速度、安装交付能力、后期维护等多方面影响因素。在国际竞争中，对于相似的竞争产品，合作伙伴往往会起到关键作用。例如，在国内处于竞争关系的华为与浪潮在非洲市场相互配合，一方提供硬件，另一方提供软件与服务，取得了双赢的效果。

（五）顺应环境变化

随着互联网、大数据的快速发展，信息技术企业受到重大冲击，为顺应时代发展，必须进行适应性转型。互联网作为一种手段，推进了各个产业的发展。新一代信息技术最主要的特点就是充分利用互联网，其战略目前主要围绕三个方面——云计算、大数据、互联网，并开展两个转型：一是传统销售途径的变化，产品通过互联网销售；二是整体模式转变，以云计算作为发展核心。

（六）选择进入市场与自身能力相匹配

国际化过程中的进入市场选择主要考虑两方面因素，一是市场规模和吸引力；二是自身能力与市场的匹配，是否能够进入这个市场。进入市场首先要进行市场洞察，了解市场规模、增长率及市场竞争情况，了解是否有发展空间及市场进入难度。其次是制定战略意图，一是决定是否进入该市场，二是制定进入后的期望市场份额。最后根据目标选择竞争对手，分析市场增长点，选择合适的市场进入策略。

第九章

中国手机品牌的国际化之路：通过品牌身份的变革获取品牌国际化的合理性

随着内需疲软，新一轮国产手机出海潮正在不断上演，中国有越来越多的手机厂商远走海外去寻找新大陆。然而，在经营环境差异甚远的海外市场，中国智能手机厂商是如何在海外争夺新的地盘，并不断在全球智能手机市场获得超千亿元的盈收的？它们的生存之道是什么？它们如何在海外市场克服种种劣势（如外来者劣势和新进者劣势）并取得当地政府、媒体、消费者的认可和接受？本章希望通过对中国手机品牌天珑和金立出海经历进行分析，对上述问题给出解释。

新诞生的企业或者进入新市场的企业都容易面临合理性的问题（Aldrich and Fiol，1994），因为市场中的消费者、渠道商、供应商等对该企业品牌的文化、信念以及象征性符号等缺乏了解或存在偏见。当品牌或企业进行国际化营销时，东道国消费者在购买海外品牌时所考虑的是其"是否合理"，这种合理性感知，会泛化为东道国消费者及公众认知企业及其品牌形象的重要基准，从而影响消费者对某国际企业或品牌的支持。因此，跨国企业应该如何在海外市场获取合理性便十分重要。

现有研究对此却缺乏足够的解释力，一是现有研究主要从制度距离、信息不对称等跨国环境因素来解释合理性缺失。该视角下的研究缺少一定的微观基础，既没有充分的考虑跨国品牌东道国市场商业安排及跨国品牌自身特质方面的因素，也未能清晰的解释这种环境因素如何影响跨国品牌的经营活动与身份管理。二是在合理性获取的研究方面，现有研究多集中在主张采用"制度同构"的被动式反应来克服跨国企业面临的合理性压力，但是却未清楚的阐述如何克服由跨国经济体本身身份引起的合理性问题。事实上，当跨国企业的身份处于劣势地位时，即使采取制度同构和组织学习，也无法降低东道国利益相关者的歧视与偏见（Cui and Jiang，2012）。对此，有学者提出新兴经济体的跨国企业只有对其身份进行变革，才能在国外市场获取合理性（Ramach, Ran. J. and A. Pant, 2010；杜晓君等，2015）。但跨国品牌究竟应该如何根据跨国环境来调整和变革品牌身份以帮助企业获取合理性，至今并无实证研究对此进行探讨。本章试图从制度环境对企业品牌国际化活动的影响出发，探索如何塑造跨国品牌有利的品牌身份，以及品牌身份对品牌合理性获取的作用机制，并探讨在不同的制度环境中，企业获得和保持品牌合理性的差异化战略安排，为提升品牌国际化绩效提供对策建议。

第一节　相关理论回顾与分析框架

一、合理性与合理性获取

对于合理性的定义，基于研究视角的不同目前学者的定义也有颇多争论。但总体来看，合理性（legitimacy）本质上代表着环境对某一实体的总体认可和接受程度（DiMaggio and Powell，1983；Dowling and Pfeffer，1975），它是指在一个由社会构建的规范、价值、信念和定义的体系中，一个实体的行为被认为是可取的、恰当的、合适的一般性的感知和假定（Suchman，1995）。合理性的获得是一个社会认可的过程，涉及识别组织拥有的独特能力或通过组织所提供的产品与服务来辨别（Dacin et al.，2007）。因每个组织的自身特征和周边环境都有所不同，所以其社会认可的过程也会有差异，关键利益相关者对其的合理性需求也有所区别（Oliver，1991；Dacin et al.，2007）。在合理性维度方面，斯科特（Scott）和萨其曼（Suchman）两位学者分别在1995年所做出的贡献奠定了关于合理性维度研究的基础：斯科特（1995）借鉴迪骁（DiMaggio）等的观点，从制度三支柱的逻辑出发提出了规制合理性、规范合理性、认知合理性三个维度；同年，萨其曼（1995）也提出对于合理性维度问题的见解，他将合理性分为实用合理性（pragmatic legitimacy）、道德合理性（moral legitimacy）、认知合理性（cognitive legitimacy）三个维度。不过学者们认为除了在合理性各维度命名上有所不同之外，萨其曼在具体维度的内涵上和斯科特的观点差别并不是很大（Rindova et al.，2006；陈扬，2012）。

经济实体会因多种原因寻求合理性，其中一个关键原因就是向其涉众（constituents）证明其存在为合理或正当的，然后获得涉众支持（Handelman and Arnold, 1999）。对于企业而言，最为关键的涉众就是消费者，只有当某企业获得了合理性之后，该企业的产品或品牌才能获得消费者支持。

在获取和保持合理性的研究方面，主要分三个阶段：第一阶段，在合理性研究刚兴起的20世纪60年代，有关合理性的研究主要从制度视角出发，因此以斯科特、迪骄和鲍威尔（Powell）等为代表的学者提出了基于"制度基础观"的合理性获取思路，他们认为组织获得合理性的目的是符合外部的标准，从而能够在制度、政府法规等的要求下获得外部的认可和接受。在这一视角下学者们提出了合理性获取的战略类型主要有：强制性同构、模仿性同构、规范性同构（Dimaggio and Powell, 1983）。第二阶段，随着对合理性研究的深入与拓展，从20世纪70~80年代开始，以道林（Dowling）、普费弗（Pfeffer）和奥利弗（Oliver）等为代表的学者提出基于"资源基础观"的合理性研究视角，道林（1975）提出合理性的获取可以通过对企业是否拥有资源以及企业间信息交易等来评估，企业获得合理性可以帮助企业更好的生存与发展，合理性本身可以被看作一种"资源"，它是一种"能够帮助企业获得其他资源的重要资源"（Elsbach, 1992）。在此基础上，奥利弗（1991）结合制度理论和资源依赖理论提出企业在面临制度管制、文化习俗、外部环境等的不确定时，可以通过默认、妥协、回避、反抗、操纵五种合理性战略获取合理性。在这一阶段，学者们将合理性研究的视角扩展到关注外部资源拥有者，即逐步意识到合理性能够帮助企业获取重要资源的工具性特征，并强调利用合理性战略来获得资源拥有者的接受从而帮助企业成长，因此这一视角的合理性获取战略倾向于将主动性战略安排与被动性战略服从相结合。第三阶段，从20世纪90年代起，以萨其曼、齐默曼（Zimmerman）、阿什福思（Ashforth）等为代表的学者提出企业合理性获取的"行为视角"。这一视角以企业自身为出发点，从企业战略层面关注合理性获取的方法与策略，提出一系列有价值的对策建议，如奥德里奇和费奥尔（Aldrich and Fiol, 1994）提出新创企业可以通过系统性的语言和行为或与第三方建立联系等战略获得企业的认知合理性，通过集体性的行为战略（如集体谈判、游说等）帮助企业获得所在行业的社会合理性。阿什福思（1990）等在分析了制度同构行为可能带来的缺点之后（如制度同构会使企业产品或品牌丧失独特性），提出两类合理性获取行为：实质性管理策略和象征性管理策略。实质性管理策略是围绕企业的结构、过程、制度化等行为而采取的针对企业的实质性变化；而象征性管理行为则是出于让企业与社会价值观相一致而对企业目标、意义、文化等进行的重新定义（Ashforth and Gibbs, 1990）。这一视角下的研究将重点放在"企业行为者"方面，强调企业行为与外部环境的互动关系，以选择和操纵企业面临的环境来实现生存和发展，如选择与母国具有相似制度环境的海外市场更能获得合理性。

随着不同视角的逐步发展与演化，企业合理化战略的主动性逐渐增强。合理化战略的研究最初起源于对企业应对制度环境的行为研究，而随着学者们逐渐意识到合理性与资源的内在联系，合理化逐渐成为企业获取资源的工具，行为视角下的合理化战略则更关注以企业自身为中心的主观行为选择。但是，现有的研究结论并没有针对外界环境的差异性，提出企业应该怎么实施差异性的战略安排，无论是阿什福思和吉布斯（Gibbs）的实质性管理策略和象征性管理策略，还是奥利弗的默认、妥协、回避、反抗、操纵五种战略选择，都没能将他们与企业自身以及外部环境相匹配，从而应对多变的制度环境和多重制度压力。另外，现有研究提出的合理性获取策略，如制度同构、印象管理、信息披露等策略在实践过程中并不一定奏效。当跨国企业的身份处于劣势地位时，即使采取制度同构和组织学习也无法降低东道国利益相关者的歧视与偏见，而只有对跨国品牌的身份进行变革，才能在外国市场获取合理性（Ramach and Ran. J. , and A. Pant，2010；杜晓君等，2015）。但跨国品牌究竟应该如何调整和变革品牌身份来帮助企业获取合理性，至今并无实证研究对此进行探讨。

二、品牌身份与身份变革

身份是管理学领域研究的重要基础之一（Balmer，2008；Gioia et al.，2013），这个术语为很多研究构念提供了基础，比如组织身份（organizational identity）、企业品牌身份（corporate brand identity）（Balmer，2012；Kapferer，2002）。同时，作为企业潜意识下的重要指导理念，企业身份对企业的许多重要活动，如战略变革和合理性获取等都具有重要作用（Gioia and Thomas，1996；Annemette and Kjærgaard，2009）。因此，身份话题在商业研究领域中获得越来越多的关注，被视为理解许多问题的关键，如组织行为逻辑、合理性获取、管理协作、组织学习等（Cleggetal.，2007；Antal and Strauß，2015）。身份概念在商业领域的研究首先出现在组织研究方面，自艾伯特和惠腾（Albert and Whetten，1985）提出组织身份的构念之后，由于研究视角、目的的不同，学术界关于组织身份的定义一直存在争论（Gioia，2013；郭金山，2004）。艾伯特和惠腾（1985）认为组织身份就是组织成员认为的组织具有的"核心、独特和持久的特征"，是对"组织是谁"的回答，表现在组织的国籍、文化、宗旨、价值观、核心业务、所有权结构、产品或战略风格等方面。在艾伯特和惠腾的定义中，组织身份有三个假定的特征：第一个是核心性（central），第二个是独特性（distinctive)，第三个是持久性（enduring）。

关于组织身份"持久性"的特点学术界一直存在较大的争论，也因此形成了组织身份动态性（dynamic）的观点。持组织身份动态性观点的学者认为，组织身份在和组织外部形象的交互过程中，会表现出不稳定性和动态性，例如，乔娅（Gioia，2000a）认为，由于组织身份和组织形象，即外界利益相关者如何看待组织之间的相互影响，使身份没有之前那么具有持久性，在促进组织因回应环境要求而发生改变上，身份的不稳定性特征显然是更常见的。同时，面对不断变化的环境和日益激烈的竞争，组织必须通过不断变革来适应环境（He and Baruch，2010）。乔娅、舒尔茨和科利（Schultz and Corley，2000）对组织身份是否具有持久的特征这个问题也进行了深入探讨，他们的研究也发现组织身份应该具有一定的动态性，会随组织内外部的变化而发生改变。随后的一些研究也发现，当组织身份面临威胁（Ravasi and Schultz，2006），组织进行拆分（Corley and Gioia，2004），组织间进行兼并和收购（Clark et al.，2010），组织内部结构变化等情况出现时，这都会导致或需要组织身份进行改变。除此之外，He 和巴鲁克（Baruch，2009）等还识别了"制度因素"对"组织是谁（组织身份）"的影响，分析了组织身份是如何与本国制度环境变迁而相随变化的。因此，组织身份改变会因制度环境的变化而引起。

同时，关于组织身份的维度也处于不断地探索阶段，从不同研究视角和目的出发，也提出了丰富的观点。以乔娅为代表的学者提出组织身份包含标签和意义两层面。身份的标签表示一种象征性的表述（组织成员如何回答"我们是什么"的集体性表述）；意义是指标签背后所隐含的与之相关联的身份属性，每一个标签都有多重的意义与之相关联。玛格丽斯和汉森（Margolis and Hansen，2002）则提出，组成组织身份的因素可以概括为八个本质的属性和一系列非内在、非天生的属性，并将八个本质的身份属性概括为目的（purpose）和理念（philosophy）两方面，其中"目的"解释了组织的存在为什么是重要的，"理念"则解释了组织成员如何以差异化的方式开展业务和工作。古斯弗森和瑞格（Gustafson and Reger，1995）则提出组织身份具有有形和无形两方面，他们率先研究了高变率环境（持续和快速的改变）下身份改变过程的相关理论，将组织身份看作是内嵌入环境中的结构，这个结构的核心处是无形的身份属性，外部则是有形的身份属性。无形的身份属性反映了组织的文化特征而非产品等具体产出，具有一般性特点；有形的身份属性（如产品和市场战略等）具有具体性，往往和具体时间、情境等相联系，因此不具有持久性。莫金翁和索宁（Moingeon and Soenen，2002）通过大量的文献回顾，将组织身份归纳为五个方面：（1）公开宣称的身份（professed identity）；（2）象征的身份（projected identity）；（3）经验身份（experienced identity）；（4）已证身份（manifested identity）；（5）形象身份（attribute identity）。

组织身份理论在营销学上的应用也逐步展开，营销学者们借鉴组织身份提出了"品牌身份（brand identity）"的概念（Aaker，1996），而且营销领域的品牌身份研究更多的关注于企业的外界利益相关者（如消费者、供应商、分销商、媒体等）（Csaba and Bengtsson，2006；Zachary and Mckenny，2011）。

三、品牌身份变革与合理性获取

对于跨国品牌而言，关系其生存与发展的关键能力是该品牌能够在其所处的环境中获取并维持存在的合理性，对于新创的品牌或进入新市场的品牌而言更是如此（Clegg et al.，2007；He and Baruch，2009；Kroezen and Heugens，2012），因此在影响品牌身份的外部因素中，合理性压力是非常大的因素（Gioia et al.，2013）。以往的研究都认为企业对外部合理性的需要会阻碍企业品牌身份的改变（Hannan and Freeman，1977），但是近年来的研究也发现企业身份变革在合理性获取上的必要性：即制度的动态观认为企业身份是可塑的（Greenwood and Suddaby，2006），这为品牌身份的可塑性和易变性特征提供了理论依据。例如，在制度变迁过程中，为了能继续获取并保持合理性，跨国品牌必须随它们嵌入的制度环境的变化而对自身进行有益的调整，如在企业或品牌命名方面，需要采用与行业或（所嵌入的）制度相同步的名字（Glynn and Abzug，2002；Glynn，2006）。

以往关于合理性的研究，很多学者从制度同构和外部沟通的角度探索如何进行建立和管理合理性，比如印象管理策略、口头说明、利益相关者信息提供和披露等（Elsbach，1994），如前言所述，当前的合理性获取研究缺少从企业或品牌本身及其内部过程进行研究。以往也有研究分别检验了企业身份和身份合理性在企业应对环境变化时的反应，但少有将二者联合考虑的情况，仅有学者通过案例研究提出企业身份的叙事方法在企业变革和合理性获取上的有效性（He and Baruch，2010）。随着企业身份与合理性研究的深入，有研究指出跨国企业具有的各个层次的独特特征（企业特征、管理特征、技术特征、产品特征等）会使企业在东道国面临外来者劣势从而缺乏合理性（Gaur，2011）。相关研究也表明，跨国品牌的合理性缺失既有外部制度环境差异的影响也受品牌自身特征的影响，即合理性问题既是外生的，又是内生的（Glynn and Abzug，2002；Glynn and Marquis，2005）。因此，鉴于品牌身份在检验品牌是否具备合理性上的关键作用（Glynn and Abzug，2002），跨国品牌面对各个国家差异较大的制度环境，如何从品牌身份本身出发，运用相应的战略安排来获取跨国品牌在东道国生存发展所需的合理性便十分重要。

管理学领域的研究认为，身份为管理者提供了一系列的行为指导，它告诉管理者应该做什么以及其他外部利益相关者如何与自己相关联（Albert and Whetten，1985）。对于跨国品牌而言，品牌身份服务于管理者内部协调，更重要的是服务于品牌与外部利益相关者之间的沟通作用，因此在构建品牌身份时，需要重点考虑的一个方面是跨国面临的外部环境因素。伴随着环境制度的改变，跨国企业品牌会表现出感知身份模糊、身份迷失、合理性缺失、感知身份需要改变等特征（He and Baruch，2009）。当跨国品牌进入国际市场时，面对迥异的经营环境，东道国利益相关者对"该品牌是谁"缺少清晰的认知，表现为利益相关者不了解该品牌的经营宗旨、市场策略、文化内涵等身份特征，从而导致跨国品牌身份具有模糊性（Corley，2004）。相关研究指出，跨国经营中，品牌身份的模糊性主要由三方面导致：（1）社会参照物的变化；（2）两国文化差异等方面的沟通障碍；（3）跨国品牌缺少明确的身份信息和有利的身份声明。由于东道国利益相关者对品牌身份信息的缺乏，导致跨国品牌在经营中面临关于该品牌是谁的解释是具有多重可能性的，这会导致一种未证实的模糊性品牌身份（Corley，2004；He and Baruch，2009）。品牌身份影响外部利益相关者对品牌的感知（Martin and Johnson，2011），当品牌身份因跨国经营面临制度差异而表现出模糊性时，东道国利益相关者不清楚外来品牌的身份属性，消费者的认知模糊会使得他们对该品牌产品的适用性和实用性产生怀疑，从而引起品牌的合理性缺失（He and Baruch，2009）。

四、案例分析的理论框架

合理性获取和品牌身份的相关研究为本书的利用身份变革帮助跨国品牌获取合理性的研究提供了理论基础：（1）合理性获取的行为视角认为，从"行为者"方面出发，跨国品牌可以主动的利用企业行为与外部环境的互动关系，有策略性的安排针对不同制度环境下的差异性商业活动；（2）品牌身份是检验品牌是否具备合理性的关键标准，它系统地反映了品牌所具有的文化、视图、国籍、定位及行为举措等属性特征，通过企业各项商业活动的安排来塑造有利的品牌身份，可以帮助跨国品牌在海外市场克服由于身份劣势带来的合理性缺失的困难。

建构清晰的品牌身份的过程，就是克服品牌身份的劣势地位，继而帮助跨国品牌获取合理性的过程。基于此，本书遵循"情境—战略—结果"的研究范式

(Peng, 2012；陈怀超, 2014)，构建了一个整合的理论分析框架（如图 9-1 所示），试图从制度环境对企业品牌国际化活动安排的影响出发，探索跨国品牌该如何塑造有利的品牌身份，以及品牌身份对品牌合理性获取的作用机制，并探讨在不同的制度环境中，企业获得和动态保持品牌合理性的差异化战略安排，为提升品牌国际化绩效提供对策建议。

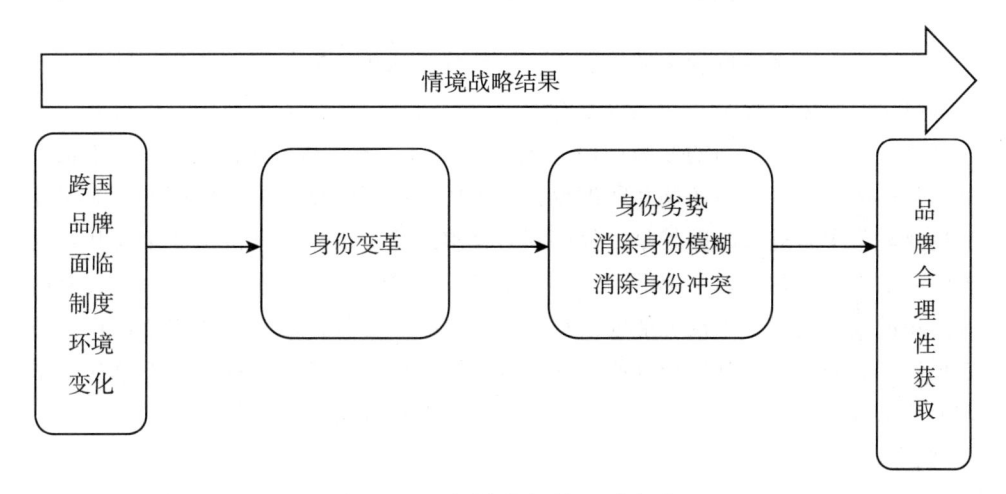

图 9-1 案例分析的理论框架

第二节 案例研究设计

一、案例研究方法选择

案例研究方法是组织管理学研究的基本方法之一，根据学术界研究实践发现，如果旨在探索"为什么"和"如何"这类问题，研究问题是寻求对一些既有现象的解释，那么选择案例研究是比较贴切的（Yin, 2004）。本书的指导性问题是品牌在国际化过程中是否可以以及如何通过品牌身份的变化来获取在海外市场发展所需的合理性，这一研究问题恰与探索性案例研究的过程相一致。而且现有研究在阐释跨国品牌的品牌身份与合理性获取之间的关系上还存在理论缺口，本书试图通过探索性的案例研究方法构建新理论模型，因此，选择探索性的案例研究方法最为合适。根据 Yin（2004）的观点，选择多案例研究，能够使每个个案彼此之间进行反复验证，并且选择多案例设计相对比单个案例的研究要复杂。因此，多案例研究所提供的模型比单案例研究相对也更可靠。

二、案例样本选择

本文所选两个案例均来源于我国自主品牌国际化发展比较成功的品牌：天珑移动技术有限公司和金立通讯设备有限公司。选择这些个案作为研究资料来源主要是基于以下两个方面的原因：(1) 典型性原则。天珑和金立作为两家以手机产品起家的品牌，分别在法国和印度取得较为成功的国际化发展，他们进入的海外市场比较集中且进入时间较早，能够相对完整地反映出品牌身份的变化及其在合理性获取上的过程。(2) 数据可获得性原则，保障研究结论的稳健性。通过对两家公司的实地调研，本研究能够获得大量的第一手资料，而且这两家企业在海外市场经营时间长，得到国内外媒体的高度关注，能够保障从多种公开渠道获取丰富的外部数据。因此，选择天珑与金立作为案例样本与本研究的出发点和要求比较契合。

三、资料收集方法

为了提高案例研究的信度和效度，本书运用多种数据搜集方式，获取了两大类数据原材料：(1) 企业内部数据。通过前期联络，确定样本公司可以参加访谈的对象，并于2015年12月、2016年2月对两家公司的高层管理人员和海外部门经理进行深度访谈，访谈一般持续2到3小时，同时，通过参观企业展厅、观看影视资料等进一步了解并核实了相关信息。(2) 企业外部数据。这部分数据材料主要通过国内外知名媒体和杂志的采访报道、公司领导人公开的演讲资料、期刊文献的有关文章等。在案例资料收集过程中，基于作者对资料收集可能具有的倾向性以及受访企业代表回答的主观性等特征，作者遵循艾森哈特（Eisenhardt，1989）、Yin（1984）等学者的观点，尝试采用"三角测量"等多种办法避免或弥补这一影响。如尽量将访谈记录与企业内部报告、展厅实物资料、企业领导公开演讲等资料结合起来，以强化证据之间的互相印证，确保资料收集的信度与效度。

第三节 案例分析

一、案例背景介绍

（一）Wiko 在法国的国际化过程

Wiko 是天珑移动首先在法国推出的品牌。深圳天珑移动成立于 2005 年，经过十年的发展，天珑移动经历了创立产品和产品研发阶段（2005～2007 年）、面向海外市场的 ODM 模式阶段（2008～2011 年），以及自主品牌阶段（2012～2016 年）。2012 年，天珑在法国创立了第一个自主品牌 Wiko，Wiko 是天珑与法国当地伙伴合资建立的，使得 Wiko 在创立之初就拥有法国身份的天然优势。近年来，Wiko 品牌采取一系列有利于 Wiko 在海外市场生存发展的举措，积极塑造 Wiko 的法国品牌特征，使 Wiko 逐步在法国和整个欧洲市场获得极大的关注，一度成为法国销量第二的手机品牌，被法国人誉为优秀的民族品牌。在品牌的国际化过程中，Wiko 在成立之初就立足法国市场，并于 2014 年扩张到意大利、德国、西班牙等国家，现计划回归中国香港和大陆，但其主要市场仍然在欧洲（占 Wiko 90%的市场份额），按照相关定义天珑企业属于典型的天生国际化模式的企业（Chetty, 2004）。根据天珑公司招股说明书，目前天珑移动通过其控股的香港仲汇公司持有 Wiko 品牌 95%的股份，Wiko 现任主席法国人 Laurent Dahan 持有其余 5%的股份。这个类似于俄罗斯套娃的策略使得 Wiko 以法国品牌的身份在欧洲驰骋，而此时其中国同行华为和中兴在欧洲正因为其中国身份而苦苦挣扎。

（二）金立在印度的国际化过程

金立成立于 2002 年，2011 年开始进入国际市场（命名为 Gioin 品牌）。金立的国际化道路主要分为两个阶段：ODM 阶段（2011～2012 年）和自主品牌阶段（2013～2016 年）。近年来，金立的自主品牌"Gioin"以印度等为重点市场，打法上复制国内成熟模式，依托国内热销的机型重点开拓印度等南亚、东南亚市场。凭借来自中国的身份优势，Gioin 结合当地市场特点，围绕品牌理念做建设，给当地用户塑造"Youth Share Fun"的品牌理念，积极寻求线下代理合作，塑造

Gioin 品牌的印度文化内涵，成功地在印度发展壮大，成为销量仅次于三星、苹果的中国品牌。金立的品牌国际化开始于 2011 年的 ODM 阶段，其国际扩张模式是先启动国内市场：2002～2011 年主打中国市场，待中国市场成熟之后再逐步开发海外新市场，在进入海外市场时以"Gioin"品牌名称首先进入印度等东南亚、南亚市场，其次开始进入非洲、欧洲（2016 年），并计划于 2016 年在印度建设工厂以实现"Gioin 手机印度造"。金立经历了直接出口（2011 年）——代理商出口（2013 年）——海外销售子公司——海外生产和制造（2016）四个阶段，属于典型的阶段国际化模式下的企业。当前，金立公司总裁通过海外子公司直接负责海外的 Gioin 品牌及全部业务。

二、案例数据分析过程

（一）开放性编码

开放编码（open coding）指将逐步将所获得的数据资料概念化和范畴化，将资料内容用概念和范畴正确地反映出来，并把数据资料以及抽象提取出的概念打乱、分散，再重新根据逻辑归类和整合的过程。开放编码的主要目的是处理聚敛问题，即确认现象、界定概念和发现范畴。

根据开放编码的要求，我们首先对选取的案例材料的每一句话进行分析，并用一个"概念"将每一句话进行归纳总结；其次，将总结的概念进行聚类，形成若干个范畴，并为之命名形成"副范畴"。基于对之前文献的总结，再经过扎根理论分析过程中对案例材料进行多次整理分析，本研究最终基于研究文献和数据资料抽象出 25 个副范畴及其下属的 163 个概念。

（二）主轴性编码

主轴编码（axle coding）是对开放式编码中被打乱、分割的数据进行类聚分析，建立不同范畴之间关联的过程。在建立关联时，需要分析各个范畴在概念层次上是否存在潜在的联结关系，从而寻找一定的线索（Suddaby，2006）。本研究将开放性编码形成的 25 个副范畴按照范畴的层次关系以及因果关系聚类为 8 个主范畴。

（三）选择性编码

选择性编码的主要任务是识别出能够统领其他范畴的核心范畴，运用所有数据及由此开发出来的范畴、关系等对全部现象进行全面概括和简要说明,从而开发"故事线"(李志刚、李国柱,2008)。身份标签与身份意义的变革并列属于品牌身份的变革,是品牌身份在制度压力下的具体变化表现,因此可以归为"身份变革"这一核心范畴;身份变革在管理者的计划与实施过程中会以各种表达方式传递出去,即品牌身份的传播与沟通,本研究中的"类属表达""使命表达""修辞表达"是管理者所采取的身份传播和表达的具体策略,因此可以将三者归为"身份沟通"的核心范畴;品牌管理者将品牌的身份信息清晰的传递出去之后,能够缓解或消除之前品牌面临的"身份模糊问题"与"身份冲突问题",即因为身份变革与身份沟通举措的实施,跨国品牌面临的身份劣势问题得到解决,因此二者归为"身份劣势消除"的核心范畴;同理,身份劣势的消除使得品牌在东道国市场能够得到生存与发展,即获得消费者、政府组织、媒体等利益相关者的认可与接收,也就是获得品牌合理性,根据文献与案例分析,将"规制合理性""规范合理性""认知合理性"归为"身份合理性获取"。根据核心范畴之间的逻辑关系,归纳出本文的故事线(如图9-2所示):跨国品牌在东道国面临外来者的身份劣势情境下,采取身份变革的措施并将其有效的传达出去,从而消除了跨国品牌面临的身份劣势,帮助企业在东道国市场获取利益相关者的正面见解与认可,从而获取品牌合理性。

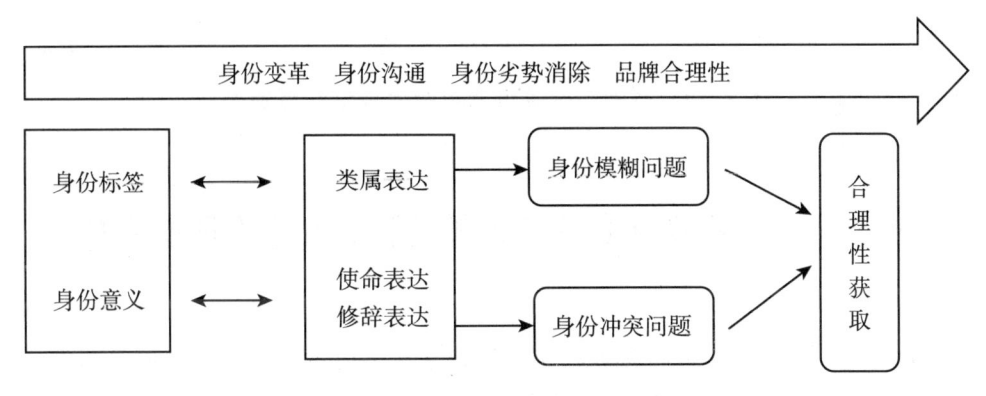

图 9-2 核心范畴之间的关系及故事线

三、手机品牌国际化过程中身份合理化模型构建

通过对案例材料的分析,本书构建了基于品牌身份视角的品牌合理性获取的理论模型,见图 9-3。首先,为了克服品牌国际化过程中合理性缺失的问题,企业可以从"品牌身份"角度,通过调整品牌身份的不同层次(标签层和含义

层），帮助企业缓解在东道国遭遇的"身份劣势"问题，包括消除身份模糊性和消除身份冲突性，借助符合当地利益相关者认知模式的身份（标签和含义）帮助企业在东道国获得合理性；其次，当跨国品牌进入新市场时，在母国是否具有制度比较优势的不同情形下，身份塑造的侧重点（标签层和含义层）应当有所差别，而且对于不同形式的企业国际化模式（阶段化国际模式 VS 天生国际化模式），跨国品牌在海外市场的身份建设也应当与之相匹配；最后，识别出三类有效进行新身份沟通的方式：使命表达、归类表达、修辞表达。其中，归类表达主要用来向外界传递品牌身份标签层的变革，而使命表达与修辞表达则主要是用来传递品牌身份意义层的变革。

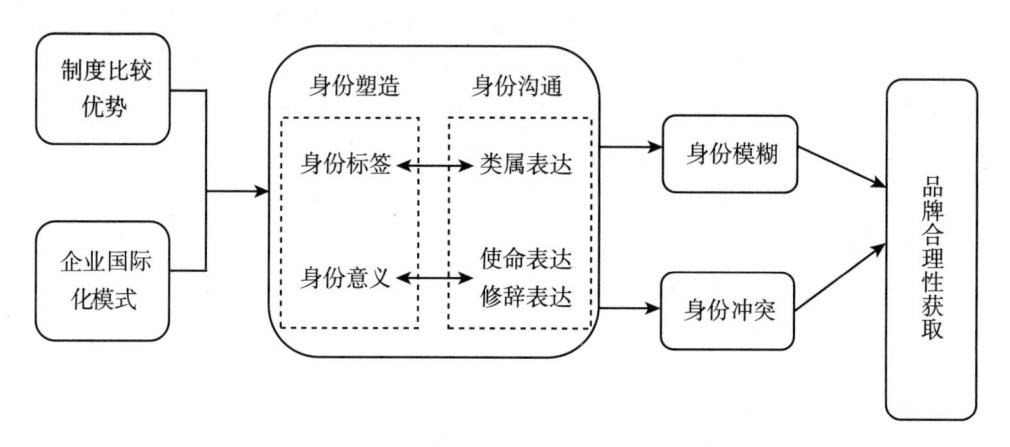

图 9-3 跨国品牌身份变革与合理性获取模型

第四节 品牌身份变革与合理性获取的理论模型解释

国际化进程中，跨国品牌首先面临的就是与国内迥然有别的东道国制度环境，导致其难以在当地市场上获得利益相关者的认可和接受，从而处于"合理性危机"的劣势地位。这是由于跨国品牌进入国外市场时，出现参照群体的缺失、品牌身份的矛盾与差异，以及企业员工内部的认知矛盾等问题（Corley and Gioia, 2004），即伴随着制度环境的改变（随时间或空间的制度变化），跨国品牌会表现出合理性缺失、身份迷失、文化冲突等难题（He and Baruch, 2009）。当跨国品牌因制度环境差异而处于劣势地位时，即使采取制度同构和组织学习也较难降低东道国利益相关者的歧视与偏见（特别是对于新兴市场的品牌），对此，通过对跨国品牌进行身份变革，能够帮助其在国外市场获取合理性。

品牌身份变革

（一）身份变革的标签和含义

品牌身份是品牌想要维持的一系列联想物的集合，它反映了品牌所具有的文化、视图、个性、定位、表征、信息及行为举措等属性特征（Sabin Mindrut et al., 2015）。品牌身份的内涵经历了由产品身份到企业品牌身份的发展，由视觉身份（visual identity）到行为身份（behavioural identity）的延伸（Schultz et al., 2005）。在品牌身份变革的研究中，乔娅（2000）将品牌身份的内涵划分为身份标签与身份含义两层，这一划分方式得到众多学者的认同和深入探索，但是其具体构成要素则没有统一的认识。乔娅（2000）认为身份包含标签及含义两层，身份的标签表示一种象征性的表述（关于"我们是什么"的集体性表述）；含义是指标签背后所隐含的与之相关联的身份属性，每一个标签都有多重的含义与之相关联。因此，身份改变有两种可能的基本方式：（1）通过用来表达身份的标签层的改变；（2）通过与标签相关联的身份含义的改变。

（二）身份标签与身份意义的变革过程

在身份变革的研究中，乔娅（2000）将身份的内涵划分为身份标签与身份含义两层，这一划分方式得到众多学者的认同和深入探索。因此，身份改变有两种可能的基本方式：（1）身份的标签层的改变；（2）身份含义的改变。另外，学者们在品牌身份的具体构成要素方面仍然没有统一的认识（Glynn，2008），本研究还通过案例分析归纳了品牌身份标签与身份意义的具体元素（如图9-4所示）。

图9-4 品牌身份的构成要素

1. 品牌身份标签的调整

外部利益相关者持有一些关于"品牌作为一个典型成员意味着什么"等这样一些"身份准则"的认知，因此，他们就会产生对"品牌应该怎么样"和"品牌将如何"的期望，制度环境压力使得这些身份特征必须要显现出来（Benner，2007；Porac et al.，1999），当跨国品牌身份显现并满足这些期望时，品牌就能获得合理性（Gioia，2013）。例如，品牌名称是品牌身份的集中外在体现，是一个组织最强有力的身份符号。Wiko 品牌在进入法国市场时，通过在法国注册新公司并为新品牌命名为"Wiko"。"Wiko"等于 we and the community（you），传递 Wiko 主张"与顾客分享"的价值观，以及"期望从每个人的手机中去理解和分析每位独特的顾客，并为之服务"的使命。通过"Wiko"传递该品牌的新利益诉求和核心特征，借助法国人的傲慢心理成功把 Wiko 塑造为法国的"民族品牌"，消除了来自中国品牌的负面刻板印象。

通过对案例的分析与归纳，本研究认为品牌身份标签是关于品牌属性信息的象征性表述，是品牌身份中易于察觉的行为模式和告知类信息部分（品牌向外界传达"我们是什么和做什么"的表述）。通过案例研究本书认为跨国品牌身份标签的调整主要包括以下几个方面：国别属性、视觉线索、技术标准与工艺、企业性质与类型、管理模式与战略、科技特征。这些身份标签属性是品牌有形的实体的属性部分，它们具有随时间和情境变化而有所改变的特征。本研究认为，上述品牌身份的标签属性是对身份信息进行分类处理的结果，这些标签表明了品牌具有的类别性属性。而标签背后又蕴含丰富的、多层的联想信息，如产品特征、品牌关系、品牌个性等，它们属于品牌身份的含义层。在品牌国际化过程中，管理人员可以通过对品牌身份标签层的维持与变革，缓解和消除品牌身份模糊、塑造新品牌身份，帮助跨国品牌获得合理性。

因此，本书提出命题1：跨国品牌在东道国可以采用身份标签变革的方式对跨国身份进行处理，从而满足利益相关者的期望，帮助品牌获得合理性。

2. 品牌身份含义的调整

在品牌国际化过程中，因品牌拥有者与东道国利益相关者来自不同的制度环境，他们对品牌同一身份概念的理解也是有所差异的，即身份标签背后的意义会产生多重性或不确定性，当品牌身份遭到利益相关者"冲突性"的理解时，管理者可以通过一系列"意义赋予"行为帮助解决身份冲突性问题。例如，金立手机进入印度市场初期（2013 年），印度人会认为金立是来自中国的大品牌，然而由于当时印度市场中充斥着大量假冒伪劣中国手机，使得印度人对来自中国的金立手机持有又爱又怕的心情。金立高管通过"区域排他性印度代理商""印度高管本地化""金立手机印度造""联合板球骑士队""smilephone"等身份意义赋予的方式使得印度人快速接受了金立手机，2015年在印度市场上就达到总排名第五、中国手机第一的地位。这主要得益于金立品牌能够立足于印度文化环境下，对金立品牌在印度未来形象的提纯和精练，以及一系列构建良好形象的意义赋予策略。在品牌国际化过程中，通过管理者的赋意行为将更多的东道国因素注入品牌身份含义中，这些举措代表了管理者在符合当地利益相关者认知的品牌"新含义"上的追求，能够帮助消除身份的冲突性。通过向东道国利益相关者展示跨国企业新的身份含义是与东道国的制度规范和文化体系保持一致的，引导东道国利益相关者对跨国品牌形成正确的、积极的认知来帮助品牌获取合理性。

通过对案例的分析与归纳，本研究认为品牌身份含义是指标签背后所隐含的与之相关联的隐性身份属性，是品牌身份中不易察觉的价值模式和释义类信息部分（品牌向外界传达"我们为什么和如何做"的表述）。本案例研究发现跨国品牌的品牌身份意义调整主要包括：价值观、品牌个性与文化、品牌关系（与代言人、合作者、竞争者等关系）、企业公民属性、特定功能属性（语言、软件、模式）等方面。品牌身份含义层是品牌围绕身份标签而创造的一系列"关联"含义和各类价值，比如"有魅力""功能强大"等，这些含义层的身份属性起到承载品牌类别性属性的作用。跨国品牌身份含义层的变革强调在东道国制度环境下，品牌在国外市场上做出的有利于当地利益相关者的适应性调整，通过这些身份含义层的调整与革新可以缓解甚至消除跨国品牌身份冲突的状态，塑造有利的身份形象，帮助品牌获得合理性。

因此，本书提出命题2：跨国品牌可以对品牌的身份含义进行变革，从而满足利益相关者的期望，帮助品牌获得合理性。

3. 身份塑造策略与沟通策略的匹配

品牌身份变革包括身份的塑造（construction）与身份的沟通（communication）两个阶段。身份的塑造是品牌的管理者根据品牌特征、受众要求等因素而构建品牌联想物集合的过程（Keller，2003），身份沟通是品牌管理者将想要构建的身份传递给企业成员及外部相关者的过程（Beth，2016）。根据案例的研究，本书提出品牌身份沟通的三种方式：愿景陈述（我是什么？传递个体身份），类属表达（我属于什么？传递群体身份），修辞表达（我像什么？传递群际身份或修辞身份）。

身份塑造策略与身份沟通策略也是相互匹配的，不同的身份沟通方式能够帮助跨国品牌更有效的传递不同的身份层次。具体而言：

使命表达是从品牌自身愿景、价值观、故事理念等方面向外界表达独特的品牌身份属性，旨在塑造一种有别于其他品牌的自我的个体身份（每个企业的使命都不同）。因此，它主要用来传递品牌"身份意义"层面的属性。例如，天珑的品牌 Wiko 在法国市场的经营活动中，向外传达"Wiko 为改变游戏规则而生"的使命，强调品牌所具有的"年轻、自由、不羁"的价值理念。

类属表达是主要从所属类别的角度向外界表达品牌身份属性的一种方式。在品牌身份的塑造过程中，跨国品牌从"群组"的角度传达自己身份的方式，强调归属于某一类的身份属性。根据社会学类别化理论（categorization），类属是一种社会标签（Negro，2010）。管理者为品牌寻找自己所属的类别，从类属的角度回答"它是什么"或"它是哪类东西"，可以向外界清晰地传达身份类别信息，这为身份的含义赋予提供了标签基础。因此，可以说"类属表达"的身份沟通方式重在传播品牌身份的标签层面。例如，Wiko 创立之初强调自己是一家"法国企业"、一家"电子科技企业"等。

修辞表达是从群体外相似物的角度向外界表达品牌身份的一种方式，是利用基模线索（相似物）诠释陌生事物的方式，特别是当沟通双方存在误解、曲解等情形时。因认知模式的差异，不同环境下的人对同一身份标签往往会有不同的理解，即品牌身份会产生冲突性理解。修辞策略是改变主导性思维逻辑的重要工具（Covaleski，2003），它能够通过"易于理解"的模式帮助沟通双方减少认知差异和矛盾，因此修辞表达的策略重在传递品牌的身份意义属性。例如，天珑公司在法国创建 Wiko 品牌时，借助欧美消费者熟知的事物来传达陌生品牌 Wiko 的身份含义（Wiko 的名称属于身份标签）："Wiko is to mobile phone what jeans is to suits"，他们借用 Jeans（牛仔裤）来表达 Wiko 的地位、理念等，借助修辞策略来传递身份意义。

因此，本书提出命题 3：品牌身份变革与身份沟通策略是相互匹配的。即类属表达的身份沟通方式重在传播品牌身份的标签属性，使命表达和修辞表达的策略重在传递品牌的身份意义属性。

4. 制度比较优势对跨国品牌身份变革的影响

对于跨国品牌而言，其面临的母国东道国制度差异有大有小，制度环境作为一种情境因素，需要与公司战略相匹配才能提高跨国公司的国际化绩效（陈怀超，2014；Xu，2001）。因此，对于跨国品牌而言，如何根据品牌所进入的母国东道国制度环境特点来塑造并匹配相应的品牌身份关系着跨国品牌在东道国市场的合理性获取与绩效。

任何进入海外市场的企业都面临着母国和东道国制度环境之间的比较，企业在母国成长过程中所携带的母国制度基因和东道国制度环境之间的适配性影响着其品牌的合理性程度以及国际形象。根据制度比较优势理论，跨国企业面临的制度环境是一种获取战略资源的来源而非约束（青木昌彦，2001）。当母国制度环境相对于东道国在某些方面具有较高的比较优势时，它作为企业品牌价值的比较优势来源，有助于帮助企业产品在海外市场获得合理性。此时，组织身份具有母国身份标签对于企业的跨国经营反而起到促进作用，组织身份标签的保留是充分利用母国制度的比较优势对合理性获得的有利方面。但是跨国公司的最初身份由公司所在母国塑造，组织身份标签背后的含义反映的是母国制度下的无形的印记（Ramachandran，2010；Kogut and Zander，1993），尤其是一些与东道国利益相关者认知和风俗习惯差异较大的方面，则会成为跨国公司在东道国生产和发展的阻碍因素。

因此，在品牌国际化过程中，需要根据母国是否具有制度比较优势来判断如何塑造有利的品牌身份：具体而言，对于进入母国具有制度比较优势的外国市场，需要保留母国制度环境下塑造的身份标签，而调整品牌的身份含义以便更好地融入东道国制度环境；对于进入母国不具有制度比较优势的外国市场，品牌身份的标签往往成为阻碍品牌跨国发展的因素，因此需要隐藏或改变跨国品牌带有的母国身份标签，并按照东道国的制度环境重新注入和打造品牌身份的意义。

因此，本书提出命题4：跨国品牌面临的制度比较优势会影响品牌身份变革的层次。即当跨国品牌进入有制度优势的东道国时应该保留身份标签而调整身份意义；当进入没有制度优势的市场时应该改变或隐藏身份标签，同时调整身份意义。

5. 企业国际化模式对跨国品牌身份变革的影响

企业的国际化模式也会影响跨国品牌的身份管理。不同品牌出于各种目的开展跨国经营，当企业采取不同的国际化模式时，其选择的海外市场、产品策略等存在较大差异（Knight，2004），因此对于品牌身份的管理问题也将有区别地对待。依据前人观点，本书将企业国际化模式划分为两类：阶段国际化模式和天生国际化模式（胡左浩，2007）。除传统的"阶段国际化模式"之外，近年来出现一种完全不同以往的新型国际化模式，学术界把这类企业称为"天生国际化企业"（Born-Globals），把这类企业的国际化模式称为"天生国际化模式"（Knight，1996；Chetty，2004）。

遵循"阶段国际化模式"的传统国际化企业，国际扩张模式是先启动国内市场，先在国内市场进行扩张，然后再逐步开发海外新市场。选择这一模式的跨国企业，依靠不断积累的海外市场经验将本公司产品逐步推向海外市场，因此企业品牌身份的连续性尤为重要。具体而言，采用"阶段国际化模式"的跨国品牌为保持经验优势，需要在动荡的经营环境中维持和强调品牌所具有的身份标签，以此保持跨国品牌与企业成员及外部相关者之间的既有联结和关系；同时，出于融入东道国企业网络、赢取当地消费者认可等需要，跨国品牌需要在身份意义方面（组织结构、文化氛围等）注重吸收东道国因素，从而塑造跨国品牌的本地性以赢得东道国市场主体的接纳。

但是对于遵循"天生国际化模式"的跨国品牌，他们的身份塑造则更应该基于东道国环境而进行全新变革。原因有两方面：一方面，企业在选择海外市场时与心理距离无显著相关性，企业创始人拥有的海外背景和知识等能够帮助这类企业开拓海外市场时减少心理距离、风险因素等（胡左浩，2007），因此这一类跨国品牌的母国身份特征对于海外市场的发展没有显著优势。而且，这类企业的海外市场选择常常依赖于创始人的海外关系网络等（Burgel，2000），市场的切入多以"定制化""专业化""差异化"产品类为主（Madsen，1997），所以其品牌身份特征越贴切东道国的环境则越好，即跨国品牌的身份管理应该基于东道国消费者的特点而"专门化"和"差异化"，而不是按照品牌的母国形象直接复制到海外市场。另一方面，天生国际化模式下的跨国企业，首选市场往往是以高科技产品云集的发达市场（Jolly，1992；Chetty，2004），此时，由于发达国家市场在全球范围内具有示范效应，跨国品牌借势向欠发达市场辐射，能充分利用发达国家的市场发挥品牌效应，因此基于发达市场建立新品牌身份更有利于品牌的国际化发展。

因此，本书提出命题5：企业国际化模式会影响跨国品牌的身份变革。当跨国品牌采取阶段国际化模式时，应该保留品牌的身份标签，同时根据东道国特征调整品牌的身份意义；当跨国品牌是天生国际化模式下的品牌时，应该根据海外市场特点调整品牌的身份标签与意义。

6. 跨国品牌身份变革对于合理性获取的作用

（1）身份标签与意义变革消除身份模糊性。

当跨国品牌进入欧美发达市场时，品牌带有的母国身份印记会成为品牌国际化的阻碍因素，因此跨国品牌可以采用绿地投资等方式在东道国建立新品牌。根据以往研究，品牌身份会因利益相关者的不熟悉、误解和曲解等导致身份呈现出模糊的现象（Corley and Gioia，2004），进而影响品牌的合理性。例如，当跨国品牌在东道国缺少参照体、理想身份与现实身份不符、品牌缺少明确的宣传与推广等都会导致品牌身份产生模糊（Corley，2004；杜晓君，2015）。学者提出，身份模糊性可以通过对品牌身份的变革来解决。根据乔娅（2000）的观点，身份可以分为身份标签和身份含义两层，身份标签强调"我们是什么，我们在做什么"，身份含义强调"我们为什么以及怎么做"，当身份出现模糊性的时候，跨国品牌通过塑造基于东道国制度环境的身份来摆脱母国品牌身份的劣势，清晰地传递变革后的品牌具有符合东道国法律法规和认知习惯的身份属性，从而帮助跨国品牌在东道国获取合理性。

在外来者身份不利的情形下，天珑选择在法国自创合资品牌Wiko的方式开展国际化，Wiko 品牌不带有中国印记，新身份就是基于法国建立的，因而，当利益相关者不熟悉该品牌时，导致产生身份模糊性，即身份存在一种模糊不清的状态。天珑公司明确表达 Wiko 的法国身份属性，通过一系列策略塑造和传达 Wiko 品牌的法国身份特征，消除天珑自创品牌 Wiko 的身份模糊性，被民众誉为"法国民族品牌"，实现品牌合理性的获取。

因此，本书提出命题6：品牌身份变革能通过身份标签与意义的变革来消除跨国品牌的身份模糊性从而帮助品牌获得身份合理性。

（2）身份意义变革消除身份冲突性。

而当中国品牌进入南亚、东南亚等更加不发达的市场时，跨国品牌的外来者身份属性具有一定的优势（Edman，2016），东道国政府出于税收、就业等原因会对外来品牌有优待条件，消费者也会因国货不行等原因而"崇洋媚外"，此时，品牌的外来者身份标签对于跨国品牌而言是一种优势资源。但是两种不同制度环境下的文化习俗、认知模式等存在一定差异，跨国品牌的身份含义属性与东道国消费者的要求不符，与跨国品牌聘用的本地员工的身份诉求不符，或者由于刻板印象等导致跨国品牌的身份含义不能够被当地消费者正确的解读，引发品牌身份冲突的问题。身份的冲突是指跨国品牌相关的各类利益相关者对"该品牌是谁"的多重理解之间相互对抗和竞争的状态（Golden – Biddle and Rao，1997；王成城等，2010）。此时，跨国品牌可以改变和调整身份含义的方式解决其面临的身份冲突问题，并能通过身份标签的保留而防止身份模糊的出现。

在本案例中，金立进入印度因外来者身份的优势得到印度消费者的区别对待，认为是"来自中国的大牌"，但是金立品牌身份的含义，如"聘用什么员工""品牌合作者及代言人"等跟当地受众的认知有冲突，身份冲突需要金立在不改变身份标签的同时，对身份意义进行丰富、调整等。

因此，本文提出命题7：品牌身份变革能通过身份意义的调整来消除跨国品牌的身份冲突问题，从而帮助跨国品牌获得合理性。

第五节 结论与展望

一、研究结论

本书以两家中国手机品牌国际化发展为案例，探索如何塑造品牌身份以帮助跨国品牌在东道国获取合理性，并提出了跨国品牌身份变革与合理性获取的理论指导模型（如图9-5所示）。研究发现：品牌身份决定品牌的惯例、结构和行为，是解释该品牌存在的价值、目的等核心特征的工具，承载着向外部利益相关者传达品牌是否符合规制规范、价值观和利益相关者期望的功能，因此可以通过品牌身份标签和身份含义的调整帮助跨国品牌在东道国获取相应的合理性。同时，本研究也概括出品牌身份在标签层和意义层的具体维度，为企业的战略安排提供参考。

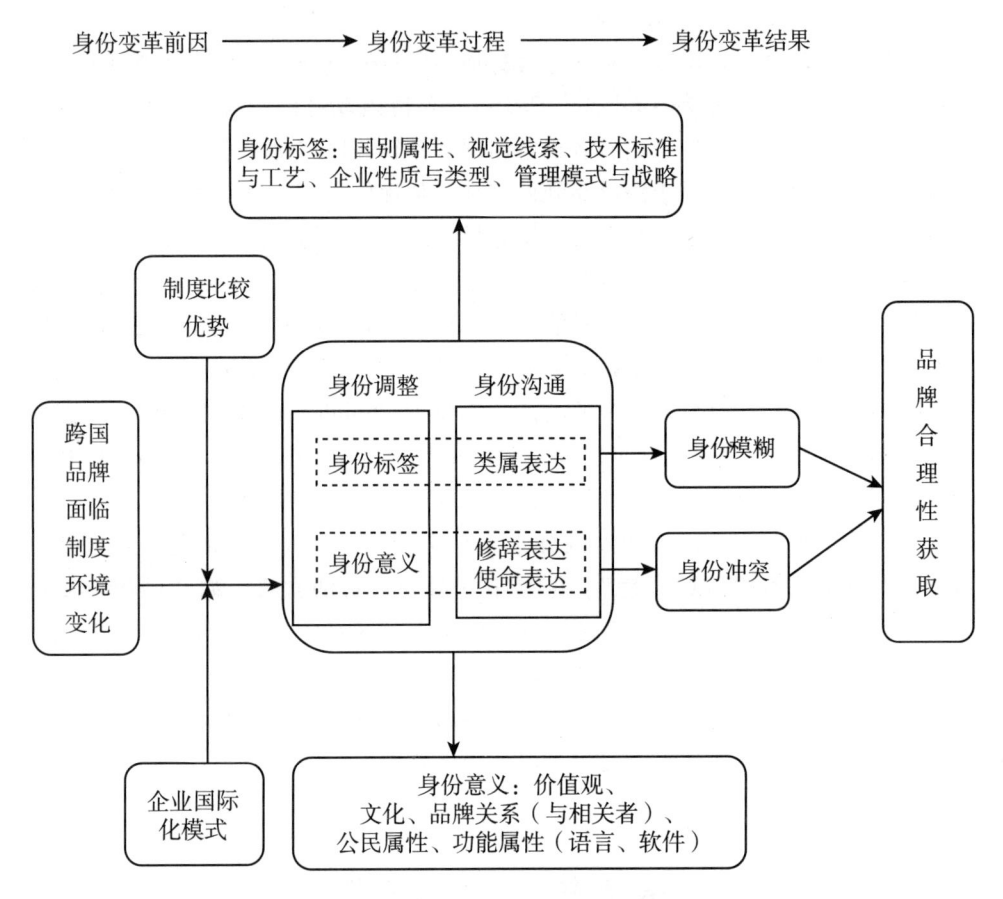

图9-5　跨国品牌身份变革与合理性获取的理论指导模型

早期的研究提出，对于来自中国的跨国企业而言，更多的应该通过以标签为中心的身份变革克服外来者劣势以获得合理性（Fiol，2002）。但是这忽略了对于有些东道国市场而言，母国制度也可以是一种资源而非约束力。因为当母国制度环境相对于东道国在某些方面具有较高的比较优势时，它作为企业品牌价值的比较优势来源，有助于帮助企业产品在海外市场获得合理性。

因此，本文得出一个重要观点：在品牌国际化过程中，需要根据母国是否具有制度比较优势来判断如何塑造有利的品牌身份，对于进入母国具有制度比较优势的外国市场，需要保留母国制度环境下塑造的身份标签，调整品牌的身份含义以便更好地融入东道国制度环境；对于进入母国不具有制度比较优势的外国市场则需要隐藏或改变跨国品牌带有的母国身份标签，并按照东道国的制度环境重塑品牌蕴含的身份意义。同时，不同的企业国际化模式预示着企业在资源获取与利用等方面存在差异，对于采取不同品牌国际化模式的企业而言，其身份变革的方式也是不同的，即企业国际化模式会影响跨国品牌的身份变革：当跨国品牌采取阶段国际化模式时，应该保留品牌的身份标签，同时根据东道国特征调整品牌的身份意义；当跨国品牌是天生国际化模式下的品牌时，应该根据海外市场特点调整品牌的身份标签与意义。

另外，企业对品牌身份的塑造只有被有效地传递给受众才能帮助企业获得合理性，本书通过对案例的归纳，提出企业可以通过以下三种方式在东道国有效的传递新品牌身份，从而成功塑造有利的身份标签和含义：使命表达、归类表达、修辞表达。而且，身份沟通在传递身份变革信息的过程中是有所侧重的，即品牌身份变革与身份沟通策略是相互匹配的：类属表达的身份沟通方式重在传播品牌身份的标签属性，使命表达和修辞表达的策略重在传递品牌的身份意义属性。

二、研究局限性及未来研究方向

首先，本书以两家中国手机品牌开展国际化经营为案例对品牌合理性获取问题进行研究，得出的结论可能具有一定局限性，尤其是在品牌身份的构成要素方面，更需要其他行业的研究进一步充实完善。未来可以以多个案例为基础，从多个行业、以多个东道国市场为背景，对本文提出的理论模型进行修正。

其次，本书通过扎根研究方法，对品牌身份的构成及其变革进行了探索性的归纳分析，提出了品牌身份变革的理论框架。但是由于研究方法的局限性，本书并没能准确地考察框架中所涉及变量之间的量化关系，比如"制度比较优势"和"企业国际化模式"对身份变革的影响是否存在交互作用等。因此，未来的研究可以采用量化数据来检验本研究的结论，增强研究结论的普遍性意义。

最后，由于品牌身份变革方面的研究还处于探索性和描述性研究阶段，对于跨国品牌而言，其外来者身份的优劣性也存在争论，继而影响其身份变革的必要性。比如，当强调跨国品牌外来者身份的文化属性时，能进一步将该跨国品牌与东道国品牌的管理模式、员工激励机制等区别开来,从而有利于跨国品牌在制度距离较大的海外市场获取人力资本(Yildiz and Fey,2012),但这也会增加跨国品牌与东道国合作伙伴的沟通与交易成本(Cuypers,Ertag and Hennart,2015)。因此,进一步探索跨国品牌外来者身份在何种情境下会给该品牌带来哪些方面的优势(或劣势)是非常有必要的。

第十章

浪潮与中通集团的国际化网络的构建实践

第一节 企业国际化网络构建的必要性

随着经济全球化的发展和国际化浪潮的推动,中国企业逐步将目光从国内转向国外,开始在海外市场上寻求企业发展的新空间和新模式。据商务部统计,2014年,我国国内投资者共计对世界156个国家和地区的6 128家境外企业进行了直接投资,境外直接投资金额总共6 320.5亿元人民币,同比增长14.1%。我国在国际市场上已经拥有以浪潮、海尔、华为、联想为典型代表的,并在国际市场具备一定竞争优势和国际地位的新一代中国本土企业(武亚军,2009)。同时,尽管中国企业进行国际化是企业发展的必然趋势,在国际化进程中,企业仍面临着众多的困难和挑战,国际化失败率较高,超过10%。而且企业国际化的效益普遍较低,据商务部资料显示,2012年我国近两成企业的海外业务存在亏损状况。与发达国家相比,中国企业在技术、营销以及管理模式等方面都与国际跨国企业存在一定的差距(白远、王莹,2012)。如何提升企业国际化发展绩效一直是中国企业"走出去"战略面临的难题。经济全球化的发展趋势使得国际企业之间的合作越来越频繁,仅仅依靠企业内部资源的配置并不能满足企业发展的需要。特别是对中国企业来说,在资源、品牌等方面都处于弱势,依靠"单打独斗"很难获得竞争优势,从发展企业国际化网络的角度,推进企业国际化绩效的提升可能会是一条有效路径，也是浪潮集团股份有限公司、中通控股股份有限公司等企业正在实践的做法。

从现有文献来看，大多研究都关注了企业国际化经营与企业整体绩效之间的关系，对企业网络给国际化绩效带来的影响及其作用机制了解甚少。部分涉及企业网络的文献认为，企业网络有助于企业获取多样化的市场信息、互补性的资源和能力，实现资源利用的相互协调、共同开发新产品、开辟新市场。企业间网络是企业获取关键知识和技术，并进行相互学习的有效途径，能够帮助企业实现规模经济和范围经济，从而有效降低企业运营成本（Gulati, Nohria et al., 2000；郭朝阳，2013）。那么，企业国际化网络会如何影响国际化绩效呢？本章旨在通过对浪潮集团股份有限公司、中通控股股份有限公司国际化的分析，结合企业国际化的相关理论，探讨企业国际化网络对国际化绩效的影响因素和作用机制，为制定适合国内企业进行国际化运作的独特发展战略和模式，改善国际化经营绩效提供参考。

第二节　企业国际化网络构建的理论背景

一、企业国际化概念及方式

国内外的学者基于不同的研究视角对企业国际化的概念进行了不同的阐释：约翰松和马特松（Johanson and Mattsson，1988）从阶段理论视角出发，认为企业国际化是一个企业由国内市场向国际市场逐步发展的连贯的、顺序化过程，在此过程中企业的经营方式不断变化，企业获取、整合以及利用国外市场信息的能力将会不断增强。约翰松和马特松（1986）从网络关系视角出发，将企业国际化视为企业在国际市场中建立、发展以及维持与竞争对手、供应商、客户、分销商等利益相关者之间相互关系的过程。企业国际化的程度不仅代表其在企业网络中的地位，同时也代表其在市场中识别、获取、整合并利用网络资源的能力。斯蒂芬·勇（Stephen Yong et al., 1989）从国际化内容视角出发，认为企业国际化是企业进行跨国经营的所有活动和形式。这些活动主要包括产品出口、技术许可、管理合同、国际分包生产以及特许经营等。而奥维特和麦克杜克尔（Oviatt and McDougall，2005）则从创新视角出发，认为企业国际化是企业为了寻求竞争优势而在其所在国之外的市场上创造性地发现和开发市场机会的过程。

尽管上述研究从不同的视角对企业国际化的概念进行了差异化的界定，但是通过分析可以发现，学者们对企业国际化的本质的理解是相同的，即企业国际化是企业生产经营活动从国内市场走上国际市场的过程。而至于如何进入国际市场，进入国际市场的内容等方面则存在不同的看法。因而，基于上述研究成果，并结合本研究自身的背景及问题，将企业国际化的概念界定为：企业为了寻求更多的资源和市场，而将自身的生产经营活动从国内进入国外不同市场及区域，成为国际经济活动一部分的行为。

关于国际化的方式，国外学者劳伦斯和罗斯坦（Lawrence and Luostatinen, 1993）提出了企业内外关系的国际化理论，认为企业国际化包含内向国际化（Inword）和外向国际化（Outword）两种方式，并且内向国际化和外向国际化之间是相互促进、息息相关的。与之相似，国内学者鲁桐（2000）基于中国企业国际化发展的具体背景将国际化过程分为两个方面，一为外向国际化，即企业的相关经营活动从国内到国外的过程，如直接或间接出口、技术转让、国外合资合营、海外子公司和分公司等。二为内向国际化，即企业自身通过引进国外先进技术、资源而成为国际化企业的过程，如进口、购买专利技术、国内合资合营、成外海外公司子公司等。

国外学者主要基于发达国家背景分析外向国际化的发展模式，而对于发展中国家的企业而言并不适合。发展中国家企业在进行国际化初始由于缺乏关键的资源和技术，往往要通过内向国际化进行资源和能力的积累，然后再进行外向国际化，如闫立罡（2006）通过分析中国企业国际化的具体案例，基于内向国际化和外向国际化的顺序和程度将国际化模式分为三种类型。但值得注意的是，企业的内向国际化与外向国际化方式之间并不是截然分开的，企业往往会同时采取两种方式进行国际化，实现两种国际化方式的相互促进和融合。因此，借鉴以往研究成果，并立足于当前研究背景，将企业国际化方式划分为内向国际化和外向国际化两种方式。

二、企业国际化网络的概念及分类

在明确企业网络的概念之前，首先要确定关注的对象和研究视角。当前关于企业网络的研究有三种分类：首先从焦点对象来看，企业网络研究主要分为个人企业网络、企业内网络及企业间网络三种。其中个人网络主要以管理者个人及其社会关系为关注焦点，分析不同企业内个人之间的关系对企业绩效的影响；而企业内网络以企业内不同职能部门或事业部为关注焦点，分析企业内组织间关系对企业的作用；企业间网络则是以单个企业关系为关注焦点，分析企业间关系对单个企业运作的影响。从分析层面来看,企业网络可以分为整体网络和以个体为中心的自我中心网络。其中整体网络主要从网络整体层面分析网络内企业间的互动和网络整体运作情况,以网络或企业间关系为关注焦点;自我中心网络则是以单个企业为关注焦点,分析单个企业的网络特征对企业经营活动的影响。而从网络关系的性质来看,企业网络又可以分为基于社会交往形成的社会关系网络和基于长期商业交易形成的商业网络。其中社会关系网络主要以社会背景中的个人和社会交换形式为关注焦点,商业网络则是重点分析商业运作过程中建立的关系。

基于以上研究视角,不同学者对企业网络的概念进行了界定,如福斯(Foss,1996)认为企业网络是特定企业间持久稳定的关系模式。古拉蒂(Gulati,1999a)则从网络功能出发,将企业网络界定为企业间关于资源共享、交换以及产品共同研发的自愿安排。布拉斯(Brass,2004)则从关系对象出发认为企业网络是企业与其供应商、竞争对手、目标客户和其他利益相关者之间的长期关系。国内学者陈守明(2002)则认为企业网络是由相互独立但互相关联的企业以分工协作为基础而建立起来的长期性的组织联合体。由于本研究主要关注企业国际化过程中建立的企业网络对国际化绩效的影响,主要以单个企业为关注焦点,从单个企业的网络特征分析企业间商业网络对企业经营行为的影响。因此认为企业国际化网络是企业为了实现不同企业间的资源共享和交换而在国际化过程通过合作、交流、联盟等形式建立的具有长期稳定交易关系的动态组织。

当前关于企业网络特征的分析维度主要有结构维度（Burt,1992）、关系维度（Uzzi,1997）、内容维度（Lavie,2008）三种,尽管不同学者从不同的维度和研究视角对企业网络进行研究,但是基本上都是基于社会网络理论来考察的,研究变量主要基于网络联结、网络结构、网络位置和网络成员等因素进行构建。因而结合社会网络理论以及研究对象和目的,本研究将通过网络联结模式出发,分析不同网络联结模式的企业网络对企业国际化绩效的影响。而关于网络联结的分析维度有多种,本研究主要从联结强度、联结久度以及联结多重性三个方面将企业网络划分为强关系网络和弱关系网络。其中,联结强度主要指在联结上的情感投入程度、亲密程度以及接触频率等;联结久度指企业间合作和交流的时间跨度;联结多重性则是指两个企业之间关系的多维度兴趣点的程度。

三、企业国际化绩效及评估

绩效主要用于评估单个经济个体的经营状况、工作效率等经济活动是否符合既定的目标,是组织或个人在一定时期内为实现既定目标而进行各种行为的有效产出（孙俊华,2007）。因此,基于绩效概念可以将企业国际化经营绩效定义为企业为实现特定的国际化战略目标而在一定时期内通过开展相关国际化经营活动所产生的有效输出。

当前，关于国际化经营绩效的评估还没有明确的评价体系。国内外学者通过不同的指标对绩效进行了衡量，如休格斯等（Hugehes et al.，1975）通过企业利用股东回报率进行绩效评估；弗农（Vernon，1971）的绩效衡量指标则为销售回报率和资产率。而国内学者多通过受访者的主观评价来衡量国际化经营的绩效（王忠，2005）。总体而言，关于国际化经营绩效的衡量主要分为三个方面，分别为财务绩效、运营绩效以及综合绩效。其中财务绩效主要通过销售利润率、资产利润率、销售增长率、利润增长率等指标进行衡量；经营绩效的衡量指标则包括管理费用率、销售费用率等；综合绩效主要指企业整体经营绩效，主要通过企业竞争力、市场地位、资源保证能力等指标进行衡量。由于本研究主要通过企业具体案例进行分析验证，因此对于国际化经营绩效的评估将主要考察访谈者对企业整体绩效的主观评价和企业的相关财务指标，通过多个方面的综合评估来界定国际化运营成果。

四、企业创新模式

企业创新是指企业在特定的市场环境下，创造、获取、吸收以及应用具有价值的新颖性知识，从而改进和扩展产品、服务的生产流程、生产工艺及企业制度的过程（Mary and Marina，2010）。其中该定义包含五点主要内容：创新的技术不仅来源于企业内部，也包含外部获取的技术；创新的过程包含知识创造和知识应用两个方面；创新的最终目标是为了产生价值；创新所对应的是组织而不是整个经济体；创新包含过程和结果两个方面。基于企业创新的概念，国内学者普遍认为企业创新有三种模式，分别为自主创新、模仿创新和合作创新。其中合作创新主要指企业间相互合同，共同进行研发创新的方式，其关注的是多个企业间的相互合作关系，以多个企业为研究对象。而本研究主要以单个企业为研究对象，因此，这里主要对自主创新和模仿创新两种模式进行分析和区分。

首先，关于自主创新不同学者给予不同的理解：傅家骥（1988）将自主创新理解为企业独立进行技术探索和突破，并依靠自身能力完成后续创新环节，实现技术产品化、创造企业利润等目标的创新活动。曾硝（2004）则从企业外部界定自主创新，认为自主创新是企业不依赖对外来技术的购买和引进，而通过企业自身的努力和研发，实现技术创新和突破的活动。黄懿（2006）认为自主创新是企业依靠自身的资源和能力而进行研发的创新活动。综上所述，自主创新包含两个关键点：一是创新活动是企业依靠自身力量完成；二是创新成果具有一定的突破性。其次，模仿式创新主要指企业通过向其他创新领先企业学习关键技术、知识和经验以及购买核心技术等方式对自身技术进行完善和改进的创新活动。普遍认为，模仿式创新可以降低企业创新成本和风险，并能充分利用技术溢出效应。其中模仿创新的关键在于通过学习对技术进行改善和提升，单纯的技术引进和购买不能称为模仿式创新。总而言之，自主创新和模仿创新本质上都是一种创新方式，最终目标都是实现技术的改进或突破。企业创新模式的选择应根据企业自身和市场环境进行灵活选择，对于缺乏核心技术和资源的发展中国家企业，模仿创新是企业自主创新的基础，企业在从模仿创新向自主创新过渡的过程中实现两种模式的相互融合和统一（彭纪生，2003）。

五、企业创新能力

企业创新能力的概念和内涵仍没达成统一的认识，学者们基于不同的研究视角对企业创新能力进行了阐释。伯杰尔曼（Burgelman，1986）从战略管理视角出发，将创新能力界定为组织为支持企业创新战略的一系列综合特征，主要以支持创新战略的实现为目标，在资金能力的支撑下，将产品创新能力和工艺创新能力作为主体的系统整合能力。而知识基础观则认为企业创新能力是企业调动整合企业内部知识，通过创造新知识而改善产品或工艺的能力（Kogut，1992）。具体可细分为开发市场需求的能力、技术应用能力、产品技术开发能力以及伴随竞争对手产生的随机性技术能力等（Adler and Shenbar，1990）。而从企业过程视角出发，企业创新能力可被视为企业为了应对外界市场环境的变化，所具有的不断开发新创意，并将其转化为新产品、新工艺或新系统的能力，其核心在于通过对相关知识、技术等资源的有效利用获取市场价值，进而在企业内成功推广创造性的思维（Szeto，2000）。尽管上述概念的研究视角不同，但是通过分析可以发现企业创新能力是集合技术、制度、文化、管理等一系列创新的能力，其核心是企业对专业技术人才、研发平台、**管理系统**以及企业价值观等资源的掌握，即企业创新能力形成和提高的关键在于企业所拥有的特定知识、人才、管理系统、市场信息等企业资源，企业通过对这些资源的整合和有效利用形成特定的创新能力。

综上所述，企业创新能力是以企业能力理论为基础，针对企业创新现象而形成的特定概念。企业所拥有的独特的知识、经验、技术以及市场信息等资源是企业创新能力的基础，企业对这些资源的有效获取、整合以及利用是企业创新能力建立和提高的关键因素。因此，结合上述理论观点和创新的内涵，本研究将企业创新能力定义为企业为了实现企业利润以及应对外界市场环境变化，通过整合和利用企业资源而形成创新点，并将其融入到生产经营活动中，创造出能够有效满足客户需求的产品和服务,进而获取持续性竞争优势的多层次综合能力体系。

第三节 企业国际化网络构建的理论框架

国际化网络的构建主要关注不同类型的企业网络对企业国际化绩效的影响机制,并对企业网络类型与国际化方式之间相互匹配关系是如何对企业国际化绩效构成影响进行讨论。通过企业国际化及企业网络相关文献和理论进行分析和总结,提出了如下研究框架,如图10-1所示。

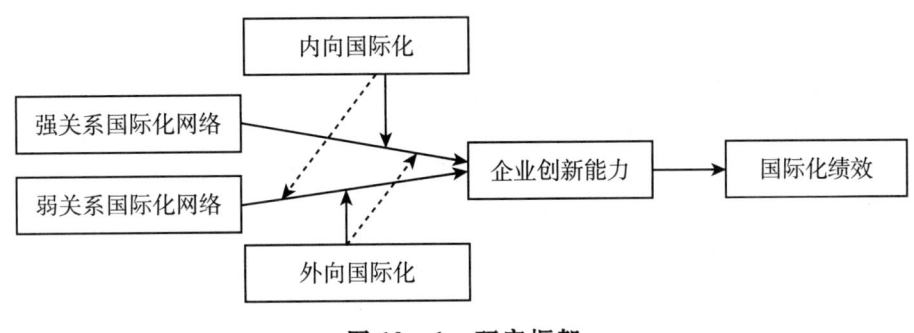

图10-1 研究框架

一、企业国际化网络与企业国际化绩效

研究表明,企业间各种合作网络对企业资源、能力以及企业绩效存在显著影响。企业社会网络理论认为企业资源不仅来源于企业内部,同时也可以通过其所处的社会网络获得,企业网络能够促使网络内企业进行资源的共享和转移。企业在与顾客、供应商、竞争对手等相关者的交往和合作中会获得许多新的知识和信息(Bangens and Araujo,2002)。基于企业国际化理论可知,这些关键的技术、知识、信息等资源有利于企业形成竞争优势,对企业国际化发展和经营绩效的改善有显著的影响。由此我们可以推断出,企业网络对企业国际化绩效存在影响。

首先,强关系国际化网络与企业国际化绩效。基于社会网络理论可知,强关系网络有利于网络内资源,尤其是核心技术、隐性知识以及管理经验等资源的分享和转移(Coleman,1988)。由于强关系网络主要是由一些具有相同背景、知识结构以及经验的个体或组织构成,网络内的资源具有很强的相似性和同质性,且强关系网络内组织成员之间情感投入、亲密程度以及接触频率都很高,企业间交流和合作的时间较长，网络联系偏向多元化。强关系网络的这些特性一方面有利于网络成员之间建立较强的信任机制，另一方面，也有利于网络规范和惩罚机制的形成。正是基于网络内信任、规范以及惩罚机制的建立，企业间的特殊资源才能够进行有效的分享和转移。由此，我们可以推断，企业通过强关系网络可以更容易地从网络其他成员处获取与企业相关的核心技术和隐性知识等特定资源，进而形成特定的竞争优势，改善企业的国际化经营绩效。因此，我们提出如下假设：

H1a：企业国际化过程中，强关系国际化网络对企业国际化绩效有正向影响。

其次，弱关系国际化网络与企业创新能力。同样由社会网络理论可知，弱关系网络有利于网络内成员获取多样化的信息、知识等资源（Granovetter，1985）。由于弱关系网络是由一些具有不同背景、知识结构以及经验的个体或组织构成，网络内资源的相似性和同质性较低，且弱关系网络内组织成员之间情感投入、亲密程度以及接触频率都较低，企业间交流和合作的时间较短，网络联系偏向单元化。弱关系网络的这些特性一方面有利于企业从网络其他成员处获得异质性的知识和信息等资源，另一方面，有利于网络外其他异质性的资源进入网络。由此，我们可以推断，企业通过弱关系网络更可能从网络内获取异质性的知识、信息等特定资源，并通过将这些异质性的资源进行整合和利用，形成特定的竞争优势，从而改善企业的国际化经营绩效。因此，我们提出如下假设：

H1b：企业国际化过程中，弱关系国际化网络对企业国际化绩效有正向影响。

二、企业国际化网络、企业创新能力与国际化绩效

基于社会网络理论可知，企业国际化网络有利于企业从网络内获取国际化发展所需的核心技术、隐性知识以及市场信息等关键资源。而企业能力理论则认为企业获取竞争优势，改善经营绩效的关键在于企业所拥有的独特资源以及基于特定资源所形成的核心能力。企业仅仅拥有独特的有价值的资源是不够的，还必须能够合理配置和有效利用这些资源才能形成特定的竞争优势，通过资源的配置、开发、利用和保护所形成的能力才是企业竞争优势的深层来源，只有拥有有效利用资源背后的能力才能创造并保持独有的竞争优势。而企业能力形成和提高的基础在于企业所拥有的独特技术、知识以及信息等资源，企业基于这些有价值的特定资源形成自身的核心能力（Park and Mezias，2004）。

企业创新能力正是一种最具代表性的企业能力，研究表明：企业创新能力主要通过提高企业对内外部资源开发利用效率的方式来改善企业绩效。企业创新能力一方面能够增强企业对现有资源的开发和利用程度，有利于企业挖掘内部资源

的潜在价值；另一方面，有利于企业整合现有及外来资源，通过对内外部资源的融合、转化及利用来改善企业绩效（Teece，1997）。企业创新能力改善企业国际化绩效的外在表现形式主要有三种：首先，企业创新能力能够促进企业新产品、新工艺以及新技术的产生，使企业在国际市场具有一定的垄断优势和定价优势，进而影响企业国际化绩效；其次，企业创新能力能够提高企业产品及服务在国际市场上的竞争力，基于创新而不断完善的产品及服务能够更好地满足国际客户的需求，提高客户的忠诚度，进而改善企业国际化绩效；最后，企业创新能力还可以增强企业内部的管理能力、营销能力以及生产能力，通过提高企业生产管理效率、降低运营成本的方式间接影响企业国际化绩效。希特等（Hitt et al.，1997）也表明重视创新能力的企业比不重视创新能力的企业盈利能力要强，而且这种创新能力对企业绩效的影响是长期的。由此，我们可以推断出，企业创新能力在企业国际化网络和国际化绩效之间起着中介作用。

研究表明：企业创新需要资源，尤其是知识、技术等关键资源（Miller，2007）。强关系网络时，企业可以运用网络从其他成员处获取与企业相关的核心技术、隐性知识等特定资源，有利于提高资源获取的深度。这种相似的、同质的、甚至重复的资源能够加深企业对现有技术、知识等特定资源的理解和运用。企业基于资源的相似性和同质性进行利用性学习，通过对自身技术的改进、完善和突破实行模仿创新，提高企业的创新能力，进而改善企业的国际化绩效；弱关系网络时，企业主要通过网络获取异质化的知识、信息等资源，有利于提高资源获取的宽度。这种多样化的、异质性的资源则能够激发企业的技术创新灵感、提升企业技术创新的洞察力。企业基于资源的异质性和不相关性进行探索性学习，通过在对内外部资源进行整合和利用的基础上实行自主创新，提高企业的创新能力，进而改善企业的国际化绩效。相类似地，弗莱明（Fleming，2007）指出闭合型的企业网络有利于企业创新过程中创意的发展，稀疏型网络有利于创意的产生。国内学者张华（2008）也提出闭合型企业网络有利于改进型企业创新，稀疏型企业网络有利于探索性企业创新。因此，我们得出如下假设：

H2a：企业国际化过程中，企业创新能力在强关系国际化网络与国际化绩效之间起着中介作用。

H2b：企业国际化过程中，企业创新能力在弱关系国际化网络与国际化绩效之间起着中介作用。

三、企业国际化网络、国际化方式与企业创新能力

企业尤其发展中国家企业在国际化的过程中，主要有两种方式或阶段，即内

向国际化和外向国际化。企业在进行国际化发展初始，由于企业本身缺乏核心的技术、知识以及经验等资源，因此企业往往采用内向国际化的方式，通过进口、购买专利技术、国内合资合营等方式引进和学习国外的先进技术和管理经验，通过对这些经验、知识以及技术的学习、积累和改进，建立和完善企业自身的核心能力如创新能力，进而改善企业的国际化绩效。而当企业具备一定的资源和能力优势之后，企业会采取外向国际化方式，通过出口、技术转让、国外合资合营、成立海外子公司等方式实现企业利润，并在此过程中获取东道国的文化、消费习惯和国际市场需求信息等异质化的资源，通过利用企业自身能力对内外部资源进行整合及利用，从而提高和完善企业自身核心能力，实现自主创新，改善企业国际化绩效。但值得注意的是，企业的内向国际化与外向国际化方式之间并不是截然分开的，企业往往会同时采取两种方式进行国际化，实现两种国际化方式的相互促进和融合。通过分析，我们可以发现内向国际化的关键在于企业对国外先进知识、技术以及经验等资源的引进、学习和改进；而外向国际化的关键在于企业对国际市场上的消费需求、消费习惯、本土文化等异质化的资源的获取和整合。

而社会网络理论指出，强关系网络有利于网络内隐性知识、核心技术等资源的共享和转移，企业通过强关系网络从网络其他成员处获取与企业相关的核心技术以及知识资源实现模仿式创新；而弱关系网络则有利于企业从网络内获取异质化的信息、知识等资源，企业通过弱关系网络从网络内获取异质化的信息、知识等资源实现自主式创新。由此我们可以推断，在企业国际化的过程中，内向国际化方式更有利于企业获取国外先进的核心技术及隐性知识等资源，与强关系网络更匹配；外向国际化更有利于企业获取国际市场上异质化的消费需求、消费习惯、本土文化等资源，与弱关系网络更匹配。因此我们提出如下假设：

H3a：企业国际化过程中，当企业国际化网络是强关系网络时，与外向国际化方式相比，内向国际化将更可能促进强关系网络对企业创新能力的影响。

H3b：企业国际化过程中，当企业国际化网络是弱关系网络时，与内向国际化方式相比，外向国际化将更可能促进弱关系网络对企业创新能力的影响。

第四节 企业国际化网络构建实践的案例设计

一、企业样本选择

在选择国际化成功案例时主要考虑以下几个方面的因素：一是这两个研究样

本都在行业内具有较强的影响力，能够代表其所在行业国际化的领先水平。同时，现有的关于这两个案例国际化过程和方式的新闻报道和关注相对比较多，便于二手数据信息的收集，从而提高研究的建构效度和信度；二是所选择的两个案例属于技术密集型行业，产品和服务的技术含量都很高，企业的创新能力在企业的国际化发展中发挥着重要的作用。这与本研究的研究背景和理论假设相契合；三是本研究的两个案例的国际化方式和过程都在一定程度上反映了我国企业从事国际化发展的普遍模式和流程，有利于提高案例研究的外在效度。

因此，基于上述因素，对国内国际化成功的两家技术密集型制造业企业进行研究，尤其是对企业国际化过程中国际化网络与国际化绩效之间的关系进行挖掘和剖析。并且，为了增强研究的真实性和有效性，我们将尽可能地对两个样本企业的国际化网络类型与国际化方式进行真实呈现。在研究过程中，我们强调选择研究国内企业在其自然环境下进行国际化发展研究，尤其关注企业国际化网络类型与国际化方式之间的匹配关系对国际化绩效的影响强度。本研究的目标案例主要包括浪潮集团有限公司和中通客车控股股份有限公司，每个案例企业都是在当前经济全球化的背景下，成功实现国际化发展，并取得良好海外经营绩效的高新技术企业。其中，浪潮集团有限公司作为中国最大的服务器制造商和服务器解决方案提供商，一方面，通过与世界500强企业进行合资合作引进先进的管理经验和核心技术，提高自身的国际竞争力和创新能力，另一方面，通过在海外设立子公司和海外工业园区的方式发展海外业务，成功实现了企业的国际化发展。中通客车控股有限公司是以公路客车、旅游客车、团体客车等产品为主的客车制造企业，其产品不仅在国内享有很高的市场荣誉和拥有很强的竞争力，而且远销海外三十多个国家和地区。

二、资料收集方法

现有研究表明，通过对不同来源和时间点所采集的数据进行交互验证可以提高案例研究的准确性和建构效度。基于上述观点，在本研究中，我们通过多方位来源对数据进行搜集，具体如下：(1) 二手资料。在访谈之前，从网上搜集了大量的二手资料，如产业报告、公司年度工作报告、企业国际化新闻报道等；访谈过程中，还搜集了大量的企业档案资料，如企业内部宣传物，企业会议材料，宣传手册等。(2) 半结构化访谈。通过对浪潮集团和中通客车的高层管理者进行半结构化的面谈，了解企业从事国际化发展的基本情况、发展模式与历程、企业创新等情况。(3) 实地观察。在访谈过程中，对目标企业的创新成果和国际化发展状态进行了实时实地的观察，并通过与企业内部员工进行沟通和交流，全方位地了解企业的国际化发展情况。(4) 跟进性观察、了解。访谈之后主要通过电子邮件、电话等方式对后续发现的问题进行了解和确认。

在所有的数据搜集方法中，本研究主要以半结构化访谈为主。通过与目标案例企业的高层管理者进行访谈，我们获取了大量的数据信息。首先，关于访谈对象：浪潮的访谈对象为负责产品生产销售，以及与企业上下游供应链沟通合作的运营总监和负责海外业务投资发展的投资部总经理（董事会秘书）。中通客车则主要约谈了负责中通客车整体生产销售过程的董事会秘书（副总经理）以及主要负责国际市场拓展的副总经理。其次，关于访谈内容：访谈的问题主要以已提出的理论框架为基础进行构建，内容包括企业国际化发展的基本历程、发展方式、企业创新、合资合作以及技术的引进和转让等。再其次，关于访谈时间：每次对目标企业的访谈时间为 2~3 小时。并在访谈结束后的 12 个小时内对访谈内容进行整理和总结，并从中发现新的研究问题以期在随后的跟进性了解中对相关问题进行解决和证实。最后，进行第二轮访谈：主要通过电话访谈的形式对第一轮访谈资料整理和分析过程中出现的相关问题同访谈者进行确认和解决。

本研究半结构化访谈主要包含以下几个部分：(1) 了解企业的整体经营状况，如市场份额、竞争对手、目标客户、产品服务等基本内容。(2) 通过开放性问题询问企业的国际化历程、与国外企业的合作形式、海外业务比例、国际化面临的困难和挑战以及国际化的方式等。(3) 继续对问题进行深度挖掘，尤其关注企业国际化过程中的核心能力、企业创新的影响力，以及成功实现国际化的关键因素等方面。(4) 向访谈者提出一些封闭式的问题，了解其对国际化绩效和企业创新能力的评估方式等。基于这些内容结构的访谈，我们可以搜集到较为翔实的数据信息，从而对企业从事国际化的网络、方式、能力以及绩效有个清晰的认识。而对于如何消除访谈过程中的偏差等问题，我们主要做了如下努力：首先采用了两轮访谈，即现场访谈和电话访谈的形式获取数据，从而增强数据的连贯性和有效性。其次，访谈对象主要由对企业运营和国际化发展充分了解的高层管理者组成，其负责的企业内容主要为企业的整体运营和国际化发展等方面，与本研究的理论框架密切相关，访谈中获取的信息与本研究具有较强的相关性。再其次，我们采用匿名的形式，使受访者尽量不受外界因素干扰地发表自己的看法，从而保证数据的真实性和有效性。最后，我们还搜取了一些行业会议数据、企业国际化新闻报道、企业宣传手册以及企业年度报告等二手资料对访谈数据进行补充。总之，通过这些措施，我们可以尽量地消除访谈偏差，获取较为翔实有效的数据信息。

三、数据分析方法

在对目标案例进行分析之前首先需要明确的就是案例数据的分析方法。数据分析是案例研究过程中的核心环节（Strauss and Corbin，1998）。本研究主要采取内容分析分别探讨每个案例企业的国际化网络类型、国际化方式、创新能力以及国际化绩效等情况。通过对案例企业的主要考察变量进行编码、制表，从而识别各个案例的变量特征，并得出验证性的研究结论。国际化网络主要考察企业与国际企业合作过程中的联结强度、联结久度以及联结多重性三个方面。国际化方式则主要分析企业国际化过程中所采取的出口、技术转让、国外合资合营、成立海外子公司或进口、购买专利技术、国内合资合营等活动。企业创新能力则主要通过企业的专利成果、产品或服务的改善频率及程度等方面来界定。（Cohen，1990；Subramaniam，2005）。企业国际化绩效则主要衡量企业国际市场业务的财务绩效、运营绩效和综合绩效。并且在分析过程中，通过对每个案例的相关信息和结论进行相互比较、印证，从而增强研究结果的外部性和适用性。

总体而言，通过采取合理的数据搜集和分析方法，本研究保证了以下研究品质：（1）建构效度。通过多元化的证据来源（访谈、网络报道、企业宣传手册及年度报告等）以及受访者对访谈记录的检查和核实等措施保证了研究结果的建构效度（Yin，2003）。（2）内在效度。本研究采用案例内分析和案例间分析相结合的方法，通过对主要考察变量进行编码、制表的内容分析方法来识别变量的特征，并挖掘之间的内在逻辑关系，从而保证研究过程的信度（Eisenhardt，1989）。（3）外部效度。本研究所选择的目标企业都属于高新技术企业，是当前国内从事国际化发展的主流企业类型，并且案例企业在行业、规模、产品、国际化阶段等因素上都存在一定的差异性，因而从中得出的结论推广到其他企业的可能性较大，由此保证了研究的外部效度。（4）研究信度。本研究尽可能详细地记录了研究的各个步骤和搜集来的数据资料，建立专门的案例研究数据库，在一定程度上保证了研究的信度（Yin，2003）。

第五节　案例背景介绍

一、浪潮集团有限公司

浪潮集团有限公司是以服务器和 ERP 为核心产品的中国最大的服务器制造

商和服务器解决方案供应商。公司成立于 1989 年，总部位于山东济南，其前身为山东电子设备厂，旗下拥有"浪潮信息"和"浪潮软件"两家国内上市公司以及在香港上市的浪潮国际有限公司。业务主要涵盖系统与技术、软件与服务、半导体三大产业群组。2014 年浪潮集团位列中国电子信息产业百强第 10 位，综合实力位居中国 IT 企业前两位、中国大企业集团竞争力 500 强第三位。浪潮存储连续 10 年蝉联国有品牌销量第一，浪潮集团管理软件连续 11 年市场占有率第一。

作为科技部首批认定的创新型企业，浪潮集团一直把创新作为企业发展的核心，坚持吸收创新与自主创新相结合的方式，不断开发自主品牌产品，位居中国自主品牌软件厂商第一位，中国自主品牌 IT 服务商第二位。浪潮是全国四家计算机信息系统集成特一级企业之一，先后获得"云计算创新典范企业奖""云计算客户示范应用示范奖"以及"信息产业云计算突出贡献奖"等重要荣誉。

除了自主研发之外，浪潮还积极与世界 500 强企业进行合作，并且与微软、爱立信、LG 等世界著名公司组建了 5 个合资企业。其合作内容主要包括技术、人才、市场等方面，通过这些领域的相关合作，浪潮可以向全球用户提供领先的信息技术解决方案，引领世界科技发展。此外，浪潮还在中国香港、日本及美国硅谷建立了多个技术研发中心和海外子公司，并在委内瑞拉创建了经贸产业区和产业基地。截至 2014 年底，浪潮已经能够为亚洲、北美、拉美、非洲等地区的五十多个国家提供 IT 产品和服务。通过近些年的国际化发展，浪潮的海外业务已占总体业务的 15% 以上，浪潮服务器销量已经位居全球第五位。

二、中通客车控股股份有限公司

中通客车控股股份有限公司是一家拥有近 40 年客车生产历史的股份制公司，总部位于山东省聊城市，其市场份额位居全国第三位，在我国客车制造行业具有重要的影响力和市场竞争力。公司业务主要涵盖客车、挂车及其配件的生产与销售，技术咨询与服务，高新技术及信息产业投资等领域。且公司拥有高档客车、半高档客车、环保节能客车等多个层次的产品。

公司自成立以来一直重视技术研发和创新，并且积极开展同世界领先企业的交流与合作。通过与美洲、澳洲、欧洲等先进客车制造企业进行合作，引进了其完整的制造技术和具有国际先进水平的生产线，目前已具有年产万台以上中高档豪华大客车的生产能力。除此之外，公司还实行自主研发，在客车行业拥有首个国家级实验室、国家认定企业技术中心和博士后科研工作站，是国家火炬重点高新技术企业之一。

中通客车自上市以来，一直备受国内消费者的关注与好评。客车销量一直以每年30%左右的速度增长，并且除了畅销的国内市场具有较高市场份额和竞争力之外，还远销海外三十多个国家和地区。2014年企业实现总营业额40多亿元，其中产品出口额超过8亿元，公司以产品出口和技术输出的形式从事国际化发展，在国外拥有50多家代理销售商和80多家服务站点。目前，公司内部实现新能源汽车业务、海外业务与传统业务均衡分配的布局，保持着持续、健康、快速的发展态势。

第六节 企业国际化网络构建实践的案例分析

本节首先对两个目标案例企业所收集的材料和数据进行逐步分析，通过定性数据与定量数据相结合的方法分别对目标案例中有关国际化网络、国际化方式、企业创新能力以及国际化绩效的数据和材料进行分析和归纳。其次，基于已有的理论基础和研究假设对要考察的变量进行细化，明确每个变量要考察的具体维度或指标，对案例原始文本资料进行分解，将其划分为许多独立性较强的事件，并将这些事件与变量维度进行配对归类。最后，对两个目标案例的内容和结论进行对比分析、交叉验证，进一步探索各个变量之间的内在逻辑关系并得出最终的研究结论，从而增强研究结果的有效性和稳健性。

一、浪潮集团有限公司的调研内容分析

（一）浪潮国际化网络与方式

进入21世纪以来，浪潮积极实行引进来和走出去相结合的国际化战略，在与国际500强企业进行合作的同时，不断开拓海外市场，进行服务器出口和软件外包服务，并在拉美国家建立了海外生产基地。其具体的国际化行为和与国际化网络构建主要包含以下几个方面：

（1）成立合资公司。为了学习国外先进的技术和管理经验，在从事国际化发展之初，浪潮积极开展同国外先进企业的合作，通过建立合资公司的方式进行国际化合作，构建国际化网络。如2002年7月，浪潮与韩国LG-CNS公司在济南签署协议，双方出资2亿元成立合资公司，即浪潮乐金信息系统有限责任公司，总部位于山东烟台，主要经营计算机和信息系统服务项目、信息处理技术服务项

目、计算机和信息处理教育中心的运营和与上述有关的服务及产品的进出口活动等。同年底,浪潮与爱立信(中国)有限公司共同投资1 500万美元成立了一家合资企业,即爱立信浪潮通信技术有限公司。该公司致力于通信技术产品应用和研发,注册地在山东青岛,注册资本835万美元。其中爱立信(中国)有限公司占投资总额的60%,浪潮集团有限公司占投资总额的40%。公司提供有线、网络、无线技术和宽带技术相融合的尖端技术解决方案及服务。

(2)引进战略投资,发展战略合作伙伴。浪潮不仅注重成立合资公司,还主动吸引国外企业进行战略投资,通过战略投资的方式开展与国际企业的合作,引进对方的技术、人才和管理经验。如2005年8月,浪潮引进微软作为重要的战略投资者,其中微软分三期向浪潮国际注资共计2亿元,双方将在软件外包服务、电子政务以及ERP系统方面开展深入的交流和合作。2006年,微软公司通过其参股的浪潮国际公司分别以4 020万元人民币和800万元人民币的价格,收购了浪潮通软公司30%的股权和浪潮电子政务公司的部分股权。除此之外,浪潮还积极同国际、国内企业组建战略联盟,发展战略合作伙伴,通过战略联盟的形式促进双方之间资源的交流和共享。2014年,浪潮集团与竞争对手IBM宣布进行合作,双方将致力于向国内客户和独立软件开发商提供大数据分析和交易处理的集成解决方案,客户可以根据自身的需求随时随地获取海量的信息资源。除此之外,IBM与浪潮集团还进行服务器软硬件之间的合作,其中浪潮提供天梭K1系统,IBM公司提供能在该系统上运行的应用服务器软件。在国内,浪潮还与竞争对手华为等通信设备企业进行合作,利用华为在非洲等地区的影响力和市场份额,销售浪潮软件等产品。此外,浪潮还与国际著名企业如Intel、EDS、日立、SAP等建立战略合作伙伴关系。

(3)建立实验室和人才培训基地。在企业层面的整体性合作之外,浪潮还注重与国际企业的技术层面的合作,通过建立人才培训基地和联合实验室的方式,不断引进和吸收国外先进的知识、技术和经验,培养国际化专门人才。2005年7月,浪潮与微软在北京联合建立了浪潮—微软在线实验室,使得企业技术人员能够及时有效地了解国际技术动态。2006年8月,浪潮与微软在原有合作的基础上再度共同出资,在微软总部美国硅谷建立了浪潮微软联合实验室,双方进行技术的合作和研发。2008年7月,浪潮集团与印度UPTEC公司达成协议,双方计划共同投资1 000万美元,用于在国内建设领先的IT培训机构,着重培养具有丰富软件开发经验、团队合作精神和创新意识,并且熟知国际市场知识和业务的国际化人才。

(4)建立海外销售点和分公司。为了促进产品的出口,了解东道国的本土文化、政策法规、市场需求、消费习惯等信息,浪潮不仅在东道国建立直接销售网点，还积极与东道国企业进行合作，通过代销和设立分公司的方式构建国际化营销网络，不断获取企业自身所需要的市场信息、国外人才等资源。其中浪潮服务器和应用软件已经出售到沙特阿拉伯、古巴、巴基斯坦、孟加拉国、斯里兰卡等国家和地区。此外，浪潮还在日本、美国、欧洲等发达国家和地区建立了分公司，负责软件产品的外包服务。目前，浪潮的软硬件产品及解决方案在海外的销售范围已经扩展到五十多个国家和地区。

（5）建立海外生产基地。浪潮除了从事产品出口和软件外包服务之外，还与委内瑞拉当地企业进行合作，建立海外工业园区。海外生产基地的建立不仅可以利用东道国当地廉价的劳动生产力、原材料等资源，更重要的是可以深度地认识和挖掘当地的市场需求和消费习惯，有利于研发和生产符合当地消费习惯的产品或服务。其中，浪潮主要向当地企业提供零部件并进行技术输出，由当地企业负责产品的组装和销售等工作。

（二）浪潮创新能力

浪潮一直将技术创新作为企业发展的核心。一方面，浪潮不断地与国际先进企业进行合作，引进和学习对方的先进技术和管理经验，通过合作创新的方式提升自身竞争力；另一方面，浪潮注重自主创新，构建了三层技术研发体系，实施自主知识产权战略。这种自主创新与合作创新相结合的方式使得浪潮的创新能力不断提高，近年来在服务器和软件等软硬件信息技术领域取得了显著的创新成果。

（1）专利数量稳步增长。自2006年以来，浪潮的专利数量一直稳步增长，年增长率一度达到40%，成为济南市乃至山东省的专利工作先进单位。数据表明，2004年，浪潮申请专利仅65项，其中发明专利仅占16%。到2008年浪潮已经实现累计申请专利共536项，其中软件著作权235项，研发人员拥有的授权发明5项，集成电路布图设计权1项，非专利独占技术32项。且当年正在申请的发明专利多达161项，外观设计89项，著作权114项。而截止到2011年，浪潮共计申请802项国家专利，其中发明专利所占比例高达55%，并且企业还参与了21项国际化标准的制定工作，牵头制定了国家标准4项、行业标准6项，推动发布国家标准1项、行业标准9项。

（2）创新产品和技术的不断涌现。近年来，浪潮不断推出新技术和创新产品，承接了众多科研项目和计划，企业创新能力不断增强。如2003年，浪潮创新推出中国商用领域第一台高效能服务器，即64位天梭TS2000，并且于次年在商用智能计算测试中成功打破了IBM保持了8个月之久的世界纪录。2008年，浪潮收购了德国奇梦达中国研发中心的整个研发团队，并且依靠该团队自身的创新能力进行新产品、新技术的研发和创新,成功推出一款 2GB 的大容量动态随机存储芯片,填补了国内在此领域的空白。2010 年,浪潮成功研发出我国首台自主知识产权的高端容错计算机,并命名为浪潮天梭 K1 系统,使我国成为继美国、日本之后第三个能够研究 32 路高端计算机的国家,为我国构建自主、安全的云基础架构平台奠定了基础。2012 年,浪潮自主研发的 PB 级高性能海量存储系统通过国家验收,使我国在高端存储领域实现了零突破,成为国内首个研制成功的多控制和全交换体系结构的存储系统。

(3) 技术研发平台不断完善。浪潮在不断学习国际先进技术的同时更加注重自主创新并逐步完善企业的技术研发和创新平台。一方面,浪潮积极同国际、国内的企业和研发机构进行合作,不断引进国外的先进技术和研发人员,如 2006 年,浪潮与微软达成合作协议,双方共同出资组织间联合实验室,并且在美国硅谷建立了技术研发中心。2008 年,浪潮通过收购世界第三大存储器厂商德国奇梦达中国研发中心的整个研发团队,构筑了同步于世界领先水平的集成电路研发中心。同年浪潮与印度 UPTEC 公司共同出资建立了国内一流的 IT 培训机构等。另一方面,浪潮不断自己创新,构建了完善的三级研发体系并着重打造"头脑型"人才团队,拥有专职技术开发人员达 2 500 多人。浪潮是同行业内唯一一家拥有国家级四大研发平台的企业,包括高效能服务器和存储技术国家重点实验室、国家信息存储工程技术研究中心、服务器国家 863 计划产业基地、中国存储产业技术创新战略联盟。企业现在已经拥有包含基础技术研究、共性和关键技术研究、工艺和工程技术研究、产业化方案研究等体系在内的研发创新平台。

(三) 浪潮国际化绩效

现有的销售数据表明,浪潮的国际化战略取得了巨大的成功,无论是国际市场范围还是海外业务收入等方面都实现了巨大的发展。如 2005 年,浪潮销售收入达到 125.8 亿元,其中仅有 10% 的收入来自海外市场,剩下的 90% 全部依靠服务器和软件在国内市场的销售,海外业务国家也仅有 10 多个,且主要为产品直接出口方式。2011 年,浪潮实现收入 367 亿元,海外业务拓展到 30 多个国家和地区。2012 年浪潮实现营业收入 401 亿元,同比增长 9%,其中海外销售收入增长 81%,业务拓展至 44 个国家。而到 2014 年,浪潮服务器出口数量增速全球第一,实现增速达 174.3%,位居全球市场前五名,产品销往 50 多个国家和地区,且浪潮服务器在美国、日本等发达国家实现销售突破,海外业绩同比增长近 3 倍,海外业务收入占总收入的比重达到 20%。

除了在销售收入和国际市场范围取得极大的发展,浪潮的国际影响力和品牌知名度也得到了极大的增强。自实行国际化战略以来,浪潮服务器和软件外部服务逐步从发展中国家走向发达国家，在国际市场的影响力与日俱增。2006年，浪潮为了更好地参与国际化竞争，在全球范围内启用"Inspur浪潮"新品牌，不断扩大企业的品牌影响力。2014年浪潮服务器依靠卓越的技术和较低市场价格，取得了全球销量第五名的成绩，在全球同行业中处于领先地位。

此外，浪潮在美国硅谷和日本设立了研发中心，在委内瑞拉设立了海外生产基地，这些国际化的相关行为都极大地提高了浪潮在国际市场的地位和竞争力。

二、中通控股股份有限公司的调研内容分析

（一）中通国际化网络与方式

中通客车自2003年进入国际市场以来，积极实行国际化发展战略，海外业务实现了稳步增长的态势。首先，中通客车通过与欧洲先进客车制造企业进行合作，引进和学习国外的先进技术和工艺流程。然后在了解国际市场需求和消费习惯的基础上实行自主创新，不断研发新产品满足市场需求，最终成功地实施了企业的国际化发展战略，当前主要处于产品直接出口阶段。

（1）与国际企业开展合作。自2001年以来，中通客车不断同欧洲著名的客车专业生产企业荷兰博发（BOVA）客车公司进行合作，引进对方先进的生产工艺、制造技术，主要包括产品研发设计、工艺制造流程以及图纸规划制造等方面，通过学习和吸收国外先进技术的方式促进自主创新，实现企业创新能力的快速提高。此外，中通客车还派遣了120多人进入荷兰进行学习，要求每人在国外最少学习一个月时间，与国外的技术工人一起学习先进的技术和知识。通过与国际企业的合作交流，中通客车成功学习了国外先进的生产技术、管理理念和企业文化，并最终实现从技术含量较低的低档产品向技术含量较高的高档产品的转型升级。

（2）构建海外营销网络和服务网络。除了同国际企业进行合作之外，中通客车还注重对海外营销网络和服务网络的构建。主要通过发展代理商和经销商的方式进行网络的构建，逐步形成销售、售后和配件储备为一体的销售服务网络。此举的主要目的有两点：一是为了快速地进入国际市场，促进产品的直接出口。通过代理销售的方式可以快速地构建起国际销售网络。二是有利于企业了解当地的市场需求、法律法规和顾客的用车习惯等信息，便于企业及时有效地掌握国际市场需求和研发设计出符合客户需求的客车产品。中通客车在了解出口国的法律法规后，都会定期派出专门的市场和技术人员与代理商进行沟通交流，分析当地市场需求和消费习惯，进而根据不同的需求，研发和设计出不同类型的产品。如

2006年，中通客车与智利客户进行合作开始，便不断根据智利当地的地形特点、气候特点和用车习惯对公司产品进行改造和处理，不断创新研发，最终为客户打造了一款符合智利本土顾客习惯的新型客车，并获得了良好的市场业绩和客户反馈。

（二）中通创新能力

中通集团始终以"创新科技，领航绿色交通新时代"为企业使命，不断完善企业的创新机制，提升企业的创新能力。通过与国外先进客车制造企业的合作和自主创新，中通在产品设计、技术研发等方面取得了突破性的发展。

（1）不断增长的专利数量。经过近几年的国际化发展，中通客车的专利数量一直呈现稳步增长态势。截至2014年，集团累计拥有技术专利共187项，专利发明13项，并先后参与了10项国家级行业技术标准的制定。2011年，中通共申报12项专利技术，获得9项授权专利，其中包括两项国际发明专利、5项实用型专利以及2项外观设计专利。而在2014年，中通客车共计获得37项专利授权，其中发明专利3项，并研发成了多种车型。

（2）产品、技术的不断改善。近年来，中通客车集团依靠自身强大的研发能力和创新能力不断地完善自身产品和技术。例如，2001年，中通客车通过引进欧洲先进的客车生产技术，自主研发出一系列领先于国内同行业的高档豪华车型。尤其是近年来，中通客车依靠自身的创新能力不断推出国内顶级客车，其自主研发的中通凯撒、中通凯越、中通TOP等高档新型车深受国内和国际客户的青睐。此外，中通客车还依靠自身的技术优势进行产品的定制化研发和生产，在充分了解国外市场和客户需求的基础上进行技术研发和产品改进，向客户提供定制化的产品和服务。

（3）强大的创新体系及平台。中通客车强大的创新能力源于其完善的创新体系和平台。当前，中通客车拥有各类技术人员1 200多人，设有国家级技术中心和实验室、博士后科研工作站和两个省级技术中心。此外，中通客车还注重与国内研发机构和国外先进企业的合作，构建了广泛的产学研合作网络。如中通客车先后与清华大学、春兰研究所等开展混合动力客车技术研发，与同济大学、吉林大学等高等学校共同研发客车结构分析技术和控制优化分析技术；中通客车还与欧洲、意大利、西班牙等国家和地区的一些公司开展技术合作，进行技术的引进和人才的相互交流学习。

（三）中通国际化绩效

国际化战略的实施不仅为中通客车集团带来了巨大的利润，同时也提高了企业在国际客车市场中的影响力。除 2009 年受金融危机影响导致客车出口跌入低谷之外，2003~2014 年，中通客车的出口数量和海外收入一直呈现较为稳定的增长态势。其中 2006 年客车的海外销售数量仅为 461 辆，实现销售收入 1.84 亿元，而到 2014 年集团海外销售客车为 3 089 辆，完成销售收入 9 亿元。此外，客车的国际市场不仅在非洲、亚洲等发展中国家和地区，还进入了德国、法国等欧洲发达国家市场。如 2014 年，中通客车向德国出口了中国首批欧六标准客车。目前，中通客车的产品已销售到亚洲、欧洲、大洋洲、非洲、美洲在内的 80 多个国家和地区，海外业务的收入比重占公司整体业务收入的三分之一左右。

在为中通集团创造高速的利润增长之外，国际化发展战略还提高了中通集团在国际市场的影响力和品牌知名度。中通客车的海外市场占有率从 2011 年的 10% 提升到 2015 年的 20% 左右，客车累计出口海外市场 2 万多辆。广阔的国际市场范围、较高的国际市场占有率以及完善的营销和服务网络充分提高了中通集团在国际市场的品牌知名度和国际影响力。总之，国际化活动的有效开展使得中通集团成为国际市场知名的客车研发和制造企业。

三、调研内容归类与编码

基于本研究的问题和视角，我们对企业国际化网络主要考察三个方面：网络联结强度、网络联结久度和网络联结多重性。其中，网络联结强度主要指在联结上的情感投入程度、亲密程度以及接触频率等；网络联结久度指企业间合作和交流的时间跨度；网络联结多重性则是指两个企业之间关系的多维度兴趣点的程度。企业国际化方式则是基于发展中国家企业国际化的背景，将国际化方式分为内向国际化和外向国际化两个维度。其中内向国际化的活动主要有进口、购买专利技术、国内合资合营、成外海外公司子公司等；外向国际化的活动则主要是直接或间接出口、技术转让、国外合资合营、海外子公司和分公司等。而关于企业的创新能力，本研究将从以下三个指标进行衡量，即企业专利数量、创新对产品或服务的改善或替代程度、企业的研发体系和平台（Subramaniam，2005）。最后对于国际化绩效，我们主要衡量财务绩效和综合绩效两个方面。其中财务绩效主要分析产品的出口数量、海外业务收入两个指标，综合绩效则是整体分析企业在国际市场的市场份额、竞争力、市场范围等因素。基于此，本研究对目标案例的相关内容进行了编码和制表，具体如表 10-1 所示。

表 10-1　　目标案例企业国际化内容的编码结果

变量		浪潮集团股份有限公司	中通控股股份有限公司
企业国际化网络	强关系国际化网络	与国际企业 LG-CNS、爱立信等成立合资公司，双方在产品、技术、管理等多个层面进行合作，共同致力于相关产品的研发、生产和销售所形成的网络；引进微软作为浪潮国际的战略投资者，并在 ERP、电子政务以及软件外部领域开展深度合作所形成的网络；与微软和印度 UPTEC 共同建立在线实验室和人才培训基地，共同培养国际服务外包人才所形成的网络	与欧洲著名的客车制造企业博发（BOVA）客车公司进行长期、多重性的技术交流和合作所形成的网络
	弱关系国际化网络	通过与外国本土企业达成代销协议而形成的销售网络；通过技术转让和零部件销售方式在海外建立生产基地所形成的网络	通过发展代理商和经销商形式与国外企业进行合作，进而构建的销售网络
企业国际化方式	内向国际化	成立国内合资公司：与韩国 LG-CNS 公司、爱立信（中国）有限公司等共同出资在国内设立合资公司，从事产品或服务的进出口活动；引进战略投资：引进微软的战略投资，使得微软成为浪潮国际的大股东之一；建立实验室和人才培训基地：与微软合作在国内和国外建立在线实验室；与印度 UPTEC 公司在国内建立人才培训基地，塑造世界一流服务外包人才；发展战略合作伙伴：发展与国际竞争对手 IBM 和国内竞争对手华为等的战略合作	国际技术合作：与欧洲先进客车制造企业博发公司合作，引进和学习国外先进技术的国际化活动
	外向国际化	产品出口或软件外包：通过在海外设立销售网络的方式直接进行服务器等产品的出口；海外子公司：通过在美国、日本、欧洲等发达国家和地区设立海外子公司的方式，从事软件外包服务；技术转让和海外生产基地：通过技术转让和出售零部件的方式与委内瑞拉当地企业合作，建立海外生产基地，直接负责拉美地区的产品出口	产品的直接出口：通过完成海外订单或在国际市场发展代理商和经销商的方式进行产品的直接出口

续表

变量	浪潮集团股份有限公司	中通控股股份有限公司
企业创新能力	专利数量稳步增长：进行国际化发展后，浪潮无论是在专利数量还是在发明专利比例上都有了很大的增长； 创新产品和技术不断涌现：浪潮推出中国商用领域第一台高效能服务器，创新研发出大容量动态随机存储芯片、具有自主知识产权的高端容错计算机以及 PB 级高性能海量存储系统等一系列产品和技术； 技术研发平台不断完善：首先，与国际企业和研发机构合作，共同组建实验室、研发中心等，如同微软建立联合实验室；与印度公司共建一流 IT 培训机构；收购国外研发团队组建集成电路研发中心。其次，不断自主创新，完善创新研发体系，如拥有国家四大研发平台和 2 500 多人的研发团队	不断增长的专利数量：自实施国际化战略以来，中通客车的专利数量一直呈现稳步增长态势； 产品、技术的不断改善：2001年，引进欧洲先进的客车生产技术，并研发出一系列国内领先的高档豪华车型；近年来，不断自主研发并推出高档新型客车； 强大的研发体系及平台：拥有1 200 多人的技术人员团队；设有国家级技术中心、实验室以及博士后科研工作站；与国内研发机构和国际先进企业进行广发的技术合作
企业国际化绩效	销售收入和产品出口数量大幅度增长：其中 2014 年浪潮服务器出口数量增速全球第一，增速达 174.3%，海外业绩同比增长近 3 倍； 国际市场范围不断扩大：浪潮 2005 年有海外业务的国家和地区仅有 10 多个，而到 2014 年，其产品已经远销美国、日本在内的 50 多个国家和地区； 国际影响力和品牌知名度不断提高：2014 年，浪潮服务器依靠卓越的技术和较低市场价格，取得全球销量第五名的成绩，深受国际消费者的信任和青睐。此外，浪潮还在美国、日本设立了研发中心和分公司，吸引了大量的国外客户和技术人才	客车海外销售数量和收入稳步增长：客车出口数量和收入从 2006 年的 461 辆、1.84 亿元分别增长到 2014 年的 3 089 辆、9 亿元； 海外销售区域不断扩大：目前，中通客车已销售到亚洲、欧洲、美洲在内的 80 多个国家和地区； 国际竞争力不断增强：中通客车的海外市场占有率从 2011 年的 10% 提升到了 2015 年的 20% 左右。产品不仅销往南美洲、非洲等发展中国家，还进入了法国、德国等发达国家市场

四、调研结论

在对调研内容进行归类和编码之后,还要对变量之间的相关关系进行探讨。本研究主要围绕"条件—行动/互动策略—结果"这一范式模型对变量之间的关系进行深度分析,从而对研究假设和模型进行验证。其中,范式模型中的条件是造成某问题或现象的多套事件和事变,用来解释个人或群体(组织)以特定方式做出某种反应的原因或情境。行动或互动策略是指人们借助策略性或常规性的行动手段来对所遇到的情形或问题做出回应的过程。结果则是指针对某问题情形不管是否采取了行动,都会有不同性质的后果出现。这些后果有些是行动者意识到了的,有些则可能没有意识到,且它们可能会成为影响下一步行动和互动的条件和原因。

(一)企业国际化网络与国际化绩效

通过对调研内容进行分析和编码,我们发现,目标企业构建国际化网络主要是因为企业缺乏关键的技术、人才、管理经验以及市场需求信息等资源,通过构建国际化网络可以获取企业发展所需的关键资源,从而改善企业的经营绩效。首先,通过与国际领先企业进行合作,包括成立合资公司、引进战略投资、建立研发中心等形式所构建的强关系网络,能够使得企业快速地学习和吸收国外先进的技术和经验,并培养国际化的高端人才,从而提升企业竞争力,改善企业国际化绩效。如浪潮与印度公司合作建立 IT 培训机构,培养国际软件服务外包人才,与微软公司合作建立联合实验室,学习对方的先进技术和知识等。中通客车与欧洲客车专业制造企业博发(BOVA)客车公司进行合作,引进对方先进的生产技术,进而研发出国内领先的大型豪华客车。其次,通过在海外构建代理商、经销商以及设立海外子公司和生产基地等方式构建弱关系国际化网络,企业可以迅速地获取东道国的本土文化、政策法规、市场需求以及消费习惯等异质化的信息和资源,进而对产品和服务不断改进和创新,并最终改善企业的国际化绩效。如中通客车通过其在非洲国家的代理商了解到非洲客户的用车习惯和市场需求,从而对产品及服务进行改进和研发,最终生产出满足客户需求的高端客车车型。浪潮通过在美国、日本设立子公司充分地认识到当地客户对软件服务的独特需求,进而研发出相应的软件外包服务,最终进入该国市场。并且,目标案例企业在构建国际化网络后,无论是在产品海外销量、销售收入还是在国际市场范围、占有率以及竞争力等方面都获得了极大的提高和改善。

因此,假设 1a 和假设 1b 得到验证,即企业国际化过程中,强关系国际化网络对企业国际化绩效都有正向影响；弱关系国际化网络对企业国际化绩效都有正向影响。

（二）企业国际化网络、企业创新能力与国际化绩效

调研结果分析表明，企业构建国际化网络的直接目的在于获取企业发展所需的技术、知识、人才、信息等资源，企业基于这些独特性的资源进行资源的整合和有效利用，并最终提高企业的创新能力，通过新产品和新技术改善企业的国际化绩效。例如，浪潮高层在访谈中指出，浪潮海外利润空间主要来自服务器销售和软件外包服务，其中在服务器销售中，中高端产品的利润空间最高。而中高端产品的设计和研发更多地依靠企业自身强大的创新能力。浪潮内部数据表明，2008 年，浪潮申请专利实现新增经济效益达 3.67 万元，平均每百台天梭系列高性能服务器销售额中，专利产生效益 596 万元。首先，强关系国际化网络时，企业更容易获取国外先进的技术、知识和管理经验等资源，企业在此基础上模仿式创新，通过对国外的技术和知识进行学习、吸收、改进和突破，最终提升企业的创新能力，研发新产品以改善企业国际化绩效。如浪潮总裁孙丕恕曾指出，同韩国 LG－CNS 企业进行合作将有利于企业学习对方先进的信息技术，进而为用户构造全方位的解决方案。此外，在微软的技术支持下，浪潮还实现了基于 NET 平台的 ERP、电子政务审批平台、EC－GAP 等多项技术的产品化，为企业创造了多项利润来源。中通客车在引进国外先进客车制造技术的基础上进行创新，生产出了领先于国内的豪华客车车型。其次，弱关系国际化网络时，企业更容易获取国外的文化、政策法规、市场需求以及消费习惯等异质化的信息和资源，并在此基础上进行自主创新，提高企业的创新能力，进而改善企业的国际化绩效。如中通客车通过国外销售网络获取国际市场客户的消费习惯和个性需求，并进行自主创新，最终研发出满足国际客户需求的客车车型，增加客车在当地市场的出口数量和销售收入。此外，通过案例内容分析和编码可以发现，企业构建国际化网络后，其创新能力和国际化绩效都得到了大幅度的增长。

因此，假设 2a 和假设 2b 得到验证，即企业国际化过程中，企业创新能力在强关系国际化网络与国际化绩效之间起着中介作用；企业创新能力在弱关系国际化网络与国际化绩效之间起着中介作用。

（三）企业国际化网络、国际化方式与企业创新能力

通过对目标企业国际化网络和方式进行归类和编码可以发现：目标企业在采用内向国际化的方式时更倾向于构建强关系网络，获取对方先进的技术、知识和管理经验等资源，进而进行资源的重新组合和利用，通过模仿式创新提升企业的

创新能力。如浪潮在采用内向国际化方式时，主要通过合资企业、引进战略投资、共建研发中心和人才基地等形式构建强关系国际化网络，进而获取国外先进的技术和知识等资源，并在此基础上对技术进行改进实现产品化。中通客车在采用内向国际化方式时，同欧洲著名客车制造企业荷兰博发（BOVA）公司进行合作构建强关系网络，进而引进国外先进生产技术，并以此为基础研发出国内同行业领先的豪华客车车型。反之，目标案例企业在采用外向国际化的方式时更倾向于建立弱关系国际化网络。例如，浪潮在进行产品销售和组建海外子公司时，更多是通过发展代理商、经销商以及技术转让和零部件出售的方式同国外企业进行合作，重在获取国外市场的文化、政策法规、消费习惯以及市场需求等异质化资源，依靠这些资源研发出符合当地需求的产品和服务。中通在进行产品出口时也是主要采用发展代理商的方式进行国际销售网络的构建，目的在于产品的销售和对国外市场消费习惯、特点以及需求的了解和掌握，并基于这些信息进行产品的创新和改进。此外，通过案例分析可以发现，目标案例企业在采取强关系网络与内向国际化方式、弱关系网络与外向国际化方式相配对的国际化模式后，企业的创新能力都得到了极大的增强，如企业的专利数量、新产品新技术的研发、创新平台和体系等都得到大幅度的改善和提高。

因此，假设3a和假设3b得到验证，即在企业国际化过程中，当企业国际化网络是强关系网络时，与外向国际化方式相比，内向国际化更能促进强关系网络对企业创新能力的影响；当企业国际化网络是弱关系网络时，与内向国际化方式相比，外向国际化更能促进弱关系网络对企业创新能力的影响。

第七节　结论与讨论

在当前经济全球化的背景下，从事国际化发展是企业适应国际市场环境和寻求新发展空间的一种有效途径。本研究通过对企业国际化相关理论和原有文献的回顾和总结，提出了新的研究假设和理论框架，并利用两个本土化企业国际化实践的成功经验，对其进行了分析和验证。

研究表明：其一，中国企业在从事国际化发展的过程中会通过构建独特的企业网络以获取国际化发展所需的关键资源，并基于这些独特资源提高企业的创新能力，从而改善企业的国际化经营绩效。其二，中国企业在实施国际化战略时一般会采用内向国际化和外向国际化两种方式。采用内向国际化方式的目的在于获取国外先进的技术、知识、经验等相关性资源；而采用外向国际化方式则是为了获取国际市场的客户需求、消费习惯、本土文化、政策法规等异质性的资源。其三，企业在采用内向国际化方式时一般倾向于构建强关系国际化网络，因为强关系国际化网络有利于网络内相关性资源的共享和传递；采用外向国际化方式时一般倾向于构建弱关系国际化网络，因为弱关系网络有利于网络外的异质性资源进入网络。

过往关于企业网络与国际化绩效的研究着重于证明国际化网络对企业绩效的直接影响，而本研究从社会网络视角出发证明：不同类型的企业国际化网络对国际化绩效的作用机制是有差别的。并且引入了企业创新能力作为中介变量，从而对企业国际化网络和国际化绩效之间的内在作用机制有了更为清晰的分析和界定。此外，本研究还分析了不同国际化方式与国际化网络之间的匹配关系，只有当国际化网络与方式之间相互匹配时，才能保证企业国际化战略的成功实施。

从理论方面来看，本研究从社会网络视角对国际化网络和国际化绩效之间的关系进行了深入探讨，其主要贡献表现在如下几个方面：其一，分析并验证了不同国际化网络类型对国际化绩效的作用机制是不同的。以往研究仅是直接证明了企业网络和国际化绩效之间的直接作用关系，而未关注不同网络类型对国际化绩效的影响是否相同。本研究证明：强关系国际化网络和弱关系国际化网络所获取的关键资源是不同的，并且分别通过模仿创新和自主创新的模式提高企业的创新能力，进而改善企业的国际化经营绩效。其二，引入企业国际化方式作为情境变量，进一步深化了对国际化网络和国际化绩效之间关系的理解。过往研究在考察企业网络与国际化绩效之间的关系时，仅是单纯的关注两者之间的直接作用关系，并未分析这种关系的边界条件。而本研究讨论了国际化方式对国际化网络与绩效之间的调节作用，证明只有当国际化网络和国际化方式相匹配时，才能保证国际化绩效的成功改善。其三，将企业创新能力引入研究中，深度分析了国际化网络和国际化绩效之间的内在作用机制。研究表明，国际化网络对国际化绩效并不是直接作用和影响的，而是通过提高企业创新能力的方式来改善企业的国际化绩效。

当前，国内企业正在开展大规模的国际化经营。在此背景下，本研究的分析和结论对我国企业从事国际化发展具有重要的指导意义，其管理启示主要表现在如下几点：首先，国际化发展过程中，企业不仅要关注企业内部的资源和优势，更应该关注企业所处的国际化网络。尤其是对于发展中国家企业而言，企业进行国际化发展所需的关键资源不仅来源于企业内部，更来源于企业所处的社会网络。其次，企业开展国际化经营要选择正确的国际化方式和国际化网络类型。企业应该根据自身的资源和能力等状况选择正确的国际化方式，当企业缺乏国际化发展所需的关键资源和能力时，适合采取内向国际化的方式，构建强关系国际化网络，主要目标在于获取国外先进的技术、知识和经验等相关资源；当企业具有一定的资源和能力优势之后，适合采取外向国际化方式，构建弱关系国际化网络，主要目标在于获取国外的市场需求、消费习惯、本土文化、政策法规等异质化的资源。但是值得注意的是，内向国际化和外向国际化并不是截然分开的，而是相互促进、相互融合的。最后，企业在实施国际化战略时，要注重对资源的重组和利用，进而提高企业的创新能力。研究表明，企业获取独特资源的直接目的和作用在于提高企业的创新能力，而企业创新能力的提高是国际化绩效改善的关键因素。因此，企业在通过国际化网络获取发展所需的关键资源后，更应该注重对企业核心能力的建立和提高。

第十一章

人福医药品牌的国际化发展战略[①]

经济全球化是当代世界经济的重要特征之一，是不可阻挡的历史潮流。在此经济发展趋势下，作为国家战略核心的战略性新兴产业的发展，也不得不面对来自世界各国企业的激烈竞争。随着国际市场加速全球化，战略性新兴产业的市场经营更显国际性和专业化。无论是出于资源利用还是技术学习等目的，对中国企业而言，走向国际市场已成为必要且迫切的发展路径。但在国际化进程中，相比于发达市场企业，中国企业在面临极大机遇的同时，也遭遇了更多的风险与挑战。我国企业进入国际市场时面临的风险有宏观环境风险、行业环境风险和企业内部风险，各类风险下又包含了政治风险、竞争风险和筹资、投资风险等共计15种国际化经营风险（许晖和姚力瑞，2006）。中国企业国际化经营的风险和挑战将长期存在且不断变化和演化（施建军和范黎波，2012）。只有在权衡外部环境和企业自身优劣势情况、资源条件等基础上，对国际化发展的各个阶段做出正确的战略决策和布局，才能安稳地立足于国际市场，获得更大的生存和发展空间。

作为中国战略性新兴产业企业国际化经营的典范，人福医药集团股份公司（以下简称"人福医药"）在国际化战略探索上的成功，为其他企业的国际化成长提供了学习标杆。人福医药是国内排名前列的综合性医药产业集团，于2000年开始了国际化探索的步伐，一路高歌猛进，发展迅速。2016年5月23日，国

---

① AR 是 Augmented Reality 的缩写，即增强现实技术，是一种实时计算摄影机影像的位置及角度并加上相应图像、视频、3D 模型的技术。

务院总理李克强视察了人福医药，认真听取了公司国际化发展的简要汇报，在得知人福坚定国际化战略，已零缺陷通过美国 FDA 认证，产品顺利出口到美国主流市场时，给予了充分的肯定，总理鼓励企业再接再厉，继续加快国际化步伐，带动湖北生物医药产业取得更大的发展。

人福医药的国际化经验对其他战略性新兴企业运营具有重要的借鉴意义。本章将以人福医药的国际化发展为例，结合资源基础观、制度理论和企业国际化阶段理论等，分析我国战略性新兴企业品牌国际化发展战略，并提出相应的政策建议。

第一节 人福医药的国际化发展历程

一、人福医药集团股份公司介绍

人福医药集团股份公司（以下简称"人福医药"）于 1993 年 3 月 30 日成立，经过短短几年时间的发展，1997 年 6 月 6 日正式在上海证券交易所上市。20 多年后的今天，人福医药已成为我国综合性的医药产业集团，是湖北省内医药行业公认的生产能力最强、剂型最全、品种最多且资源最雄厚的医药企业，也是资本市场上最受认可和最具投资价值的医药类上市公司之一，下设武汉人福药业有限责任公司等十余家子公司。

多年来，人福医药员工和管理人员始终坚持着"创新、求实、真诚、坚毅、团结"的集团精神，怀有对生命的敬畏和热爱之心，致力于通过医药技术改善和提高人类的健康生活质量，同时肩负着"让企业的生命之树常青"的使命，不断求索，不断变革。正是这样的人福精神，使人福医药自成立以来获得了许许多多的荣誉，诸如"中国优秀民营科技企业发展成就奖""重合同守信用企业"称号等，连续多年进入"中国制药工业百强"排行榜，这些荣誉无不见证了人福医药的坚韧、努力与成长。

怀揣着"成为具有持续成长力的中国医药行业领导者"的目标，人福医药一路披荆斩棘，在国内的麻醉药、生育调节药、维吾尔药等领域都逐渐建立了领导者地位，并朝着生物制品、基因工程等其他细分市场培养自身的竞争力。与此同时，人福医药丝毫不满足于国内医药市场，于 2000 年开始踏上国际化发展道路。经过近二十年发展，人福医药已先后在欧美市场和非洲市场建设了工厂，达标投产，在国际医药行业舞台上初露锋芒。未来，人福医药将引领医疗服务和医药健康市场，打造卓越的全球性经营制药企业。

二、人福医药的国际化发展历程

人福医药作为医药行业的新兵，经过多年国内经营，逐渐成立了宜昌人福、葛店人福等十余家子公司，各子公司在相应的医药领域占据相当一部分市场份额，发展迅速。当然，在国内医药市场站稳后的人福医药并未停止前进的步伐，建立世界级的全球化经营制药公司才是其终极目标。至今为止，已成为国内医药行业领军者的人福医药，其国际化发展顺利，未曾出现重大战略性失误，为医药企业同行及其他行业企业的国际化成长提供了学习标杆。

人福医药的国际化发展历程可划分为两个阶段。第一阶段是2009年以前，人福医药的下属子公司出于寻求更大的市场空间等原因而自发性地先后进入东南亚等周边国家进行产品出口，这一阶段属于人福医药各子公司单兵作战的国际化时期。第二阶段是2009年及以后，人福医药集团作为一个整体进行的战略性国际化发展，为建立全球性经营企业而大胆迈向世界。

（一）2009年之前——单兵作战式国际化发展阶段

人福医药对设立的下属子公司均实行扁平化管理，各子公司直接对集团董事长负责，授予子公司充分的自主经营权，只要是在集团总体的发展框架下，子公司管理层可自行依据自身经营状况和发展要求做出决策。因此在2000年左右，在人福医药集团总部并未作出国际化发展战略部署的情况下，下属子公司出于寻求更广阔的国际市场，更丰厚的利润回报，或避免国内激烈竞争，有效利用产能等种种原因，出现了自发性的国际化行为，通过直接出口等方式进入国际市场。但在此阶段，由于资源、人力和经验等各方面的制约，子公司更多的是尝试性地在东南亚等周边小国家进行产品销售，而未把目光瞄准市场前景更好的远距离国家。这一时期，人福医药的国际化发展呈现出无规律、成本优先和单打独斗等鲜明特点。

单兵作战式的国际化探索阶段对于人福医药各下属子公司而言，是摸着石头过河。正如麦格拉斯（McGrath，2013）所描述的，进入动荡的国际市场中，企业在母国建立的竞争优势可能无法复制，特别是可持续竞争优势的获取将变得尤为困难。在变化的国际市场情境下，企业可能的选择就是利用一系列短期竞争优势来快速抓住转瞬即逝的市场机会（Eisenhardt and Martin，2000）；不断更新自身资源基础，创造出动态的竞争优势。从2009年之前人福医药各子公司的国际化发展情况来看，便是如此，人福下属子公司的管理层考虑到自身的资源优势能够在周边国家市场中有所作为便产生了国际化冲动，利用成本优势或产能优势等进入东南亚的小国家，及时把握住医药市场机会，在摸索中前进。这种单打独斗的国际化发展是人福医药子公司敢于大胆尝试的结果，虽然确实能在短期内获得一定的市场份额，但随着集团规模的不断扩大，如何寻求长远的、可持续性的国际化发展应成为重要议题。

无论如何，下属子公司自发性的国际化扩张促使了人福医药董事长开始系统性布置集团整体的国际化战略，来为子公司的国际化提供大力支持、全面服务和方向性指导。

（二）2009年及以后——战略指导下的国际化发展阶段

2009年，对于人福医药的国际化发展来说是具有标志性的年份。经过人福医药管理层的讨论分析，决定同时进入国际高端医药市场和低端医药市场，并将"差异化"作为人福医药国际化发展的关键词。在此国际化战略构想下，人福医药开始积极寻找全球市场开拓的机会点。通过外派人员的前期调研，人福医药最终勇敢而果断地选择了欧美和非洲这两大截然不同的医药市场。美国，作为占据全球三分之一医药市场的国家，是医药行业各企业竞相追逐的市场。抛弃以往各子公司优先考虑的东南亚国家，不再惧怕可能出现的各种经营风险，人福医药这一次决心要直接挑战美国这一高端医药市场，争取分得一杯羹。非洲，其药品需求量虽不如美国如此之大，但随着国家经济发展和人口数量增加，可以预见非洲对药品需求量会持续增长；并且非洲医药厂商竞争者少，若以低价强势占领市场，利润空间也十分可观；非洲政府对外资在当地投资建厂也有许多的优惠政策，这些因素足以证明非洲医药市场的未来前景，因此人福医药将低端市场定为非洲。

1. 人福医药在美国医药市场的国际化探索

人福医药于2009年在美国正式成立美国普克医药公司，开始了国际化发展之路。毫无疑问，中国企业进入美国市场并不像东南亚市场那般容易，从人员、资金到厂房、产品等全都需要重新开始规划，从无到有的过程是痛苦的；但人福医药在差异化国际经营战略的指导下，每一步都走得踏实而坚定，成功实现了从2013年每月120万~130万元人民币的销售额到2015年每月达到1 200多万元人民币销售额的增长。那么，人福医药对美国高端医药市场的开拓过程究竟如何呢？

首先，一家公司的成立要有核心团队的运作，对于人福医药来讲，寻找值得信任的海外经营团队是关键。贯彻差异化的国际发展战略，人福医药在美国普克管理人员和销售团队的选择上与国内药品龙头企业——华海药业的做法明显不同，人福并非直接派遣中国管理层到美国公司任职，而是依靠董事长的社会网络找到合适的海外经营团队，包括产品生产、销售和研发人才，并从美国各州当地招聘药品销售队伍。这些员工常年在美国工作生活，十分了解当地的文化习俗，具有丰富的海外医药销售经验，这为人福医药进入美国市场发展奠定了坚实的基础。可以说，人福医药较好地落实了差异化的战略思想，采取了适应性的国际化行动而不是本土化笼罩下的国际化行动。

其次，经过前期细致地考察和对美国当地医药市场的分析，人福发现，美国药品进口主要来源国——印度没有通过 FDA 认证的软胶囊生产企业，且美国国内也只有 4 家通过 FDA 认证的软胶囊药厂，也就是说，在美国，软胶囊这一药品细分市场较为空白。而软胶囊与其他剂型的药品相比，具有不易挥发、药物稳定性好、服用安全性好等特点，市场价值高，利润空间大；更重要的是，人福医药在成立美国普克时请到的技术人才是美国软胶囊生产的鼻祖，具有技术优势。基于上述原因，人福医药没有把在国内销售的医药产品转到美国市场上销售，而是跳跃式地直接选择了软胶囊药品。同时，人福医药在产品销售上遵守以市场为导向，根据顾客订单决定生产的产品，而不是大批量一次性生产相同产品然后销售存货。这种以销定产的模式更便于服务顾客，贯彻差异化的经营思想。

进入美国市场最重要的一步是厂房、设备的建立。毋庸置疑，美国市场对制造企业在技术、产品和厂房等各方面的监管都更为严格，标准较高。为实现成本优势，人福医药将研发和销售放在美国普克公司，在武汉成立武汉普克公司，主要职能是生产与出口。既然产品要出口到美国，其厂房、设备必须按照美国标准建设，这需要一大笔投资。但资金问题丝毫没有阻碍人福医药建厂的初心，因为人福医药此次瞄准的就是美国市场，既然是从零开始，那么就完全按照美国医药行业的要求行事。

除了成立美国普克，人福医药在美国市场开拓中的另一重要举措就是收购。早在武汉普克建厂之初，为迅速在美国医药市场站稳，美国普克收购了当地一个专业医药品牌 EPICAIM。该品牌药品为处方药，而人福医药投厂生产的软胶囊属于非处方药，尽管这两种类型的药品在销售渠道和销售模式要求上存在较大差异，但人福医药通过多剂型组合、打折和补贴等促销方式，使销售额突飞猛进，一改 EPICAIM 被收购前一度库存积压的局面。2016 年 3 月 30 日，人福医药通过上海证券交易所网站再次发布收购信息，美国普克拟以 5.29 亿美元收购 Epicpharma LLC 公司 100% 的股权，以 0.21 亿美元收购 EpicREHoldco LLC 公司 100% 的股权，交易已通过公司董事会审议。对美国本土医药品牌的收购是人福医药在美国医药市场中发展自主品牌、扩大其本土化药品经营范围的重要布局，提升和巩固了在美国医药市场的地位。

从上述内容可以看出，人福医药对美国市场的开拓策略——本土化和差异化是集团整体国际化战略思考的集中体现。正是在这种战略指导下，人福普克在成立后三年内，生产的 OTC 产品就销往美国 Walmart、CVS 等主流商超，收购的处方药也实现了销售额的飞速增长。未来，人福普克将借助软胶囊的发展，进一步扩大经营规模，优化产品结构，积极拓展美国制剂市场。

2. 人福医药在非洲医药市场的国际化探索

2009 年和 2010 年，人福医药先后在西非的马里和布基纳法索设立了两家商业公司，开始开发非洲的医药产品市场。由于初期对非洲当地文化、药品市场等了解不足，人福医药没有立即在非洲投资建厂，也没有直接输出国内生产的药品，而是先与当地药品销售团队合作，成立商业公司做药品流通工作。在此过程中，人福医药以当地消费者的药品需求为导向，需要什么药品就组织卖什么药品。慢慢地，马里的销售人员发现，马里人对糖浆和大输液的需求旺盛，当地却没有药厂生产这类产品；而如果通过出口将原本生产成本低的糖浆和大输液运输到马里，反而使得产品价格不具有竞争力。加之，马里政府对合资企业有较大扶持政策，因此在 2012 年，人福医药决定投入大概 3 500 万美元在马里建立糖浆和大输液的生产工厂，2014 年底工厂建成，于 2015 年初正式投产，产能约每年 2 000 万瓶糖浆和大输液。

通过在西非的药品销售，人福医药对非洲的药品市场得到了深入了解。目前，从市场容量、当地生产条件以及成本优势等各方面综合考虑，人福医药明确了接下来的发展布局，准备在东非的埃塞俄比亚建厂，现已通过前期规划。可以预测，人福医药在非洲的药品销售市场将会有更大幅度的提升。

回顾人福医药对非洲医药市场的开发过程可知，其战略布局与举措在本质上与美国市场一致。无论是在高端医药市场还是低端医药市场，人福医药的一举一动处处体现出差异化的思想，而不是简单地将国内业务进行国际化延伸。总之，自 2009 年在集团整体的国际化战略思想指导下，人福医药迅速在美国和非洲药品市场上分别占据一席之地，实现销售额的快速增长。

当然，除了上述提及的国际市场外，人福医药也同时在其他国家如印度、越南等设立了办事处，与当地的经销商合作销售。2017 年 5 月 3 日，人福医药召开新闻发布会，宣布将具有自主知识产权的麻醉药品技术转让给印尼的 MBF 公司，此次技术出口是人福医药实施全球化战略的重大举措，也使我国医药行业实现了从麻醉药品出口到麻醉技术出口的质的飞跃。可以说，人福医药正朝其"建立世界级的全球化经营的制药公司"的目标稳步迈进。

第二节 人福医药国际化的解析

一、理论回顾

(一) 资源基础观

与以往从产业层面来分析企业竞争优势获取的视角不同，资源基础观认为，竞争优势来源于企业内部资源而非行业差异。该理论认为，各企业拥有不同于行业内其他竞争对手的异质性战略资源；正因如此，有些企业的市场绩效表现突出，而有些企业则由于资源受限难以扩大市场。资源基础观还指出，稀缺的战略性资源是企业特有的，这些资源作为企业可控制的生产要素，是企业执行战略的有形和无形资产 (Haapanen, Juntunen and Juntunen, 2016)。

企业竞争优势来源于内部资源并不意味着企业所有的资源都具有产生竞争优势的潜力。一般而言，能够帮助企业获得可持续竞争优势的资源必须具备三个属性：首先，这些资源必须是有价值的，即这些资源能够帮助企业有效利用市场机会或者是避免外部环境中的威胁；其次，这些资源必须是稀缺的，换言之，在企业当前和潜在竞争者中资源是稀有的；最后，这些资源难以被其他企业模仿，也没有能够为组织产生相同或相似战略效果的其他替代性资源。

根据上述分析，能力也是企业特殊的资源。能力具有不同的维度和层次，企业的普通能力体现在运行常规，而更高层次的战略能力就反映在管理层对既有资源进行有效利用并积极从社会网络中获取其他相关资源，从而最大限度地实现资源价值。可见，企业的组织和战略安排在资源转化为可持续竞争优势的过程中发挥了举足轻重的重要。应该说明，能力虽是企业特有的，但随着时间的推移能够得到发展和提升。这正是本章对人福医药的国际化发展战略进行剖析以供其他企业借鉴学习的意义所在，希望本章相关分析能对我国企业的国际化能力提升有所助益。

应该指出，从资源基础观的视角来分析企业国际化发展过程中的诸多问题具有重大现实意义。比如，魏谷和孙启新 (2014) 通过实证研究发现，企业拥有的创新资源和管理资源越多，战略先动性就越强，更有利于获得先动优势。资源也会影响企业国际市场进入模式的选择。例如，赵晶和王根蓓 (2013) 深入探讨了企业创新能力、国际化经验等资源基础对其国际市场进入模式选择的影响,认为创新能力强,且具有丰富国际化经验的企业更倾向于选择绿地新建模式进行跨国经营,规模经济突出和所有权优势明显的企业则更可能选择合资模式;类似地,曾德明等(2013)同时考虑技术资源和国际化经验对企业国际市场进入模式选择的影响,分别指出了高/低技术资源和高/低国际化经验组合条件下企业最佳的国际市场进入模式等。此外,学者们也研究了企业资源与其他国际化内容的关系,比如企业不同资源优势条件下适用的国际化扩张战略(国际化深度和国际化广度)(杨丽丽、赵进,2010),不同类型资源(知识资源和物质资源)对国际化程度的影响(宋渊洋、李元旭和王宇露,2011)等,在此不再详细说明。

在本章对人福医药国际化发展历程的分析中,资源对其国际市场进入模式选择的影响比较突出。当人福医药试图进入美国医药市场时,强大的人力资源和技术资源支持使其有信心直面发达市场中强劲的竞争对手,决定直接在东道国设立销售中心并建厂投产;相反,当人福医药准备进入非洲医药市场时,却苦于没有对非洲市场十分了解的人才和其他资源,而未如此大手笔地投入资金,只得先行做商业流通工作,慢慢培养对非洲市场的了解,积累资源。这一点将在下面部分详细分析。

(二)制度理论

企业从事跨国经营的首要任务是深入了解并适应东道国制度。根据斯科特(Scott,2001)的观点,制度主要包括管制制度、规范制度和认知制度。其中,管制制度是指管制实体(如国家行政机构)颁布的相关法律法规和具有法律效力的法律规章;规范制度是社会生活方面的规则、准则和行为规范等因素,有助于理解社会价值规范是如何构建和选择的;认知制度来源于个体对外界的认知,构成了现实本质和建构意义的框架,这一层面的制度与文化的关系最为密切(Jepperson,1991)。企业作为嵌入到制度环境中的实体,不可避免会同时受到管制制度、规范制度和认知制度的影响,这些正式和非正式制度联合形成了庞大的制度网络,迫使身处其中的企业必须要遵守这些制度因素来获取合理性。

制度因素对企业国际化的影响较为广泛。例如,巴克利等(Buckley et al.,2007)认为,中国企业倾向于对与中国文化更接近的国家投资,因为制度距离小,能减轻外来者劣势。陈丽敏等(2016)则基于制度理论正当性视角,通过实证检验指出企业可以通过模仿同构而获得更多的组织正当性从而提升国际化绩效;部分学者探讨了企业国际市场进入模式如何受管制、规范和认知制度的影响。例如,有学者讨论了并购的内部合法性和外部合法性对并购绩效的积极作用(乐琦,2012);也有学者研究了公司战略、组织差异和投资动机对制度距离和跨国公司东道国选择之间关系的影响，提出企业需要在内部合法性和外部合法性之间做出权衡等（石鸟云，2012）。总之，企业的行为无法脱离制度，只有具备合法性的商业活动，才能对企业国际化产生积极效果。

毋庸置疑，制度因素对人福医药的国际化战略实施也产生了强烈的影响。正是出于获取合法性的目的，人福医药花费了大量资金聘用对美国医药市场相关法律法规和美国消费者文化、价值观熟知的经理人，在武汉直接按照美国 FDA 标准建厂等，这些都充分说明了制度对企业国际化的影响细微且无处不在（乐琦，2012）。

（三）国际化阶段理论

通过对企业国际化实践进行观察，约翰逊和维德斯海姆·宝拉（Johanson and Wiedersheim‐Paula，2007）指出，企业的国际化发展一般可分为四个阶段，首先是进行不规则的出口活动，然后开始通过海外代理商进行间接出口，进而建立海外销售分公司以及在境外建厂投产，直接销售。国际化阶段理论蕴含了企业国际化过程的两个重要特征：一是企业的市场范围由近及远的扩大；二是企业的国际化经营方式从简单的出口转变为需要较大资源投入的方式，如在境外设立销售部门和生产工厂等。

对于企业国际化扩张中由近及远地选择东道国这一特征，北欧学者引入了心理距离加以解释。所谓的心理距离是指阻碍或干扰企业和市场之间信息流动的因素，比如语言文化、教育程度和经济发展水平等都有所影响（王宏新、毛中根，2007）。由于企业跨国经营的风险大，不确定性高，因此在面对多个东道国市场时，企业更倾向于选择心理距离近，即语言文化相似、经济发展水平相差不大的国家优先进入，因为这些临近的市场更为熟悉，相对而言，市场成功的概率更大。随着企业国际化经营时间的推移，市场知识日益积累，决策风险有所降低，企业跨国经营的信心增强，能够明确自身的国际化发展方向，便愿意加大资源投入来扩大经营规模，即体现出企业在国际化发展中市场资源投入量和投入程度会不断加大这一特征。

应该来说，现实生活中大多数企业的国际化发展历程基本与国际化阶段理论中的各个阶段相吻合，是一种连续化、渐进发展的过程。2009 年以前，人福医药各子公司的国际化实践就是资源雄厚后进一步寻求海外市场机会的表现，对于人福集团本身的国际化而言亦是如此。但不容忽视的是，天生国际化组织的出现为企业的国际化发展提供了一种新的思路，那些具有国际视野、掌握了先进技术同时缺乏资源的企业，如何快速健康地实现国际化值得思考。

二、人福医药对战略性新兴产业国际化的启示

随着我国改革开放政策的实施，越来越多的企业为追求可持续发展纷纷踏出国门，加入国际市场竞争，进行全球性产品销售，医药行业企业也不例外。目前为止，我国进行国际化的医药企业不在少数，为何人福医药能够崭露头角，从一个新兵迅速成长为行业领跑者呢，可以肯定的是人福医药的发展绝非偶然。纵观上述人福医药的国际化发展历程可知，一方面，人福医药有自身独特的资源、能力优势，且其与国内大多数医药企业的经营思路本就不同，人福医药放眼全球的视野和注重长期发展的规划促使其从未盲目扩张，而是在集团大的战略方向上紧紧抓住机会点切入国际市场，随着对当地市场理解的深入再进一步上升到系统行动；另一方面，集团要快速成长，还应该放低姿态主动从行业其他优秀企业那里进行间接学习。对于人福医药来讲，其重点学习对象无外乎是在医药国际化相关话题中不可避免要提及的世界药品出口大国印度的医药企业。

印度，堪称医药行业国际化的全球领军者，其2015年医药出口额高达152亿美元。印度医药事业如此成功的原因是多方面的。首先，印度医药企业具备先行者优势，由于印度本国没有药品生产标准，所以各企业在建厂生产之初，就严格按照美国FDA标准奔着国际化的方向前进。同时在此过程中，印度政府对整个医药行业企业有许多扶持政策，比如制定统一的国家药物政策来保证稳定的产业环境，确立程序专利以鼓励医药企业用仿制药代替进口，规范药品监督管理和推广药品安全国际认证等，一系列国家政策促使印度制药全产业链的国际化程度都得到提高。其次，印度员工具备语言优势，其在国际供应商会议或与消费者的交流中轻松自如，对当地文化、生活更能融入其中；沟通优势使印度企业员工在国际市场开拓中没有额外的心理负担，可以从容应对市场问题。此外，印度医药制造企业具备成本优势，包括人力成本、原材料成本等。

实际上，上述印度医药企业的国际化优势在人福医药的系统性国际化扩张中均有所体现。比如，人福医药在计划进入美国市场后，着力建设符合美国FDA标准的药品生产工厂；为避免语言交流障碍，人福医药均聘请本土员工经营国际分公司；在成本控制方面，人福医药搭乘武汉招商引资项目，将美国普克药厂投设在国内等。这些都构成了人福医药在国际竞争中的资源优势。

结合印度医药企业和人福医药的国际化发展道路，在相应理论指导下总结出成功的国际化发展经验与启示如下：全球化企业定位是首要，技术与创新是基础，战略选择与规划是方法，组织结构与管理是保证。

（一）定位：着眼未来，立志打造全球性经营企业

企业的国际化扩张通常伴随着高风险和不确定性，需要大量的成本投入等，这些因素使得国际化对于缺乏有形和无形资源、能力较差的中小企业而言具有更大的挑战性（Knight and Kim，2009）。企业拥有的资源禀赋越少，在经营管理上越没有弹性，无法及时地在国内、国际市场上配置和转移资源（Teece，Pisano and Shuen，1997）。导致一些小企业在国际化发展中更依赖于无形资源和能力（Knight and Camseil，2004）。为了在国际市场中大展宏图，企业不仅需要资源上的竞争优势，同时也要具有强烈的国际化态度。奈特和金姆（Knight and Kim，2009）将这种国际化态度称为国际化导向（international orientation），并指出这种导向对于企业而言是一种重要的管理能力，能够指导其在国际业务活动中有效率地组织进行。研究发现，相比于行业中其他竞争企业，有强烈国际化导向的企业会更早开始国际化运营（Knight and Camseil，2004）。

无可厚非，现实中各企业进行国际化的起因多种多样。那些未将国际化当作战略来实施，只是出于摆脱国内医药行业的激烈竞争、完善产业链或增加市场绩效等原因进入国际市场的企业，都只是贪图短期利益而没有长远发展规划，往往不具备国际化导向能力。这类企业在国际市场上一般不太关注国际标准和国际规则，以简单的价格战为主，认为只有低价才能取胜，追求的目标仅仅是为了提高短期的国际市场销售收入，这样的国际化发展不是真正意义上的企业国际化。

人福医药自2005年开始，在其公司整体战略规划时，就将自己定位为一家"在中国的国际企业"，而非是一家"国际化的中国企业"，立志成为全球性经营企业，具有强烈的国际化导向，始终以实现集团持续性成长为目标。这一定位彻底打开了企业的国际化视野，使企业从全局性、长期性、战略性布局公司的国际化行动，而非是局部的、暂时性、机会主义地开展国际化。这是人福医药和我国其他大多数公司在国际化发展中最大的区别。

（二）基础：持续不断创新，保持企业市场活力

通过创新来获取和维持竞争优势十分重要（Silva，Styles and Lags，2017）。创新是企业将其资产和能力转化为绩效产出的机制，涉及新想法、新流程、新产品或服务等。创新和国际化是企业商业成功的两个关键词，关于两者的关系，不少文献都做过相应探讨。例如，有研究指出，跨国公司可以在国际化治理过程中提升创新能力，利用更广泛的全球市场所带来的丰厚资源。此外，巴齐尔（Basile，2001）通过对印度企业的研究，发现创新是推动印度企业国际化进程和增强竞争力的关键因素。拉什迈尔和沃本（Lachenmaier and Wöbmann，2006）同

样认为创新能够提升企业的出口绩效，有利于国际化发展等。综合以上两种视角的研究可知，创新与国际化在实质上具有同等重要的地位，两者相互促进，相互支持。

坚持创新是国际化品牌成长的基础，任何一个全球性品牌的发展历史，都是一段不断推陈出新，开拓进取，积极引领市场潮流的历史。人福医药的创新精神于其国际化发展历程中技术、管理和产品等各方面可见一斑。比如，美国FDA标准要求企业需同时具备硬件和软件条件，硬件基础可以通过投资建厂房买设备完成，而在软件基础上，管理体系与标准的差异却是人福医药当时面临的一大阻碍。虽说思维与观念的转变很困难，但人福医药并未守旧，而是采取邀请国外专家来中国讲学，或公派中国员工去国外进修等方式，培养每一位人福公司员工的国际化经营与管理思维，最终以零缺陷通过了FDA现场审计。

在制药技术上，人福医药实行自主研发和联合开发双轨并行，不断加大研发力度追求产品创新。一方面，人福医药利用美国普克的技术优势，与其下属公司武汉普克共同承担产品、工艺等自主研发任务；另一方面，人福医药积极与国内外其他优秀医药企业进行合作，力争在美国年均申请10个药证。人福医药对研发资金、人力等资源的投入保证了在开拓国际医药市场过程中能够牢牢抓住商机，及时扩充产品线，保持企业市场活力。

（三）战略：循序渐进、差异化的国际市场开拓战略

根据制度理论，企业是嵌入在社会制度环境中的实体，制度环境对企业经营活动的影响不容忽视，有时甚至是首要考虑因素。制度环境影响了企业经营活动的行动基础，进而影响了市场对企业经营活动的接受程度，换言之，只有遵从各个国家的法律法规来获取和保持合法性，才能提高企业的存活率（汝毅、吕萍，2014）。因此，企业在扩展国际市场时，必须明确不同国家之间的制度差异，顺应东道国市场的制度环境。尤其是当企业同时进入发达国家市场和新兴市场时，制度的差异可能导致企业进入模式等的选择有所不同，需视情况而定。

除了制度环境，市场环境也是重要的外部影响因素。相比于新兴市场，企业在进入发达市场时，需要面对更严苛的市场标准和更强劲的竞争对手，稍有不慎将面临"出局"。当然，这并不意味着我国企业在进入新兴市场时没有任何困难和阻碍。总而言之，只有将企业内部资源条件和外部环境相结合而制定出合适的战略才是正确的战略，没有"万精油"般的国际化战略。

在本章分析中，从人福医药的国际化发展来看，其在进入欧洲发达市场和非洲市场时显然走了不同的国际化道路。这种循序渐进、差异化的经营战略使企业专注于各目标市场的独特性需求，有节奏、针对性的有的放矢。可以说，人福医

药的国际化道路绝不是国内经营模式的标准化复制，其在营销策略计划与实施步骤上深入贯彻落实了差异化指导思想。

首先，人福医药十分注重选拔、培养和使用国际化人才，其在进入每一个国际市场前都会招聘对当地文化、生活较为了解，同时对医药产品的国际化经营富有经验的员工。通过授予这些员工充分的自主经营权，激励他们在企业经营上的责任心和激情，进一步培养和提升他们的国际化管理能力，使人福医药能够快速、有条不紊地在国际市场上站稳脚跟，并根据各国际市场医药行业的特点，走差异化的市场竞争路线。

其次，在产品策略上，人福医药无论是在美国市场还是在非洲市场的开拓过程中，都不是拿着国内产品去找市场，而是调查当地消费者对医药产品的需求，即便不在集团国内现有产品组合范围内，只要合情合理，有需求有利润，人福都会投入大量资本进行研发或开发，比如人福医药在美国市场上主打软胶囊产品，而在西非马里重点销售糖浆产品等。相反，国内许多医药企业在进行国际化时，最直接的问题就是哪些国家或市场需要企业已有产品就去哪里销售，属于典型的本土业务的国际化拓展，而不是国际化经营。

在渠道策略上，人福医药的国际渠道的建立思路同样值得国内其他医药企业借鉴。国际营销渠道是企业竞争对手难以模仿且能在有限的投入下提高运营效率的管理内容，在国际化过程中应给予充分的重视。人福医药在进行国际市场开拓时，并不急于安排产品生产和销售，而会首先在当地建立商业公司或成立销售团队来深入了解当地市场环境，进行商业流通，构建销售网络。在进一步确定了合适的产品细分市场后统筹安排相应的产品生产。这种"先有市场，再有产品"循序渐进的做法，使人福医药在国际销售中免遭绿色贸易壁垒、市场信息不充分和技术贸易壁垒等问题，有助于获取合理性，快速夺取市场份额。

在价格和促销策略上，人福医药综合考虑不同国际医药市场的竞争、需求等各方面情况，针对高端产品市场和低端产品市场，制定实施不同的价格、促销方案。总而言之，人福医药的差异化国际市场战略为其成功赢得竞争优势。

（四）保证：扁平式组织结构和授权的治理方式

跨国企业的海外子公司通常承担三种战略角色——本地执行者、专业贡献者和世界受托人（周常宝等，2016），这些战略角色的扮演是国际化企业维持持续竞争优势的关键（Du et al., 2015），因此对海外子公司的治理成败直接关系到母公司国际化的成败。一般而言，跨国公司海外子公司的治理包括股权治理、董事会治理、高管层治理以及海外子公司与母公司关系治理等方面（周常宝等，2016）。从人福医药对海外子公司的治理来看，需要重点分析和借鉴的内容是其组织结构上的安排。陈建勋等（2011）的研究，提出企业的组织结构具有两种典型形式，一种是机械式组织结构，在这种组织结构下，企业对工作任务进行严格的劳动分工和职能分工，以客观、标准化的流程挑选符合各岗位职业要求的员工；并对各层员工的专业化工作进行控制和监督，以确保企业的规范化运行。另一种是有机式组织结构，在这种组织结构下，企业内部不设置权责分明、固定不变的职位，充分给予基层员工管理权利，他们可自主决定自己的行动；在此组织结构中，直接的、横向的沟通协调取代了机械式组织结构中间接的、纵向的层级控制性沟通。基于上述定义，母公司对子公司的治理也可分为机械式组织和有机式组织，两种组织方式有各自的特点。

人福医药对国内、国际下属公司一律实行扁平式管理，即有机式组织结构，由集团董事长直接负责，集团总部主要在人事、财务和审计上根据国际化的不同要求对子公司制定不同的控制标准、控制内容和控制形式，而在经营方面，各子公司保有充分的自主经营权。这种授权的治理方式存在诸多优点，比如，使人福医药能够积极融入东道国经济，遵守市场规则，避免可能出现的政治、法律问题；同时，子公司决策权的增加会促进其主动选择海外合作伙伴，建立庞大的企业社会网络；此外，在母公司的辅助下，海外子公司越有能力独立应对当地市场需求，母公司越放心和信任子公司，如此良性循环，有利于构建良好的母公司和子公司间的关系。但需要说明的是，这种扁平化组织结构在集团国际化扩张初期虽具有高效率和执行优势，但随着企业规模的扩张，管理幅度不断增大，如何更有效率地管理和激励海外员工是人福公司需要面对的新挑战。

第三节 加速企业国际化发展的政策建议

人福医药集团作为中国医药企业的代表，其国际化进程相对而言较为顺利。但不容否认的是，与大多数中国医药企业一样，人福医药在国际市场的运营中也曾遇到重重困难。我国医药行业产业链的不完善是许多企业国际化发展的一大障碍，以人福医药为例，经过多番努力，至今美国普克的产品生产原材料也只能做到国内和进口 1∶1，辅材和包材甚至需要全部进口，制造成本难以降低。此外，由于历史原因，中国企业要想在原有基础上做出改变来达到国际医药生产标准，会导致前期的沉没成本较大，而全部推翻重来需要的投资很多，因此不少企业满足于国内的腹地市场，不愿意花时间、精力和资金来做变革，严重阻碍了国际化进程。

在中国企业国际化发展遭遇困境时，政府的扶持与相关指导显得尤为重要。近年来，政府制定了一系列宏观经济调控政策，对企业的生存、发展与改革进行干预与引导，在一定程度上改善了中国企业的经营环境，但企业的发展形势依然严峻。政府应进一步结合企业国际化发展实际情况，处理好与企业之间的关系，既不越位也不缺位，紧紧围绕企业发展这个核心进行经济建设，为企业提供全方位、宽领域、高质量和快捷高效的服务，帮助企业克服国际经营困难。具体地，根据本章对人福医药的国际化发展分析，对我国政府提出的政策建议如下：

一、严格规范国内市场行为

我国从传统计划经济转向了现代市场经济阶段，政府对市场的干预明显减少，市场自由调节作用凸显。然而，与发达国家相比，我国经济发展落后，若完全脱离政府监管，市场的正常运行将难以保证。已有不少研究探讨了市场经济下我国政府干预的必要性和有效性，达成的一个基本共识是政府干预必不可少，但应适度，需视时机对市场有关内容进行管控。一般来说，政府对市场的管理主要包括审查商品质量、严禁伪劣商品入市，调控市场物价，利用税收政策调节社会经济，设立行业进入壁垒等（丁长清，2001；孙燕铭 2010）。总而言之，我国政府干预对健全市场机制和规则，规范市场行为具有重要作用。

发达市场如美国市场设定的进入门槛虽高，但其市场的规范性值得我国政府、企业学习。美国企业明确自己在市场中所处位置，不会出现恶意竞争和短期行为；而我国大多数企业缺乏市场分析，盲目竞争，认为哪些市场有利可图就疯抢着进入，一味地靠压低成本、打价格战来获取短期利润。长此以往，中国企业养成了价格取胜的思维定式，甚至出现内战外打，将价格战打到国际市场而受到惩罚的例子。虽然现阶段我国市场发展并没有发达市场如此成熟，但只要政府和企业共同努力，依然可以进一步规范国内市场，营造纯净、良性的市场竞争环境，从而促进我国企业健康成长。例如，政府可以加强对各行业市场的监管和管制，完善企业相关法律法规，树立企业标杆同时加大对违规竞争企业的惩罚力度，以保护每一个企业和投资人的利益。

二、建立服务企业国际化的相关机构

国际化是企业发展壮大的必经之路，同时更是中国走向世界的重要途径。党的十七大明确提出"走出去"战略，强调了中国的发展离不开世界，要积极寻求和世界各国的经济合作、对外投资等，这充分显示了我国政府对企业国际化的支持和决心。近年来，关于促进我国中小企业国际化发展的相关政策逐渐完善，但由于企业国际化经营牵扯甚广，国际化道路仍曲折难行，即便是行业中的龙头企业，也会在国际市场中接连亏损。这说明或许物质资源受限是国际经营的一大难题，但更大的障碍是企业国际化能力等知识资源的缺失。企业需要引进和培养国际化人才，成立优良的国际化管理团队，将有限的资源创造出更大的价值。政府也需建立服务和支持我国企业国际化的有关机构，培训指导企业国际化发展，增强企业国际化经营能力，协调处理国际化经营问题。例如，政府可以建立出口贸易服务机构，提升中小企业从出口开始拓展海外市场的信心。当然，天生国际化企业和传统国际化企业不同，其在成立初始便瞄准了国际市场，通常直接定位于发达国家市场，而不是出口到周边国家，这些企业则更需要政府有关机构提供国际贸易支持和指导以降低国际化风险。

三、实现产业链的整体提升与国际化发展

所谓的产业链是指各企业基于技术经济关联，按照一定的逻辑关系和时空布局逐渐发展形成的链条式关系形态（汪建、周勤、赵驰，2013）。产业链整合即为某一强势企业直接或间接地影响产业链上其他的行业内、外联盟企业的生产经营决策，以期出现 1+1>2 的战略绩效。与资源内部化和市场交易类似，产业链中节点企业间的战略联盟同样是一种资源获取方式，且具有专业化分工、优势互补、长期合作等众多优点（谢莉娟、王晓东、张昊，2016）。研究表明，企业若能根据产业特征和自身资源条件选择合适的模式来整合产业链，占据链中的关键环节，实现产业链优势和价值最大化，将有助于企业自身和其他节点企业快速成长（汪建、周勤、赵驰，2013）。当然，从我国各产业发展来看，单纯依靠企业和市场机制来整合提升产业链比较困难，政府的政策支持和引导不可或缺。

应当明确的是，政府大力提倡的"走出去"不是孤立的企业国际化，而是行业的国际化、产业链的国际化，只有这样的国际化才能从根本上增强中国企业的国际竞争力，建立良好的中国国际化企业声誉。因此，政府应充分意识到构建产业链的重要性，重视产业链的提升和各产业链间的耦合，完善全产业链的发展，为中国企业走出去创造良好的国内市场环境与竞争优势。例如，政府可以鼓励中国企业向国际标准看齐，允许达到国际标准的企业获得差别定价的机会，或者通过国际标准的企业在国内的审批流程大大简化；对企业的国际化投入提供国家补贴或补偿等。

此外，政府应进一步加强与企业之间的双向联系，通过行业龙头企业进行带动，整个产业链配套朝着一个方向努力，就像是印度医药产业链的发展，环环相

扣，形成强大的内部增长力。政府在产业链构建过程中可以设立产业链国际化专项基金，针对产业链统筹设计优惠政策。只有产业链的每一个环节都精益求精，才能产生协同效应和规模经济。

四、充分发挥行业协会的保驾护航职能

从本章对人福医药和医药行业的国际化发展分析可看出，我国行业协会的职能弱化。曾发生的医药企业将不正当竞争的价格战打到国际医药市场上而受到国际市场严厉处罚的事件暴露出了我国行业协会正逐渐丧失其存在的作用与价值。可以说，行业协会代表了本行业全体企业的共同利益，其作为政府与企业的桥梁和纽带，本应承担着向政府传达企业的共同要求的服务性重任，也需要协助政府制定和实施行业发展规划、产业政策和有关法律法规等，履行对本行业产品和服务质量、竞争手段、经营作风等的监督职能。然而目前，行业协会已偏离了其成立的初衷，致使各行业市场混乱无序。

在中国国际化品牌亟须发展的今天，行业协会的重要性更加凸显。在企业开拓国际市场时，行业协会应充分发挥其服务、监督和协调等职能，组织行业内企业在自愿的基础上从生产、价格和销售等各方面进行联合行动，发挥集团军的优势，避免出现违反合理性的商业行为等，真正在行业规范、企业间合作以及企业和政府的关系等方面起到更大的作用。因此，为促进行业协会的发展，政府需要进一步建立和完善有关法律规范，明确行业协会的职责，将部分市场和企业监管权力转移给行业协会，充分调动行业协会的管理自主性。

五、提高企业国际化的服务支持力度

一是提升办事效率。公正透明的政策环境是企业生存发展的根本保证，也是我国企业走向国际化道路的基本前提。而若要实现公平公正，规范化、标准化的政府治理流程必不可少。秩序井然的监管程序一方面提高了政府官员的办事效率，方便进行企业管理；另一方面，能够降低腐败发生的可能性，对所有企业一视同仁，按部就班地妥善处理市场、企业事务。但是，过于复杂的政企服务程序则可能起到本末倒置的效果。横向来看，地方政府和省级政府等权责划分模糊不清，造成服务缺位甚至混乱；纵向来看，逐级向上申报审批，既降低了企业经营效率，也可能使企业错失潜在的市场机会，对于变幻莫测的国际市场，企业更需要集中精力先发制人。

烦琐的对外投资申请批报程序不利于国际化企业的运营效率以及对外经营的

便利性。近年来，我国政府在对外投资手续办理上已有所改革，但仍需关注如何进一步针对国内企业的实际情况，在符合相关要求的前提下，尽可能为进行国际化的企业提供便利。借助互联网的大力发展，政府可以充分有效地通过网络信息技术来简化办理企业国际化业务。如在大数据背景下，政府可以借用先进的网络技术，对我国企业实际经营行为进行科学理性地数据分析，制定合理合情的政策，减低风险；政府也可以将"智能化"纳入其治理模式，通过动态数据传递来简化一系列重复手续，让政府管理在公平公正的基础上更具人性化。

　　二是加大优惠力度。企业的国际化发展除了要提升自身核心竞争力，母国相关的经济政策也具有重要作用，尤其对于中小企业，物质资源和知识资源极其有限，国家的政策支持更是一股强大的国际化推动力。近年来，相当一部分研究探讨了政企关系对企业经营绩效的影响，比如有研究指出，在同等条件下，有官员视察的企业绩效表现更好，其中一个关键原因是官员视察有利于建立强政治关系，使管理层更容易与政府沟通，从而获得更多的政策支持（罗党论、应千伟，2012）；类似地，余明桂等（2010）对政治联系和地方政府财政补贴有效性的研究同样说明了政企关系的重要性。而政企关系如此重要的根由在于政府的经济政策能够快速带动企业发展。

　　因此，国家对从事海外经营的企业提供强有力的政策支持与保障将激励和引导中国企业的国际化发展。受限于资金、人力等资源，许多中小型企业无奈只能放弃国际化，甚至不敢涉足国际市场，这对加快我国企业国际化进程造成严重阻碍。从人福医药子公司的国际化发展所遭遇的瓶颈可知，融资支持是各企业翘首以盼的政府政策。政府应向中国企业进行对外投资进一步给予金融支持，比如并购贷款和海外投资的贴息等，为在海外设立研发中心、成立海外机构的企业提供扶持。组织国有银行承担起向企业发放低息或免息贷款的职能，加强银行业对企业的金融服务，落实对我国企业的政策性支持。此外，政府也可以建立中小企业基金，用于扶持企业国际化经营中的技术创新和风险经营等。

六、扩大国际化经营人才队伍

　　企业的行为归根究底是管理层的战略决策，一个组织能否适应国际市场且有所成就在很大程度上取决于管理层的战略眼光和国际化意识。在此次对人福医药的国际化发展历程分析中，其管理者也多次强调了国际化人才的重要性。一般而言，国际化人才需要具备以下几点素质：需要具有广阔的国际化视野和强烈的创新思维，只有放眼于全球市场才能善于把握机会；具有较高的政治思想素质和健康的心理素质，能够承受国际化管理的压力；在信息技术的高度发展下，国际化人才需要具有较强的运用和处理信息的能力，应用大数据来分析市场和消费者特征，让决策更加科学和理性；此外，也需要具备较强的跨文化沟通能力，比如精通其他语言等，可以独立地完成国际性商业活动；当然，国际化人才要对国际惯例，尤其是东道国法律法规等十分熟悉，以便开展业务等。

从目前我国企业对国际化人才的培养来看，仍存在诸多问题，远不能达到上述要求的素质。比如，语言能力差，无法与东道国政府、企业顺畅沟通，这一点在人福医药开拓美国市场时也造成了一定阻碍；国际化战略思维单一，无法形成长远战略性规划等。因此，为深入贯彻落实人才强国战略，为我国人力资源开发提供保证，政府要重视引进和培养国际化人才。例如，完善人才引进方面的政策，设立科研基金，吸引高素质人才回国发展；进一步加强对国际化人才的培养，为国内人才创建良好的工作学习环境；完善人才评价、考核和激励机制，公平公正、全方位地考察国际化人才的能力，充分给予其发展空间等。

七、加大技术创新支持力度

人福医药的国际化发展带来的一个重要启示是持续不断地创新，唯有技术创新才能为企业生存和发展奠定坚实的基础。然而，创新需要高昂的成本投入，并且在短时期内难以见成效，因此一般的中小企业不愿意将有限的资源投入到并不擅长的创新活动中，反而更愿意模仿跟随。久而久之，我国企业缺乏创新思维和动力。目前，我国政府为鼓励企业创新，对企业的创新活动会给予一定的补助，但收效甚微。关于政府支持度和企业创新效率的研究认为，政府补助对企业创新效率具有显著的负向影响（李爽，2016），认为可能的原因是政府和企业对于技术创新的目标不一致，企业倾向于投资少、见效快的短期创新活动，而政府则更看重长远的技术创新，所以政府的补助并不能有效地激发企业创新动力；此外，政府补助还会对企业自发的研发投入造成挤出等。可见，政府对于企业技术创新的扶持政策尚需进一步思考和完善。

实际上除了提供补助外，政府还可通过其他途径来鼓励企业进行技术创新，避免出现补助增加却无效果的局面。例如，政府可以组织技术小组深入到中小企业内部，为他们提供技术指导和创新指导；或者是专门成立针对战略性新兴产业或其他重点产业的技术中心，聘用在相应产业领域的高素质人才，通过机构的技术研发来引领带动行业内其他企业的创新活动，为他们提供国外先进的技术信息等。

第十二章

中国战略性新兴产业国际化发展支持战略

产业国际化要求产业内的企业生产和经营国际化，实现产品和资源在世界范围内的销售和配置。国际化理论认为实现上述目标的必要条件，是产业必须拥有特定的竞争优势和足够的盈利来抵销海外经营所带来的额外成本和风险。战略性新兴产业是指建立在重大前沿科技突破基础上，代表未来科技和产业发展新方向，体现当今世界经济发展潮流，且尚处于成长初期、未来发展潜力较大，对经济社会具有全局带动和重大引领作用的产业。重大技术突破和广阔市场是其存在的基础。同样，也只有突破技术获得竞争优势，开拓市场创造足够盈利，优化产业链实现合理国际分工，协调新老产业关系获得资源最优配置，战略性新兴产业才能真正实现国际化。

目前，我国战略性新兴产业国际化发展却过度依赖国际市场，呈现出典型的供应端和需求端"两头在外"的畸形发展模式。

一是我国大多数战略性新兴产业供给链中，最关键的一环"技术"要靠外国市场进口。产业内各企业普遍存在核心技术掌握较少、重大制造装备和核心设备进口依赖大等问题。例如，属于新能源的光伏产业中，我国光伏电池产量虽然已经居于世界第一，但其中关键设备绝大部分来自国外供应商，此项进口费用约占产业设备费用的80%。解决上述问题的唯一办法就是提高战略性新兴产业创新能力，这也是我国战略性新兴产业国际化发展的重要目的之一。创新能力的提升除了靠企业本身之外，政府必须为之提供相应的支持。支持至少分为国内和国外两个方面的内容：一方面是在国内市场上，政府应培养自主创新环境，提升各高科技新兴企业的技术使用能力，让从国外获取的先进技术能真正地转化为企业自身的创新能力,达到国际化目的;另一方面在国外市场上,政府应积极促成我国企业与他国企业开展技术联盟,并保护企业免受机会主义的伤害;充分利用国际技术交易市场,组织专门中介为技术交易服务,实现国内技术市场与国际的接轨,保护我国企业在技术交易中的合法权益。

二是我国大多数战略性新兴产业的国内市场狭小,企业生产出来的产品大都只能销往国外,开拓广阔的国外市场迫在眉睫。政府在针对这一目的制定保障措施时,同样需要兼顾国内外两个市场:一方面,通过树立良好的国家形象,获得东道国市场的认同,降低企业开拓外部市场的阻碍;另一方面,要助力于国内市场的健康发展,实现市场供给和需求的良性成长。重视国内市场,首先从市场供给来说,新技术新产品初期规模优势尚未显现、产品成本高,进入市场困难,获得消费者认同更加困难。因而,技术不能尽快商业化,不能迅速形成利润和持续创新的能力,致使有些新技术夭折在摇篮里,有些新技术企业长不大。为此,政府有必要为高科技新兴企业提供空间,让其迅速成长,增强开拓国际市场的生力军市场。从市场需求来看,以光伏产业为例,2011年,我国太阳能光伏电池供给比例高达48%,而国内对光伏电池需求占比仅为0.4%;2012年我国太阳能电池产量达8 000兆瓦,而同期我国太阳能光伏系统新增装机仅为520兆瓦,其余7 480兆瓦全部用于出口,出口比例高达94%。国内市场狭小不仅导致国内盈利水平的低下,同时也造成了产业对国外市场的过分依赖。由此带来的直接影响是我国产业抗风险能力薄弱,国外市场的细微波动都会对我国产业造成巨大影响。同时,由于产业国际化的发展导致贸易摩擦增多,国外市场开拓困难也会增加,形成企业国际化的障碍。要想成功应对这些风险,解决这些争端,除了有效的协商机制外,更要依靠国内市场的开拓。

除此之外,由于"两头在外"的不足形态,导致我国战略性新兴产业一直处于附加值极低的价值链中下游环节。无法实现由劳动密集型产业向技术密集型产业的转移,无法改变出口产品由原材料或初级加工品向高技术含量产品的提升。且因为战略性新兴产业的高产业关联性、发展资源(如人才)的稀缺性和高风险性,导致其在发展过程中各产业间和产业内企业在国内市场上相互排斥,极力争夺各种资源;在国外市场上缺乏经验,抗风险能力弱,国际化资源匮乏。

因此,我国战略性新兴产业国际化发展要取得成功,必须从宏观层面理清国内和国外市场在国际化发展战略中的地位和关系,制定相对应的环境支持与保障战略,改变"两头在外"的难题,实现技术优势最大化、市场盈利稳定化、产业结构最优化和产业新老协同化。

第一节 创新能力提升的环境支持战略

战略性新兴产业的基本特性是将前沿科学技术的重大突破转化为流通产品,因此,创新是除资本之外该类产业的另一原始积累。知识与技术的高度聚集是该类产业存在和成长的根本。如何提高产业的创新能力,为产业发展积攒足够的内驱动力,是政府首要解决的问题,具体见图12-1。

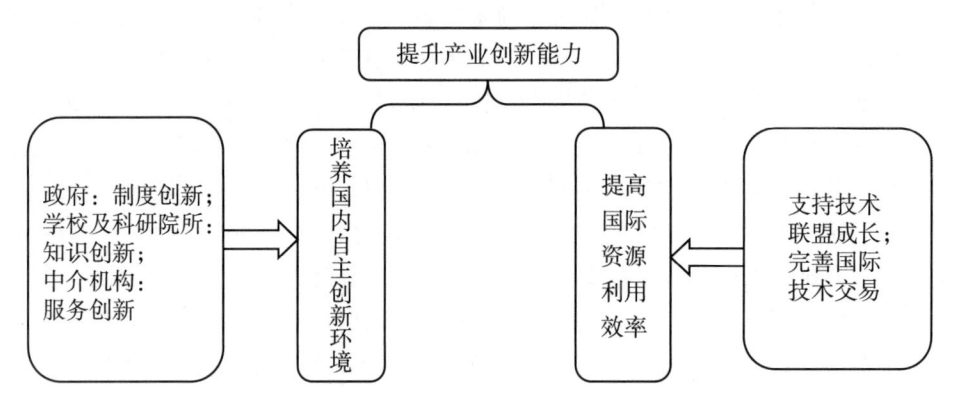

图12-1 产业创新能力提升途径

资料来源:作者根据文献整理。

一、培养国内自主创新环境

(一) 构建社会创新网络

创新能力的提升必须经由企业嵌入社会网络来完成,社会网络由政府、各部门和各机构所组成(Freeman, 1987),这些机构和部门的相互作用决定了一个国家的创新业绩。纳尔逊(Nelson, 1993)通过多案例分析后指出,这些机构和部门主要包括政府、学校、科研院所和中介机构。因此,国内自主创新环境的培育,必须协调好政府、学校及科研院所、中介机构在创新网络环境中的关系,各尽其责,同时实现有效协同。

1. 政府:制度创新

技术创新的实现需要一套复杂的制度安排(Ostrom, 1996)。在自主技术创新环境中政府作为制度的主要实施者,其职能体现在通过制度创新为技术创新培育良好环境,起到激励、引导、保护和协调四个方面的作用。制度创新主要包括:制定相应的直接投资计划,完善财税和金融制度,解决创新融资难题;成立产学研联盟,实现各主体围绕自主创新的联动;实施政府采购等激励政策,发挥自主创新的导向作用;加强自主立法,完善知识产权制度。

2. 高校与科研机构:知识创新

大量的研究表明,知识的创造、传播、应用是创新的源泉(Freeman,1987;Nelson,1993)。高校与科研机构作为知识创新的最大来源,在创新环境中主要通过培养人才和进行基础研究为自主创新能力的发展提供保障。例如,在国家科技部的支持下,常州天合光能成立了一个国家级光伏技术重点实验室。该实验室通过把高校与企业相关资源整合起来,进行共同研发促进了光伏行业的发展。

3. 科技中介机构:服务创新

科技中介机构在技术自主创新环境中充当服务平台的角色。一方面,它将学校、科研院所、企业和市场联系起来,开展科技评估、管理咨询等转化服务,将知识资源从学校和科研院所引入到企业当中,提高知识的应用和成果转化率(曹洋、陈士俊、王雪平,2007);另一方面,它将各企业甚至各产业联系起来,提供综合服务,促进生产要素有序、合理流动,实现科技要素资源的优化配置。

(二)完善政府在社会创新网络中的制度创新

政府对企业创新提供了多方面的政策支持,主要包括税收优惠、金融制度、产权政策等方面,以上政策对企业运营产生了积极影响。

1. 财税制度

主要是指政府通过税收优惠、采购及财政支出等方式,引导企业的创新方向、降低企业创新成本、调节市场对创新产品的总需求、保障企业运营资金的顺利回笼、弥补企业创新动力。政府财税制度的实施需要注意:建立财政投入增长长效机制;优化财政支出结构;创新财政资金支持方式;税收优惠环节侧重点前移。

2. 金融制度

主要是指政府通过财政担保和引导性投资等政策,解决战略性新兴企业融资困难的问题,促进企业与金融机构之间的合作关系。

3. 知识产权保护

知识产权制度,是关于成人知识是一种财产,在对其进行保护的基础上促进知识的创造、传播和应用的一种重要法律制度。加大对知识产权的保护,能够从法律角度鼓励企业的创新意愿，推动企业的自主创新行为。

4. 科技服务法规体系

该体系包括战略性新兴产业园区建设、基础设施建设、科技中介扶持及科技人才引进和管理等相关法规条例。产业园区的建设有利于战略性新兴企业、相关技术成果、技术人才及政策的集聚，为战略性新兴产业的发展提供技术、人才的支持；科技服务中介加快企业科技成果转化；基础设施建设为企业的发展提供必要的物质条件基础；人才的引进和管理保证了企业的技术人才投入。

二、切实提高国际技术资源利用效率

与技术先进企业建立国际技术联盟，或者在国际技术市场上进行交易，是实现国外战略性新兴产业先进技术向本国企业转移的重要路径，是发展本国产业创新能力的重要手段。因此，战略性新兴产业提升创新能力的支持战略应突出这两个重点，保证技术交易顺利实现。

（一）保障技术联盟顺利成长

技术联盟是通过各种契约与相同战略意义和目的的先进企业联合，共同进行研发的联盟形式，是提升我国战略性新兴产业创新能力的重要手段（Verspagen and Duysters，2004）。从国际范围来看，目前实施技术联盟最多的国家和地区是日本、欧盟和美国。这与这些国家或地区政府的大力支持是分不开的。早在20世纪70年代，日本政府就出台了一系列鼓励企业之间建立技术联盟的举措。例如，政府出资成立技术研究联合会，并成功合作开发超大规模启程电路项目；欧盟则是从20世纪80年代开始实施旨在促进企业成立技术联盟的《欧洲R&D框架计划》；美国也是在同一时期颁布一系列的法律规章制度，加大对企业研发合作的鼓励。从目前的发展状况来看，我国战略性新兴产业的发展离不开全球化企业技术联盟的建立。以光伏产业为例，光能技术的发展离不开全球相关科技人才的支持。江西的塞维公司与德国Q-cells、比利时弈飞等合作，在意大利等国开展了光伏并网发电项目，与美国通用技术太阳能公司、瑞士HCT公司等世界著名的光伏硅片设备制造商建立了战略合作伙伴关系。尚德和日本、美国等公司建立战略联盟，研发出了"光伏建筑一体化"的解决方案。

综合国内外的发展历程与发展现状，我国政府应尽快出台系列举措鼓励企业间研发合作，为企业在全球范围内建立技术联盟保驾护航。

尽管技术联盟可以实现企业间风险分担、优势互补、共同使用研发资源，为合作双方实现双赢，但技术联盟的失败率却一直居高不下，达到了60%左右。

造成失败的原因主要有两个：一是技术创新本身的风险，随着现代科学技术的迅猛发展及产品飞速地更新换代，技术创新的难度和复杂性也越来越高，投入产出比越发失衡；二是联盟中机会主义的存在，很多企业都有"搭便车"的想法，过度依赖合作方的创新投入，而已方创新动机减弱。为解决这两个问题，保证技术联盟的顺利进行，政府主要可以采取以下措施。

一方面，可以采取补贴的方式，通过创新投入补贴和创新产品补贴等，增强企业参与技术联盟的积极性（Poon，2004）。政府对技术联盟的创新补贴可以刺激企业对创新的投入，研究表明，政府平均每增加 1 单位的创新补贴就会带动企业增加 2.3 单位的创新投入。另外，技术联盟需要鼓励技术在联盟企业之间的自由流动，造成联盟内知识产权弱化，政府同样需要通过创新补贴来弥补此方面带来的创新激励的不足。另一方面，政府应成立信息平台，对宏观环境和企业环境进行实时监控，解决联盟中信息不对称的问题，降低机会主义的发生概率。

（二）完善国际技术交易环境

国际技术市场是发生国家之间技术交易最频繁的地方。我国战略性新兴产业可以有效利用技术市场获取有利资源。然而由于高新技术往往与产业核心竞争力联系在一起，且在国际金融危机后，高新技术集中的发达国家纷纷转变本国产业发展战略，以新兴高科技产业作为带动本国经济发展的新增长点，因此，对高新技术的保护主义有所抬头。要解决这一难题，单靠企业本身是无法实现的，需要政府从宏观层面予以支持。

在技术供给市场方面，影响国际技术交易是否成功的主要因素，是技术供给意愿与技术供给能力。其中供给意愿指的是技术输出国是否愿意转让技术，这主要受到技术输出国国家战略目标以及技术输入国投资环境的影响；供给能力指的是输出国提供所需技术的能力，主要受到输出国对创新的人力与物质资源的投入水平及创新的研发与经济产出这四个要素的影响。在技术需求市场方面，影响国际技术交易是否成功的主要因素是技术需求意愿和技术使用能力。其中，技术需求意愿指的是输入国家的内在技术意愿；技术使用能力则指的是输入国整合外部技术和内部各种要素资源的能力，直接关系到技术转移效果。主要受到知识存量、教育水平、制度和信息设施这四个要素的影响。其中，政府可以从制度方面着手，提高战略性新兴企业的技术使用能力。

三、政府支持战略性新兴产业国际技术交易的措施

为使我国战略性新兴产业国际技术交易顺利开展，政府可从以下三方面

着手：

一是政府加大对技术交易服务机构的资金投入，通过该机构搜集国际技术市场上各种信息资源，建立有效的信息网络系统，将其传递给本国企业，将本国技术市场与国际市场衔接起来，实现供给市场与需求市场的信息对称。与此同时，政府应该进一步完善科技中介机构的法律环境，通过立法理顺各部门之间的关系，形成法律定位明确、政策扶持到位、监督管理完善的发展环境。

二是政府应学习高铁技术谈判经验，加强对产业内各企业的宏观调控。在技术谈判桌上，选择产业内几家企业组成谈判联盟，增强谈判中的话语权，避免本国内部企业间的相互竞争而带来技术交易成本的增加。

三是政府应该进一步完善投资环境，吸引优质资金和先进技术的投入。根据考夫曼（Kaufman）提出的指标体系，政府应从五个方面改善投资环境：一是政府的效率，包括行政人员的能力、所提供公共服务的质量及机构的独立性等，这些都是政府在制定和执行政策时必须考虑的因素；二是监管的负担，包括规章的种类、数量、管理的市场多少、竞争政策、价格政策等。该要素主要是用来衡量政策的效果、经商环境以及对市场的友好程度。规章越简单易懂，越能保证市场的顺利运行；三是法制记录，主要看各种法律、法规制定的力度、效率及可预见性；四是腐败问题，它是用来衡量非正常付费的频率和规模；五是政治和社会的稳定情况。

第二节 国际市场开拓环境支持战略

一、发展培育国内市场支持战略

培育企业成长环境，保证市场供应端稳定，为国外市场开拓提供生力军。新创科技企业在培育和发展战略性新兴产业的成长，以及保证市场供应端稳定中具有不可替代的作用，众多新兴高科技企业的长成是战略性新兴产业能够得到发展的重要力量。因此，如何为这部分企业的成长创建适合的环境，是保障市场健康发展的基础。企业要成长必须从环境中获得三个要素：建立起来的初始资金、发展起来的融资市场以及始终需要的创业服务。针对这三点，政府可以通过鼓励多渠道风险投资，为企业提供初始资金；通过设立科技创业板，为其获取社会资金打通渠道；建设孵化器为其提供全过程的创业服务。通过"孵化器+风险投资+

创业板"形成创业服务、创业投资和资本市场联动，保证新创科技企业的健康成长，保证市场供给端健康稳定。

战略性新兴产业作为高投资、高风险、长周期的新兴产业，政府必须科学把握好扶持领域，掌握好发展进度，重点支持那些符合国家和地方产业发展导向、资源优势明显和市场需求巨大的产业。明确发展的重点方向，树立示范工程项目，以点带面、以面促全，充分发挥和运用好战略性新兴产业发展的示范性机制，降低产业发展风险。

在培育示范企业的同时，政府还应注重对整个产业链的培育。回溯我国新兴产业的发展历史，重单个龙头企业的培养，整个产业链的培育是以往政府经常采用的模式。该模式虽然在初期能迅速见效，但容易导致一些产业链环节成为产业瓶颈，阻碍产业进一步发展。因此，在我国战略性新兴产业发展初期，政府就应该重视整个产业链的发展，不断培育出产业链各个环节的公司，鼓励企业在产业链中的不断延伸。

二、加大政府采购与调控力度

战略性新兴产业发展的初期，仍处于"技术示范和商业化示范"阶段，高价格与低市场需求、高风险与低市场认知是此类产业新型产品的普遍特征，这些产品在与传统产业商业竞争中暂时处于劣势，消费需求的启动通常需要一个时间过程。此时，政府应该通过加强"有形之手"的调控，促进战略性新兴产业需求市场的成熟。

（1）加强战略性新兴产业市场的公共资源投入及优化设置，通过基础设施建设、金融扶持、建立示范组织、完善法律法规等，改善消费市场供给体系的质量和效率，加快消费市场商业化条件的成熟，为战略新兴产业市场的发展提供驱动力。消费者市场基础设施配套不完善，是需求较少的重要原因之一。例如，消费者不愿购买电动汽车的一大理由是电池充电站的缺失。因此，拉动市场需求，必须完善市场基础设施配套建设。

（2）通过购置补贴、税收减免政策、政府采购及产品使用优势策略等，降低产品购置成本，引导和激发消费者对新兴产品的积极性，为战略性新兴产业市场的发展提供拉动力。由于战略性新兴产业的产品技术含量较高，因此价格也相对昂贵。政府可以通过完善自主创新产品的消费补贴政策，带动消费者购买这些新产品的积极性，引导市场消费方向，拉动内需。例如，2009年美国通过《2009美国复苏与再投资法案》，配合一系列税收和优惠措施，有效地刺激了美国新能源汽车的市场需求。根据《复苏法》，美国消费者在购买电动汽车时能依据电池容量的大小获取 2 500~7 500 美元的税收抵免；将传统动力汽车改造为节能环保的电动汽车，最多可获得 4 000 美元的税收抵免。另外，这些产品属于突破型创新产品，消费者掌握该类产品的知识少，缺乏对该类产品的认同也是需求不多的原因之一。为解决这一问题，可通过相关政策及舆论导向，采用政府部门先使用的方法，创建示范项目，开展示范活动，发挥应用示范作用，让消费者了解、接受和使用产品，在市场初期积极培育相应的消费群体。

三、树立良好国家形象

社会支持是衡量企业国际市场开发绩效的重要指标（Roy and Oliver，2009）。社会支持的获得除了受到产品本身和企业形象的影响之外，来源国形象也是其中一个重要的影响因素（Martin，Lee and Lacey，2011）。例如，尽管我国高铁已经成功迈出国际化的步伐，但国际化认知度仍然是其开拓海外市场的短板。在国际市场的竞争中，无论是发达国家还是发展中国家都更愿意采用成熟品牌，他们对品牌形象要求较高，标准认证的壁垒也很高。来源国形象的形成与该国的历史、经济发展水平、文化及政治形态密切相关。政府可以通过加强与东道国政治、文化和经济上的合作交流，增强两国人民间的理解，改善东道国对我国形象的看法。

四、铺平国际化道路

为应对国际化道路中经常遇到的技术标准壁垒，我国政府应尽快制定国内战略性新兴产业产品标准，最大限度地参与国际相关标准的制定，通过裁量权和话语权的提升，促进国内与国际标准的对接，扩大战略性新兴产业的国际市场空间。

产品和资源在世界范围内的销售和配置产业国际化目标的实现并非一蹴而就，而是产业内企业不断提高其涉足外国市场程度的渐进过程（Johanson and Vahlne，1977）。不论产业国际化的目的是什么，其发展阶段都非常相似（Johanson and Vahlne，1990），但各阶段任务不同，面临的难点也不一样（见图 12-2）。

产业国际化发展阶段的相似性表现在：初级阶段，根据拥有的海外市场信息和渠道资源，选择合适的东道国；成长阶段，利用掌握的资源通过投资或并购完善产业价值链；成熟阶段，进一步扩张海外市场，实现产业经营全球化。

在发展的不同阶段，面临的难点表现在：在国际化初级阶段，产业内各企业缺乏对国际市场的了解，缺少有效网络渠道资源。因此，建立以东道国为单位的企业联盟，整合东道国的认知资源与关系资源，是保证产业顺利迈出国门的重点。进入成长阶段，产业内各企业的投入增大，开始通过直接或间接的投资，优

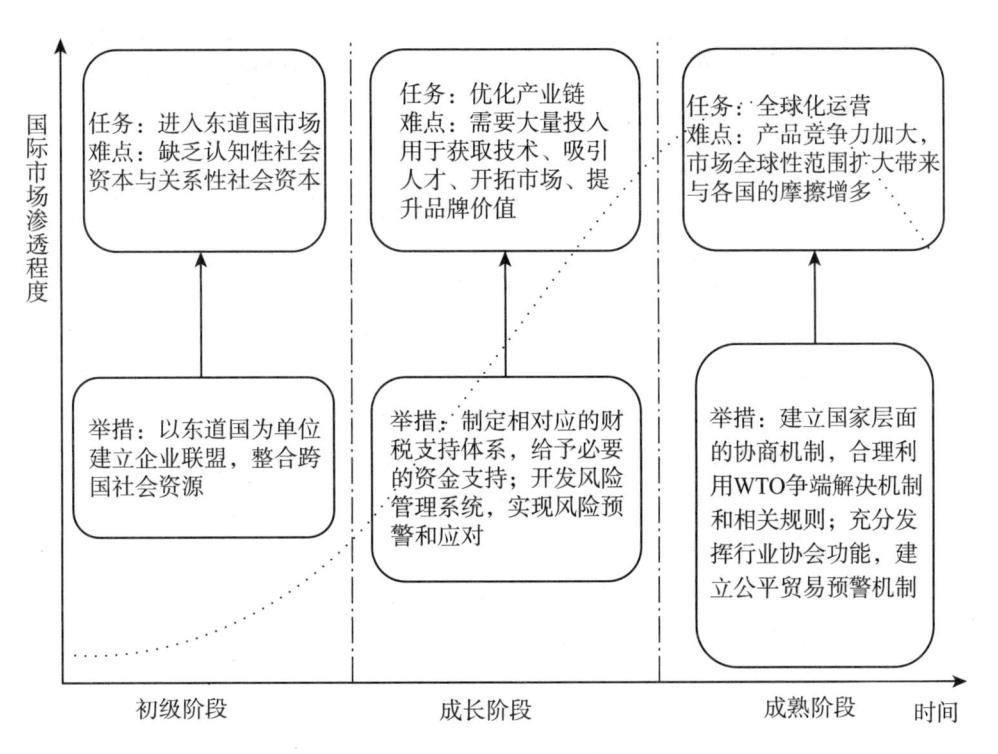

```
纵轴：国际市场渗透程度

初级阶段：
任务：进入东道国市场
难点：缺乏认知性社会资本与关系性社会资本
举措：以东道国为单位建立企业联盟，整合跨国社会资源

成长阶段：
任务：优化产业链
难点：需要大量投入用于获取技术、吸引人才、开拓市场、提升品牌价值
举措：制定相对应的财税支持体系，给予必要的资金支持；开发风险管理系统，实现风险预警和应对

成熟阶段：
任务：全球化运营
难点：产品竞争力加大，市场全球性范围扩大带来与各国的摩擦增多
举措：建立国家层面的协商机制，合理利用WTO争端解决机制和相关规则；充分发挥行业协会功能，建立公平贸易预警机制

横轴：时间
```

图 12-2　战略性新兴产业国际化发展动态保障战略

化产业价值链。处于此阶段的企业虽然在资金上有了一定积累，但并不能满足其发展的需要。另外，高投入伴随的高风险，也成为企业这阶段国际化的难点。因此，制定相对应的财税支持体系，给予必要的资金支持；开发风险管理系统，建立风险的预警和应对机制，是产业成功渡过成长阶段的关键。到了成熟阶段，产业资金和资源充足，开始在全球范围内进行投资，实现产品和资源的全球化销售和配置。本阶段由于产业市场遍布全球，产品具有一定的竞争力，因此与各国的贸易摩擦开始增多。建立多层次、多渠道的协商机制和争端解决机制，是保护产业国际化成果的基础。

(一) 初级阶段：资本联盟保障战略

根据国际化网络理论，产业的国际化机会和决策都受制于产业的社会资本，包括认知性社会资本和关系性社会资本（见图12-3）。其中，认知性社会资本强调网络成员共同经历和共同语言的价值，通常被表述为心理距离，即指外国在政治、文化、经济、法律、语言、产业发展和市场时间等方面与本国的差异程度；关系性社会资本指的是企业的国际社会关系，由企业关系网络大小及其在网络中所处地位决定。

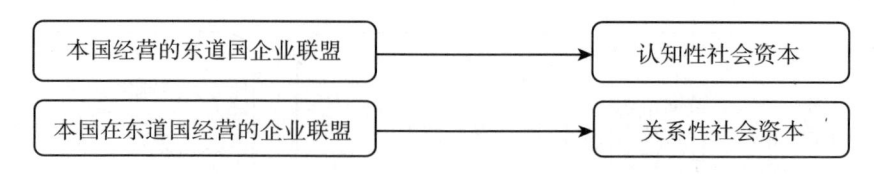

```
本国经营的东道国企业联盟  →  认知性社会资本
本国在东道国经营的企业联盟  →  关系性社会资本
```

图 12 - 3　资本联盟分类

在产业国际化初级阶段，企业需要创造国际化经营机会，寻找并进入合适的新市场。与东道国的初次接触造成其认知性资本的缺乏；而国际经验的缺失则导致其关系性资本不足。企业国际化进程中社会资本的获取，一般都是通过企业高管的私人国际社会网络和利用国际化所需的国际社会资本。这一过程漫长而充满风险。战略性新兴产业国际化社会资本的积累需要另辟蹊径，通过建立产业层面甚至国家层面的资本联盟，来加快资本累积的步伐。一方面，打破国别界限，建立起与在本国经营的东道国企业之间的联系，学习东道国的相关知识，补充认知性资本；另一方面，打破行业界限，建立起与在东道国经营的我国其他行业企业之间的联系，加入网络，获取关系性社会资本。为战略性新兴产业国际化初级阶段的顺利度过提供保障。

（二）成长阶段：形成财税金融支持体系

1. 制定财税金融支持体系，确保资金充足

处于成长阶段的产业在所拥有资金和所需要资金上存在巨大差距，政府应该制定针对性财税金融支持体系，帮助产业顺利度过该阶段在资金上的困难具体见图 12 - 4。

2. 开发风险管理系统，提高投资效率

处于成长阶段的企业为获得市场进一步控制权，会加大各类资源的投入，随之而来的是风险的增大。根据一体化国际风险感知模型（许晖，2006），风险可分为三个层级：一是宏观环境风险，主要包括政治风险、政策风险、宏观经济风险、人文风险；二是行业环境风险，包括竞争风险、产品市场风险、技术风险；三是企业内部风险，包括决策风险、投资风险、融资风险、运营风险、人力资源风险与社会责任风险。因此正确识别风险、规避纯粹风险、把握机会风险需要政府、行业和企业三个层面的共同努力才能实现。各层面均设置风险监控和风险评估平台。其中，风险监控平台主要用来对风险进行检测和识别。各层面监测重点有差异：政府层以监控宏观风险为主，行业层则对整个产业环境风险负责，企业层主要观察自身经营存在哪些风险。风险评估平台主要用于区分该阶段的关键风险有哪些，是否存在机会风险。然后将以上信息汇入统一的风险信息池。信息池由政府牵头组建，负责一方面定时对各行业发布风险信息，另一方面，协助各行

```
                    财税金融支持体系
         ┌──────────────────┬──────────────────┐
         │   财税支持体系    │   金融支持体系    │
         ├──────────────────┼──────────────────┤
```

图 12－4　财税金融支持体系

财税支持体系：
- 税收减免：
  （1）一定年限期内的税收减免；低税率；出口退税
  （2）提高固定资产折旧率
- 财政补贴：
  （1）技术研发补贴
  （2）人才培养补贴
  （3）市场开拓补贴
- 建立风险基金，制定对外直接投资保险制度

金融支持体系：
- 成立针对战略性新兴产业的政策性银行
- 建立各种战略性新兴产业融资协会，协助产业内各企业的融资，完善信用担保体系
- 引导各种风险投资方向由成熟产业转向战略性新兴产业
- 创建战略性新兴产业上市融资板块

业主动从中获取相关信息。除此之外，政府应成立专门的突发重大事件行动小组，以便在特殊风险发生时，联合行业和企业力量，及时采取行动，避免或降低损失，具体见图 12－5。

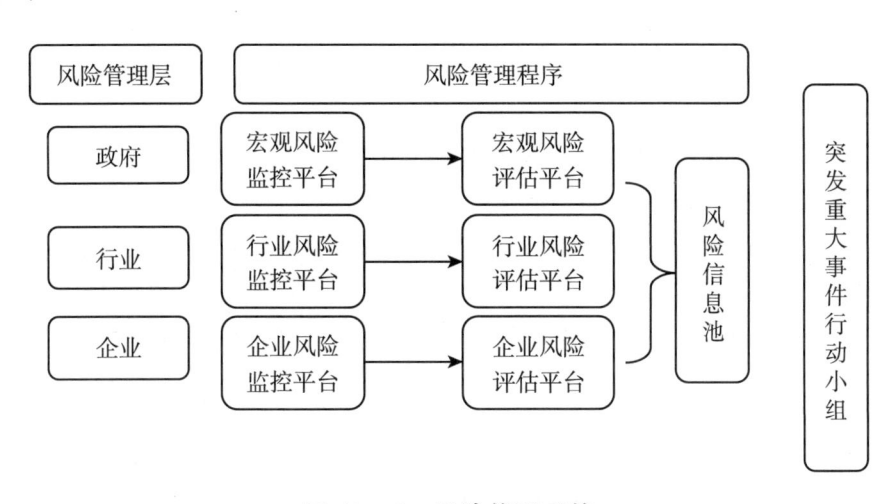

风险管理层 | 风险管理程序
- 政府 → 宏观风险监控平台 → 宏观风险评估平台
- 行业 → 行业风险监控平台 → 行业风险评估平台
- 企业 → 企业风险监控平台 → 企业风险评估平台
→ 风险信息池 → 突发重大事件行动小组

图 12－5　风险管理系统

(三) 成熟阶段：创建系统协商机制

处于成熟阶段的产业内企业开始进一步扩大市场，在全球范围内实现产品和资源的销售与配置。此时企业产品在国际市场上优势明显，与各国产品展开激烈竞争，导致贸易摩擦不断。一般来说，处于贸易摩擦中的双方企业是相互竞争的关系，难以寻找共同利益，因此仅凭企业一己之力无法有效解决摩擦冲突。只有建立政府、行业多层次的协商机制（见图12-6），充分利用WTO争端解决机制才能减少贸易摩擦，降低其带来的损害。

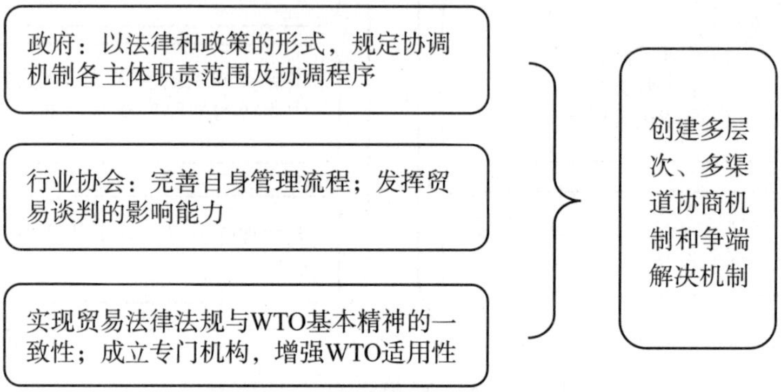

```
政府：以法律和政策的形式，规定协调    ┐
机制各主体职责范围及协调程序           │
                                      │   创建多层
行业协会：完善自身管理流程；发挥贸     ├── 次、多渠
易谈判的影响能力                       │   道协商机
                                      │   制和争端
实现贸易法律法规与WTO基本精神的一     │   解决机制
致性；成立专门机构，增强WTO适用性    ┘
```

图 12-6　协商及解决机制

1. 明确政府在贸易摩擦协调机制中的基础性地位

政府应根据协商需要设立相应的部门，对各部门的职能范围和权力分配做出详尽的规定，并以法律的形式对其职责和权力予以明确。针对不同贸易摩擦的类型，政府应制定详尽的协调流程，对各部门在各个阶段进行的任务进行具体划分，增强协商机制的可操作性。

2. 发挥行业协会在解决贸易摩擦中的作用

国际上行业协会一直是贸易谈判桌上的主角，我国也应该加强对行业协会的建设，充分发挥其在贸易摩擦中的协调作用。首先，进一步完善我国行业协会的运行机制和管理流程，为行业协会的职能发挥提供体制保障。其次，行业协会应积极与外国政府接触，增加对政府政策的影响力，提高我国企业在国际市场上谈判的话语权。

3. 充分利用WTO争端解决机制

根据WTO的基本规定，对贸易法律法规进行修正，建立符合国际常规的贸易摩擦预警机制。成立专门机构，对WTO规则进行学习，搜集和分析各国对WTO的运用案例，积累规则运用经验。成立相关信息平台，面向企业宣传相关知识，传播相关信息。

国际市场开拓战略具体见图 12-7。

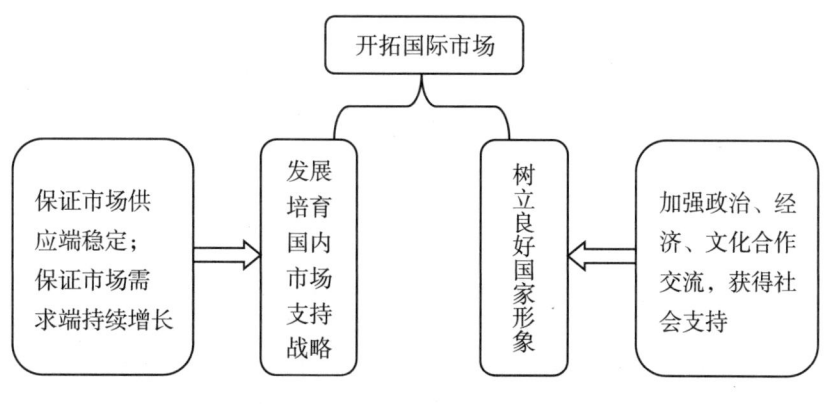

图 12-7 国际市场开拓战略

第三节 产业链升级的环境支持战略

一、整合东西部优势产业资源

产业价值链某一环节发生转移的动因有两个：比较优势的变化（Kojima，1973；Dowling and Chean，2000）和国家行为特别是政策优惠的影响（Gourevitch et al.，2000；Cheng et al.，2000）。我国战略性新兴产业目前具有两个比较优势：一是西部资源优势，二是西部向东部流入的人力优势。因此在很长一段时间内，我国产业在国际上的分工表现为劳动密集型加工，以出口原材料和初级加工产品为主，产业分工主要集中于附加值贫瘠的价值链两端。近年来，由于我国产业政策的调整，东部企业开始进行产业升级，由劳动密集型向上延伸到技术密集型（张少军，2009）。但由于优势技术的缺乏和自主创新能力的相对薄弱，要想实现全球产业链中技术环节向我国的转移，还有很长一段路要走。

从政府角度来看，应首先对我国东西部地区的优势资源进行统筹整合，通过限制原材料和初级加工产品的出口，实现西部地区自然资源为东部技术性产业服务；通过实施制造业由东向西的转移，继续发挥本国产业链中人力成本的优势，拉动西部地区参与国际分工体系，缩小地区间发展差距，增强我国战略性新兴产业链的整体比较优势。除此之外，政府还应制定优惠政策，如对创新研发进行补贴，改善高技术产业的融资环境等，通过优惠政策吸引国外先进技术的进入，逐步实现我国产业的升级。

二、实现战略性新兴产业集群式产业链优化

集群式产业链是将集群和产业链的发展有机结合，将传统的以地域聚集为特征的产业群发展到从产业维度、空间维度和关系维度三方面综合考虑的产业链群。集约集聚是战略性新兴产业发展的基本模式，在此基础上，还应注重地域聚集和产业链聚集相结合，实现产业链群的发展。基于战略性新兴产业知识密集型、创新突破型的特点，此类产业在产业链优化过程中，不仅要注重对产品链的升级，还应该注重对创新链和价值链的优化，实现以创新链升级为基础，以产业链升级为核心，以价值链升级为目标的"三链"动态互动升级过程的整体转换。

（一）分析价值链，为产业链的布局明确方向

政府需要从全球视野对价值链进行分析，找到战略性新兴产业中有效价值增值环节，结合我国优势资源，对现有产业链布局进行重新审视与再评估，为产业链的布局或者选择找准方向，并据此整合产业链中各个企业，鼓励其发挥自身能动性，完善经营管理、优化业务流程、提高竞争优势，促使产业链上各个环节能够产生更高的价值增值，以实现各行业企业的价值传递，完成产业链、价值链的有机融合。

（二）布局产业链，为创新链的发展实施需求引导

产业链是指不同企业以产品为对象，以投入产出为纽带，以价值增值为导向，以满足用户需求为目标，依据特定的逻辑联系和时空布局形成的上下关联、动态的链式中间组织。是各企业围绕不同中间产品的生产或交换横向或纵向合作、联盟而形成的动态网络组织。创新链则是指围绕某一创新主体，以满足市场需求为导向，通过知识创新活动将相关的创新参与主体连接起来，以实现知识经济化过程与创新系统优化目标的功能链接结构模式。按照参与主体及活动形态，产业链与创新链通常包括"政、产、学、研、用"五个方面。两者通过"产"与"用"两个环节紧密联系到一起，以"用"作为需求导向，引导创新链的发展方向；以创新链的智力及创新成果，为"产"提供价值增值。

在产业价值链中，存在多个创新活动主体，政府应鼓励它们围绕产业价值链的需求，建立合作联盟，部署产品创新、知识创新、技术创新、管理创新与机制创新等创新活动；配置相关的创新资源，将创新活动、资源进行统筹与串联，使创新成果相互衔接、集成，支撑产业价值链的整体发展创新，在产业价值链基础上形成新的链条，新的链条又在不同产业链中传递扩散，从而实现"三链"融合。

三、构建产业链升级政策体系

（一）建立市场准入政策

市场准入政策是防止产业过度进入、提高产业集中度、改善产能过程和重复建设的常用政策。政府应站在国家层面，对各地方政府的战略性新兴产业发展规划和市场准入标准进行严格审核与指导，充分发挥各地区的资源禀赋优势，集中发展优势战略产业，严格防止各级政府的财政性资金流向产能过剩领域。对具体的产业项目，采用环境监管严格准入控制，实现产业发展与环境保护之间的平衡。鼓励民营资本进入战略性新兴产业投资，发挥市场信号的作用。

（二）发展适度集中的市场结构

以大企业为主，中小企业协同发展的市场结构有助于对战略性新兴产业的培育，有助于基础设施建设，既能实现规模经济，又有利于企业之间开展有效竞争，防止集中度过高带来的创新不足和资源的浪费。政府制定系列政策，促使产业内形成一批主导企业，带动中小企业向小而精、小而专的方面发展，优化产业链结构，最大化专业分工带来的效益。

四、战略性新兴产业链财政政策体系

战略新兴产业在未来国家竞争力提升中有着特殊的重要地位和作用，决定了政府必须集中财力办大事，大力支持战略性新兴产业的发展。目前世界各国在其战略性新兴产业发展过程中都给予了大量的财政资金支持，我国也应从国家长远发展的战略高度进一步加大财政投入力度，合理确定财政支出范围和支持重点，完善整合现有支持渠道，促使国内战略性新兴产业能够抢占未来科技创新、经济发展的制高点。

（一）进一步加大财政资金的支持力度

对现有政策资源和资金渠道进行整合，设立战略性新兴产业发展专项资金，建立起稳定的财政投入增长机制；增加中央财政投入和探索支持方式创新，对关键技术研发、重大创新发展工程、重大创新成果产业化、创新能力建设等给予针对性的重点支持；加强财政政策绩效考核，探索财政资金管理机制创新，提高财政资金的使用效率。

（二）鼓励金融机构加大信贷支持

通过转移支付的方式引导金融机构根据战略性新兴产业的特点构建有针对性的信贷管理和贷款评审制度；以转移支付等方式推进产业链融资、知识产权质押融资等金融产品创新；综合运用风险补偿等财政优惠政策，促进金融机构对战略性新兴产业的支持力度。

（三）发挥多层次资本市场的融资功能

以财政补贴、税收减免等优惠政策支持符合条件的战略性新兴企业上市融资；以财政补贴和企业所得税优惠政策相结合的方式推进场外证券交易市场的建设，满足不同发展阶段创业企业的发展要求；大力发展债券市场，以财政补贴政策鼓励战略性新兴企业开发信用等级高的收益债券和私募可转债等金融产品，扩大中小企业集合债券和集合票据的发行规模，拓宽战略性新兴企业债务融资渠道。

（四）发展创业投资和股权投资基金

发挥财政政策对战略性新兴产业创业投资资金的引导作用，扩大投资规模，结合市场机制，带动社会资金和民间资本流向处于创业期的战略性新兴企业；在风险可控的范围内，集中财政力量为保险公司、社保基金和其他机构投资者参与战略性新兴产业项目投资创造良好条件。

五、战略性新兴产业链税收政策体系

完善税收激励政策，创新税收金融支持方式，针对战略性新兴产业链研发环节费用比例高、产品产业化初期进入市场难度较大等特点，从激励自主创新、引导消费、鼓励发展新型业态等多个角度，研究完善流转税、所得税、消费税、营业税等支持政策，形成引导激励社会资源流向战略性新兴产业链的政策体系。

（一）支持战略性新兴产业链的流转税政策

一是增值税政策。在先行支持政策的基础上，拓宽政策支持范围和深度，考虑产业链上各环节和产品特点，设置合理的税负水平。对战略性新兴产业及相关和支持产业给予增值税优惠，对厂房、建筑物等不动产所含增值税予以退税，鼓励产品以不含税价格参与国际竞争，达到鼓励生产要素投入战略性新兴产业链、市场初期市场需求不足的缺点。

二是营业税政策。调整和完善涉及战略性新兴产业的相关营业税政策。一方面，针对一些市场需求较小，或战略性新兴产品与传统产品在价格上处于竞争劣势的领域给予营业税优惠。如研究可再生能源在节能建筑领域应用推广的营业税优惠政策，研究碳交易营业税优惠政策，完善支持合同能源管理的营业税政策等。另一方面，针对支持战略性新兴产业的行业或机构给予营业税优惠，如对支持战略性新兴产业的金融保险机构，对其放贷的营业收入实行较低的税率标准，引导资金流向。

三是消费税政策。与战略性新兴产业相关的消费税政策主要涉及能源方面，在我国将柴油、汽油之外的成品油纳入消费税征税范围并提高成品油单位税额后，有必要根据成品油的实际情况完善相关消费税政策。

（二）支持战略性新兴产业链的所得税政策

一是企业所得税政策。首先，在对高新技术企业认定管理办法试点取得成效的基础上，完善对战略性新兴产业企业的认定标准。其次，完善战略性新兴产业企业的费用扣除规定：给予战略性新兴企业研发费用的加计扣除和职工培训费用的扣除政策，在研发费用加计扣除办法试点取得成效的基础上，完善扣除范围和程序。最后，对有关战略性新兴企业所得税优惠目录进行修订：先行企业所得税优惠目录都是依据传统产业而来，应进一步结合战略性新兴产业发展定位，在公共基础设施、环境保护和节能项目等方面制定更能促进产业发展的优惠目录。

二是个人所得税政策。战略性新兴产业链上的研发人员通常都是高薪群体，可降低个人所得税的最高税率，或者实施减半征收个人所得税的政策，激励研发人员的研发热情。将研发人员再教育的成本列入个人所得税扣除项目，提高战略性新兴产业高端研发人才的必要生活费用扣除额，对转让给战略性新兴产业无形资产的个人实行低所得税率等。

三是支持战略性新兴产业链的其他税收政策。研究开征环境税，加大对高能耗和高污染产业的税负来约束其发展，进而相对促进战略性新兴产业的发展；对战略性新兴产业以及与相关产业的购销合同、借款合同等减免印花税；对战略性新兴产业及其支持和相关产业的土地使用税、房产税等给予一定年限的减免优惠；对电动汽车、互动动力汽车等新能源汽车减免车辆购置税，鼓励消费者购买此类车辆，引导市场消费需求。

产业结构优化路径见图 12-8。

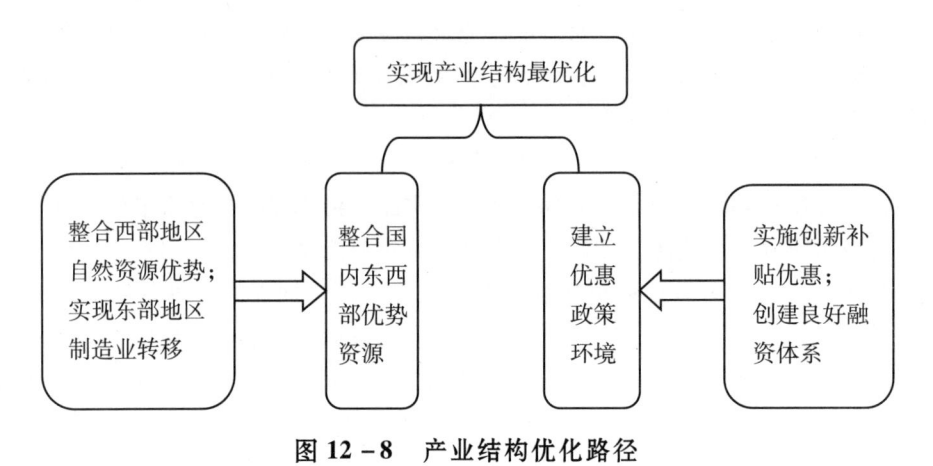

图 12-8 产业结构优化路径

第四节 新老产业协同的环境支持战略研究

一、建立战略性新兴产业集群发展的纽带

战略性新兴产业集群化是实现七大新兴产业在国内市场上协同发展的重要途径，这是由产业间高关联性、高风险性、资源相对稀缺性等特点所决定的，能有效降低产业内外的无效竞争，发挥资源的最大效率。集群化不是产业间和产业内企业简单的聚拢，而是需要聚焦于战略性新兴产业共同拥有的和共同需要的，并据此建立相应的纽带，将群体内各产业和企业相互联系起来，实现资源在集群内部的优化配置。因此，建立集群内部相互关联的纽带，是实现战略性新兴产业集群化战略的重点。

战略性新兴产业属于知识技术密集型产业，对知识的需求是产业间最大的共通之处。因此，建立知识流通平台，解决知识汇集和知识分享的难题，打通知识到实践应用之间的关键环节，用知识的纽带推动战略性新兴产业集群化发展。

七大新兴产业本身存在物质资源上的互补关系。例如，新材料产业为新能源产业的发展提供材料供应，新能源产业又是新能源汽车产业的发展先导。因此，以价值链为依据，实现产业间的合理布局，用资源的纽带促进战略性新兴产业集群化发展。

为实现战略性新兴产业间的协同发展，需要制定战略性新兴产业集群协同发展策略，为协同发展提供条件与支撑，力图通过合理的政策及相关措施，推动战略性新兴产业集群整体、协调、一致的发展，具体见图12-9。

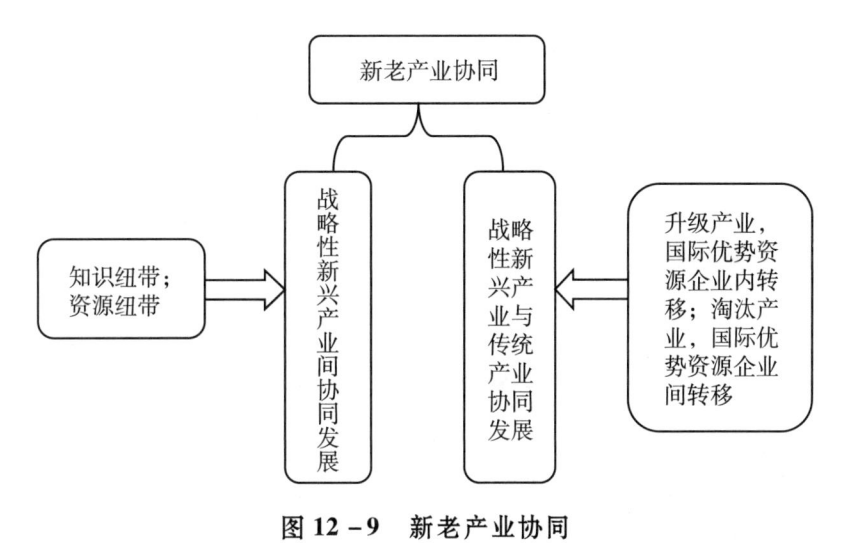

图12-9 新老产业协同

（一）促进产业集群的整体协同

1. 对地区内战略性新兴产业集群进行统筹规划

对产业基地的认定和考核不仅要强调该区域的独特自然资源、便利交通和生产规模性、经济性等基础条件，更应充分考虑本地区战略性新兴产业的产业结构、社会结构、文化结构、人才结构等，并结合未来战略性新兴产业的发展目标和重点方向，选择各区域最适合发展的特色产业。

2. 充分考虑到产业链的需要

逐步发展形成相互支援、相互依存的专业化分工协作的产业网络，使集群内企业间上下游联系更为紧密，并鼓励发展为大企业提供专业化供应配套的中小企业群。充分发挥战略性新兴产业对其他产业发展的带动作用，形成战略性新兴产业网络。

（二）促进产业链与价值链的整合

在战略性新兴产业集群内，通过产业链和价值链的延伸形成完善的价值网络，再经过自然的优胜劣汰规律实现对产业链和价值链的整合与净化，提炼出适合于产业集群高速与可持续发展的价值链，最后需要对整合后的价值链进行巩固和进一步发展。这是战略性新兴产业集群价值链逐渐发展成熟的过程，在这个过程中，需要有相应的政策引导和领导型企业的引领，需要区域政府有完善的产业集群发展战略与规划，需要政府、科研机构、中介、金融服务机构等支撑主体的参与和配合。

（三）完善集群知识网络与创新系统

为产业集群开发出适合其应用的知识网络工具平台，为产业集群建立起系统的知识、技术、人才资料库，为产业集群提供专业的知识中介服务，从而打造出一流的产业集群知识网络系统。同时，从政府和金融机构层面为产业集群技术创新，尤其是自主创新与合作创新提供优惠与扶持，鼓励企业的研发与知识交易，为产业集群内的创新行为制定完善的激励机制，积极塑造知识型文化和创新型文化。

（四）加快物联网在产业集群中的应用

加快物联网及其配套工具平台的建设，将物联网和知识网、价值网相连接，在集群内建立起健全的物质资源共享与交易平台，打造高效、清洁、可持续的物流系统，建立科学的物质资源共享机制。

（五）促进产业集群的稳固发展

通过产业政策、科技政策、金融政策以及法律法规等引导产业集群进入最优的协同发展模式，通过不同的倾斜与保护政策促使领导型企业的发展与均衡，保证产业集群的稳定性和可持续性，催化产业集群在发展模式上的成熟。

二、整合新老产业国际优势资源

战略性新兴产业与传统产业的关系是国内外学者研究的重点，其中心思想是二者之间并非相互替代，而是相互交融、共同发展的关系（Osaka，2002）。其后的研究也都围绕此中心思想展开，探讨二者的协同机制与路径。由于研究视角的差异，学者们并未从国际化的角度讨论新兴产业与传统产业在国际化进程中的协同发展问题。实际上，由于我国战略性新兴产业的发展还处于初级阶段，国际化资源严重短缺，经验严重不足，市场难以打开。因此，如何实现国际化进程中新兴产业和传统产业的协同发展，是实现战略性新兴产业国际化中产业协同战略的重点。

与战略性新兴产业相比，传统产业处于成长阶段的中后期，已经在国际化道路上行进了很长一段时间，积攒了大量的国际化经验，拥有丰富的国际化资源和较广阔的国际市场。在实施国际化发展中产业协同战略时，实现对传统产业国际化优势资源和市场的转移与共享，是环境支持战略的关键。

根据传统产业与新兴产业的特点，可以通过两种路径：一是鼓励与新兴产业关联性强的传统产业尽快实现产业升级，将其国际化优势资源运用于支持本企业新兴产业链的发展，实现国际优势资源企业内转移；二是建立对应的淘汰机制，对夕阳产业进行淘汰，将传统产业的国际优势资源分离出来，并完善相对应的并购机制，鼓励新兴产业对这部分国际优势资源进行内化，实现国际优势资源企业间转移。

具体来说，由传统产业转型优化升级发展而来的战略性新兴产业的主要途径主要有如下几个方面。

（一）引入先进信息技术到传统产业

部分传统产业属于劳动密集型或者资本密集型，这类企业生产经营过程中的明显特征是三高（污染排放高、能源消耗高、原材料消耗高），而这些传统产业现在都是我国经济领域中的重要产业，如汽车、造船、电力、钢铁、煤炭等在今后相当长的一段时期内仍然会为我国国民经济的顺利运行提供强大的物质保障。但是，这些传统产业往往存在着设备陈旧、技术更新不及时、生产水平能力落后等状况，已经严重地制约了我国经济的健康稳定快速发展。积极而稳妥的解决这一难题，要保持重要传统产业发展的稳定性，保证经济的增长水平不受影响。以往的经验显示，先进的科学技术可以使传统产业的生产率得到相当程度的提高，降低生产所需的各项营运成本。现代信息技术快速发展可以运用到传统产业的优化升级中，使其得到质的飞跃，迅速转变为一个新兴产业并且更加适应经济发展的需要。如信息技术等新技术的引入使得传统产业内部不断增强辐射力和渗透力，这样做使传统落后产业的改造升级重新焕发活力提供了可能，同时也刺激了新兴产业产品的市场需求。

（二）增加传统产业创新研发的投入力度

部分传统产业缺乏创新的活力或是给予关注程度不足、研发步骤投入资金不足是导致其长时间发展无法取得明显进步的重要原因。不过，很多传统产业在长期的生产经营中积累了大量的资本，具备了雄厚的资金实力。而我国相当数量的传统产业当前正处于稳定期，根据产业生命周期理论，现阶段是传统产业提升自主创新能力进而升级为新兴产业的最佳时机。产业的研发内容和层次决定了相关产业的竞争力、产品收益能力和产业的生命力，研发创新活动同时为产业新产品提供良好的市场保障和可靠的技术支持。因此，实现经济又好又快发展的关键是加大对传统产业中研发步骤的资金投入力度，使其步入通过产业升级转变为新兴产业的快车道。

（三）促进传统产业迅速建立新组织模式

如今企业的规模与实力已经成为在国际竞争中获胜的重要因素，以跨国企业为代表的国际间企业的竞争也日益激烈。而目前我国的企业普遍存在着区域分布分散、关键竞争力弱、规模较小等诸多问题。在这一局面下，如何发挥我国产业的综合性、整体性优势，促进传统产业有机整合是传统产业提升创新能力、进行产业革新的一个重要途径。仔细研究许多国际上成功的大公司会发现，很多集团公司通过企业间的重组或并购使自身发展水平迅速得到提升从而快速发展壮大。并购和重组可以通过企业控制权的重新分配，迅速推动先进技术的及时应用，节约企业发展的时间成本，提升企业的整体竞争力，有效应对国际间复杂的竞争局面。另外，我国传统产业重组并购具有中国特色的独特优势，传统产业大部分为国有企业，国家的行政干预成为国企并购重组的关键因素，并能有效节省谈判的交易成本，进而快速高效地促进相关传统产业并购顺利进行，从而缩短纳入新组织模式后的适应时期，使传统产业沿着这一途径高效地转变为新兴产业。

参考文献

[1] 波特著，李明轩等译：《国家竞争优势——全球深具影响力的管理大师经典著作》，中信出版社 2007 年版。

[2] 曹明福、李树民：《全球价值链分工的利益来源：比较优势、规模优势和价格倾斜优势》，载于《中国工业经济》2005 年第 10 期。

[3] 曹勇、蒋振宇等：《知识溢出效应、创新意愿与创新能力——来自战略性新兴产业企业的实证研究》，载于《科学学研究》2016 年第 1 期。

[4] 陈爱贞、陈明森：《中国装备制造业加入全球竞争的传统模式与突破路径》，载于《亚太经济》2009 年第 5 期。

[5] 陈刚：《天津开发区汽车产业集群发展战略研究》，天津大学 2010 年。

[6] 陈鸿燕：《发改委：2015 年战略性新兴产业上市公司营收同比增 16.4%》，http://www.chinanews.com/cj/2016/07-15/7940260.shtml。

[7] 陈建勋、凌媛媛、王涛：《组织结构对技术创新影响作用的实证研究》，载于《管理评论》2011 年第 7 期。

[8] 陈劲、阳银娟：《协同创新的理论基础与内涵》，载于《科学学研究》2012 年第 2 期。

[9] 陈立敏、刘静雅、张世蕾：《模仿同构对企业国际化——绩效关系的影响——基于制度理论正当性视角的实证研究》，载于《中国工业经济》2016 年第 9 期。

[10] 陈树文、梅丽霞、聂鸣：《全球价值链治理含义探析》，载于《科技管理研究》2005 年第 12 期。

[11] 陈文锋、刘薇：《战略性新兴产业发展的国际经验与我国的对策》，载于《经济纵横》2010 年第 9 期。

[12] 程新章，胡峰等：《价值链治理模式与企业升级的路径选择》，载于《商业经济与管理》2005 年第 12 期。

[13] 崔焕金、刘传庚：《全球价值链驱动型产业结构演进机理研究》，载于

《经济学家》2012 年第 10 期。

　　[14] 戴翔、张二震：《全球价值链分工演进与中国外贸失速之"谜"》，载于《经济学家》2016 年第 1 期。

　　[15] 邓龙安、刘文军：《产业技术范式转移下区域战略性新兴产业自适应创新管理研究》，载于《科学管理研究》2011 年第 2 期。

　　[16] 丁长清：《中国历史上政府干预市场问题的考察》，载于《南开学报哲学社会科学版》2001 年第 4 期。

　　[17] 杜国柱：《企业商业生态系统健壮性评估模型研究》，博士论文，北京邮电大学 2008 年。

　　[18] 杜军帅：《核心技术是国之重器！建设网络强国，习近平提出新要求》，http：//news. cri. cn/20180421/ea1b19a0 - 429a - 3d62 - 9cf2 - 265c2c2f1d2a. html。

　　[19] 杜晓君、杨勃、齐朝顺等：《外来者劣势的克服机制：组织身份变革——基于联想和中远的探索性案例研究》，载于《中国工业经济》2005 年第 12 期。

　　[20] 杜玉申、卜丹丹：《利基企业的商业生态系统战略决策模型研究》，载于《工业技术经济》2014 年第 4 期。

　　[21] 冯长根：《选择培育战略性新兴产业的几点建议》，载于《科技导报》2010 年第 9 期。

　　[22] 冯赫：《什么是战略性新兴产业》，http：//theory. people. com. cn/GB/13595229. html。

　　[23] 冯蕾：《战略性新兴产业成稳增长重要力量》，http：//politics. people. com. cn/n1/2016/0719/c1001 - 28564982. html。

　　[24] 高友才、向倩：《我国战略性新兴产业的选择与发展对策》，载于《经济管理》2010 年第 11 期。

　　[25] 龚惠群、黄超等：《全球化背景下新兴产业发展路径研究及对我国的启示》，载于《科技进步与对策》2013 年第 3 期。

　　[26] 龚惠群、黄超等：《战略性新兴产业的成长规律、培育经验及启示》，载于《科技进步与对策》2011 年第 23 期。

　　[27] 顾海峰：《战略性新兴产业演进的金融支持体系及政策研究——基于政策性金融的支持视角》，载于《科学学与科学技术管理》2011 年第 7 期。

　　[28] 顾强、董瑞青：《我国战略性新兴产业研究现状述评》，载于《经济社会体制比较》2013 年第 3 期。

　　[29] 郭金山、芮明杰：《当代组织同一性理论研究述评》，载于《外国经济与管理》2004 年第 6 期。

[30] 郭晓丹、宋维佳：《战略性新兴产业的进入时机选择：领军还是跟进》，载于《中国工业经济》2011年第5期。

[31] 郭毅、朱熹：《企业家的社会资本——对企业家研究的深化》，载于《外国经济与管理》2002年第1期。

[32] 国家发展和改革委员会：《海外并购成为战略性新兴产业发展新动力》，http://gjss.ndrc.gov.cn/gzdtx/201605/t20160506_800953.html。

[33] 国家统计局：《中华人民共和国2016年国民经济和社会发展统计公报》，http://news.xinhuanet.com/fortune/2017-02/28/c_129497975_3.htm。

[34] 国务院办公厅：《温家宝主持召开三次新兴战略性产业发展座谈会》，http://www.gov.cn/ldhd/2009-09/22/content_1423493.htm。

[35] 国务院：《国务院关于印发"十三五"国家战略性新兴产业发展规划的通知》。

[36] 国务院：《国务院关于印发〈中国制造2025〉的通知》，http://www.gov.cn/zhengce/content/2015-05/19/content_9784.htm。

[37] 哈肯著，郭治安译：《高等协同学》，北京：科学出版社1998年版。

[38] 韩福荣、徐艳梅：《企业仿生学》，北京：企业管理出版社2002年版。

[39] 贺正楚、吴艳：《战略性新兴产业的评价与选择》，载于《科学学研究》2011年第5期。

[40] 赫希曼著，曹征海译：《经济发展战略》，经济科学出版社1992年版。

[41] 侯云龙：《新一代信息技术产业路线图敲定》，http://jjckb.xinhuanet.com/2015-10/19/c_134725705.htm。

[42] 胡海鹏、黄茹：《国内战略性新兴产业发展研究评述》，载于《首都经济贸易大学学报》2014年第5期。

[43] 胡左浩、陈曦：《天生国际化企业的特征与形成机理研究》，中国软科学学术年会，2007年。

[44] 湖北省统计局：《湖北省2016年国民经济和社会发展统计公报》。

[45] 湖北省统计局：《湖北省2016年经济运行情况》。

[46] 华文：《集思广益：战略性新兴产业的科学内涵与领域》，载于《新湘评论》2010年第11期。

[47] 黄启才：《我国战略性新兴产业的国际地位及升级策略》，载于《经济纵横》2013年第8期。

[48] 黄启才：《我国战略性新兴产业发展与升级路径——基于全球价值链的视角》，载于《国际经济合作》2013年第6期。

[49] 黄速建、刘建丽：《中国企业海外市场进入模式选择研究》，载于《中

国工业经济》2009年第1期。

[50] 黄泰岩、牛飞亮：《西方企业网络理论述评》，载于《经济学动态》1994年第4期。

[51] 黄永春、李倩：《新兴大国扶持企业进入战略性新兴产业赶超的政策演化》，载于《中国科技论坛》2016年第2期。

[52] 黄永春、祝吕静等：《新兴大国扶持企业实现赶超的政策工具运用——基于战略性新兴产业的动态演化博弈视角》，载于《南京社会科学》2015年第6期。

[53] 霍国庆、李捷等：《我国战略性新兴产业战略效应的实证研究》，载于《中国软科学》2017年第1期。

[54] 姜大鹏、顾新：《我国战略性新兴产业的现状分析》，载于《科技进步与对策》2010年第17期。

[55] 焦媛媛、沈志锋等：《不同主导权下战略性新兴产业协同创新网络合作关系研究——以我国物联网产业为例》，载于《研究与发展管理》2015年第4期。

[56] 靳茂勤：《我国战略性新兴产业国际合作模式初探》，载于《亚太经济》2011年第6期。

[57] 兰辛珍：《中国最大光伏企业破产》，http：//www.beijingreview.com.cn/2009news/tegao/2013 - 03/29/content_530977. htm。

[58] 乐琦：《并购合法性与并购绩效：基于制度理论视角的模型》，载于《软科学》2012年第4期。

[59] 黎常：《网络关系、资源获取与新企业国际化——四家企业的案例研究》，载于《管理案例研究与评论》2012年第5期。

[60] 李国杰：《新一代信息技术发展新趋势》，http：//it.people.com.cn/n/2015/0802/c1009 - 27397176. html。

[61] 李江萍：《以市场为导向，发展战略性新兴产业》，载于《浦东开发》2012年版第4期。

[62] 李琳、韩宝龙等：《地理邻近对产业集群创新影响效应的实证研究》，载于《中国软科学》2013年第1期。

[63] 李南南：《我国节能环保产业发展现状与前景》，载于《科技创业家》2013年第2期。

[64] 李世举、杨雄等：《我国战略性新兴产业发展的路径选择》，载于《改革与战略》2016年第10期。

[65] 李帅：《我国太阳能光伏企业巨头之路》，http：//www.d1net.com/

power/news/456461. html。

[66] 李爽：《R&D 强度、政府支持度与新能源企业的技术创新效率》，载于《软科学》2016 年第 3 期。

[67] 李扬、沈志渔：《战略性新兴产业集群的创新发展规律研究》，载于《经济与管理研究》2010 年第 10 期。

[68] 李宇恒、蔡建明、马孝博：《2017～2021 年中国电动汽车产业投资分析及前景预测报告》，2017 年。

[69] 李煜华、武晓锋等：《共生视角下战略性新兴产业创新生态系统协同创新策略分析》，载于《科技进步与对策》2014 年第 2 期。

[70] 林学军：《战略性新兴产业的发展与形成模式研究》，载于《中国软科学》2012 年第 2 期。

[71] 刘洪昌：《中国战略性新兴产业的选择原则及培育政策取向研究》，载于《科学学与科学技术管理》2011 年第 3 期。

[72] 刘坤：《"一带一路"浪潮互联互通的共赢之路》，http：//zt. ccln. gov. cn/dgzl/58032. shtml？t = 636311531074218750。

[73] 刘玉忠：《后危机时代中国战略性新兴产业发展战略的选择》，载于《中国科技论坛》2011 年第 2 期。

[74] 刘志彪：《从后发到先发：关于实施创新驱动战略的理论思考》，载于《产业经济研究》2011 年第 4 期。

[75] 刘志阳、程海狮：《战略性新兴产业的集群培育与网络特征》，载于《改革》2010 年第 5 期。

[76] 刘志阳、姚红艳：《战略性新兴产业的集群特征、培育模式与政策取向》，载于《重庆社会科学》2011 年第 3 期。

[77] 柳卸林：《中国区域创新能力报告 2011 区域创新与战略性新兴产业发展，Annual report of regional innovation capability of China：a study on regional innovation and strategic emerging industry》，科学出版社 2012 年版。

[78] 陆玲：《略论企业生态学原理》，载于《世界科学》1996 年第 3 期。

[79] 吕波：《战略性新兴产业：形成动因、培育路径及未来发展建议》，载于《改革与战略》2011 年第 7 期。

[80] 吕国庆、曾刚等：《基于地理邻近与社会邻近的创新网络动态演化分析——以我国装备制造业为例》，载于《中国软科学》2014 年第 5 期。

[81] 吕天文：《中国新能源产业现状及发展趋势分析》，载于《电源世界》2011 年第 11 期。

[82] 吕铁、贺俊：《技术经济范式协同转变与战略性新兴产业政策重构》，

载于《学术月刊》2013 年第 7 期。

[83] 吕永刚:《新增长周期、产业链竞争与新兴产业成长模式创新》,载于《产业经济评论》2013 年第 6 期。

[84] 吕永权:《我国节能环保产业发展研究》,载于《经济与社会发展》2014 年第 3 期。

[85] 罗党论、应千伟:《政企关系、官员视察与企业绩效——来自中国制造业上市企业的经验证据》,载于《南开管理评论》2012 年第 5 期。

[86] 马琳:《我国新材料产业集群发展现状及特点研究》,载于《新材料产业》2013 年第 6 期。

[87] 孟德阳:《中国中车董事长谈国际化:整合让国际话语权增强》,http://finance.sina.com.cn/chanjing/gsnews/2017-05-16/doc-ifyfeivp5776546.shtml。

[88] 牛桂敏:《我国节能环保产业发展探析》,载于《理论导刊》2014 年第 5 期。

[89] 牛少凤:《中国战略性新兴产业的研究述评:现实进展与未来挑战》,载于《经济研究参考》2013 年第 53 期。

[90] 牛学杰、李常洪:《中国新能源产业发展战略定位、政策框架与政府角色》,载于《中国行政管理》2014 年第 3 期。

[91] 裴莹莹、杨占红等:《我国发展节能环保产业的战略思考》,载于《中国环保产业》2016 年第 1 期。

[92] 普利高津著,湛敏译:《确定性的终结》,上海:上海科技教育出版社 1998 年版。

[93] 青木昌彦:《比较制度分析》,上海远东出版社 2001 年版。

[94] 邱曦薇:《我国战略性新兴产业高端化实现路径及对策分析——以生物医药产业为案例》,载于《中国物价》2015 年第 1 期。

[95] 曲琳:《互联网金融+企业服务专场圆满落幕神州融晋级》,http://www.sohu.com/a/16311497_123220。

[96] 任胜钢、林哲:《集群内跨国公司的当地结网与中小企业的国际化》,载于《国际贸易问题》2006 年第 8 期。

[97] 任泽平、罗志恒等:《中美贸易战:美国怎么想,我们怎么办?》,https://www.zhitongcaijing.com/content/detail/115034.html。

[98] 汝毅、吕萍:《绿地投资和跨国并购的绩效动态比较——基于制度理论和组织学习双重视角》,载于《经济管理》2014 年第 12 期。

[99] 沈坤荣、虞剑文等:《发展战略性新兴产业提升江苏经济发展内生动力》,载于《江苏社会科学》2011 年第 1 期。

[100] 盛来运、叶植材：《2015 中国统计摘要》，http：//www. yearbookchina. com/N2015070205 - 1. html。

[101] 施建军、范黎波：《中国企业国际化经营的风险识别与防范》，载于《人民论坛·学术前沿》2012 年第 13 期。

[102] 石洁：《全球价值链治理模式研究综述》，载于《财会通讯》2016 年第 7 期。

[103] 石明虹、胡茉：《集群式创新的路径选择研究》，载于《科学学与科学技术管理》2013 年第 11 期。

[104] 石乌云：《基于制度理论的跨国公司东道国选择问题研究》，载于《科技和产业》2012 第 8 期。

[105] 宋成华：《中国新能源的开发现状、问题与对策》，载于《学术交流》2010 年第 3 期。

[106] 宋河发、万劲波等：《我国战略性新兴产业内涵特征、产业选择与发展政策研究》，载于《科技促进发展》2010 年第 9 期。

[107] 宋渊洋、李元旭等：《企业资源、所有权性质与国际化程度——来自中国制造业上市公司的证据》，载于《管理评论》2011 年第 2 期。

[108] 孙燕铭：《我国政府干预下的市场壁垒对产业绩效的影响》，载于《经济理论与经济管理》2010 年第 10 期。

[109] 孙早、肖利平：《融资结构与企业自主创新——来自中国战略性新兴产业 A 股上市公司的经验证据》，载于《经济理论与经济管理》2016 年第 3 期。

[110] 谭秀杰、周茂荣：《21 世纪"海上丝绸之路"贸易潜力及其影响因素——基于随机前沿引力模型的实证研究》，载于《国际贸易问题》2005 年第 2 期。

[111] 涂颖清：《全球价值链下我国制造业升级研究》，复旦大学 2010 年。

[112] 屠海令、张世荣等：《我国新材料产业发展战略研究》，载于《中国工程科学》2016 年第 4 期。

[113] 万钢：《把握全球产业调整机遇培育和发展战略性新兴产业》，载于《中国科技产业》2010 年第 1 期。

[114] 万钢：《发展有中国特色风险投资 加快培育战略性新兴产业》，载于《科学咨询：科技管理》2010 年第 25 期。

[115] 汪建、周勤、赵驰：《产业链整合、结构洞与企业成长——以比亚迪和腾讯公司为例》，载于《科学学与科学技术管理》2013 年第 11 期。

[116] 汪涛、金珞欣等：《制度互补性如何影响跨国企业的海外经营绩效——基于比较制度优势理论视角》，载于《学术论坛》2015 年第 3 期。

[117] 汪涛、雷志明等：《我国战略性新兴产业的国际化发展：现状、问题及对策》，载于《管理现代化》2017 年第 3 期。

[118] 王成城、刘洪、李晋：《组织身份及其衍生构念实证研究述评》，载于《外国经济与管理》2010 年第 1 期。

[119] 王宏新、毛中根：《企业国际化阶段的理论发展评述》，载于《上海经济研究》2007 年第 2 期。

[120] 王江、徐婷：《中国光伏产业国际化发展中的困境与应对之策》，载于《对外经贸实务》2012 年第 7 期。

[121] 王克岭、罗斌、吴东、董建新：《全球价值链治理模式演进的影响因素研究》，载于《产业经济研究》2013 年第 4 期。

[122] 王晓东、苏启林：《我国战略性新兴产业技术转移渠道研究——基于共生和互补性资产的视角》，载于《现代经济探讨》2014 年第 1 期。

[123] 王晓易：《国务院出台战略性新兴产业扶持政策》，http：//money.163.com/17/6G2VVH3900252G50.html。

[124] 王晓易：《突破中医药走向国际化的困局》，http：//news.163.com/11/0117/04/6QITEHEA00014AED.html。

[125] 王新新：《战略性新兴产业的理论研究及路径选择》，载于《科技进步与对策》2012 年第 8 期。

[126] 魏谷、孙启新：《组织资源、战略先动性与中小企业绩效关系研究——基于资源基础观的视角》，载于《中国软科学》2014 年第 9 期。

[127] 魏海：《新材料产业创新发展的研究分析》，载于《天津科技》2016 年第 3 期。

[128] 邬爱其：《企业网络化成长——国外企业成长研究新领域》，载于《外国经济与管理》2005 年第 10 期。

[129] 吴福象、王新新：《行业集中度、规模差异与创新绩效——基于 GVC 模式下要素集聚对战略性新兴产业创新绩效影响的实证分析》，载于《上海经济研究 2011 年第 7 期。

[130] 武建龙、王宏起：《战略性新兴产业突破性技术创新路径研究——基于模块化视角》，载于《科学学研究》2014 年第 4 期。

[131] 肖利平、谢丹阳：《国外技术引进与本土创新增长：互补还是替代——基于异质吸收能力的视角》，载于《中国工业经济》2016 年第 9 期。

[132] 谢登科、韩洁：《不失时机地发展战略性新兴产业》，http：//paper.ce.cn/jjrb/html/2009-05/22/content_65925.htm。

[133] 谢莉娟、王晓东、张昊：《产业链视角下的国有企业效率实现机制——

基于消费品行业的多案例诠释》，载于《管理世界》2016年第4期。

[134] 邢煜芝：《竞争排斥法则的管理学借用》，载于《企业改革与管理》2006年第12期。

[135] 熊勇清、李世才：《战略性新兴产业与传统产业耦合发展的过程及作用机制探讨》，载于《科学学与科学技术管理》2010年第11期。

[136] 许晖、姚力瑞：《我国企业国际化经营的风险测度》，载于《经济管理》2006年第1期。

[137] 严冰：《中国轨道交通装备首次登陆美国》，http：//news.ifeng.com/a/20141024/42282756_0.shtml。

[138] 杨丽丽、赵进：《资源基础视角下的国际化与企业绩效关系——以江苏制造业企业为例》，载于《科学学与科学技术管理》2013年第12期。

[139] 杨萍：《我国战略性新兴产业与传统产业协同发展路径研究》，载于《改革与战略》2014年第12期。

[140] 杨忠直：《企业生态学引论》，北京，科学出版社2003年版。

[141] 姚小涛、席酉民：《社会网络理论及其在企业研究中的应用》，载于《西安交通大学学报（社会科学版）》2003年第3期。

[142] 于新东、牛少凤：《中国加快形成新的经济发展方式的内涵、动力、路径与政策研究》，载于《经济研究参考》2013年第22期。

[143] 余东华、吕逸楠：《战略性新兴产业的产能过剩评价与预警研究——以中国光伏产业为例》，载于《经济与管理研究》2017年第5期。

[144] 余明桂、回雅甫、潘红波：《政治联系、寻租与地方政府财政补贴有效性》，载于《经济研究》2010年第3期。

[145] 喻登科、涂国平等：《战略性新兴产业集群协同发展的路径与模式研究》，载于《科学学与科学技术管理》2012年第4期。

[146] 岳中刚：《战略性新兴产业技术链与产业链协同发展研究》，载于《科学学与科学技术管理》2014年第2期。

[147] 曾德明、张磊生、禹献云等：《高新技术企业研发国际化进入模式选择研究》，载于《软科学》2013年第10期。

[148] 张厚明、曾建平等：《新一代信息技术产业发展的思路与对策》，载于《高科技与产业化》2014年第11期。

[149] 张辉：《全球价值链动力机制与产业发展策略》，载于《中国工业经济》2006年第1期。

[150] 张辉：《全球价值链理论与我国产业发展研究》，载于《中国工业经》2004年第5期。

[151] 张敬文、李晓园等:《战略性新兴产业集群协同创新发生机理及提升策略研究》,载于《宏观经济研究》2016年第11期。

[152] 张少军:《全球价值链与国内价值链——基于投入产出表的新方法》,载于《国际贸易问题》2009年第4期。

[153] 张威、崔卫杰等:《"十二五"期间战略性新兴产业国际化发展情况回顾》,http://gjss.ndrc.gov.cn/zttp/xyqzlxxhg/201706/t20170612_850486.html。

[154] 赵刚、林源园:《我国战略性新兴产业的国际化》,载于《求知》2012年第10期。

[155] 赵瑾:《全面认识全球价值链的十大特点及其政策含义》,载于《国际贸易》2014年第12期。

[156] 赵晶、王根蓓:《创新能力、所有权优势与中国企业海外市场进入模式选择》,载于《经济理论与经济管理》2013年第2期。

[157] 赵炎、王琦等:《网络邻近性、地理邻近性对知识转移绩效的影响》,载于《科研管理》2016年第1期。

[158] 赵玉林、石璋铭等:《战略性新兴产业与风险投资发展协整分析——来自中国高技术产业的经验分析》,载于《科技进步与对策》2013年第13期。

[159] 中国社会科学院城市与竞争力研究中心课题组,倪鹏飞等:《中国国家竞争力的总体表现分析——〈2010国家竞争力蓝皮书〉成果系列》,载于《中国市场》2010年第50期。

[160] 中国投资咨询网:《阿里巴巴集团的国际化:机遇与挑战并存》,http://www.ocn.com.cn/touzi/201609/yuahi22165458.shtml。

[161] 中国行业研究网:《导致战略性新兴产业LED陷入困局因素探讨》,http://www.chinairn.com/news/20121206/941278.html。

[162] 中国中部投资贸易博览会:《中部六省指南》,http://expocentralchina.mofcom.gov.cn/1800000608_10000080_8.html。

[163] 中证网:《人福医药:海外并购突破国际化步伐加快》,http://finance.sina.com.cn/roll/2016-03-31/doc-ifxqxcnp8297081.shtml。

[164] 周常宝、林润辉、李康宏等:《跨国公司海外子公司治理研究新进展》,载于《外国经济与管理》2016年第5期。

[165] 周菲、王宁:《芬兰发展战略性新兴产业的经验与启示》,载于《对外经贸实务》2010年第2期。

[166] 朱瑞博、刘芸:《我国战略性新兴产业发展的总体特征、制度障碍与机制创新》,载于《社会科学》2011年第5期。

[167] 朱瑞博、刘芸:《战略性新兴产业机制培育条件下的政府定位找寻》,

载于《改革》2011 年第 6 期。

[168] Aaker, David A. and Kevin L. Keller (1996), Building Strong Brands. New York: The Free Press.

[169] Adner, R. and D. Snow (2010). Old Technology Responses to New Technology Threats: Demand Heterogeneity and Technology Retreats. *Industrial and Corporate Change* 19 (5): 1655 – 1675.

[170] Afuah, A. and C. L. Tucci (2012). Crowd Sourcing as A Solution to Distant search. *Academy of Management Review* 37 (3): 355 – 375.

[171] Albert S. , Whetten D. A. (1985). Organizational Identitiy. *Research in Organizational Behavior* 7: 263 – 295.

[172] Aldrich, H. E. and C. M. Fiol (1994). Fools Rush in? The Institutional Context of Industry Creation. *Academy of Management Review* 19 (4): 645 – 670.

[173] Aldrich H. E. (1994). Fiol C. M. Fools Rush In? The Institutional Context of Industry Creation. *Academy of Management Review* 19 (4): 105 – 127.

[174] Alexy, R. (2009). A Theory of Constitutional Rights, Oxford University Press, USA.

[175] Anand, J. and H. Singh (1997). Asset Redeployment, Acquisitions and Corporate Strategy in Declining Industries. *Strategic Management Journal*: 99 – 118.

[176] Annemette L. Kjærgaard (2009). Organizational Identity and Strategy: an Empirical Study of Organizational Identity's Influence on the Strategy – Making Process. *International Studies of Management and Organization* 39 (39): 50 – 69.

[177] Antal A. B. , Strauß A. (2015). Not Only Art's Task—Narrating Bridges Between Unusual Experiences with Art and Organizational Identity. *Peabody Journal of Education* 36 (4): 500 – 506.

[178] Ashforth B. E. , Gibbs B. W. (1990). The Double-edge of Organizational Legitimation. *Organization Science* 1 (2): 177 – 194.

[179] Asmussen, C. G. , N. J. Foss, et al. (2013). Knowledge Transfer and Accommodation Effects in Multinational Corporations: Evidence from European Subsidiaries. *Journal of Management* 39 (6): 1397 – 1429.

[180] Athreye, S. and A. Godley (2009). Internationalization and Technological Leapfrogging in the Pharmaceutical Industry. *Industrial and Corporate Change* 18 (2): 295 – 323.

[181] A Traditional Versus a "Born – Global" Approach. *Journal of International Marketing* 12 (1): 57 – 82.

［182］Balmer J. M. T. (2008). Identity Based Views of the Corporation: Insights from Corporate Identity, Organisational Identity, Social Identity, Visual Identity, Corporate Brand Identity and Corporate Image. *European Journal of Marketing* 42 (9 –10): 879 –906.

［183］Balmer J. M. T. (2012). Strategic Corporate Brand Alignment: Perspectives from Identity Based Views Of Corporate Brands. *European Journal of Marketing* 46 (7/8): 1064 –1092.

［184］Barkema, H. G. and F. Vermeulen (1998). International Expansion Through Start-up or Acquisition: A learning perspective. *Academy of Management journal* 41 (1): 7 –26.

［185］Barnard, C. I. (1938). The Functions of Theexecutive. Cambridge, Massachussetts: Harvard University.

［186］Barney, J. B. (1991). Firm Resource and Sustained Competitive Advantage. *Journal of Management* 17 (1): 99 –120.

［187］Barney, J. B. (1988). Returns to Bidding Firms in Mergers and Acquisitions: Reconsidering the Relatedness Hypothesis. *Strategic Management Journal* 9 (S1): 71 –78.

［188］Barney, J. (1991). Firm Resources and Sustained Competitive Advantage. *Journal of management* 17 (1): 99 –120.

［189］Bartlett, C. A. and S. Ghoshal (2000). Going Global: Lessons from Late movers. *Reading* 1 (3).

［190］Basile, R. (2001). *Export Behaviour of Italian Manufacturing Firms over the Nineties: The Role of Innovation. Research Policy* 30 (8): 1185 –1201.

［191］Baum, J. A. and C. Oliver (1991). Institutional Linkages and Organizational Mortality. *Administrative science quarterly*: 187 –218.

［192］Beamish, P. W. and C. Lee (2003). The Characteristics and Performance of Affiliates of Small and Medium-size Multinational Enterprises in an Emerging Market. *Journal of International Entrepreneurship* 1 (1): 121 –134.

［193］Becattini, G. (2002). Industrial Sectors and Industrial Districts: Tools for Industrial Analysis. *European planning studies* 10 (4): 483 –493.

［194］Bell, J., D. Crick, et al. (2004). Small Firm Internationalization and Business Strategy: An Exploratory Study of "Knowledge –Intensive" and "Traditional" Manufacturing Firms in the UK. *International Small Business Journal* 22 (1): 23 –56.

［195］Bell, M. and K. Pavitt (1997). Technological Accumulation and Industrial

Growth: Contrasts between Developed and Developing Countries. *Technology, Globalisation and Economic Performance* 83137: 83 – 137.

[196] Bellucci, P. (2010). Election Cycles and Electoral Forecasting in Italy, 1994 – 2008. *International Journal of Forecasting* 26 (1): 54 – 67.

[197] Bendapudi, N. and R. P. Leone (2003). Psychological Implications of Customer Participation in Co-production. *Journal of Marketing* 67 (1): 14 – 28.

[198] Benner M. J. (2007) The Incumbent Discount: Stock Market Categories and Response to Radical Technological Change. *Academy of Management Review* 32 (3): 703 – 720.

[199] Überbacher, F. (2014). Legitimation of New Ventures: A Review and Research Programme. *Journal of Management Studies* 51 (4): 667 – 698.

[200] Berry, S. T. and J. Waldfogel (2001). Do Mergers Increase Product Variety? Evidence from Radio Broadcasting. *The Quarterly Journal of Economics* 116 (3): 1009 – 1025.

[201] Bertrand, O. and H. Zitouna (2008). Domestic Versus Cross-border Acquisitions: Which Impact on the Target Firms' Performance? *Applied Economics* 40 (17): 2221 – 2238.

[202] Bhaumik, S. K., N. Driffield, et al. (2010). Does Ownership Structure of Emerging-market Firms Affect their Outward FDI? The Case of the Indian Automotive and Pharmaceutical Sectors. *Journal of International Business Studies* 41 (3): 437 – 450.

[203] Bian, Y. J. (1997). Bringing Strong Ties Back in: Indirect Ties, Network Bridges, and Job Searches in China. *American Sociological Review* 62 (3): 366 – 385.

[204] Birkinshaw, J. M. and A. J. Morrison (1995). Configurations of Strategy and Structure in Subsidiaries of Multinational Corporations. *Journal of International Business Studies* 26 (4): 729 – 753.

[205] Birkinshaw, J., N. Hood, et al. (2005). Subsidiary Entrepreneurship, Internal and External Competitive Forces, and Subsidiary Performance. *International Business Review* 14 (2): 227 – 248.

[206] Blau, P. M. (1964). Exchange and Power in Social Life, Transaction Publishers.

[207] Boehe, D. M. (2007). Product Development in MNC Subsidiaries: Local Linkages and Global Interdependencies. *Journal of International Management* 13 (4):

488 – 512.

[208] Borgatti, S. P. and R. Cross (2003). A relational View of Information Seeking and Learning in Social Networks. *Management Science* 49 (4): 432 – 445.

[209] Brouthers, K. D. and D. Dikova (2010). Acquisitions and Real Options: The Greenfield Alternative. *Journal of Management Studies* 47 (6): 1048 – 1071.

[210] Brouthers, K. D. and G. Nakos (2004). SME Entry Mode Choice and Performance: A Transaction Cost Perspective. *Entrepreneurship Theory and Practice* 28 (3): 229 – 247.

[211] Brouthers, K. D. and J. F. Hennart (2007). Boundaries of the Firm: Insights From International Entry Mode Research. *Journal of Management* 33 (3): 395 – 425.

[212] Brouthers, K. D. and L. E. Brouthers (2000). Acquisition or Greenfield Start-up? Institutional, Cultural and Transaction Cost Influences. *Strategic Management Journal*: 89 – 97.

[213] Bruneel, J. and R. De Cock (2016). Entry Mode Research and SMEs: A Review and Future Research Agenda. *Journal of Small Business Management* 54: 135 – 167.

[214] Bruton, G. D., D. Ahlstrom, et al. (2008). Entrepreneurship in Emerging Economies: Whereare We Today and Where Should the Research Go in the Future. *Entrepreneurship Theory and Practice* 32 (1): 1 – 14.

[215] Buckley P. J., Clegg L. J. (2007), Cross A. R. et al. The Determinants of Chinese Outward Foreign Direct Invest-ment. *Journal of International Business Studies* 38 (4): 499 – 518.

[216] Buckley, P. J., L. J. Clegg, et al. (2010). The Determinants of Chinese Outward Foreign Direct Investment, Edward Elgar.

[217] Burgel O., Murray G. C. (2000) The International Market Entry Choices of Start-Up Companies in High-Technology Industries. *Journal of International Marketing* 8 (2): 33 – 62.

[218] Burgess, S. M. and J. -B. E. Steenkamp (2006). Marketing Renaissance: How Research in Emerging Markets Advances Marketing Science and Practice. *International Journal of Research in Marketing* 23 (4): 337 – 356.

[219] Burt, R. (1992). The Social Structure of Competition. Cambridge, MA, Harvard University Press.

[220] Caloghirou, Y., I. Kastelli, et al. (2004). Internal Capabilities and Ex-

ternal Knowledgesources: Complements or Substitutes for Innovative Performance? *Technovation* 24（1）: 29 – 39.

[221] Camisón Zornoza, C. and J. Guía Julve（2001）. Integración Vertical, Cooperación Interempresarial y Resultados: el Efecto Contingente de la Coordinación Implícita en un Distrito Industrial. *Cuadernos de Economía y Dirección de la Empresa*（8）: 51 – 76.

[222] Cantwell, J.（1989）. Technological Innovation and Multinational Corporations, Blackwell. Capron, L., P. Dussauge, et al.（1998）. Resource Redeployment Following Horizontal Acquisitions in Europe and North America, 1988 – 1992. *Strategic Management Journal*: 631 – 661.

[223] Cassiman, B. and R. Veugelers（2006）. In Search of Complementarity in Innovation Strategy: Internal R&D and External Knowledge Acquisition. *Management Science* 52（1）: 68 – 82.

[224] Chang, S. – J. and H. Singh（2000）. Corporate and Industry Effects on Business Unit Competitive Position. *Strategic Management Journal*: 739 – 752.

[225] Chan, T., J. A. Nickerson, et al.（2007）. Strategic Management of R&D Pipelines with Cospecialized Investments and Technology Markets. *Management Science* 53（4）: 667 – 682.

[226] Chatterji, A. K. and K. R. Fabrizio（2014）. Using users: When does External Knowledge Enhance Corporate Product Innovation? *Strategic Management Journal* 35（10）: 1427 – 1445.

[227] Chen, S. – F. S. and M. Zeng（2004）. Japanese Investors' choice of Acquisitions vs. Startups in the US: the Role of Reputation Barriers and Advertising Outlays. *International Journal of Research in Marketing* 21（2）: 123 – 136.

[228] Chetty S., Campbell-hunt C.（2004）A Strategic Approach to Internationalization: A Traditional Versus a "Born – Global" Approach. *Journal of International Marketing* 12（1）: 57 – 81.

[229] Chetty, Sylvie, Campbell – Hunt, Colin（2004）. A Strategic Approach to Internationalization.

[230] Child, J. and S. B. Rodrigues（2005）. The Internationalization of Chinese Firms: a Case for Theoretical Extension? *Management and Organization Review* 1（3）: 381 – 410.

[231] Chung, C. C. and P. W. Beamish（2005）. Investment Mode Strategy and Expatriate Strategy during Times of Economic Crisis. *Journal of International Management* 11（3）: 331 – 355.

［232］Chung, S., H. Singh, et al. (2000). Complementarity, Status Similarity and Social Capital as Drivers of Alliance Formation. *Strategic Management Journal*: 1 – 22.

［233］Clark S. M., Gioia D. A. (2010), Ketchen D. J. et al. Transitional Identity as a Facilitator of Organizational Identity Change during a Merger. *Administrative Science Quarterly* 55 (3): 397 – 438.

［234］Clarkson, G. and P. K. Toh (2010). Keep outsigns: the Role of Deterrence in the Competition for Resources. *Strategic Management Journal* 31 (11): 1202 – 1225.

［235］Clegg S. R., Rhodes C. (2007), Kornberger M.. Desperately Seeking Legitimacy: Organizational Identity and Emerging Industries. *Organization Studies* 28 (4): 495 – 513.

［236］Clemons, E. K. and M. C. Row (1991). Sustaining IT Advantage: The Role of Structural Differences. *MIS quarterly*: 275 – 292.

［237］Cohen, W. M. and D. A. Levinthal (1990). Absorptive Capacity: A New Perspective on Learning and Innovation. *Administrative Science Quarterly*: 128 – 152.

［238］Cohen, W. M., R. R. Nelson, et al. (2002). Links and Impacts: the Influence of Public Research on Industrial R&D. *Management Science* 48 (1): 1 – 23.

［239］Coleman, J. S. (1988). Social Capital in the Creation of Human Capital. *American Journal of Sociology* 94: S95 – S120.

［240］Connor, T. (2002). The Resource-based View of Strategy and its Value to Practising Managers. *Strategic Change* 11 (6): 307 – 316.

［241］Coombs, R., M. Harvey, et al. (2003). Analysing Distributed Processes of Provision and Innovation. *Industrial and Corporate Change* 12 (6): 1125 – 1155.

［242］Corley K. G., Gioia D. A. (2004). Identity Ambiguity and Change in the Wake of a Corporate Spin – Of. *Administrative Science Quarterly* 49 (2): 173 – 208.

［243］Cui L., Jiang F. (2012). State Ownership Effect on Firms' FDI Ownership Decisions Under Institutional Pressure: A Study of Chinese Outward – Investing Firms. *Journal of International Business Studies* 43 (3): 264 – 284.

［244］Cuypers I. R. P., Ertug G. (2015), Hennart J F. The Effects of Linguistic Distance and Lingua Franca Proficiency on the Stake taken by Acquires in Cross-border Acquisitions. *Journal of International Business Studies* 46 (4): 429 – 442.

［245］Dacin, M. T., C. Oliver et al. (2007). The Legitimacy of Strategic Alliances: An Institutional Perspective. *Strategic Management Journal* 28 (2): 169 – 187.

［246］Dacin M. T., Oliver C., Roy J. P. (2007). The Legitimacy of Strategic Alliances: An Institutional Perspective. *Strategic Management Journal* 28 (2): 169 – 187.

［247］Day, G. S. (2011). Closing the Marketing Capabilities Gap. *Journal of Marketing* 75 (4): 183 – 195.

［248］Deephouse, D. L. (1996). Does Isomorphism Legitimate? *Academy of Management Journal* 39 (4): 1024 – 1039.

［249］De Lange, D. E. (2016). Legitimation Strategies for Clean Technology Entrepreneurs Facing Institutional Voids in Emerging Economies. *Journal of International Management* 22 (4): 403 – 415.

［250］Demirbag, M., E. Tatoglu et al. (2008). Factors Affecting Perceptions of the Choice between Acquisition and Greenfield entry: The Case of Western FDI in an Emerging Market. *Management International Review* 48 (1): 5 – 38.

［251］Dikova, D. and A. Van Witteloostuijn (2007). Foreign Direct Investment Mode Choice: Entry and Establishment Modes in Transition Economies. *Journal of International Business Studies*: 1013 – 1033.

［252］Dikova, D. and K. Brouthers (2015). International Establishment Mode Choice: Past, Present and Future. *Management International Review* 56 (4): 489 – 530.

［253］Dimaggio P., Powell W. (1983). The Iron Cage Revisited: Institutional Isomorphism and Collective Rationality. *American Sociological Review* 48 (2): 147 – 160.

［254］Dowling J., Pfeffer J. (1975). Organizational Legitimacy: Social Values and Organizational Behavior. *Pacific Sociological Review* 18 (1): 122 – 136.

［255］Duguay, C. R., S. Landry, et al. (1997). From Mass Production to Flexible/agile Production. *International Journal of Operations & Production Management* 17 (12): 1183 – 1195.

［256］Dunning, J. H. and S. M. Lundan (2008). Institutions and the OLI Paradigm of the Multinational Enterprise. *Asia Pacific Journal of Management* 25 (4): 573 – 593.

［257］Dunning, J. H., C. Kim, et al. (2008). Old Wine in New Bottles: A Comparison of Emerging-market TNCs Today and Developed-country TNCs Thirty Years Ago. *The Rise of Transnational Corporations from Emerging Markets: Threat or Opportunity*: 158 – 180.

[258] Dunning, J. H. (2001). The Eclectic (OLI) Paradigm of International Production: Past, Present and Future. *International Journal of the Economics of Business* 8 (2): 173 – 190.

[259] Dunning, J. H. (1988). The Eclectic Paradigm of International Production: A Restatement and Some Possible Extensions. *Journal of International business studies* 19 (1): 1 – 31.

[260] Dunning, J. H. (1995). The Role of Foreign Direct Investment in a Globalising Economy. *Bnl Quarterly Review* 48: 125 – 144.

[261] Dunning, J. H. (1980). Towards an Eclectic Theory of International Production: Some Empirical Tests.

[262] Du Y., Deloof M., Jorissen A. (2015). The Roles of Subsidiary Boards in Multinational Enterprises. *Journal of International Management* 21 (3): 169 – 181.

[263] Duysters, G., J. Jacob, et al. (2009). Internationalization and Technological Catching up of Emerging Multinationals: A Comparative Case Study of China's Haier Group. *Industrial and Corporate Change* 18 (2): 325 – 349.

[264] Eden L., Miller S. R., (2004), Distance Matters: Liability of Foreignness, Institutional Distance and Ownership Strategy, in Michael A. Hitt, Joseph L. C. Cheng (ed.) Theories of the Multinational Enterprise: Diversity, Complexity and Relevance (Advances in International Management, Volume 16) Emerald Group Publishing Limited, pp. 187 – 221.

[265] Edman J. (2016). Reconciling the Advantages and Liabilities of Foreignness: Towards an Identity-based Framework. *Journal of International Business Studies* 47 (6): 674 – 694.

[266] Eisenhardt K. M. (1989). Building Theories from Case Study Research. *Academy of Management Review* 14 (4): 532 – 550.

[267] Eisenhardt, K. M., & Martin, J. A. (2000). Dynamic Capabilities: What are They? *Strategic Management Journal* 21 (10/11), 1105 – 1121.

[268] Elango B. (2009). Minimizing Effects of "Liability of Foreignness": Response Strategies of Foreign Firms in the United States. *Journal of World Business* 44 (1): 51 – 62.

[269] Ellis, P. and A. Pecotich (2001). Social Factors Influencing Export Initiation in Small and Medium-sized Enterprises. *Journal of Marketing Research* 38 (1): 119 – 130.

[270] Ellis, P. (2000). Social Ties and Foreign Market Entry. *Journal of International Business Studies* 31 (3): 443 - 469.

[271] ELSBACH K. D. (1994). Managing Organizational Legitimacy in the California Cattle Industry: The Construction and Effectiveness of Verbal Accounts. *Administrative Science Quarterly* 39 (1): 57 - 88.

[272] Elsbach K. D., Sutton R I. (1992). Acquiring Organizational Legitimacy through Illegitimate Actions: A Marriage of Institutional and Impression Management Theories. *Academy of Management Journal* 35 (4): 699 - 738.

[273] Emirbayer, M. and J. Goodwin (1994). Network Analysis, Culture, and the Problem of Agency. *American Journal of Sociology* 99 (6): 1411 - 1454.

[274] Erdener, C. and D. M. Shapiro (2010). The Internationalization of Chinese Family Enterprises and Dunning's Eclectic MNE Paradigm. *Management & Organization Review* 1 (3): 411 - 436.

[275] Eriksson, K., J. Johanson et al. (1997). Experiential Knowledge and Cost in the Internationalization Process. *Journal Of International Business Studies* 28 (2): 337 - 360.

[276] Escribano, A., A. Fosfuri, et al. (2009). Managing External Knowledge Flows: The Moderating Role of Absorptive Capacity. *Research Policy* 38 (1): 96 - 105.

[277] Estrin, S., D. Baghdasaryan et al. (2009). The Impact of Institutional and Human Resource Distance on International Entry Strategies. *Journal of Management Studies* 46 (7): 1171 - 1196.

[278] Farrell, J. and N. T. Gallini (1988). Second-sourcing as a Commitment: Monopoly Incentives to Attract Competition. *The Quarterly Journal of Economics* 103 (4): 673 - 694.

[279] Ferreira, M. P. and F. A. Serra (2009). Open and Closed Industry Clusters: The Social Structure of Innovation. *BASE - Revista de Administração e Contabilidade da Unisinos* 6 (3): 193 - 203.

[280] Filatotchev, I., X. Liu, et al. (2009). The Export Orientation and Export Performance of High-technology SMEs in Emerging Markets: The Effects of Knowledge Transfer by Returnee Entrepreneurs. *Journal of International Business Studies* 40 (6): 1005 - 1021.

[281] FIOL C. M. (2002). Capitalizing on Paradox: The Role of Language in Transforming Organizational Identities. *Organization Science* 13 (6): 653 - 666.

［282］Fleming, L. and O. Sorenson (2001). Technology as a Complex Adaptive System: Evidence from Patent Data. *Research Policy* 30 (7): 1019–1039.

［283］Fosfuri, A. and J. A. Tribó (2008). Exploring the Antecedents of Potential Absorptive Capacity and its Impact on Innovation Performance. *Omega* 36 (2): 173–187.

［284］Foss, N. J. and B. Eriksen (1995). Competitive Advantage and Industry Capabilities. Resource-based and Evolutionary Theories of the Firm: Towards a Synthesis, *Springer*: 43–69.

［285］Freeman, L. C., D. Roeder, et al. (1979). Centrality in Social Networks: II. Experimental Results. *Social Networks* 2 (2): 119–141.

［286］Friedkin, N. (1980). A Test of Structural Features of Granovetter's Strength of Weak Ties Theory. *Social Networks* 2 (4): 411–422.

［287］Galaskiewicz, J. (1979). The Structure of Community Organizational Networks. *Social Forces* 57 (4): 1346–1364.

［288］Gary Gereffi, John Humphrey and Timothy J. Sturgeon. (2005). The Governance of Global Value Chains. *Review of International Political Economy* 12 (1): 78–104.

［289］Gaur, A. and V. Kumar (2010). Internationalization of Emerging Market Firms: a Case for Theoretical Extension. The Past, Present and Future of International Business & Management, *Emerald Group Publishing Limited*: 603–627.

［290］Gaur A. S., Kumar V., Sarathy R. (2011). Liability of Foreignness and Internationalisation of Emerging Market Firms//Dynamics of Globalization: Location–Specific Advantages or Liabilities of Foreignness? Emerald Group Publishing Limited: 211–233.

［291］Gereffi G. (2001). Beyond the Producer-driven/Buyer-driven Dichotomy The Evolution of Global Value Chains in the Internet Era. Ids Bulletin 32 (3): 30–40.

［292］Gereffi G. (2001). The Governance of Global Value Chains: An Analytic Framework. *Under review at. Review of International Political.*: 78–104.

［293］Gioia D. A., Patvardhan S. D., Hamilton A. L., Corley K. G. (2013). Organizational Identity Formation and Change. *Academy of Management Annals* 7 (1): 123–193.

［294］Gioia D. A., Schultz M., Corley K. G. (2000). Organizational Identity, Image, and Adaptive Instability. *Academy of Management Review* 25 (1): 63–81.

［295］Giroud, A. and J. Scott–Kennel (2009). MNE Linkages in International

Business: A Framework for Analysis. *International Business Review* 18 (6): 555 – 566.

[296] Glaister, K. W. and P. J. Buckley (1996). Strategic Motives for International Alliance Formation. *Journal of Management studies* 33 (3): 301 – 332.

[297] Glynn M. A., Abzug R. (2002). Institutionalizing Identity: Symbolic Isomorphism and Organizational Names. *Academy of Management Journal* 45 (1): 267 – 280.

[298] Glynn, Mary Ann. (2008). Beyond Constraint: How Institutions Enable Identities [A]. In R. Greenwood, C. Oliver, S. Sahlin – Andersson & R. Suddaby (Eds.) The SAGE Handbook of Organizational Institutionalism. *London: Sage*: 413 – 430.

[299] Goldenbiddle K., Rao H. (1997). Breaches in the Boardroom: Organizational Identity and Conflicts of Commitment in a Nonprofit Organization. *Organization Science* 8 (6): 593 – 611.

[300] Gooderham, P., D. B. Minbaeva, et al. (2011). Governance Mechanisms for the Promotion of Social Capital for Knowledge Transfer in Multinational Corporations. *Journal of Management Studies* 48 (1): 123 – 150.

[301] Granovetter, M. S. (1995). Getting a Job: A Study of Contacts and Careers, Chicago: University of Chicago Press.

[302] Grayson, K., D. Johnson et al. (2008). Is Firm Trust Essential in a Trusted Environment? How Trust in the Business Context Influences Customers. *Journal of marketing research* 45 (2): 241 – 256.

[303] Greenwood R., Suddaby R. (2006). Institutional Entrepreneurship in Mature Fields: The Big Five Accounting Firms. *Academy of Management Journal* 49 (1): 27 – 48.

[304] Grewal, R. and R. Dharwadkar (2002). The Role of the Institutional Environment in Marketing Channels. *Journal of Marketing* 66 (3): 82 – 97.

[305] Göthlich, S. E. (2003). From Loosely Coupled Systems to Collaborative Business Ecosystems. Granovetter, M. S. (1973). The Strength of Weak Ties. *American Journal Of Sociology* 78 (6): 1360 – 1380.

[306] Guillén, M. F. and E. García – Canal (2009). The American Model of the Multinational Firm and the "New" Multinationals from Emerging Economies. *The Academy of Management Perspectives* 23 (2): 23 – 35.

[307] Gulati, R. (1998). Alliances and Networks. *Strategic Management Journal*

19 (4): 293 - 317.

[308] Gulati, R. (1999). Network Location and Learning: The Influence of Network Resources and Firm Capabilities on Alliance Formation. *Strategic Management Journal* 20 (5): 397 - 420.

[309] Gulati, R., N. Nohria, et al. (2000). Strategic Networks. *Strategic Management Journal* 203 - 215.

[310] Gupta, A., I. Chen, et al. (1997). Determining Organizational Structure choices in Advanced Manufacturing Technology Management. *Omega* 25 (5): 511 - 521.

[311] Gustafson L. T., Reger R. K. (1995). Using Organizational Identity to Achieve Stability and Change in High Velocity Environments. *Academy of Management Annual Meeting Proceedings* 1995 (1): 464 - 468.

[312] Haahti, A., V. Madupu et al. (2005). Cooperative Strategy, Knowledge intensity and Export Performance of Small and Medium Sized Enterprises. *Journal Of World Business* 40 (2): 124 - 138.

[313] Haapanen, L., M. Juntunen, et al. (2016). Firms' capability Portfolios Throughout International Expansion: A Latent Class Approach. *Journal of Business Research* 69 (12): 5578 - 5586.

[314] Hagedoorn, J. (2002). Inter-firm R&D Partnerships: an Overview of Major Trends and Patterns since 1960. *Research Policy* 31 (4): 477 - 492.

[315] Hallgren, M. and J. Olhager (2009). Lean and Agile Manufacturing: External and Internal Drivers and Performance Outcomes. *International Journal of Operations & Production Management* 29 (10): 976 - 999.

[316] Handelman, J. M. and S. J. Arnold (1999). The Role of Marketing Actions with a Social sion: Appeals to the Institutional Environment. *Journal of Marketing* 63 (3): 33 - 48.

[317] Hannan, M. T. and J. Freeman (1977). Population Ecology of Organizations. *American Journal of Sociology* 82 (5): 929 - 964.

[318] Harhoff, D., F. M. Scherer, et al. (2003). Citations, Family Size, Opposition and the Value of Patent Rights. *Research policy* 32 (8): 1343 - 1363.

[319] Hatum, A. and A. M. Pettigrew (2006). Determinants of Organizational Flexibility: a Study in an Emerging Economy. *British Journal of Management* 17 (2): 115 - 137.

[320] Haunschild, P. R. and A. S. Miner (1997). Modes of Interorganizational

Imitation: The Effects of Outcome Salience and Uncertainty. *Administrative Science Quarterly*: 472 – 500.

[321] He H, Baruch Y. (2010). Organizational Identity and Legitimacy under Major Environmental Changes: Tales of Two UK Building Societies. *British Journal of Management* 21 (1): 44 – 62.

[322] He H., Baruch Y. (2009). Transforming Organizational Identity under Institutional Change. *Journal of Organizational Change Management* 22 (6): 575 – 599.

[323] Henkel, J. (2006). Selective Revealing in Open Innovation Processes: The Case of Embedded Linux. *Research Policy* 35 (7): 953 – 969.

[324] Hennart, J. – F. and A. Hl Slangen (2014). Yes, We Really do Need more Entry Mode Studies! A Commentary on Shaver. *Journal of International Business Studies* 46 (1): 114 – 122.

[325] Hennart, J. – F. and S. Reddy (1997). The Choice between Mergers/acquisitions and Joint Ventures: The Case of Japanese Investors in the United States. *Strategic Management Journal*: 1 – 12.

[326] Hennart, J. – F. (2009). Down with MNE-centric Theories! Market Entry and Expansion as the Bundling of MNE and Local Assets. *Journal of International Business Studies* 40 (9): 1432 – 1454.

[327] Herper, M. (2013). How much does Pharmaceutical Innovation Cost? A Look at 100 Companies. *Forbes.com*: Business section – Pharma and Healthcare.

[328] Hines, P. (1998). Value Stream Management *The International Journal of Logistics Management* 9 (1).

[329] Hitt, M. A., M. T. Dacin, et al. (2000). Partner Selection in Emerging and Developedmarket Contexts: Resource-based and Organizational Learning Perspectives. *Academy of Management Journal* 43 (3): 449 – 467.

[330] Hoskisson, R. E., L. Eden, et al. (2000). Strategy in Emerging Economies. *Academy of Management Journal* 43 (3): 249 – 267.

[331] Humphrey, J. and Schmitz, H. (2002). Developing Country Firms in the World Economy: Governance and Upgrading in Global Value Chains. INEF Report, University of Duisburg: 25 – 27.

[332] Huphrey, J. and Schmitz, H. (2001). Governance in Global Value Chains. *IDS Bulletin* 32 (3): 19 – 29.

[333] Iansiti, M. and R. Levien (2004). Strategy as Ecology. *Harvard Business*

Review 82（3）：68 – 78.

［334］ Jane, J.（1961）. The Death and Life of Great American Cities. New York, Random House.

［335］ Javorcik, B. S.（2004）. The Composition of Foreign Direct Investment and Protection of Intellectual Property Rights：Evidence from Transition Economies. *European economic review* a）48（1）：39 – 62.

［336］ Jaworski, B. J. and A. K. Kohli（1993）. Market Orientation：Antecedents and Consequences. *The Journal of Marketing*：53 – 70.

［337］ Jepperson. R. L.（1991）, Institutions, Institutional Effects, and Institutionalism, InW. W. Powell& PJ. DiMaggio（Eds.）. *New Institutionalism in Organizational Analysis*, 143 – 163. Chicago：University of Chicago Press.

［338］ Jepperson, R. L.（1991）. Institutions, Institutional Effects, and Institutionalism. *New Institutionalism in Organizational Analysis*.

［339］ Jeppesen, L. B. and K. R. Lakhani（2010）. Marginality and Problem-solving Effectiveness in Broadcast Search. *Organization Science* 21（5）：1016 – 1033.

［340］ Jeppesen, L. B. and M. J. Molin（2003）. Consumers as Co-developers：Learning and Innovation Outside the Firm. *Technology Analysis & Strategic Management* 15（3）：363 – 383.

［341］ Johanson, J. and J. – E. Vahlne（2003）. Business Relationship Learning and Commitment in the Internationalization Process. *Journal of International Entrepreneurship* 1（1）：83 – 101.

［342］ Johanson, J. and J. – E. Vahlne（1977）. The Internationalization Process of the Firm-a Model of Knowledge Development and Increasing Foreign Market Commitments. *Journal of International Business Studies*：23 – 32.

［343］ Johanson J., Wiedersheim – Paul F.（2007）. The Internalization of the Firm. Four Swedish Case Studies. *Journal of Management Studies* 12（3）：305 – 323.

［344］ Johnson, C., T. J. Dowd et al.（2006）. Legitimacy as a Social Process. *Annual Review of Sociology* 32（1）：53 – 78.

［345］ Johnson, Robert C. and Noguera, Guillermo,（2012）. Accounting for Intermediates：Production Sharing and Trade in Value Added, *Journal of International Economics* 86（2）：224 – 236.

［346］ Kale, P. and J. Anand（2006）. The Decline of Emerging Economy Joint Ventures：The Case of India. *California Management Review* 48（3）：62 – 76.

［347］ Kaplan, S. N. and M. S. Weisbach（1992）. The Success of Acquisitions：

Evidence from Divestitures. *The Journal of Finance* 47 (1): 107 – 138.

[348] Kaplinsky R., Morris M. (2000). A Handbook for Value Chain Research. International Development Research Centre. Kimani, P. M.

[349] Katz, R. and T. J. Allen (1982). Investigating the Not Invented Here (NIH) syndrome: Alook at the performance, tenure, and communication patterns of 50 R & D Project Groups. *R&D Management* 12 (1): 7 – 20.

[350] K. D. Martin, J. L. Johnson, J. J. French (2011). Institutional pressures and marketing ethics initiatives: the focal role of organizational identity. *Journal of the Academy of Marketing Science* 39 (4): 574 – 592.

[351] Keller K. L. (2003). Brand Synthesis: The Multidimensionality of Brand Knowledge. *Journal of Consumer Research* 29 (4): 595 – 600.

[352] Knight G. A., Cavusgil S. T. (2004). Innovation, Organizational Capabilities, and the Born-global Firm. *Journal of International Business Studies* 35 (2): 124 – 141.

[353] Knight, G. A., & Kim, D. (2009). International Business Competence and the Contemporary Firm. *Journal of International Business Studies* 40 (2): 255 – 273.

[354] Kogut, B. and S. J. Chang (1991). Technological Capabilities and Japanese Foreign Direct Investment in the United States. *The Review of Economics and Statistics* 401 – 413.

[355] Kogut, B. and U. Zander (1993). Knowledge of the Firm and the Evolutionary Theory of the Multinational Corporation. *Journal of International Business Studies* 24 (4): 625 – 645.

[356] Kogut, B. and U. Zander (1996). What Firms Do? Coordination, Identity, and Learning. *Organization Science* 7 (5): 502 – 518.

[357] Kogut B. (1985). Designing Global Strategies: Comparative and Competitive Value – Added Chains, 26: 15 – 28.

[358] Koka, B. R. and J. E. Prescott (2002). Strategic Alliances as Social Capital: A Multidimensional View. *Strategic Management Journal* 23 (9): 795 – 816.

[359] Kostova, T. and S. Zaheer (1999). Organizational Legitimacy under Conditions of Complexity: The Case of the Multinational Enterprise. *Academy of Management Review* 24 (1): 64 – 81.

[360] Kotabe, M., C. X. Jiang, et al. (2011). Managerial Ties, Knowledge Acquisition, Realized Absorptive Capacity and New Product Market Performance of Emerging Multinational Companies: A case of China. *Journal of World Business* 46 (2):

166 – 176.

［361］Kraekhardt D. (1998). Endogenous Preferences: A Structural Approach. In Jennifer Halpern and Robert N. Stern (Eds.) Debating rationality: No Rational Aspects of Organizational Decision Making, Cornell University Press, 239 – 247.

［362］Lachenmaier, S., and Wöbmann, L. (2006). Does Innovation Cause Export? Evidence from Exogenous Innovation Impulses and Obstacles using German Micro Data. Oxford Economic Press, 58 (2): 317 – 350.

［363］Lane, P. J. and M. Lubatkin (1998). Relative Absorptive Capacity and Interorganizational Learning. *Strategic Management Journal*: 461 – 477.

［364］Lane, P. J., B. R. Koka et al. (2006). The Reification of Absorptive Capacity: A critical Review and Rejuvenation of the Construct. *Academy of Management Review* 31 (4): 833 – 863.

［365］Leiblein, M. J. and J. J. Reuer (2004). Building a Foreign Sales Base: the Roles of Capabilities and Alliances for Entrepreneurial Firms. *Journal of Business Venturing* 19 (2): 285 – 307.

［366］Lei, D., M. A. Hitt et al. (1996). Advanced Manufacturing Technology: Organizational Design and Strategic Flexibility. *Organization Studies* 17 (3): 501 – 523.

［367］Liebeskind, J. P., A. L. Oliver, et al. (1996). Social Networks, Learning, and Flexibility: Sourcing Scientific Knowledge in new Biotechnology Firms. *Organization science* 7 (4): 428 – 443.

［368］Li, J. J., L. Poppo et al. (2009). Relational Mechanisms, Formal Contracts, and Local Knowledge Acquisition by International Subsidiaries. *Strategic Management Journal*: n/a-n/a.

［369］Lindstrand, A., K. Eriksson, et al. (2009). The Perceived Usefulness of Knowledge Supplied by Foreign Client Networks. *International Business Review* 18 (1): 26 – 37.

［370］Lin, X. and R. Germain (2003). Organizational Structure, Context, Customer Orientation, and Performance: Lessons from Chinese State-owned Enterprises. *Strategic Management Journal* 24 (11): 1131 – 1151.

［371］Liou, R. -S., M. C. -H. Chao et al. (2016). Emerging Economies and Institutional Quality: Assessing the Differential Effects of Institutional Distances on Ownership Strategy. *Journal of World Business* 51 (4): 600 – 611.

［372］Liu, X., J. Lu et al. (2010). Returnee Entrepreneurs, Knowledge Spillovers and Innovation in High-tech Firms in Emerging Economies. *Journal of International Business Studies* 41（7）：1183 – 1197.

［373］ Lu, J. W. and P. W. Beamish （2001）. The Internationalization and Performance of SMEs. *Strategic Management Journal* 22（6 – 7）：565 – 586.

［374］ Luo, Y. and H. Zhao （2013）. Doing Business in a Transitional Society：Economic Environment and Relational Political Strategy for Multinationals. *Business & Society* 52（3）：515 – 549.

［375］ Luo, Y. and R. L. Tung （2007）. International Expansion of Emerging Market Enterprises：A Springboard Perspective. *Journal of International Business Studies* 38（4）：481 – 498.

［376］ Lyles, M. A. and J. E. Salk （1996）. Knowledge Acquisition from Foreign Parents in International Joint Ventures：An Empirical Examination in the Hungarian Context. *Journal of International Business Studies* 27（5）：877 – 903.

［377］ Madhok, A. and M. Keyhani （2012）. Acquisitions as Entrepreneurship：Asymmetries, Opportunities, and the Internationalization of Multinationals from Emerging Economies. *Global Strategy Journal* 2（1）：26 – 40.

［378］ Madsen T. K., Servais P. （1997）. The internationalization of Born Globals：An Evolutionary Process? *International Business Review* 6（6）：561 – 583.

［379］ Makadok, R. （2001）. Toward a Synthesis of the Resource-based and Dynamic-capability Views of Rent Creation. *Strategic Management Journal* 22（5）：387 – 401.

［380］ Makri, M., M. A. Hitt et al. （2010）. Complementary Technologies, Knowledge Relatedness, and Invention Outcomes in High Technology Mergers and Acquisitions. *Strategic Management Journal* 31（6）：602 – 628.

［381］ Malipiero, A., F. Munari et al. （2005）. Focal Firms as Technological Gatekeepers within Industrial Districts：Knowledge Creation and Dissemination in the Italian Packaging Machinery Industry. Communication to the DRUID Winter Conference.

［382］ Malmberg, A. and P. Maskell （2002）. The Elusive Concept of Localization Economies：towards a Knowledge-based Theory of Spatial Clustering. *Environment and planning A* 34（3）：429 – 449.

［383］ Margolis S. L., Hansen C. D. （2002）. A Model for Organizational Identity：Exploring the Path to Sustainability During Change. *Human Resource Development Review* 1（1）：277 – 303.

［384］ Martin K. D, Johnson J. L, French J J. （2011）. Institutional Pressures and Marketing Ethics Initiatives: the Focal Role of Organizational Identity. *Journal of the Academy of Marketing Science* 39 (4): 574 – 591.

[385] Martin, X. and R. Salomon (2003). Knowledge Transfer Capacity and its Implications for the Theory of the Multinational Corporation. *Journal of International Business Studies* 34 (4): 356 – 373.

[386] Mathews, J. A. and I. Zander (2007). The International Entrepreneurial Dynamics of Accelerated Internationalisation. *Journal of International Business Studies* 38 (3): 387 – 403.

[387] Mathews, J. A. (2006). Dragon multinationals: New players in 21st century globalization. *Asia Pacific journal of management* 23 (1): 5 – 27.

[388] Mcdougall, P. P. and B. M. Oviatt (2005). New Venture Internationalization, Strategic Change, and Performance: A Follow-up Study. *Journal of Business Venturing* 11 (1): 23 – 40.

[389] Mcdougall, P. P., S. Shane, et al. (1994). Explaining the Formation of International New Ventures: The Limits of Theories from International Business Research. *Journal of Business Venturing* 9 (6): 469 – 487.

[390] McEvily, B. and A. Zaheer (1999). Bridging ties: A Source of Firm Heterogeneity in Competitive Capabilities. *Strategic Management Journal*: 1133 – 1156.

[391] Mcgrath, R. G. (2013). The End of Competitive Advantage: How to Keep Your Strategy Moving as Fast as Your Business. *Harvard Business Review Press* 56 (5): 64 – 65.

[392] Meyer, J. W. and B. Rowan (1977). Institutionalized Organizations: Formal Structure as Myth and Ceremony. *American Journal of Sociology* 83 (2): 340 – 363.

[393] Meyer, K. E., R. Mudambi, et al. (2011). Multinational Enterprises and Local Contexts: The Opportunities and Challenges of Multiple Embeddedness. *Journal of Management Studies* 48 (2): 235 – 252.

[394] Meyer, K. E., Y. Ding et al. (2014). Overcoming Distrust: How State-owned Enterprises Adapt their Foreign Entries to Institutional Pressures Abroad. *Journal of International Business Studies* 45 (8): 1005 – 1028.

[395] Mindrut S., Manolica A, Roman C T. (2015). Building Brands Identity. *Procedia Economics & Finance* 20: 393 – 403.

[396] Mirva Peltoniemi, E. V. (2004). Business Ecosystem as the New Approach to Complex Adaptive Business Environments. Conference Proceedings of eBRF 2004, Tam-

pere Finland.

［397］Mitchell, J. C. (1969). The Concept and Use of Social Networks. Social Networks in Urban Situations.

［398］Moeller, S. B. and F. P. Schlingemann (2005). Global Diversification and Bidder Gains: A Comparison between Cross-border and Domestic Acquisitions. *Journal of Banking & Finance* 29 (3): 533 – 564.

［399］Moingeon B., Soenen A. G. (2002). Corporate and Organizational Identities// Corporate and organizational identities: Routledge.

［400］Moore, J. F. (1993). Predators and Prey-a New Ecology of Competition. *Harvard Business Review* 71 (3): 75 – 86.

［401］Mtigwe, B. (2006). Theoretical Milestones in International Business: The Journey to International Entrepreneurship Theory. *Journal of International Entrepreneurship* 4 (1): 5 – 25.

［402］Musteen, M., J. Francis et al. (2010). The Influence of International Networks on Internationalization Speed and Performance: A Study of Czech SMEs *Journal Of World Business* 45 (3): 197 – 205.

［403］Negro, G., amp, et al. (2010). Research on Categories in the Sociology of Organizations. Roy, M. T. D. O. – P. (2007). The Legitimacy of Strategic Alliances: An Institutional Perspective. *Strategic Management Journal* 28 (2): 169.

［404］Negro G., Özgecan Koçak, Hsu G. Research on Categories in the Sociology of Organizations// Legitimizing Illegitimacy: How Creating Market Identity Legitimizes Illegitimate Products.

［405］Nocke, V. and S. Yeaple (2008). An Assignment Theory of Foreign Direct Investment. *The Review of Economic Studies* 75 (2): 529 – 557.

［406］Nätti, S., P. Hurmelinna – Laukkanen et al. (2014). Absorptive Capacity and Network Orchest Ration in Innovation Communities-promoting Service Innovation. *Journal of Business & Industrial Marketing* 29 (2): 173 – 184.

［407］Oliver C. (1991). Strategic Responses to Institutional Processes. *Academy of Management Review* 16 (1): 145 – 179.

［408］Oviatt, B. M. and P. P. Mcdougall (1994). Toward a Theory of International New ventures. *Journal of International business studies* 25 (1): 45 – 64.

［409］Pacheco-de – Almeida, G. and P. B. Zemsky (2012). Some Like it Free: Innovators' strategic use of Disclosure to Slow Down Competition. *Strategic Management Journal* 33 (7): 773 – 793.

［410］Palazzo G., Scherer A. G. (2006). Corporate Legitimacy as Deliberation: A Communicative Framework. *Journal of Business Ethics* 66 (1): 71-88.

［411］Palich, L. E., L. B. Cardinal et al. (2000). Curvilinearity in the Diversification-performance Linkage: an Examination of over Three Decades of Research. *Strategic management journal* 21 (2): 155-174.

［412］Pedersen, T., B. Petersen et al. (2002). Change of Foreign Operation Method: Impetus and Switching Costs. *International Business Review* 11 (3): 325-345.

［413］Pennings, J. M., H. Barkema et al. (1994). Organizational Learning and Diversification. *Academy of Management journal* 37 (3): 608-640.

［414］Piore, M. and C. Sabel (1984). The Second Industrial Divide: Possibilities for Prosperity, Basic books.

［415］Polidoro, F. and M. Theeke (2011). When Knowledge Walks Out the Door: A Longitudinal Examination of Inventors' mobility Across Firms. Academy of Management Proceedings, Academy of Management.

［416］Pouder, R. and C. H. S. John (1996). Hot Spots and Blind Spots: Geographical Clusters of Firms and Innovation. *Academy of Management Review* 21 (4): 1192-1225.

［417］Powell, W. W., K. W. Koput et al. (1996). Interorganizational Collaboration and the Locus of Innovation: Networks of Learning in Biotechnology. *Administrative Science quarterly*: 116-145.

［418］Power, T. and G. Jerjian (2001). Ecosystem: Living the 12 Principles of Networked Business, Financial Times Prentice Hall.

［419］Pradhan, J. P. (2008). The Evolution of Indian Outward Foreign Direct Investment: Changing Trends and Patterns. *International Journal of Technology and Globalisation* 4 (1): 70-86.

［420］Prahalad, C. and Y. L. Doz (1981). An Approach to Strategic Control in MNCs. *Sloan Management Review* 22 (4): 5.

［421］Puranam, P., H. Singh et al. (2009). Integrating Acquired Capabilities: When Structural Integration is (un) Necessary. *Organization Science* 20 (2): 313-328.

［422］Rabbiosi, L., S. Elia et al. (2012). Acquisitions by EMNCs in Developed Markets. *Management International Review* 52 (2): 193-212.

［423］Ramachandran J., Pant A. (2010). The Liabilities of Origin: an Emerging Economy Perspective on the Costs of doing Business Abroad, in Devinney Timothy, Pedersen Torben, Tihanyi Laszlo (ed.) The Past, Present and Future of International Business & Management (Advances in International Management, Volume 23) Emerald Group Publishing Limited: 231 -265.

[424] Ramamurti, R. (2004). Developing Countries and MNEs: Extending and Enriching the Research Agenda. *Journal of International Business Studies* 35 (4): 277 -283.

[425] Ravasi D. (2006). Schultz M. Responding to Organizational Identity Threats: Exploring the Role of Organizational Culture. *Academy of Management Journal* 49 (49): 433 -458.

[426] Rindfleisch, A., A. J. Malter et al. (2008). Cross-sectional Versus Longitudinal Survey Research: Concepts, Findings, and Guidelines. *Journal of Marketing Research* 45 (3): 261 -279.

[427] Rindova V. P, Pollock T. G, Hayward M L A. (2006). Celebrity Firms: The Social Construction Of Market Popularity. *Academy of Management Review* 31 (1): 50 -71.

[428] Ritvala, T., A. Salmi et al. (2014). MNCs and Local Cross-sector Partnerships: The Case of a Smarter Baltic Sea. *International Business Review* 23 (5): 942 -951.

[429] Roberts, P. W. and R. Greenwood (1997). Integrating Transaction Cost and Institutional Theories: Toward a Constrained - Efficiency Framework for Understanding Organizational Design Adoption. *Academy of Management Review* 22 (2): 346 -373.

[430] Robins, J. and M. F. Wiersema (1995). A Resource-based Approach to the Multibusiness firm: Empirical Analysis of Portfolio Interrelationships and Corporate Financial Performance. *Strategic Management Journal* 16 (4): 277 -299.

[431] Roger Lewin (1992). Complexity: Life at the Edge of Chaos. New York, Macmillan Publishing Company.

[432] Rogers, E. M. (1995). Lessons for Guidelines from the Diffusion of Innovations. *The Joint Commission journal on quality improvement* 21 (7): 324 -328.

[433] Ronald, B. (1992). Structural holes. *The Social Structure of Competition* 18 (55): 178 -182.

[434] Rong, K., Y. Shi et al. (2013). Nurturing Business Ecosystems to Deal with Industry Uncertainties. *Industrial Management & Data Systems* 113 (3): 385 -402.

［435］Rosenkopf, L. and A. Nerkar（2001）. Beyond Local Search: Boundary-spanning, Exploration, and Impact in the Optical Disk Industry. *Strategic Management Journal* 22（4）: 287 – 306.

［436］Rowley, T., D. Behrens et al.（2000）. Redundant Governance Structures: An Analysis of Structural and Relational Embeddedness in the Steel and Semiconductor Industries. *Strategic Management Journal*: 369 – 386.

［437］Ruef, M. and W. R. Scott（1998）. A Multidimensional Model of Organizational Legitimacy: Hospital Survival in Changing Institutional Environments. *Administrative Science Quarterly*: 877 – 904.

［438］Saxenian, A. L.（1991）. The Origins and Dynamics of Production Networks in Silicon Valley *Research Policy* 20（5）: 423 – 437.

［439］Schinoff, B., Rogers, K., & Corley, K. How Do We Communicate Who We Are?: Examining How Organizational Identity is Conveyed to Members. In The Oxford Handbook of Organizational Identity. Oxford University Press, 2016 – 09 – 08.

［440］Schultz M., Yun M. A., Csaba F. F.（2005）. Corporate Branding: Purpose/people/process: Towards the Second Wave of Corporate Branding. Copenhagen Business School Press DK.

［441］Schulz, M.（2003）. Pathways of Relevance: Exploring Inflows of Knowledge into Subunits of Multinational Corporations. *Organization Science* 14（4）: 440 – 459.

［442］Scott. Institutions and Organizations. Thousand Oaks, Calif: Sage Publications, 1995.

［443］Scott, P.（1995）. The Meanings of Mass Higher Education, McGraw – Hill Education（UK）.

［444］Scott. W（2001）. Institutions and Organizations, ThousandOaks, CA: Sage.

［445］Scott, W. R.（2008）. Approaching Adulthood: the Maturing of Institutional Theory. *Theory and Society* 37（5）: 427.

［446］Scott, W. R.（1995）. Institutions and Organizations. Foundations for Organizational Science. London: A Sage Publication Series.

［447］Scott, W. R.（2001）. Institutions and Organizations, Sage Publications. Teece, D. J.（1982）. Towards an Economic Theory of the Multiproduct Firm. *Journal of Economic Behavior & Organization* 3（1）: 39 – 63.

［448］Scott, W. R.（1987）. The Adolescence of Institutional Theory. *Administrative* science quarterly: 493 – 511.

［449］Seiden, C. (1998). Why Merck has to Run Just to Stay in Place. Medical Marketing & edia. Serapio, M. G. and D. H. Dalton (1999). Globalization of Industrial R&D: an Examination of Foreign Direct Investments in R&D in the United States. *Research Policy* 28 (2): 303 – 316.

［450］Shapiro, C. and H. R. Varian (1999). Information Rules: A Strategic Guide to the Information Economy. Harvard Business School Press, Boston.

［451］Shrader, R. C. (2001). Collaboration and Performance in Foreign Markets: The Case of Young High-technology Manufacturing Firms. *Academy of Management journal* 44 (1): 45 – 60.

［452］Silva G. M., Styles C., Lages L. F. (2017). Breakthrough Innovation in International Business: The Impact of Tech-innovation and Market-innovation on Performance. *International Business Review* 26 (2): 391 – 404.

［453］Singh, J. V., D. J. Tucker et al. (1986). Organizational Legitimacy and the Liability of Newness. *Administrative Science Quarterly*: 171 – 193.

［454］Slangen, A. H. and D. Dikova (2014). Planned Marketing Adaptation and Multinationals' choices between Acquisitions and Greenfields. *Journal of International Marketing* 22 (2): 68 – 88.

［455］Slangen, A. H. L. (2011). A Communication – Based Theory of the Choice Between Greenfield and Acquisition Entry. *Journal of Management Studies* 48 (8): 1699 – 1726.

［456］Spence, M. (1973). Job Market Signaling. *The Quarterly Journal of Economics* 87 (3): 355 – 374.

［457］Stam, E. (2009). Entrepreneurship, Evolution and Geography, Papers on Economics and Evolution. Suchman, M. C. (1995). Managing legitimacy: Strategic and Institutional Approaches. *Academy of Management Review* 20 (3): 571 – 610.

［458］Sturgeon T. J., Lee J. R. (2001). Industry Co – Evolution and the Rise of a Shared Supply-base for Electronics Manufacturing.

［459］Suchman, M. C. (1995). Managing legitimacy: Strategic and institutional approaches. *Academy of management review* 20 (3): 571 – 610.

［460］Suddaby R. (2006). From the Editors: What Grounded Theory is Not. *Academy of Management Journal* 49 (4): 633 – 642.

［461］Suddaby R., Greenwood R. (2005). Rhetorical Strategies of Legitimacy. *Administrative Science Quarterly* 50 (1): 35 – 67.

［462］Tallman, S., M. Jenkins et al. (2004). Knowledge, Clusters, and Competitive Advantage. *Academy of Management Review* 29 (2): 258 – 271.

［463］Teece, D. J., G. Pisano, et al. (2009). Dynamic Capabilities and Strategic Management, *Oxford University Press*.

［464］Teece, D. J., Pisano, G., & Shuen, A. (1997). Dynamic Capabilities and Strategic Management. *Strategic Management Journal* 18 (7), 509 – 533.

［465］Teece, D. J. (1982). Towards an Economic Theory of the Multiproduct firm. *Journal of Economic Behavior & Organization* 3 (1): 39 – 63.

［466］Teubal, M., T. Yinnon et al. (1991). Networks and Market Creation. *Research Policy* 20 (5): 381 – 392.

［467］Thite, M., A. Wilkinson et al. (2012). Internationalization and HRM Strategies across Subsidiaries in Multinational Corporations from Emerging Economies—A Conceptual Framework. *Journal of World Business* 47 (2): 251 – 258.

［468］Thompson, J. D. (1967). Organizations in Action: Social Science bases of Administrative Theory, Transaction publishers.

［469］Tippins, M. J. and R. S. Sohi (2003). IT Competency and Firm Performance: is Organizational Learning a Missing Link? *Strategic Management Journal* 24 (8): 745 – 761.

［470］Tiwari, R. and C. Herstatt (2009). The Emergence of Indian Multinationals: An Empricial Study of Motives, Status – Quo and Trends of Indian Investments in Germany.

［471］Uhlenbruck, K., K. E. Meyer et al. (2003). Organizational Transformation in Transition Economies: Resource-based and Organizational Learning Perspectives. *Journal of Management Studies* 40 (2): 257 – 282.

［472］Uzzi, B. (1997). Social Structure and Competition in Interfirm Networks: The Paradox of Embeddedness. *Administrative Science Quarterly* 42 (1): 35 – 67.

［473］Valente, T. W. (1995). Network Models of the Diffusion of Innovations. Vernon, R. (1966). International Investment and International Trade in the Product Cycle. *The Quarterly Journal of Economics*: 190 – 207.

［474］Vernon, R. (1979). The Product Cycle Hypothesis in a New International Environment. *Oxford Bulletin of Economics and Statistics* 41 (4): 255 – 267.

［475］Vokurka, R. J. and S. W. O'Leary – Kelly (2000). A Review of Empirical Research on Manufacturing Flexibility. *Journal of Operations Management* 18 (4): 485 – 501.

［476］Volberda, H. W. (1996). Toward the flexible form: How to Remain Vital in Hypercompetitive Environments. *Organization Science* 7（4）：359 - 374.

［477］Wang, L. and E. J. Zajac (2007). Alliance or Acquisition? A Dyadic Perspective on Interfirm Resource Combinations. *Strategic Management Journal* 28（13）：1291 - 1317.

［478］Wan, W. P. and R. E. Hoskisson (2003). Home Country Environments, Corporate Diversification Strategies, and Firm Performance. *Academy of Management Journal* 46（1）：27 - 45.

［479］Wasserman, S. and K. Faust (1994). Social Network Analysis: Methods and Applications, Cambridge University press.

［480］West, J. (2003). How Open is Open Enough? Melding Proprietary and Open Source Platform Strategies. *Research Policy* 32（7）：1259 - 1285.

［481］Williams, D. (2003). Explaining Employment Changes in Foreign Manufacturing Investment in the UK. *International Business Review* 12（4）：479 - 497.

［482］Williamson, O. E. (1975). Markets and Hierarchies: Analysis and Antitrust Implications: a Study in the Economics of Internal Organization.

［483］Williamson, O. E. (1981). The Economics of Organization: The Transaction Cost Approach. *American Journal of Sociology* 87（3）：548 - 577.

［484］Williamson, P. J. (2016). Building and Leveraging Dynamic Capabilities: Insights from Accelerated Innovation in China. *Global Strategy Journal* 6（3）：197 - 210.

［485］Wu Z., Salomon R. (2016). Does Imitation Reduce the Liability of Foreignness? Linking Distance, Isomorphism, and Performance. *Strategic Management Journal* 37（12）：2441 - 2462.

［486］Xu D. (2001). The effect of Institutional Distance on Multinational Enterprise Strategy. National Library of Canada = Bibliothèque nationale du Canada.

［487］Yang, H. and H. K. Steensma (2014). When Do Firms rely on Their Knowledge Spillover Recipients for Guidance in Exploring Unfamiliar Knowledge? *Research Policy* 43（9）：1496 - 1507.

［488］Yang, H., C. Phelps et al. (2010). Learning from What Others Have Learned from You: The Effects of Knowledge Spillovers on Originating Firms. *Academy of Management Journal* 53（2）：371 - 389.

［489］Yeoh, P. L. (2004). International Learning: Antecedents and Performance Implications among Newly Internationalizing Companies in an Exporting Context. *Inter-*

national Marketing Review 21 (4-5): 511-535.

[490] Yildiz H. E., Fey C. F. (2012). The Liability of Foreignness Reconsidered: New Insights from the Alternative Research Context of Transforming Economies. *International Business Review* 21 (2): 269-280.

[491] Yin R. K. (1994). Discovering the Future of the Case Study Method in Evaluation Research. *American Journal of Evaluation* 15 (3): 283-290.

[492] Yip, G. S. (1982). Diversification Entry: Internal Development Versus Acquisition. *Strategic Management Journal* 3 (4): 331-345.

[493] Zachary M. A., Mckenny A. F., Short J. C., et al. (2011). Franchise Branding: an Organizational Identity Perspective. *Journal of the Academy of Marketing Science* 39 (4): 629-645.

[494] Zaheer, S. and E. Mosakowski (1997). The Dynamics of the Liability of Foreignness: A Global Study of Survival in Financial Services. *Strategic Management Journal*: 439-463.

[495] Zaheer, S. (1995). Overcoming the Liability of Foreignness. *Academy of Management Journal* 38 (2): 341-363.

教育部哲学社会科学研究重大课题攻关项目成果出版列表

序号	书　名	首席专家
1	《马克思主义基础理论若干重大问题研究》	陈先达
2	《马克思主义理论学科体系建构与建设研究》	张雷声
3	《马克思主义整体性研究》	逄锦聚
4	《改革开放以来马克思主义在中国的发展》	顾钰民
5	《新时期　新探索　新征程——当代资本主义国家共产党的理论与实践研究》	聂运麟
6	《坚持马克思主义在意识形态领域指导地位研究》	陈先达
7	《当代资本主义新变化的批判性解读》	唐正东
8	《当代中国人精神生活研究》	童世骏
9	《弘扬与培育民族精神研究》	杨叔子
10	《当代科学哲学的发展趋势》	郭贵春
11	《服务型政府建设规律研究》	朱光磊
12	《地方政府改革与深化行政管理体制改革研究》	沈荣华
13	《面向知识表示与推理的自然语言逻辑》	鞠实儿
14	《当代宗教冲突与对话研究》	张志刚
15	《马克思主义文艺理论中国化研究》	朱立元
16	《历史题材文学创作重大问题研究》	童庆炳
17	《现代中西高校公共艺术教育比较研究》	曾繁仁
18	《西方文论中国化与中国文论建设》	王一川
19	《中华民族音乐文化的国际传播与推广》	王耀华
20	《楚地出土戰國簡册［十四種］》	陈　伟
21	《近代中国的知识与制度转型》	桑　兵
22	《中国抗战在世界反法西斯战争中的历史地位》	胡德坤
23	《近代以来日本对华认识及其行动选择研究》	杨栋梁
24	《京津冀都市圈的崛起与中国经济发展》	周立群
25	《金融市场全球化下的中国监管体系研究》	曹凤岐
26	《中国市场经济发展研究》	刘　伟
27	《全球经济调整中的中国经济增长与宏观调控体系研究》	黄　达
28	《中国特大都市圈与世界制造业中心研究》	李廉水

序号	书 名	首席专家
29	《中国产业竞争力研究》	赵彦云
30	《东北老工业基地资源型城市发展可持续产业问题研究》	宋冬林
31	《转型时期消费需求升级与产业发展研究》	臧旭恒
32	《中国金融国际化中的风险防范与金融安全研究》	刘锡良
33	《全球新型金融危机与中国的外汇储备战略》	陈雨露
34	《全球金融危机与新常态下的中国产业发展》	段文斌
35	《中国民营经济制度创新与发展》	李维安
36	《中国现代服务经济理论与发展战略研究》	陈 宪
37	《中国转型期的社会风险及公共危机管理研究》	丁烈云
38	《人文社会科学研究成果评价体系研究》	刘大椿
39	《中国工业化、城镇化进程中的农村土地问题研究》	曲福田
40	《中国农村社区建设研究》	项继权
41	《东北老工业基地改造与振兴研究》	程 伟
42	《全面建设小康社会进程中的我国就业发展战略研究》	曾湘泉
43	《自主创新战略与国际竞争力研究》	吴贵生
44	《转轨经济中的反行政性垄断与促进竞争政策研究》	于良春
45	《面向公共服务的电子政务管理体系研究》	孙宝文
46	《产权理论比较与中国产权制度变革》	黄少安
47	《中国企业集团成长与重组研究》	蓝海林
48	《我国资源、环境、人口与经济承载能力研究》	邱 东
49	《"病有所医"——目标、路径与战略选择》	高建民
50	《税收对国民收入分配调控作用研究》	郭庆旺
51	《多党合作与中国共产党执政能力建设研究》	周淑真
52	《规范收入分配秩序研究》	杨灿明
53	《中国社会转型中的政府治理模式研究》	娄成武
54	《中国加入区域经济一体化研究》	黄卫平
55	《金融体制改革和货币问题研究》	王广谦
56	《人民币均衡汇率问题研究》	姜波克
57	《我国土地制度与社会经济协调发展研究》	黄祖辉
58	《南水北调工程与中部地区经济社会可持续发展研究》	杨云彦
59	《产业集聚与区域经济协调发展研究》	王 珺

序号	书　名	首席专家
60	《我国货币政策体系与传导机制研究》	刘　伟
61	《我国民法典体系问题研究》	王利明
62	《中国司法制度的基础理论问题研究》	陈光中
63	《多元化纠纷解决机制与和谐社会的构建》	范　愉
64	《中国和平发展的重大前沿国际法律问题研究》	曾令良
65	《中国法制现代化的理论与实践》	徐显明
66	《农村土地问题立法研究》	陈小君
67	《知识产权制度变革与发展研究》	吴汉东
68	《中国能源安全若干法律与政策问题研究》	黄　进
69	《城乡统筹视角下我国城乡双向商贸流通体系研究》	任保平
70	《产权强度、土地流转与农民权益保护》	罗必良
71	《我国建设用地总量控制与差别化管理政策研究》	欧名豪
72	《矿产资源有偿使用制度与生态补偿机制》	李国平
73	《巨灾风险管理制度创新研究》	卓　志
74	《国有资产法律保护机制研究》	李曙光
75	《中国与全球油气资源重点区域合作研究》	王　震
76	《可持续发展的中国新型农村社会养老保险制度研究》	邓大松
77	《农民工权益保护理论与实践研究》	刘林平
78	《大学生就业创业教育研究》	杨晓慧
79	《新能源与可再生能源法律与政策研究》	李艳芳
80	《中国海外投资的风险防范与管控体系研究》	陈菲琼
81	《生活质量的指标构建与现状评价》	周长城
82	《中国公民人文素质研究》	石亚军
83	《城市化进程中的重大社会问题及其对策研究》	李　强
84	《中国农村与农民问题前沿研究》	徐　勇
85	《西部开发中的人口流动与族际交往研究》	马　戎
86	《现代农业发展战略研究》	周应恒
87	《综合交通运输体系研究——认知与建构》	荣朝和
88	《中国独生子女问题研究》	风笑天
89	《我国粮食安全保障体系研究》	胡小平
90	《我国食品安全风险防控研究》	王　硕

序号	书　名	首席专家
91	《城市新移民问题及其对策研究》	周大鸣
92	《新农村建设与城镇化推进中农村教育布局调整研究》	史宁中
93	《农村公共产品供给与农村和谐社会建设》	王国华
94	《中国大城市户籍制度改革研究》	彭希哲
95	《国家惠农政策的成效评价与完善研究》	邓大才
96	《以民主促进和谐——和谐社会构建中的基层民主政治建设研究》	徐　勇
97	《城市文化与国家治理——当代中国城市建设理论内涵与发展模式建构》	皇甫晓涛
98	《中国边疆治理研究》	周　平
99	《边疆多民族地区构建社会主义和谐社会研究》	张先亮
100	《新疆民族文化、民族心理与社会长治久安》	高静文
101	《中国大众媒介的传播效果与公信力研究》	喻国明
102	《媒介素养：理念、认知、参与》	陆　晔
103	《创新型国家的知识信息服务体系研究》	胡昌平
104	《数字信息资源规划、管理与利用研究》	马费成
105	《新闻传媒发展与建构和谐社会关系研究》	罗以澄
106	《数字传播技术与媒体产业发展研究》	黄升民
107	《互联网等新媒体对社会舆论影响与利用研究》	谢新洲
108	《网络舆论监测与安全研究》	黄永林
109	《中国文化产业发展战略论》	胡惠林
110	《20世纪中国古代文化经典在域外的传播与影响研究》	张西平
111	《国际传播的理论、现状和发展趋势研究》	吴　飞
112	《教育投入、资源配置与人力资本收益》	闵维方
113	《创新人才与教育创新研究》	林崇德
114	《中国农村教育发展指标体系研究》	袁桂林
115	《高校思想政治理论课程建设研究》	顾海良
116	《网络思想政治教育研究》	张再兴
117	《高校招生考试制度改革研究》	刘海峰
118	《基础教育改革与中国教育学理论重建研究》	叶　澜
119	《我国研究生教育结构调整问题研究》	袁本涛 王传毅
120	《公共财政框架下公共教育财政制度研究》	王善迈

序号	书　名	首席专家
121	《农民工子女问题研究》	袁振国
122	《当代大学生诚信制度建设及加强大学生思想政治工作研究》	黄蓉生
123	《从失衡走向平衡：素质教育课程评价体系研究》	钟启泉 崔允漷
124	《构建城乡一体化的教育体制机制研究》	李　玲
125	《高校思想政治理论课教育教学质量监测体系研究》	张耀灿
126	《处境不利儿童的心理发展现状与教育对策研究》	申继亮
127	《学习过程与机制研究》	莫　雷
128	《青少年心理健康素质调查研究》	沈德立
129	《灾后中小学生心理疏导研究》	林崇德
130	《民族地区教育优先发展研究》	张诗亚
131	《WTO主要成员贸易政策体系与对策研究》	张汉林
132	《中国和平发展的国际环境分析》	叶自成
133	《冷战时期美国重大外交政策案例研究》	沈志华
134	《新时期中非合作关系研究》	刘鸿武
135	《我国的地缘政治及其战略研究》	倪世雄
136	《中国海洋发展战略研究》	徐祥民
137	《深化医药卫生体制改革研究》	孟庆跃
138	《华侨华人在中国软实力建设中的作用研究》	黄　平
139	《我国地方法制建设理论与实践研究》	葛洪义
140	《城市化理论重构与城市化战略研究》	张鸿雁
141	《境外宗教渗透论》	段德智
142	《中部崛起过程中的新型工业化研究》	陈晓红
143	《农村社会保障制度研究》	赵　曼
144	《中国艺术学学科体系建设研究》	黄会林
145	《人工耳蜗术后儿童康复教育的原理与方法》	黄昭鸣
146	《我国少数民族音乐资源的保护与开发研究》	樊祖荫
147	《中国道德文化的传统理念与现代践行研究》	李建华
148	《低碳经济转型下的中国排放权交易体系》	齐绍洲
149	《中国东北亚战略与政策研究》	刘清才
150	《促进经济发展方式转变的地方财税体制改革研究》	钟晓敏
151	《中国—东盟区域经济一体化》	范祚军

序号	书 名	首席专家
152	《非传统安全合作与中俄关系》	冯绍雷
153	《外资并购与我国产业安全研究》	李善民
154	《近代汉字术语的生成演变与中西日文化互动研究》	冯天瑜
155	《新时期加强社会组织建设研究》	李友梅
156	《民办学校分类管理政策研究》	周海涛
157	《我国城市住房制度改革研究》	高 波
158	《新媒体环境下的危机传播及舆论引导研究》	喻国明
159	《法治国家建设中的司法判例制度研究》	何家弘
160	《中国女性高层次人才发展规律及发展对策研究》	佟 新
161	《国际金融中心法制环境研究》	周仲飞
162	《居民收入占国民收入比重统计指标体系研究》	刘 扬
163	《中国历代边疆治理研究》	程妮娜
164	《性别视角下的中国文学与文化》	乔以钢
165	《我国公共财政风险评估及其防范对策研究》	吴俊培
166	《中国历代民歌史论》	陈书录
167	《大学生村官成长成才机制研究》	马抗美
168	《完善学校突发事件应急管理机制研究》	马怀德
169	《秦简牍整理与研究》	陈 伟
170	《出土简帛与古史再建》	李学勤
171	《民间借贷与非法集资风险防范的法律机制研究》	岳彩申
172	《新时期社会治安防控体系建设研究》	宫志刚
173	《加快发展我国生产服务业研究》	李江帆
174	《基本公共服务均等化研究》	张贤明
175	《职业教育质量评价体系研究》	周志刚
176	《中国大学校长管理专业化研究》	宣 勇
177	《"两型社会"建设标准及指标体系研究》	陈晓红
178	《中国与中亚地区国家关系研究》	潘志平
179	《保障我国海上通道安全研究》	吕 靖
180	《世界主要国家安全体制机制研究》	刘胜湘
181	《中国流动人口的城市逐梦》	杨菊华
182	《建设人口均衡型社会研究》	刘渝琳
183	《农产品流通体系建设的机制创新与政策体系研究》	夏春玉

序号	书　名	首席专家
184	《区域经济一体化中府际合作的法律问题研究》	石佑启
185	《城乡劳动力平等就业研究》	姚先国
186	《20世纪朱子学研究精华集成——从学术思想史的视角》	乐爱国
187	《拔尖创新人才成长规律与培养模式研究》	林崇德
188	《生态文明制度建设研究》	陈晓红
189	《我国城镇住房保障体系及运行机制研究》	虞晓芬
190	《中国战略性新兴产业国际化战略研究》	汪　涛
	……	